经以济世

建德尚事

贺教授印

钱文同项目

心玉玉然

李瑞林
硕士方八

教育部哲学社會科学研究重大課题攻關項目

东北老工业基地资源型城市发展接续产业问题研究

STUDY ON THE DEVELOPMENT OF CONTINUOUS INDUSTRIES IN RESOURCE-ORIENTED CITIES IN THE NORTHEAST OLD INDUSTRIAL BASE

宋冬林

等著

经济科学出版社

Economic Science Press

图书在版编目（CIP）数据

东北老工业基地资源型城市发展接续产业问题研究／
宋冬林等著．—北京：经济科学出版社，2009.9
（教育部哲学社会科学研究重大课题攻关项目）
ISBN 978 - 7 - 5058 - 7601 - 9

Ⅰ．东… Ⅱ．宋… Ⅲ．地区经济 - 经济发展 - 研究 -
东北地区 Ⅳ．F127.3

中国版本图书馆 CIP 数据核字（2009）第 001159 号

责任编辑：唐俊南　解　丹
责任校对：徐领弟　王苗苗　徐领柱
版式设计：代小卫
技术编辑：潘泽新　邱　天

东北老工业基地资源型城市发展接续产业问题研究
宋冬林　等著
经济科学出版社出版、发行　新华书店经销
社址：北京市海淀区阜成路甲 28 号　邮编：100142
总编部电话：88191217　发行部电话：88191540
网址：www.esp.com.cn
电子邮件：esp@ esp.com.cn
北京中科印刷有限公司印装
787×1092　16 开　24.5 印张　470000 字
2009 年 9 月第 1 版　2009 年 9 月第 1 次印刷
印数：0001—8000 册
ISBN 978 - 7 - 5058 - 7601 - 9　定价：62.00 元

课题组主要成员

（按姓氏笔画为序）

刘少杰　汤吉军　纪玉山　李俊江　吴宇晖
林木西　赵新宇　姚毓春　焦方义　谢　地

编审委员会成员

总　序

哲学社会科学是人们认识世界、改造世界的重要工具，是推动历史发展和社会进步的重要力量。哲学社会科学的研究能力和成果，是综合国力的重要组成部分，哲学社会科学的发展水平，体现着一个国家和民族的思维能力、精神状态和文明素质。一个民族要屹立于世界民族之林，不能没有哲学社会科学的熏陶和滋养；一个国家要在国际综合国力竞争中赢得优势，不能没有包括哲学社会科学在内的"软实力"的强大和支撑。

近年来，党和国家高度重视哲学社会科学的繁荣发展。江泽民同志多次强调哲学社会科学在建设中国特色社会主义事业中的重要作用，提出哲学社会科学与自然科学"四个同样重要"、"五个高度重视"、"两个不可替代"等重要思想论断。党的十六大以来，以胡锦涛同志为总书记的党中央始终坚持把哲学社会科学放在十分重要的战略位置，就繁荣发展哲学社会科学做出了一系列重大部署，采取了一系列重大举措。2004年，中共中央下发《关于进一步繁荣发展哲学社会科学的意见》，明确了新世纪繁荣发展哲学社会科学的指导方针、总体目标和主要任务。党的十七大报告明确指出："繁荣发展哲学社会科学，推进学科体系、学术观点、科研方法创新，鼓励哲学社会科学界为党和人民事业发挥思想库作用，推动我国哲学社会科学优秀成果和优秀人才走向世界。"这是党中央在新的历史时期、新的历史阶段为全面建设小康社会，加快推进社会主义现代化建设，实现中华民族伟大复兴提出的重大战略目标和任务，为进一步繁荣发展哲学社会科学指明了方向，提供了根本保证和强大动力。

高校是我国哲学社会科学事业的主力军。改革开放以来，在党中央的坚强领导下，高校哲学社会科学抓住前所未有的发展机遇，紧紧围绕党和国家工作大局，坚持正确的政治方向，贯彻"双百"方针，以发展为主题，以改革为动力，以理论创新为主导，以方法创新为突破口，发扬理论联系实际学风，弘扬求真务实精神，立足创新、提高质量，高校哲学社会科学事业实现了跨越式发展，呈现空前繁荣的发展局面。广大高校哲学社会科学工作者以饱满的热情积极参与马克思主义理论研究和建设工程，大力推进具有中国特色、中国风格、中国气派的哲学社会科学学科体系和教材体系建设，为推进马克思主义中国化，推动理论创新，服务党和国家的政策决策，为弘扬优秀传统文化，培育民族精神，为培养社会主义合格建设者和可靠接班人，做出了不可磨灭的重要贡献。

自 2003 年始，教育部正式启动了哲学社会科学研究重大课题攻关项目计划。这是教育部促进高校哲学社会科学繁荣发展的一项重大举措，也是教育部实施"高校哲学社会科学繁荣计划"的一项重要内容。重大攻关项目采取招投标的组织方式，按照"公平竞争，择优立项，严格管理，铸造精品"的要求进行，每年评审立项约 40 个项目，每个项目资助 30 万~80 万元。项目研究实行首席专家负责制，鼓励跨学科、跨学校、跨地区的联合研究，鼓励吸收国内外专家共同参加课题组研究工作。几年来，重大攻关项目以解决国家经济建设和社会发展过程中具有前瞻性、战略性、全局性的重大理论和实际问题为主攻方向，以提升为党和政府咨询决策服务能力和推动哲学社会科学发展为战略目标，集合高校优秀研究团队和顶尖人才，团结协作，联合攻关，产出了一批标志性研究成果，壮大了科研人才队伍，有效提升了高校哲学社会科学整体实力。国务委员刘延东同志为此做出重要批示，指出重大攻关项目有效调动各方面的积极性，产生了一批重要成果，影响广泛，成效显著；要总结经验，再接再厉，紧密服务国家需求，更好地优化资源，突出重点，多出精品，多出人才，为经济社会发展做出新的贡献。这个重要批示，既充分肯定了重大攻关项目取得的优异成绩，又对重大攻关项目提出了明确的指导意见和殷切希望。

作为教育部社科研究项目的重中之重，我们始终秉持以管理创新服务学术创新的理念，坚持科学管理、民主管理、依法管理，切实增强服务意识，不断创新管理模式，健全管理制度，加强对重大攻关项目的选题遴选、评审立项、组织开题、中期检查到最终成果鉴定的全过程管理，逐渐探索并形成一套成熟的、符合学术研究规律的管理办法，努力将重大攻关项目打造成学术精品工程。我们将项目最终成果汇编成"教育部哲学社会科学研究重大课题攻关项目成果文库"统一组织出版。经济科学出版社倾全社之力，精心组织编辑力量，努力铸造出版精品。国学大师季羡林先生欣然题词："经时济世　继往开来——贺教育部重大攻关项目成果出版"；欧阳中石先生题写了"教育部哲学社会科学研究重大课题攻关项目"的书名，充分体现了他们对繁荣发展高校哲学社会科学的深切勉励和由衷期望。

创新是哲学社会科学研究的灵魂，是推动高校哲学社会科学研究不断深化的不竭动力。我们正处在一个伟大的时代，建设有中国特色的哲学社会科学是历史的呼唤，时代的强音，是推进中国特色社会主义事业的迫切要求。我们要不断增强使命感和责任感，立足新实践，适应新要求，始终坚持以马克思主义为指导，深入贯彻落实科学发展观，以构建具有中国特色社会主义哲学社会科学为己任，振奋精神，开拓进取，以改革创新精神，大力推进高校哲学社会科学繁荣发展，为全面建设小康社会，构建社会主义和谐社会，促进社会主义文化大发展大繁荣贡献更大的力量。

教育部社会科学司

前 言

新中国成立后，我国实行了依靠本国资源优先发展重工业的经济发展战略，能源、矿产和林业基地的建设得到极大重视。根据当时国家整体的工业布局，在全国各地形成了以自然资源采掘和开发为主要产业的工业基地，东北地区是建设布局的重点地区之一。在第一个五年计划期间，苏联援建的 156 个项目中有 57 个项目放在了东北地区，如鞍山钢铁公司，长春第一汽车制造厂，哈尔滨汽轮机厂，抚顺、阜新等地的煤矿，丰满、阜新、抚顺、大连等地的水电站、火电站，以及氮肥厂、炭黑厂、铝厂、军工企业等一大批项目。这些项目的顺利建设对我国国民经济恢复和工业体系建设起到了重要作用，东北地区也一度成为中国经济发展最重要的增长极。

在项目建设过程中，东北老工业基地的主要城市最终都发展成为资源采掘或资源加工型城市。在东北地区 36 个地级城市中，14 个属于资源型城市，其他 22 个属于资源加工型城市。目前，这些城市赖以生存的主导资源产业大多步入资源开采的中后期。由于资源型城市主要依赖资源型产业支持整个城市经济社会发展，产业门类单一，缺少具有竞争力的产业群，缺乏合理的产业结构和良好的投资环境。伴随着资源的日趋枯竭，资源型产业逐渐衰退，企业发展陷入困境，大量下岗工人形成新的贫困群体，这些现象严重影响当地经济发展和社会安定，已构成影响东北地区乃至整个国家经济社会发展的严重社会经济问题。因此，振兴东北老工业基地和支持资源型城市发展接续产业，不仅关系到我国国民经济整体能否实现向市场经济转变，关系到整个经济结构和产业能否实现历史性提升和跨越，关系到地区经济能否协调发展，也是关系到民族工业振兴、社会主义和谐社会建设和国民经济持续稳定的战略性问题。

党中央和中央政府非常关注资源型城市的转型和接续产业的发展问题，并将其作为振兴东北老工业基地战略的工作重点。党的十六大报告明确指出，"支持东北地区等老工业基地加快调整和改造，支持以资源开采为主的城市和地区发展接续产业。"这是党中央从全面建设小康社会的全局出发，从经济的可持续发展的重大战略出发，继开放沿海经济特区、开发浦东新区、实施西部大开发后所做出的又一重大战略决策。2003 年 8 月 3 日，中央政治局常委、国务院总理温家宝在长春市主持召开了振兴东北老工业基地座谈会。他指出，支持东北地区等老工业基地加快调整、改造是党中央做出的我国现代化建设的重大战略布局，要用新思路、新体制、新机制、新方式，走出加快老工业基地振兴的新路子。2007 年 6 月 5 日，温家宝总理主持国务院振兴东北地区等老工业基地领导小组会议。会议将促进资源型城市可持续发展作为全面推进东北老工业基地振兴战略的六个重点工作之一。会议指出，要加大对资源型城市经济转型的支持力度，继续深入做好经济转型城市试点工作，加快建立健全资源开发补偿机制和衰退产业援助机制，培育和壮大接续替代产业，坚持从各地实际出发形成各具特色的发展模式。党的十七大报告提出要继续实施区域发展总体战略，全面振兴东北地区等老工业基地。并从建设生态文明，转变经济发展方式等多个方面为东北老工业基地资源型城市发展接续产业指明了方向。

老工业基地资源型城市发展接续产业问题是一个国际性的难题。尽管发达国家在对衰退产业区的改造中积累了许多成功经验，但是这些经验借鉴到我国还有一定的局限性：其一，制度环境不同。发达国家对传统产业改造是在私有制条件下进行的，经济主体是私营企业。其二，发展条件不同。发达国家是在工业化完成以后，且形成完整的工业体系、多元工业门类和完善的资本市场，市场经济体制相当成熟，因此实施改造计划难度要大大小于我们。再看东欧国家，它们对老工业基地的改造虽然同我国一样伴随着体制转轨，但也是在工业化完成以后。我国东北老工业基地资源型城市的体制改造是在体制转轨和工业化中期阶段进行的，市场经济体制还不完善，企业尚未成为名副其实的市场主体，资金短缺，政府也缺乏综合运用产业政策的经验，对老工业基地改造中面临着三重制约，即资金短缺、工业化和所有制结构不合理等不利因素，加之经济主体是负担沉重的大量国有企业，因此研究东北老工业基地资源型城市发展接续产业问题需要借鉴国外成功经验，但又不能照搬国外的做法，必须立足本地区经济发展实际进行深入思考和探索性研究。

一、课题研究的理论与现实意义

课题研究从东北老工业基地资源型城市经济发展现状和存在问题入手，探索构建经济可持续发展与资源可持续利用的理论分析框架，并以资源型城市发展过程中经济性沉淀成本、社会性沉淀成本以及环境性沉淀成本形成的原因及削减这些沉淀成本所必需的对策为切入点进行研究，具有重要的理论和现实意义。

在理论层面，课题研究力图在理论上给出经济可持续发展与资源可持续利用的理论解释，探讨资源型产业发展规律以及与相关产业的内在联系，探讨政府和市场在资源型城市转型和接续产业发展中的作用和角色，其学术价值主要体现在以下几方面：

第一，探索资源型城市可持续发展的客观规律与实现条件。资源的开发一般经历四个阶段，即前期开发、增产期、稳产期和衰退期。资源开发的这一特点决定了资源型城市产业转型或发展接续产业的必要性。此外，从国内外城市发展的历史来看，大多数城市是在优越的区位和商品集散地基础上经过较长时期逐步形成和发展起来的，具备自我调节和发展的机制，而资源型城市则是在资源大规模开发中，依赖外部大量人力、物力和财力的集中投入而迅速发展起来的，对本地资源和外部投入具有很强的依赖性。研究资源型城市可持续发展的客观规律与实现条件对于丰富区域经济发展和可持续发展理论具有重要理论意义。

第二，丰富产业经济学与区域经济学现有的理论研究。资源型城市在世界范围内广泛存在，其转型和发展接续产业是一个世界性课题。发达国家由于工业化进程较早，自然资源大规模开发的历史长、程度深，一些地区较早面临了资源枯竭等问题。这些地区的振兴与产业转型的实践对我国资源型城市发展接续产业无疑具有重要的借鉴意义，但也存在明显的局限性。由于历史和国情的差异，我国资源型城市以及资源型产业的形成、发展和现实状况有明显不同于西方发达国家的特点，其转型面临的困难也更为突出，照搬国外的做法将难以奏效。国外学者较早开展了有关资源型城镇的研究，他们提出的建立早期预警系统，制定财政援助和岗位培训政策，进行区域规划等探索和实践，对我国资源型城市发展接续产业具有重要的参考价值。但是，现有对资源型城镇研究的政策目的主要是为了解决资源开发衰竭后的人员安置，而不是资源型城市的可持续发展，这一点与我们对资源型城市发展接续产业的研究目的有所不同；国外资源型城市的人口规模通常只有数千到数万人，产业构成十分简单，而我国老工业基地的资源型城市通常拥有数十万到上百万人口，已经形成了以资源开发为主导的产业群，二者之间存在较大的差异。

第三，丰富和发展社会主义市场经济理论。中国东北老工业基地的改造是在体制转型和工业化进程中实施的，矛盾更为尖锐，问题更为复杂，解决起来难度更大。研究东北老工业基地资源型城市发展接续产业，不仅对于丰富中国社会主义市场经济理论和实践，丰富和发展国有经济调整和国有企业改革的理论，而且对于研究产业演进的规律、资源开发的补偿机制和衰退产业的援助机制，探索发展中的转型国家资源型城市发展接续产业的新路子，探索工业化过程中如何实现人口、资源与环境协调发展，都具有重要的学术价值和理论意义。

在实践层面，课题研究注重探索具有中国特色的资源产业发展和资源型城市转型的有效途径和发展模式；探索具有中国特色的资源补偿机制和衰退产业援助机制；探索老工业基地资源型城市国企改革的新思路，具有较强的现实意义。

第一，事关全社会稳定和发展的大局。通过资源型城市发展接续产业这一"瓶颈"问题的解决，带动和促进东北老工业基地整体的振兴，既是东北三省自身改革发展的迫切要求，也是实现国家经济社会协调发展的重要战略举措。东北地区地处东北亚，区位优势明显，战略地位十分重要，同时又是我国最大的老工业基地和商品粮基地。伴随着东北亚局势逐渐紧张，东北地区的社会安定和经济发展不仅对于我国实现小康社会建设目标具有重要的社会经济意义，而且对于东北亚地区的稳定也具有重要的政治意义。而东北地区的资源型城市居住着几千万人口，社会矛盾突出，群体性事件频频发生，这已经关系到全国的稳定和经济、社会的健康发展。

第二，事关东北老工业基地振兴的关键。近些年，在国家整体经济快速发展中，与珠江三角洲、长江三角洲、京津周边地区的加速发展相比，东北地区的发展速度却令人担忧。加快东北老工业基地的调整和改造，是推动我国经济持续快速协调发展的必经之路。在加入WTO、国内外市场加速融合、竞争日趋激烈的大背景下，振兴东北老工业基地的形势显然又是十分紧迫的。在东北老工业基地调整改造中矛盾最突出、难度最大、最具紧迫性的问题是加快资源型城市转型。由于资源型产业和资源加工型产业是东北老工业基地的主导产业，资源型城市经济总量在东北地区占有相当的比重，因此资源型城市能否顺利转型直接关系东北老工业基地振兴的成功与否。

第三，事关资源型城市持续生存和发展。东北老工业基地的资源型城市主要兴起于20世纪50年代至70年代，这些城市的资源开发大多数已进入稳产期或衰退期，如不及时进行产业转型或发展接续产业，则无法继续发展乃至生存。以国内第三大油田辽河油田所在地辽宁省盘锦市为例，辽河油田原油产量于1985年达到1 552万吨的高峰后开始下降，由于开采难度加大，生产成本大幅度上升，油田已逐渐步入衰退期。但是，辽河油田在盘锦市的经济发展中仍然起着主导作用，石油开采的增加值占第二产业增加值的76.4%，从业人员所占比例高达37.9%。由于盘锦市原有接续产业基础十分薄弱，随着辽河油田进入衰退期，城市的发展将受到严重影响，转型任务十分繁重。

第四，事关新的经济增长极的形成。通过对资源型城市发展接续产业问题的研究，可以探索出提升资源型产业竞争力的途径；寻找出新的经济增长点；探索出经济增长与环境保护相统一的新的经济增长方式。东北老工业基地资源型城市转型问题的解决，可以为国民经济可持续发展注入新的活力，而且投入少，见效快；不仅有利于促进东北地区经济、社会的协调发展；还有利于推进国有经济战略性调整和巩固公有制经济的主体地位；有利于维护全社会稳定和国家安全，并在此基础上切实形成继长江三角洲、珠江三角洲地区之后，与环渤海地区一起成为中国经济增长的新的增长极。

第五，事关其他地区资源型城市发展的有效借鉴。据统计，中国目前已经形成了 390 多座以采矿为主的资源型城市，其中，20% 处于成长期，68% 处于成熟期，12% 处于衰落期。全国约有 400 多座矿山已经或将要闭坑，约有 50 多座矿城资源处于衰减状态，面临着资源枯竭的威胁。东北老工业基地资源型城市发展接续产业，不仅对实现东北老工业基地调整和改造具有决定性意义，而且对于西北、西南地区资源型城市转型同样具有重要的借鉴意义和示范作用。

二、课题研究的基本思路

课题研究以科学发展观为统领，基于大局观、开放意识来研究东北老工业基地资源型城市发展接续产业的问题。以科学发展观统领，就是把老工业基地发展接续产业与资源可持续利用、经济社会可持续发展有机结合起来；把东北老工业基地发展接续产业与生态化建设和城市规划有机结合起来。从大局着眼，就是把东北老工业基地资源型城市发展接续产业纳入转变经济发展方式和走新型工业化道路的大背景考虑；纳入经济全球化和产业结构调整的背景下考虑；纳入市场深化、构建社会化分工体系和区域经济资源整合的背景下考虑；纳入可持续发展思路和塑造新的增长极的背景下考虑。以开放意识思考东北老工业基地资源型城市发展接续产业，就要破除行政区划观念，把省内资源整合转变为东北区域资源整合，向国内、国外两个大市场开放。课题研究的最终目标力图实现资源型城市经济发展方式转变与产业结构调整和城市化建设有机结合；资源型城市发展接续产业与走新型工业化道路有机结合；资源型城市发展接续产业与经济社会可持续增长有机结合；资源型城市发展接续产业与全面建设小康社会目标有机结合。在课题研究成果上力图实现理论研究和实践考察相统一，政策设计和实施方案相统一，国外经验借鉴与国情实际出发相结合。最终，在社会主义市场经济条件下，摸索出一条东北老工业基地资源型城市着眼于国内、国外两个市场，走新型工业化和可持续发展的道路。

资源型城市发展接续产业问题来源于这些城市资源的枯竭。从广义上来讲，资源枯竭的定义有两种，一种是物理意义上的枯竭，即资源型城市所有资源全部采掘完毕，不存在任何可开采的资源；另一种是经济意义上的枯竭，即由于开采成本与开采的利用价值相较而言过高，而没有开采价值。我国资源型城市面临的资源枯竭问题多数属于第二种情况。世界各国由于国情各异，在对待资源型枯竭型城市的问题上采取的做法也不尽相同。从大的方面看，对待资源型城市转型的方式不外乎有两种：一是"矿竭人去"、"人去城衰"；二是通过发展接续产业，使资源型城市实现经济社会的可持续发展。以美国为例，由于该国地广人稀，人口流动性大，对待资源型城市的典型做法是采取第一种方式，在美国有上百座因资源开发殆尽而人去城空的所谓"鬼城"。很明显，这种方式对我国东北老工业基地资源型城市来说，则是不可取的下策。因为：其一，东北老工业基地资源型城市不仅为数众多，且人口规模普遍较大，没有地方可以吸纳众多的资源型城市移民，放弃资源型城市的做法会给国家、社会带来巨大的冲击和压力。其二，东北老工业基地资源型城市，占有国有资产存量的大部分和资产增量的相当部分，又有一支素质好、技术过硬的劳动大军，具有较强的技术开发能力，有一套较为成熟的组织管理制度。一方面，这些生产要素的专用性很强，容易形成专用性的沉淀成本，难以再利用；但另一方面，上述因素也因此构成了具有自身独特核心竞争力的基础和条件，为东北老工业基地资源型城市转型和发展接续产业提供前提。

作为世界上最大的发展中国家，我国目前的经济发展整体上还处在"要素驱动型"而不是"创新驱动型"阶段，资源消耗过大，低劳动力成本投入、科技贡献率低等现象表明我国经济的整体素质还不高。但我国已成为世界上煤炭、钢铁、铁矿石、氧化铝、铜、水泥消耗最大的国家，是世界上能源消耗第二大国。如果说以往缓解能源资源矛盾还有较大的回旋空间，发展到今天，由于资源环境的承载能力负担过重，一些地区已经到了难以为继的地步，多数东北老工业基地资源型城市面临这种情况，因此，我们必须把加快转变经济发展方式、完善社会主义市场经济体制取得重大进展，作为实现未来经济发展目标的关键。其中，转变经济发展方式就是在发展道路上根本改变依靠高投入、高消耗、高污染来支持经济增长，坚持走科技含量高、经济效益好、资源消耗低、环境污染少、人力资源优势得到充分发挥的中国特色的新型工业化道路，实现可持续发展。

同时，东北老工业基地资源型城市受传统经济体制的影响根深蒂固，经济体制转轨、经济发展方式转变、所有制结构调整、产业结构优化等给它们施加了多重压力和限制。因为东北老工业基地资源型城市财富的增长都与开采部门密切相关，而经济增长和繁荣又会导致私人或政府对自然资源开发、加工和运输等进行更多的投资。再者，由于市场在资源配置中的基础性作用没有制度化的硬约束，在一些地方和一些领域，市场在资源配置中的基础性作用常常不能有效发挥。一些关系国计民生的煤炭、金属等矿产，国家要求实行资源有偿使用制度，但一些地方任意采取变通的办法，无偿行政审批或低价承包，没有形成反映市场供求关系、资源稀缺程度、环境损害成本和资源价格形成机制，导致一些不可再生资源私采滥挖，破坏严重。

由微观经济学原理可知，在完全竞争市场上，生产要素具有充分流动性，依靠市场这只"看不见的手"，完全可以实现资源的最优配置，而不会带来任何调整或转型障碍。然而，由于沉淀成本的存在，无论在自由放任的市场中还是在受规制的市场中，都可能导致严重或持久的资源配置扭曲。这一点在东北老工业基地资源型城市中表现得尤为突出，从而也成为研究东北老工业基地资源型城市发展接续的一个基本出发点和落脚点。课题研究借鉴西方经济学理论中的"沉淀成本"概念，以引喻的方式将其引入更为一般的经济分析框架。从而，沉淀成本包括了两层含义：一是指承诺的投资成本无法通过转移价格或再出售价格得到完全补偿的那些成本；二是指契约安排下权利承诺，一旦终止无法得到补偿的那些利益，也会产生沉淀成本。事实上，沉淀成本是否得到补偿具有重要的分配效应，为了具体说明资源型城市沉淀成本的现实状况，我们将前者称为经济性沉淀成本，后者称为社会性沉淀成本。由于对资源型部门的投资具有显著的沉淀成本，所以说，沉淀成本对资源型部门转型过程具有重要影响。同时，在资源型城市中，大中型国有企业比重大，重产业比例大，资源型城市社会性沉淀成本也会进一步阻碍资源型城市的转型。沉淀成本对资源型城市发展接续产业的不利影响，会严重影响资源型城市经济发展方式的转变和经济社会的可持续发展。因为，在信息完全或无交易成本的情况下，不会发生任何沉淀成本，资源型城市的转型没有任何障碍，但这只是理想状态，由于资产专用性和交易成本的普遍存在性，使得沉淀成本也普遍存在。此时，投资成本受产业结构、市场供求等影响，很难瞬时发生调整，从而严重阻碍资源型城市顺利转型。对东北老工业基地资源型城市来说，沉淀成本极为显著。只有解决了沉淀成本，才能创造出自由进入和退出的市场环境，从而不仅有助于现有企业或产业退出市场或产业，还有助于发展接续产业，确立资源型城市新的经济增长点。因此，管理或补偿沉淀成本是切断产业结构刚性或滞后效应的关键，也是加速东北老工业基地资源型城市转变经济发展方式的关键。

需要强调的是，资源型城市发展接续产业问题的实质是产业可持续发展的问题，而产业的微观基础是企业，由于体制等复杂因素的影响，资源型城市的国有企业往往占据统治地位，且多年以来形成了巨大的沉淀成本。同其他类型的国有企业比较来说，资源型城市国有企业负担更重、转型成本更高，但同时，由于企业是经济发展中的微观主体，因此，企业成长的好坏直接关系到产业发展和转型的结果。所以，要想成功地实现资源型城市产业的可持续发展，就必须有效消除资源型企业沉淀成本，解决好企业的可持续发展问题。这个问题的核心在于将改制与资产重组、产业结构调整和区域资源整合有机地结合起来，最大限度地减少对现有生产能力的破坏，培育和壮大新的生产能力；最大限度地降低改制和重组成本，平稳化解历史遗留问题和现实矛盾。

三、课题研究报告的主要内容

根据课题研究的基本思路，在总结项目研究成果的基础上，本课题的研究报告主要分为五个部分，共 11 章。

9

1. 东北老工业基地资源型城市的历史与现实考察

课题研究首先从东北地区的资源优势与近代资源开发历史、东北老工业基地的建设和产业发展及东北老工业基地资源型城市的形成与分布等几个角度考察了东北老工业基地资源型城市的历史演进过程。进而从对东北老工业基地资源型城市经济发展、社会基础、生态环境和政府作用四个方面的现状和问题进行分析入手，重点对东北老工业基地资源型城市产业结构及主导产业发展状况；东北老工业基地资源型城市转型期的社会经济基本特征；东北老工业基地关闭矿山的职工安置和沉陷区居民搬迁状况；东北老工业基地资源型城市人力资源状况；东北老工业基地矿区环境和污染状况；东北老工业基地资源型城市发展接续产业的财政与金融动员能力；东北老工业基地政府在发展接续产业中的作用等情况进行深入分析和考察。在对上述问题进行深入剖析的基础上，我们提出以下问题：东北老工业基地资源型城市当前社会和经济发展中面临的主要矛盾是什么？东北老工业基地资源型城市转型与振兴的主要途径和手段是什么？东北老工业基地资源型城市发展接续产业的比较优势与区域竞争优势是什么？并由此引出东北老工业基地资源型城市发展接续产业问题研究的理论脉络和实证起点。

2. 东北老工业基地资源型城市发展接续产业的理论准备

课题研究在对国内外学术界有关理论和实践进行梳理的基础上，在可持续发展和沉淀成本理论框架下，深入分析东北老工业基地资源型城市发展接续产业的必要性，沉淀成本产生的原因及如何消除沉淀成本对东北老工业基地资源型城市发展接续产业的负面影响等问题，进而研究产业进入和退出的一般与特殊规律，探讨资源开发补偿和沉陷区援助的理论根据和实施机制，发展衰退区域和产业振兴的路径与模式。最终得出结论：东北老工业基地资源型城市的转型和发展接续产业最终要靠在该地区确立新体制和构造新机制，消除沉淀成本，实现可持续发展。对于东北老工业基地资源型城市发展接续产业，中央和地方政府应有必要投入，但主要用于转换机制、改善环境，而大量的资金供给缺口要靠市场来弥补。东北老工业基地资源型城市曾经给国家经济建设做出过重要贡献，国家应当增加投入，以缓解其燃眉之急。但东北老工业基地资源型城市发展接续产业缺的不仅仅是钱，更缺乏新的体制和机制。体制和机制不变，即使国家给了投入，也一样形成更多的难以体现价值的沉淀成本，非但不能解决原有的困难，而且会形成新的包袱，出现"面多加水，水多加面"的怪圈。

3. 东北老工业基地资源型城市发展接续产业的国际比较与借鉴

发达国家在经历老工业基地资源型城市的衰退过程时，纷纷进行区域经济振兴、产业结构调整与升级以及相关产业政策的调整，这一阶段成为许多发达国家工业化过程中的重要阶段。不同的国家因为国情不同而采取了许多有特色的措施，如德国鲁尔区在改造过程中侧重于人力资源开发和资金倾斜投入以促进资源产业转型，形成了"德国鲁尔模式"；法国洛林地区注重以高新技术改造传统产业，形成了"法国洛林模式"；英国在老工业基地改造过程中着重以大项目引进带动地区产业调整，形成了"英国威尔士模式"；日本九州工业区着重靠财政支持而转型，形成了"日本九州模式"。这些国家的改造模式和具体措施很好地帮助了自己国家的资源型城市走出了衰退的困境，使它们又重新焕发生机。总结起来，发达国家产业结构调整的主要特点就是以知识作为第一生产力，依靠信息技术，用高新技术创造新产业并改造传统产业。从国外工业基地改造的经历中，我们可以看出，要想使老工业基地尽快走出困境，单纯依靠市场力量是不现实的，西方市场经济国家尚且如此，我国当然也不能例外。由于我国的老工业基地曾经为全国经济的发展做出过重大贡献，其目前的衰退也与早期的透支及计划经济体制密不可分，因而中央政府对该区域的振兴更责无旁贷。

4. 东北老工业基地资源型城市发展接续产业的案例和实证研究

采取何种方式、选择哪种接续产业发展就是实现东北老工业基地资源型城市经济转型的关键问题。课题研究从资源型城市的发展实际出发，借助现代经济学理论，给出接续产业选择的一般性原则。在此基础上，我们对接续产业选择标准和选择方法进行了探讨，从而为东

11

北老工业基地资源型城市发展接续产业提供理论依据和基本思路。此外，本书还对东北老工业基地产业结构演进，以及东北老工业基地资源型城市接续产业的选择进行了相应的实证研究。

东北老工业基地振兴战略实施以来，中央加大了资源型城市可持续发展的工作力度。先期启动的辽宁阜新资源型城市经济转型试点工作取得阶段性成果，以农产品种植和加工业作为接续产业的态势已基本形成。阜新矿业集团开发内蒙古白音华4号煤矿，促进了阜新市富余矿工和生产能力的有序转移。2005年以来，国务院批准资源型城市转型试点范围扩大到大庆、伊春、辽源、白山和盘锦等市，试点工作有序展开。课题研究以转型试点工作代表城市的典型经验为蓝本，并充分考虑这些城市的地区分布、资源情况等因素，对以矿产资源产业为代表的阜新市、以林业资源产业为代表的伊春市、以矿产和资源加工业为代表的辽源市和以石油开采和石油化工业为代表的大庆市发展接续产业的情况进行了专项调研，并对这些城市的典型经验进行深入分析。总结起来，这些城市在发展过程中面临的共同问题有前期积累资金过度透支、基础设施薄弱、与当地政府关系难以理顺、技术创新力度不足等。

5. 东北老工业基地资源型城市发展接续产业的对策建议

东北老工业基地资源型城市转型问题必须纳入区域经济振兴视野，以消除沉淀成本、实现区域经济可持续发展为最终目标，从制度创新、区域资源整合、人力资源开发和产业调整等多角度入手全方位考虑，多管齐下综合治理。

具体包括：东北老工业基地资源型城市的人员安置和社会保障体系建设；东北老工业基地资源型城市接续产业发展的内在需求和外部支持；东北老工业基地资源型城市接续产业发展与城市化建设；东北老工业基地资源型城市接续产业发展与走新型工业化道路和加快市场化进程；资源型城市转型和接续产业发展的国际间比较与借鉴；东北老工业基地资源开发的补偿机制研究；东北老工业基地衰退产业的援助机制研究；东北老工业基地衰退产业退出的经济学分析；多元投资渠道与东北老工业基地沉陷区治理问题研究；东北老工业基地资源型

城市发展接续产业与人力资源开发研究；矿区环境修复和发展循环经济的经济学研究；东北老工业基地资源型产业重大技术改造与国债投资；非公有制经济参与东北老工业基地资源型城市发展接续产业；东北老工业基地资源型城市发展接续产业与东北区域经济一体化；东北老工业基地资源型城市发展接续产业与世界范围内的产业结构调整；东北老工业基地资源型产业调整与东南沿海地区制造业发展；资源型城市演进的一般路径研究；产业组织创新与东北老工业基地资源型城市发展接续产业研究；东北老工业基地资源型城市发展接续产业与市场化进程，等等。

四、课题研究的创新之处

首先，研究的方法新。课题研究不仅采用了实证研究与规范研究、定量分析与定性分析相结合的方法，还综合运用了产业组织理论、制度经济学以及社会学等理论和方法。课题研究尝试将东北老工业基地资源型城市发展接续产业问题放入可持续发展的研究框架下，并通过引入沉淀成本理论来统筹整个研究过程，使最终研究成果中心突出，浑然一体。同时，由于资源型城市的转型和发展不仅是一种经济现象，也是一种社会现象，不仅是经济学问题，还是社会学、环境科学的问题，因而对老工业基地资源型城市发展接续产业研究要采取真正跨学科的综合研究视野，课题研究注重多角度、跨学科、跨机构研究，使研究的最终成果更加全面、透彻。

其次，研究的思路新。课题研究紧紧抓住经济全球化这个大背景，注重以科学发展观为指导，着眼于国内、国外两个市场，消除资源型城市发展接续产业的沉淀成本，坚持以改革促发展、走新型工业化的道路，最终实现东北老工业基地资源型城市的可持续发展。主要指导思想可以概括为：一是坚持深化改革、扩大开放，以改革开放促进东北老工业基地资源型城市改造与发展。着力探索和推进体制创新和机制创新，消除该地区经济发展和调整改造的体制障碍，形成新的经济增长机制。二是坚持主要依靠市场机制，正确发挥政府作用。充分发挥市场在资源配置中的基础性作用，产业的进入、退出、创新和结构调整，企业重组都主要依靠市场来决定。政府主要是制定规划和政策，营造投资、创业和发展的良好环境。三是坚持自力更生为主，国家给予必要扶持。东北老工业基地发展接续产业主要依靠充分发挥广大企业和干部群众的积极性、创造性，发挥自身优势，挖掘内部潜力，激发内在活力。国家在政策、资金等方面的支持也要遵循市场经济规律，讲求效益。四是坚持立足东北老工业基地的现有基础，充分发挥其比较优势与区域竞争优势。

最后，研究的角度与内容新。课题研究探索了以下的重点、难点问题：社会主义市场经济条件下东北老工业基地资源型城市转型的模式；资金短缺、体制转轨和工业化进程中实现资源型城市转型的有效途径；以大量的负担沉重的国有企业为主体的资源型城市转型的成功方式；投融资体制改革和金融创新手段，为资源型城市转型提供金融支持。同时对以下老工业基地发展的常规任务进行了深入分析：从战略上调整经济结构；加强企业技术改造；实现全面、协调和可持续发展；搞好就业和社会保障体系建设。此外，课题研究还重点探讨了东北老工业基地资源型城市发展接续产业的微观基础再造问题，这在以往相关问题的研究中尚不多见。

五、课题最终研究成果的说明

《东北老工业基地资源型城市发展接续产业问题研究》（项目批准号：03JZD0017）是教育部 2003 年首批哲学社会科学研究重大课题研究攻关项目之一。项目于 2003 年 12 月正式立项，历经四年多时间的攻关研究，于 2008 年 4 月通过专家鉴定，正式结项。

课题组由吉林大学宋冬林教授任首席专家，并联合了国内多所高等学校、研究机构和相关政府部门的专家、学者。课题组的主要成员包括：宋冬林教授（吉林大学）、林木西教授（辽宁大学）、焦方义教授（黑龙江大学）、刘少杰教授（中国人民大学）、李俊江教授（吉林大学）、纪玉山教授（吉林大学）、吴宇晖教授（吉林大学）和谢地教授（吉林大学）等。在研究过程中，课题组成员共在权威学术期刊上发表了 60 余篇学术论文、咨询报告和著作，其中多篇学术论文被

《新华文摘》等理论刊物全文转载。项目研究在理论上取得突破和创新，在实践上取得显著的成果，产生了广泛的社会影响。课题组在对这些理论研究成果和子课题结项报告整理的基础上完成了课题总结项报告，并根据专家的鉴定意见和学术体例的规范进行了相应的修改和补充，最终形成了这本最终研究成果。

本书由项目首席专家吉林大学宋冬林教授负责全书的总体框架安排和写作基本思路。参与课题结项报告梳理、写作和本书整理工作的人员有：赵新宇、姚毓春、汤吉军、赵震宇和李海峰等。此外，孙佳、周正辉等参与了后期的翻译和校对工作。最后，由宋冬林教授对全书进行了修改和审定。

摘　要

新中国成立后，根据当时整体工业布局，国家在东北地区建设了以自然资源采掘和开发为主要产业的工业基地。东北老工业基地的形成对我国工业体系建设和国民经济发展做出了重要贡献。在建设过程中，东北老工业基地形成了为数众多的以资源采掘或资源加工产业为主导的资源型城市。目前，这些城市赖以生存的主导资源大多步入资源开采的中后期。伴随着资源的日趋枯竭，资源型产业逐渐衰退，企业发展陷入困境，大量下岗工人形成新的贫困群体，这些现象严重影响当地经济发展和社会安定，已构成影响东北地区乃至整个国家经济社会发展的严重社会经济问题。因此，资源型城市转型和接续产业发展是东北老工业基地振兴和发展的关键。

课题研究从东北地区的资源优势与近代资源开发历史，东北老工业基地的建设和产业发展及东北老工业基地资源型城市的形成与分布等角度考察了东北老工业基地资源型城市的历史演进过程，并从经济发展、社会基础、生态环境和政府作用四个方面对东北老工业基地资源型城市的现状和问题进行深入分析。我们发现东北老工业基地资源型城市发展接续产业既要直面过去，处理好历史形成的问题，又要面向未来，解决好经济发展与资源、环境的关系。为此，课题研究始终坚持以科学发展观为统领，基于大局观和开放意识来研究东北老工业基地资源型城市发展接续产业的问题。在经济可持续发展与资源可持续利用的理论分析框架下，以沉淀成本理论为主线，深入分析东北老工业基地资源型城市发展接续产业的必要性，沉淀成本产生的原因及如何消除沉淀成本对东北老工业基地资源型城市发展接续产业的负面影响等问题，进而研究产业进入和退出的一般与特殊规律，探讨资源开发补偿和沉陷区援助的理论根据和实施机制，发展衰退区域和产业振兴的路径与模式。

资源型城市发展接续产业问题是一个国际性的难题。虽然发达国家在对衰退工业区的改造方面已经积累了许多成功经验，但是由于制度环境和发展条件的不同，这些经验借鉴到我国还有一定的局限性。特别是在我国市场经济体制还不完善的情况下，东北老工业基地资源型城市发展接续产业面临着资金短缺、工业化和所有制结构不合理以及国有企业改造等不利因素的制约。因此，研究东北老工业基地资源型城市发展接续产业问题需要借鉴国外成功经验，但是又不能完全照搬国外的做法，必须立足本地区经济发展实际进行深入思考和探索性研究。课题研究从东北老工业基地资源型城市的发展实际出发，借助现代经济学理论，给出了接续产业选择的一般性原则、选择标准和选择方法，对东北老工业基地产业结构演进和支柱产业、主导产业的发展进行了相关的案例分析和实证研究，为东北老工业基地资源型城市发展接续产业提供理论依据和基本思路。在此基础上，课题研究从制度创新、区域资源整合、人力资源开发和产业调整等角度提出了东北老工业基地资源型城市发展接续产业的对策建议。

课题研究认为东北老工业基地资源型城市的转型和发展接续产业最终要靠确立新体制和构造新机制，并注意将资源型城市经济发展方式转变与产业结构调整和城市化建设有机结合，资源型城市发展接续产业与走新型工业化道路有机结合，资源型城市发展接续产业与经济社会可持续增长有机结合，资源型城市发展接续产业与全面建设小康社会目标有机结合。最终，在社会主义市场经济条件下，通过理论研究与改革实践的互动，摸索出一条适合东北老工业基地资源型城市可持续发展的新型工业化道路。

Abstract

After the PRC was founded, according to the overall layout of the industry at that time, China built an industrial base in the Northeast, mainly engaging in the mining and development of natural resources. The old industrial base in the Northeast of China has made important contributions to the industrial system construction and national economic development. In the construction process, a large number of resource-based cities of mining or processing industries were established in the old industrial base of the Northeast. At present, a majority of the main resources upon which the cities depend, step into the latter stage. Along with the increasing depletion of resources, resource-based industries gradually decline, the troubled enterprises fall into dire straits, and a large number of laid-off workers have become a new poverty group. These phenomena, which lead to serious socio-economic problems, have imposed serious impact on the local economic development and social stability and the entire north-eastern region and the country's economic and social development. As a result, transition of resource-based cities and the development of continuous industries are the key to the revitalization of old industrial base in the Northeast.

This research investigates the evolutional history of the Northeast resource-based cities from the perspectives of the Northeast resources advantages and resource development in modern history, the old industrial base construction and the industry development, resource-based cities formation and distribution of the old industrial base in the Northeast, and so on. The study carries out a thorough analysis of status quo and problems of resource-based cities from four aspects of economic development, social basis, the ecological environment and the role of government. We found that it is necessary for the resource-based cities of the Northeast old industrial base in developing continuous industries to not only face the past and well handle the historical issues, but also face

1

the future and balance the relations among economic development, resources and the environment. Consequently, the research on the continuous industries development of resource-based cities always adhere to the principle of scientific development and focus on the broad picture and opening up thinking. Within the theoretical framework of sustainable economic development and sustainable use of resources, this study takes the theory of sunk costs as the main line, and thoroughly analyzes the necessity to develop continuous industries in resource-based cities of the Northeast old industrial base, the sunk cost causes and how to eliminate the negative impact which the sunk cost has on continuous industries development in the resource-based cities of the Northeast old industrial base, etc., so as to research into the general and special laws of the industry access and exit, explore the theory and implementation mechanisms of resource development compensation and assistance to subsidence area, develop the path and model of the revitalization of the declining region and the industry.

The development of continuous industries in resource-based cities is an international difficulty. While the developed countries have accumulated great successful experience in transformation of the declining industrial areas, because of different institutional environment and development conditions, there are some limitations for China to follow their examples. Particularly, China's market economic system is not perfect, continuous industries development in resource-based cities of the Northeast old industrial base are faced with adverse factors, such as funds shortage, irrational industrial and ownership structure, and the reconstruction of state-owned enterprises. As a result, the research on the development of continuous industries in resource-based cities of the old industrial base in the Northeast need to learn from the successful experience of foreign countries, but they can not merely copy the practices of foreign countries, but need to conduct deep reflection and explorative research based on the local economic development. Starting from development reality of resource-based cities in the Northeast old industrial base, this research suggests the general principle, selection criteria and selection methods of continuous industries with the help of modern economic theory. It conducted case studies and empirical research on the industrial structure evolution, the pillar and leading industries development of the old industrial base, and provided the theoretical basis and basic ideas for the development of continuous industries in resource-based cities of the old industrial base in the Northeast. On this basis, countermeasures have been put forward on the development of continuous industries in the Northeast resource-based cities from the angles of the system innovation, regional integration of resources, human resources development and industrial restructuring.

This research suggests that transformation of resource-based cities and development of continuous industries in the Northeast old industrial base ultimately depend on the establishment of new institutions and mechanism, and we should combine the change in economic development patterns of resource-based cities with industrial restructuring and urban construction, the development of continuous industries in resource-based cities with the choice to new industrialization, the development of continuous industries in resource-based cities with the sustainable economic and social growth, and the development of continuous industries in resource-based cities with the target of building the comprehensive well-off society. In the end, we try to find out a new industrialization road to suit sustainable development in the resources-based cities of the Northeast old industrial base through the interaction of the theoretical research and practice of reform in the socialist market economy.

目　录

Contents

第五篇

Contents

Part II
Theoretical Research 71

Part III
International Comparative Study and Lessons Learned 157

Part V

第一篇

历史与现实考察篇

第1章

东北老工业基地资源型城市的历史演进

工业革命以后，工业社会的经济发展对以煤、铁为代表的矿产资源的需求与日俱增。与此同时，一些矿产资源的矿源地在不断加快的城市化进程中逐渐演变成以资源开发为依托的资源型城市。作为较早出现的功能型城市，资源型城市的兴起有内外两个主要因素：内部因素是资源型城市作为自然资源属地的资源禀赋优势；外部因素是工业化进程所推动的自然资源开发利用。从这两方面看，虽然我国自然资源较为丰富，但是工业化进程却大大落后于西方工业化国家，因此大规模资源开发，乃至资源型城市的出现相对较晚。直到19世纪80年代的洋务运动时期，才兴起了大冶、萍乡、唐山等为数不多的近代资源型城市。[①]

东北老工业基地所在的东北地区的处境比较特殊。在近代，清朝在东北实行的封禁政策使东北地区的资源开发长期处于停滞状态。直至19世纪末，东北地区的资源开发才逐渐兴起。此后，东北地区凭借自身资源优势，迅速成为我国重要的资源开发和原材料生产地区。新中国成立以后，国家按照整体工业布局在东北地区建立了体系较为完整的综合性工业基地，东北地区的资源开发进入了一个新的阶段。在一百多年的资源开发进程中，特别是在建立东北老工业基地的过程中，众多资源型城市在东北地区不断兴起并得以发展，为国民经济恢复和经济建设做出了重要贡献。

---

① 刘玉宝：《我国资源型城市的现状特点及其历史贡献评述》，载《湖北社会科学》2006年第4期。

1.1 东北地区的资源优势与近代资源开发历史

东北地区是一个相对完整的地理单元,包括辽宁、吉林、黑龙江三省,以及内蒙古自治区的东部地区①。东北地区地域辽阔,南北跨越 17 个纬度,东西横贯 20 个经度,陆地总面积 126 万平方公里,占我国陆地总面积的 13%。东北地区资源丰富,是我国重要的资源开发和原材料生产地区。在资源开发基础上发展起来的近代工业是国家经济发展的重要支撑。

1.1.1 东北地区的资源基础

从地质构造看,东北地区南北差异较大。以北纬 43 度线为界,北部是岩浆活动频繁的地槽区,有利于有色金属、贵金属及稀土金属的形成;南部为相对稳定的地台区,有利于黑色金属和非金属矿产的形成。目前,东北地区已发现矿产资源 130 余种,占全国已发现矿种总数的 80% 以上;已探明储量的有 100 余种,占全国已探明矿种总数的 64%②。其中,保有储量居全国前三位的就有 45 种,石油、油页岩、铁、钼、菱镁、金刚石、石墨、硅藻土、膨润土等储量居全国第一位。

从能源矿产资源方面看,东北地区的能源矿产主要有煤、石油、天然气、油页岩等。东北地区的煤炭保有储量约 723 亿吨,煤种比较齐全,但分布并不均匀,60% 分布在内蒙古东部,27% 分布在黑龙江。东北地区的石油蕴藏量很丰富,已探明的储量占全国石油储量的一半以上,是我国最大的储油地区。油田分布比较均衡,辽宁、吉林和黑龙江三省均有油田,其中 80% 储量集中在大庆。③东北地区天然气储量约占全国总储量的 15% 左右,其中 80% 集中分布在辽河油田。东北地区天然气年产量占全国产量的 1/3,现为我国第二大天然气产区。东北地区油页岩储量占全国第一位。其中,吉林省的油页岩储量达到 227 亿吨,占全国储量的 54%,是我国最大的分布区。④

从金属矿产资源方面看,东北地区的金属矿产主要有铁、锰、铜、钼、铅、锌、金等。东北地区的黑色金属矿产资源极为丰富,以铁、锰、铬铁、钛铁为代

① 包括赤峰市、兴安盟、通辽市、锡林郭勒盟和呼伦贝尔市。
② 李振泉、石庆武:《东北经济区经济地理总论》,东北师范大学出版社,1988 年。
③ 吴传钧:《中国经济地理》,科学出版社,1998 年。
④ 国土资源部:《2005 年中国国土资源报告》,地质出版社,2007 年。

表。东北地区铁矿产保有储量 124.6 亿吨，约占全国储量的 1/4，其中 90% 的储量分布在辽宁。辽宁省共有铁矿储量 113 亿吨，居全国之首，矿山主要集中在鞍山、本溪地区，以露天开采为主，辽宁省也是全国最大钢铁基地，每年生产占全国 1/3 左右的铁矿石。东北地区的锰矿主要分布在辽宁和吉林，储量占全国的 11% 左右，其中辽宁省瓦房店和凌源锰矿的储量居全国之首。东北地区的有色金属矿产已探明的有金、钼、镍、铜、铅、锌等 16 种。东北地区的金矿丰富，储量占全国储量的 20% 左右。黑龙江省储量多、分布广，几乎各县都有分布，是我国第二大产金地区。东北地区钼矿储量较多，仅辽宁省大黑山钼矿储量就占全国储量的 30%，辽宁省杨家杖子钼矿是我国最大钼矿之一。镍矿储藏量占全国储量的 4.8%，吉林省红旗领是我国第二大镍产地。东北地区铜的储量约占全国储量的 7% 左右，银储量约占全国储量的 5% 左右，多与铜共生并随主矿开采在冶炼中收回。[①]

从非金属矿产资源方面看，东北非金属矿产资源种类多、蕴藏量大。已探明的有冶金辅助原料、化工、建材、特种非金属等几十种。其中，冶金辅助原料非金属矿产主要有熔剂石灰岩、硅灰石、白云岩、耐火黏土、萤石、菱镁、红柱石、铸型用砂等。软质黏土居全国第一。菱镁矿储量 23.4 亿吨，约占全国总储量近 1/3，居全国首位。东北地区的金刚石储量约占全国储量的 50% 左右。东北地区硼矿储量有 2 537.3 万吨，其中仅辽宁省开采量就占全国的 90%。东北地区已探明的滑石储量 4 616 万吨，占全国的 60%。东北地区石墨储量 7 479 万吨，居全国第一位，其中黑龙江省石墨储量 6 979 万吨，占全国储量 60% 以上。东北地区的玉石储量占全国 60%，居全国第一位。[②]

此外，东北地区的植物资源也很丰富。东北地区三面环水，仅西面为陆界。内侧是大、小兴安岭和长白山系的山脉和丘陵，中心部分是松辽平原和渤海凹陷。东北地区土壤肥沃，以黑土为代表性土壤，是世界的三大黑土地分布区域之一，有利于植被生长和农业耕种。东北地区的地理纬度是由南向北增高，分成暖温带、温带、寒温带三个热量带，相应的水平分布有寒温带针叶林、温带针阔叶混交林和暖温带落叶阔叶林三个森林植物带。东北地区木材质地优良，种类繁多。其中，主要造林树种有红松、长白落叶松、兴安落叶松、油松、樟子松等。东北地区森林是我国最大的林区，素有祖国林海之称。大小兴安岭和长白山区的森林面积占全国的一半，林木蓄积量居全国之首，是我国最重要的林业基地。[③]同时，东北地区的草原位于地球上最大的欧亚草原带的最东端，是我国最优良的草原之一。主要分布在内蒙古东部、黑龙江和吉林两省西部、辽宁省西北部，包

---

①② 国土资源部：《2005 年中国国土资源报告》，地质出版社，2007 年。
③ 鲍振东：《2006 年中国东北地区发展报告》，社会科学出版社，2006 年。

括著名的科尔沁草原、呼伦贝尔草原和松嫩草原等。

1.1.2 近代东北地区的资源开发

在近代，东北地区资源开发伴随着洋务运动开始兴起，但是最初的资源开发规模较小。民国时期，外国势力不断渗透使资源开发规模不断发展。俄国和日本相继在东北地区进行了资源掠夺，特别是日本在伪满时期的资源开采规模最大。在这一时期，资源开采以煤、铁、金等资源为主，部分资源矿区由于超常规的开采而遭到破坏。

一、清朝、民国时期的东北地区资源开发

史料记载，东北地区资源开发在魏晋时期就已出现，但是开发规模一直不大，到清朝初期也仅限于少数金矿、煤矿和铁矿的开采。其中，金矿在咸丰、同治后开采颇多，主要有吉林省的夹皮沟、三姓（今属黑龙江省）等处，后扩大到延吉、珲春等地。咸丰年间矿工总数达 10 万余人；同治年间的采金中心夹皮沟盛时矿工多达 5 万人，年产金量可达 18 万两之多。铁矿仅有辽南本溪湖煤铁准于开采，有本溪湖、小市、田师傅沟和赛马集等几处小矿点和冶炼点，均采取土法开采和冶炼，以当地煤就近炼当地铁。煤矿是当时唯一开采分布较广的矿藏，主要集中在辽宁的锦州、本溪湖等地。清乾隆年间，本溪湖已开采煤窑 23 座；清道光年间，盛京地区已有煤窑 62 座。吉林省煤矿开采较晚，嘉庆年间才有煤窑 6 座。[1] 这一时期，东北资源开采规模较小且发展缓慢，其原因是清政府在东北地区长期实行的"封禁"政策，导致工矿业无法发展。

鸦片战争后，随着清政府"封禁"政策的逐渐废弛，东北地区资源开采随着近代工业的发展逐渐兴起。在洋务运动时期，东北近代工业在筹边设防过程中开始起步。1881 年，清政府在吉林省设立吉林机器局，是东北地区近代工业的开端。[2] 1869 年，清政府在东北实行招商开矿政策，矿业有了比较明显的发展。1880 年，吉林将军铭安奏请开矿，石碑岭、大苇子沟、泥鳅沟、钢盔顶子、柳树河子等 5 处煤矿相继开采。后又查明大石头顶子、陶家屯、乱泥沟子、二运河子、半拉窝集沟等矿点，总计当时吉林附近共有 14 处煤矿开采，成为东北矿业较为发达的地区。这一时期，黑龙江的甘河、察罕熬拉、札赉诺尔、阿林别拉等煤矿也相继开采。辽宁省煤矿开采也有很大发展，主要有抚顺、本溪湖、五湖

---

① 孔经纬：《中国东北地区经济史》，吉林教育出版社，1994 年。
② 孙毓棠：《中国近代工业史资料》（第 1 卷），三联书店，1958 年。

嘴、烟台、大窑沟、西安、复州、阜新、锦西、田师傅沟、牛心台等煤矿。在金属矿产开发方面，金矿开采日益增加。以漠河金矿为例，1886 年矿工已达 2 万余人，年产黄金达万斤。1888 年漠河矿务局成立，并于 1889 年正式开采漠河、奇乾河金矿，后又增开观音山金矿，1889 ~ 1894 年，漠河矿务局产金量达 11.6 万两。除金矿外，其他金属矿产开采也有发展，如吉林省 1890 年开采的天宝山银矿，1896 年开采的鞍子河铁矿，1906 年开采的磐石铜矿等。到 1908 年，根据吉林省矿政调查总局调查结果，全省共有煤矿 54 处，金矿 45 处，银矿 5 处，铜矿 3 处，铁矿 5 处和铅矿 3 处。奉天省矿政调查总局在 1905 年的调查结果表明"全省唯河金、煤矿为最多"，共有各种煤矿 148 处，金矿 188 处。①

1911 年辛亥革命后，民国政府实行了一些有利的矿山开发政策，使东北地区民族资本在矿业方面得到了较快发展，尤其以煤矿为最多。1912 年，民族资本在奉天省创办了辽阳蛤蟆、卢家屯、大榆沟、张家沟等 4 处煤矿，后又在朝阳、建平、阜新、凌源等地开采 15 处煤矿。1912 年，民族资本在吉林火石岭设立保吉煤矿公司，后又创立了裕吉煤矿公司；在吉林县、舒兰县、磐石县和桦甸县开办煤矿，后又在双阳、和龙、珲春等地开采煤矿。到 20 世纪 20 年代，民族资本在东北开采的煤矿已经增加到 60 余处，其中锦西的通裕、复县的炸子窑、辉南的杉松冈等煤矿 1929 年的年产量达到了万吨以上。1912 年，民族资本经营的辑安报马川金矿开采。1915 ~ 1916 年，在朝阳、建平、阜新等地开采金矿有 13 处，在珲春开采金矿 3 处。铁矿则分布在辉南、磐石、桦甸、延吉和海城等地，规模较大的有鞍山河铁矿，年产矿石约 300 吨。铜矿分布在磐石、桦甸、延吉、临江和舒兰等地。此外，银矿和锰矿也有零星开采。②

在近代东北地区资源开发过程中，外国势力不断渗透，并对东北资源进行掠夺式的开采。早在 17 世纪，东北金矿就有俄国人在盗采。1900 年，俄国出兵侵占漠河金矿并掠夺式开采，至 1906 年收回时已经无法继续开采。俄国通过一系列不平等条约取得在东北地区的铁路修筑权，铁路的修筑和通车为俄国在东北地区开矿建厂创造了有利条件。1901 年，俄国通过《中俄吉林煤矿条约》和《中俄黑龙江煤矿条约》，获得在吉林和黑龙江两省铁路沿线附近开采煤矿的特权；通过《吉林省铁路伐木合同》和《黑龙江省铁路伐木合同》，获得了在中东铁路沿线经营林场的特权；以"租借"、"合办"和收买等形式，霸占辽宁炸子窑煤矿、烟台煤矿和抚顺煤矿等。此外，沙俄在日俄战争前还获得了吉林省采矿权、黑龙江省采煤权、奉天省各地采矿权、尾明山煤矿权和五湖嘴煤矿权。③

① 孔经纬：《中国东北地区经济史》，吉林教育出版社，1994 年。
② 李振泉、石庆武：《东北经济区经济地理总论》，东北师范大学出版社，1988 年。
③ 孔经纬：《中国东北经济变迁》，吉林教育出版社，1999 年。

日俄战争后，日本在东北地区势力迅速扩张。日本通过日俄战争夺取了从长春到大连间的铁路及租借旅顺、大连在内的辽东半岛的权益，1906 年，"南满洲铁道株式会社"成立，开始对日本在东北地区控制的铁路实行托管。日本还侵占了抚顺煤矿和本溪湖煤矿。1911 年，日本将侵占的本溪湖煤矿和庙儿沟铁矿合并成立东北第一家大型钢铁联合企业——"中日合办本溪湖煤铁公司"。日本对侵占的抚顺煤矿超常规开采，1908～1913 年的 5 年间出煤量就翻了两番。1915 年，日本要求中国政府允许日本开采奉天和吉林两省指定地点的煤铁矿，并要求合办鞍山铁矿。据 1929 年调查材料，日本以"合办"、"委托经营"、包买矿石等手段侵占的煤矿有 81 处，铁矿 33 处，金银铜矿 34 处，铅矿 10 处，菱镁土矿 83 处，滑石矿 19 处，耐火黏土矿有 32 处，萤石矿有 12 处。1930 年，鞍山和庙儿沟的矿石产量为 458 万吨和 108 万吨，生铁产量为 126.6 万吨和 70 万吨。1931 年，抚顺、本溪湖、烟台三处的煤产量达 706 万吨。①

至 1931 年，东北地区的近代工业以矿业和原材料工业为主。绝大多数重要的工矿企业均为中日、中俄合办，或中国与日商合办。当时的工矿业重心仍在今辽宁省中南部地区。吉林和黑龙江二省主要是金、银、煤三种矿业，以及林业（如表 1－1 所示）。

表 1－1　　　　　1931 年前东北地区主要工矿业及其组织

组织名称	所在地或矿区	组织性质
东北矿务总局	沈阳，矿区包括黑山、八道壕、西安、复州、及兴城、阜新等	股份有限公司
抚顺烟台煤矿	抚顺、辽阳	南满铁道会支部
本溪湖煤铁公司	本溪	中日合办
金沟煤矿公司	抚顺金沟	官商合办
天利煤矿公司	辽阳尾明山	官办
锦西煤矿公司	锦西大窑沟	民办，后归"满铁"
穆棱煤矿公司	哈尔滨	中国与俄商合办
奶子山煤矿公司	蛟河	民办
老头沟煤矿公司	延吉	中国与日商合办
鹤岗煤矿公司	哈尔滨	官商合办
北票煤矿公司	北票	官商合办
振兴铁矿公司	鞍山	中日合办
弓长岭铁矿公司	沈阳	中日官商合办
天宝山银铜公司	延吉	中日合办
延和金矿公司	延吉	官商合办

资料来源：李振泉、石庆武，《东北经济区经济地理总论》，东北师范大学出版社，1988 年。

---

① 孔经纬：《中国东北经济变迁》，吉林教育出版社，1999 年。

二、伪满时期的东北地区资源开发与掠夺

九一八事变后，日本通过"满洲铁路株式会社"（简称满铁）抢夺中国政府经营的铁路和中外合资的铁路，进而控制东北地区的经济命脉。为了侵略战争的需要，日本将东北地区纳入自身的经济体系之中，并于1937年和1941年两次通过伪满政府颁布了《产业五年计划》，逐步在东北地区建立了依赖性很强的重工业体系。从1940~1942年，伪满矿业和金属工业投资额占各行业总投资额的一半以上，从而加快了对东北地区自然资源的掠夺。

在煤炭开采方面，日本主要通过"满铁"和"满炭"两大系统攫取煤矿的开采权，然后对经营的煤矿进行大规模扩张。"满铁"接手抚顺煤矿时，其年产不过10万多吨，到1912年产煤就达140多万吨，1929年达年产796万吨，占东北地区煤产量的80%。到1937年，达到了年产924万吨的最高纪录。"满铁"掠夺式开采使抚顺煤矿此后的产量急剧减少，从此一蹶不振。1934年成立的"满洲炭矿株式会社"掌管经营了除"满铁"系和本溪湖煤矿公司以外的全部煤矿。"满炭"最初设立时资本为1 600万元，经过扩张、合并和开发，规模不断扩大，仅6年时间资本就变为3亿元，其直接经营的煤矿储藏量达163亿吨，从而取代"满铁"实现了对东北煤炭生产的垄断。这一时期，东北地区的煤炭产量与关内生产总和相当，仅1932~1944年，东北地区煤炭总产量就达到2.2亿吨。伪满时期，日本从东北掠夺了大量的煤炭资源，开采的煤炭除了直接满足日本在东北建立的工业体系外，还有相当一部分运回日本供应其国内生产。据统计，1933~1936年，仅抚顺煤矿每年输往日本的煤炭量都在200万吨以上，其中1934年达272万吨，占当年抚顺煤矿年产量757万吨的35.9%（如表1-2所示）。①

在钢铁金属工业方面，日本为了满足战争需要，直接在东北建立炼钢厂，实行钢铁连续生产。1933年，"满铁"在鞍山成立"昭和制钢所"，将鞍山制铁所并入其中，后又吞并了振兴钢铁公司，收买弓长岭铁矿。1937年，日本建立了"满洲重工业开发股份公司"（简称"满业"），接替"满铁"对东北地区的钢铁、轻金属、汽车、飞机、煤炭、金、亚铅（锌）、钢以及其他矿业进行全面投资和经营。次年，"满铁"昭和制钢所移交"满业"经营。到1943年，昭和制钢所炼铁能力为年产196万吨，炼钢能力为133万吨。另外一个重要炼铁企业——本溪湖煤铁公司经过大规模扩建，到1943年炼铁能力达到57万吨。至1943年，"满业"总公司及其子公司达38家，投资总额21亿元（指伪币，下同）。伪满时期，

---

① 孔经纬：《中国东北经济变迁》，吉林教育出版社，1999年；王晶、牛玉峰：《日寇对我国东北煤炭资源的疯狂掠夺》，载《社会科学战线》1997年第1期。

表 1 - 2 　　　　　　　　**伪满时期东北地区煤炭产量**　　　　　　单位：万吨

		1937 年	1938 年	1939 年	1940 年	1941 年	1942 年	1943 年	1944 年
满炭系	计划	390	522.3	—	—	—	1 486	1 630	1 860
	完成	232.4	399	672	918.3	1 115.5	1 249.5	1 414.7	1 529
满铁系	计划	1 060	1 060	—	—	—	928.3	1 000.9	1 003.4
	完成	1 033.9	1 002.6	991.9	837.5	826.9	832.8	749.8	646.3
其他	计划	112	136.2	—	—	—	7 955	1 087.5	1 392
	完成	70.7	—	—	—	—	3 246	3 747	3 874
合计	计划	1 562	1 718.5	—	—	—	3 209.8	3 718.4	4 255.4
	完成	1 407	—	—	—	—	2 416.9	2 539.4	2 562.7

　　资料来源：王晶、牛玉峰，《日寇对我国东北煤炭资源的疯狂掠夺》，载《社会科学战线》1997 年第 1 期。

东北地区的生铁产量是关内地区产量的 7.1 倍，钢材产量是关内地区产量的 13.3 倍。这一时期，日本从东北掠往日本的生铁达 488 万吨，占同期东北生铁总产量 1 255 万吨的 38.9%；1935 ~ 1944 年，日本从东北掠往日本的钢坯达 100.4 万吨，占同期钢坯产量 461.5 万吨的 21.8%。[①]

　　在石油工业方面，1934 年成立了满洲石油公司，是垄断东北石油开采和销售的特殊公司。在大连海猫屯设有炼油厂，1945 年炼油能力达 15 万吨。1935 年建立抚顺页岩炼油厂，年产粗油 14.5 万吨，1936 年达 30 万吨，超过当时日本国内 25 万吨的年产油量。1939 年设立满洲人造石油公司，并在吉林市郊建立工厂利用舒兰煤为原料进行液化。此外，在四平设立满洲油化工业公司，在锦州设立满洲合成燃料公司。[②]

　　在木材生产方面，早在九一八事变前，日本就已经开始掠夺东北的林木资源，1909 ~ 1929 年，约有 3 000 万立方米的木材经朝鲜运往日本。伪满政权建立以后，日本开始有步骤地控制和掠夺东北地区的林业资源。通过对林场权的整理，将整个东北地区划为 16 个林业经营区，管理 125 个事业区。1938 年，成立"满洲林业株式会社"，专门负责东北地区的木材统治和配给，经营木材和进出口。在第一个产业五年计划中，规划每年采伐量达到 1 000 万立方米，第一个产业五年计划中增加到 1 300 万立方米。1937 ~ 1944 年，东北地区木材总产量达到 3 508 万立方米。据统计，东北地区木材产量的一半用于军事用途，一部分输往日本国内，其中 1943 年输往日本的一般木材就达 10.7 万立方米。[③]

---

　　①② 孔经纬：《中国东北地区经济史》，吉林教育出版社，1994 年。
　　③ 陶炎：《东北林业发展》，长春出版社，1997 年。

伪满时期，在日本侵略战争的推动下，东北地区的工业迅速发展。到 20 世纪 40 年代中期，东北地区的煤、铁、钢和水泥等工业产品产量就占全国的 50% ～ 90%。[①] 同时，东北地区的自然资源也遭到超常规的开采，甚至是掠夺性的开采，给此后的资源开发造成了沉重打击。

1.2 东北老工业基地的建设与产业发展

东北老工业基地是中华人民共和国成立以后，按照国家工业整体布局，在东北地区建立的以重化工业为主的体系比较完整的综合性工业基地。东北老工业基地大规模建设开始于第一个五年计划，在此之前，经历了恢复发展与布局调整阶段，到第二个五年计划末期，老工业基地已基本建成。

1.2.1 东北老工业基地的建设历程

新中国成立以后，国家在东北地区建立工业基地，这既是整体工业布局的要求，也是东北地区自身优势的体现。东北地区的工业发展优势在于其丰富的资源优势、良好的工业基础，以及良好的社会基础和地缘优势。首先，东北地区是一个相对完整的地理单元，地域辽阔且资源丰富，发展重工业所需要的能源和工业原材料应有尽有。在新中国成立初期，铁、锰的储量分别占全国的 1/4 和 1/10，同时，钢铁工业所需的铬、钒、钛储量也很大。东北地区的能源储量丰富，有色金属、贵金属和稀有金属以及非金属矿的储量很大，全区林地面积和森林覆盖率均占全国 30% 以上。虽然这些资源在伪满时期经历了掠夺式开发，但作为十分丰富的工业资源基地的作用没有变化。丰富的自然资源为重工业基地建设提供了雄厚的资源基础。其次，东北地区拥有相对较好的工业基础。新中国成立前，我国工业基础十分薄弱落后。日本侵占东北后，利用东北丰厚的自然资源发展以战时工业为主导的国民经济体系，使东北地区成为全国重工业比重很高的地区。到 1943 年，东北煤炭产量占全国 49.5%，发电能力占全国 78.2%，生铁产量占全国 87.7%，钢材产量占全国 93%，水泥产量占全国 66%，铁路运输线占全国 50% 以上。1943 年，工矿业与农业产值的比重为 59∶41。1941 年，万人以上大工厂只占工厂总数的 4.7%，但工人数占总数的 53.8%，产值占 61%，现代工业

---

① 金凤君、陆大道：《东北老工业基地振兴与资源型城市发展》，载《科技导报》2004 年第 10 期。

的特色十分鲜明。① 最后，东北地区拥有良好的社会基础和地缘优势。东北地区是全国最早解放的行政区，于1945年设立了中共中央东北局，于1946年设立了东北行政委员会。社会改革进行得较早，也较为彻底。第二次世界大战以后的冷战格局，使新中国自成立后就面临着美国等帝国主义对我国的全面封锁。而东北地区的西、北、东南三面直接与当时社会主义国家接壤，拥有十分有利的地缘环境。

作为全国最早解放的地区，东北地区经济生产的恢复早于全国其他地区。在解放战争时期，由于当时全国尚未完全解放，因此东北地区经济恢复的重点主要是为战争服务的钢铁工业、煤炭工业、军事工业和铁路交通运输业。1950年朝鲜战争爆发，东北地区又成为朝鲜的物资供应、补给基地。由于当时西方国家对我国实行经济封锁，这要求我国必须加快恢复和发展东北地区与国防工业紧密相关的重工业和军事工业。1950～1952年，全国累计完成的投资总额中，有一半多投资到东北地区。在国民经济恢复时期（1949年10月～1952年末），前苏联向我国提供的42个援建项目，其中有30个设于东北地区，投资总额达34亿元。②

新中国成立后，国家的工业化实行优先发展重工业的方针，东北地区成为国家重点建设的重工业基地。1953年开始执行的第一个五年计划，其基本任务是集中主要力量进行以苏联帮助我国设计的156项建设单位为中心的，由限额以上的694个建设单位组成的工业建设，建立我国的社会主义工业化的初步基础。国家确定东北地区为"一五"建设的重点，苏联援建的156个重点建设项目中有57项建在东北，相关配套项目多达1000多个，占全部投资总额的1/3强。在东北安排的57个项目中，安排在辽宁省的有24项，黑龙江省有22项，吉林省有11项。③ 通过表1-3可以看出，落户在东北地区的这些项目有的依靠原有的老厂进行改建、扩建，但大多数为新建项目。这57项重大工程，是以重型加工工业（重型装备制造业）为主，为此，加大了能源（煤炭）和钢铁等原材料大型项目的建设。在地域分布上，则以沈阳为中心，包括了辽宁省的大连、鞍山、本溪、抚顺、阜新；吉林省的长春、吉林、辽源、通化矿区；黑龙江省的哈尔滨、齐齐哈尔、富拉尔基、鹤岗、双鸭山等，基本形成了以哈大线和滨洲线沿线几个主要城市为中心分布的重工业地域格局。"一五"期间安排的重大项目，到"二五"末期绝大多数已建成投产。

---

① 陈亮、陈晓红、李诚国：《近代东北区城市化与工业化相互作用的过程分析》，载《城市发展研究》2004年第6期。
② 中国社会科学院、中央档案馆合编：《1949～1952中华人民共和国经济档案资料选编（基本建设投资和建筑业卷）》，中国城市经济社会出版社，1989年。
③ 陈才、佟宝全：《东北老工业基地的基本建成及其历史经验》，载《东北师范大学学报》（哲学社会科学版）2004年第5期。

表 1 - 3　　　　东北地区苏联援建的 57 项重点工程的分布

省份		项目名称		性质	地点	规　模	期　限
辽宁省	采煤洗煤	阜新平安立井		续建	阜新	150 万吨	1952 ~ 1957 年
		阜新亲邱一号立井		新建	阜新	60 万吨	1954 ~ 1958 年
		阜新海州露天矿		续建	阜新	300 万吨	1950 ~ 1957 年
		抚顺西露天矿		改建	抚顺	采煤 300 万吨	1953 ~ 1959 年
		抚顺龙凤矿竖井		改建	抚顺	洗煤 90 万吨	1953 ~ 1958 年
		抚顺老虎台矿		改建	抚顺	洗煤 80 万吨	1953 ~ 1957 年
		抚顺胜利矿刘山竖井		改建	抚顺	洗煤 90 万吨	1953 ~ 1957 年
		抚顺东露天矿		新建	抚顺	油母页岩 700 万立方米	1956 ~ 1961 年
	石油	抚顺第二制油石厂		改建	抚顺	页岩原油 70 万吨	1956 ~ 1959 年
	电力	阜新热电站		扩建	阜新	15 万千瓦	1951 ~ 1958 年
		抚顺电站		扩建	抚顺	15 万千瓦	1952 ~ 1957 年
		大连热电站		扩建	大连	2.5 万千瓦	1954 ~ 1956 年
	钢铁	鞍山联合钢铁厂	新型大型轧钢厂	改建	鞍山	铁 25 万吨	1952 ~ 1960 年
			无缝钢管厂			钢 320 万吨	
			七号炼铁炉			钢材 250 万吨	
		本溪钢铁厂		改建	本溪	铁 110 万吨	1953 ~ 1957 年
	有色	抚顺铝厂 1 ~ 2 期		改建	抚顺	铝锭 3.9 万吨、铝 0.12 万吨	1952 ~ 1957 年
		杨家杖子钼矿		新建	杨家杖子	钼矿 4 700 吨	1956 ~ 1958 年
	机械	沈阳第一机床厂		新建	沈阳	车床 4 000 台	1953 ~ 1955 年
		沈阳风动工具厂		改建	沈阳	各种电缆 3 万吨	1952 ~ 1954 年
		沈阳电缆厂		改建	沈阳	各种风动工具 2 万台/554 吨	1952 ~ 1954 年
		沈阳第二机床厂		改建	沈阳	各种机床 4 497 台/1.6 万吨	1955 ~ 1958 年
	船舶	大连造船厂		扩建	大连	—	—
		渤海造船厂			锦州	—	—
	军工	112 厂（沈飞）		扩建	沈阳	—	—
		410 厂			沈阳		
吉林省	采煤	辽源中央立井		续建	辽源	90 万吨	1950 ~ 1955 年
		通化矿区湾沟竖井			通化		
	电力	丰满水电站		扩建	丰满	42.25 万千瓦	1951 ~ 1959 年
		吉林热电站		扩建	吉林	10 万千瓦	1956 ~ 1958 年
	钢铁	吉林铁合金厂		新建	吉林	铁合金 4.35 万吨	1953 ~ 1956 年
	有色	吉林电缆厂		新建	吉林	石墨制品 2.23 万吨	1953 ~ 1955 年

续表

省份		项目名称	性质	地点	规　模	期限
吉林省	化工	吉林染料厂	新建	吉林	合成染料及中间体 7 385 吨	1955～1958 年
		吉林电石厂	新建	吉林	电石 6 万吨	1955～1957 年
		吉林化肥厂	新建	吉林		
		吉林电极厂（现吉林炭素厂）	新建	吉林	电石 6 万吨	1955～1957 年
	机械	长春第一汽车厂	新建	长春	解放牌汽车 3 万辆	1953～1956 年
黑龙江省	采煤洗煤	鹤岗东山 1 号立井	续建	鹤岗	采煤 90 万吨	1950～1955 年
		鹤岗兴安台 10 号立井	续建	鹤岗	采煤 150 万吨	1952～1956 年
		鹤岗兴安台洗煤厂	新建	鹤岗	采煤 150 万吨	1957～1959 年
		鸡西城子河洗煤厂	新建	鸡西	150 万吨	1957～1959 年
		鸡西城子河 9 号立井	新建	鸡西	采煤 75 万吨	1955～1959 年
		鹤岗兴安台 2 号立井	新建	鹤岗	采煤 150 万吨	1956～1961 年
		双鸭山洗煤厂	新建	双鸭山	洗煤 150 万吨	1954～1958 年
	电力	富拉尔基热电站	新建	富拉尔基	5 万千瓦	1952～1955 年
		佳木斯纸厂热电站	新建	佳木斯	2.4 万千瓦	1955～1957 年
	钢铁	富拉尔基特钢厂（1～2 期）	新建	富拉尔基	钢 16.6 万吨	1953～1958 年
	有色	哈尔滨铝加工厂（1～2 期）	新建	哈尔滨	铝材 3 万吨	1952～1958 年
	机械	哈尔滨锅炉厂（1～2 期）	新建	哈尔滨	高中压锅炉 4 080 吨/年	1954～1960 年
		哈尔滨量具刃具厂	新建	哈尔滨	量刃具 512 万付	1953～1954 年
		哈尔滨仪表厂	新建	哈尔滨	电表仪器 10 万只 汽车仪表 5 万只 电度表 60 万只	1953～1956 年
		哈尔滨汽轮机厂（1～2 期）	新建	哈尔滨	汽轮机 60 万千瓦	1954～1960 年
		哈尔滨电机厂	新建	哈尔滨	汽轮发电机 60 万千瓦	1954～1960 年
		富拉尔基重机厂	新建	富拉尔基	轧机炼钢炼铁设备 6 万吨	1954～1960 年
		哈尔滨电炭厂	新建	哈尔滨	电刷及炭素制品 100 吨	1956～1958 年
		哈尔滨滚珠轴承厂	改建	哈尔滨	滚珠轴承 655 万套	1957～1959 年
		哈尔滨东安机械厂	扩建	哈尔滨	—	—
	轻工	佳木斯造纸厂	新建	佳木斯	水泥纸袋 5 万吨	1953～1957 年
	飞机	哈尔滨飞机制造厂	新建	哈尔滨	—	1952～1957 年

　　资料来源：陈才、佟宝全，《东北老工业基地的基本建成及其历史经验》，载《东北师范大学学报》（哲学社会科学版）2004 年第 5 期。

　　在"一五"与"二五"期间，除了苏联援建的 57 项重大工程外，中央各部委和省区也安排了一批重大工程建设项目。其中，最主要的是以大庆油田开发为代表的能源基地建设，石油化学工业基地、黑色与有色金属工业企业和森工企业的建设，以及相应的铁路、公路建设。大庆油田是我国特大型油田，1955 年在松辽平原上开始了地质调查，1957 年开始地质钻探，1959 年出油，其最高产量占全国一半以上。之后，又陆续发现和开发辽河油田与吉林油田，形成了以大庆油田为首的东北三大油田。在此基础上，在大庆、吉林、辽阳、大连等地发展了石油加工与石油化学工业。由于东北工业与全国建设的需要，煤炭工业与电力工业发展很快。东北三省均加大了老煤田的开发力度与强度，又大力开发了七台河和铁法等煤田，内蒙古的霍林河、伊敏和大雁等煤田是这一时期的开发重点。超过百万千瓦的火电站有辽宁省清河电站，超过 50 万千瓦的有辽宁省的辽宁电站、锦州与阜新电站，黑龙江省的富拉尔基、新华电站和内蒙古的元宝山电站等。在第二松花江与鸭绿江上建成了一批水电站，超过 50 万千瓦的有白山和丰满水电站。金属和有色金属原材料工业也是这一时期发展的重点，除 156 项重点工程外，抚顺钢厂、大连钢厂、通化钢铁厂、沈阳冶炼厂与抚顺铝厂等发展也很快。东北地区的森林工业发展很快，森林采伐、木材加工与林产化工都得到较快发展，机械化水平得到全面提高，其产品除满足东北地区需要外大量支援全国。重型装备制造业是这一时期的发展重点，除 156 项工程外，重型矿山设备，机床、铸造、锻压、仪表、轴承、交通运输机械、农机制造、内燃机制造等行业，以及轻工业的造纸、制糖、纺织等行业，都有很大发展。①

　　到第二个五年计划末，东北地区的重工业部门体系与地域体系已经形成，东北地区作为全国重工业基地的地位得以确立。东北工业基地的建成，带动了新中国经济的快速增长，为我国的经济发展和工业化进程做出了突出的贡献。"一五"计划开始的第一年，辽、吉、黑三省生产的工业产品占全国的24.4%；到 1960 年，全国全年产出工业品的 31.3% 出自东北老工业基地；1978 年的数据见表 1-4。从财政税收方面看，黑龙江省仅"一五"计划期间，向国家上缴的利润就等于国家给其工业投资的 3 倍多，有力地支持了国家的经济建设。1953~1987 年间，全省净上缴中央财政 467.3 亿元。吉林省在1950~1952 年的财政总收入为 7.54 亿元，三年共上缴国家 5.69 亿元，上缴额占全省总收入的 75.5%；"一五"时期，吉林省的财政总收入达 27.53 亿元，上缴中央财政 16.55 亿元。1953~1988 年，辽宁省的工业企业为国家提

---

　　① 李振泉、石庆武：《东北经济区经济地理总论》，东北师范大学出版社，1988 年。

供的利润和税金，相当于同期国家投资的 4 倍多；1953 ～ 1994 年，辽宁省就累计上缴中央财政 3 234 亿元。①

表 1 - 4 　　　　1978 年辽、吉、黑三省主要工业产品占全国的比例　　　单位：%

	原油	汽车	化肥	平板玻璃	钢	发电量	原煤	水泥	金属切割机床
占全国的比例	53.86	42.97	39.65	29.69	29.06	18.77	16.92	13.84	12.04

资料来源：国务院全国工业普查小组办公室等编，《1986 年中国工业经济统计资料》，中国统计出版社，1987 年。

1.2.2　东北老工业基地的产业发展与历史贡献

东北老工业基地的建设推动了东北地区的产业发展。随着区域经济的有计划开发和工业基地的大规模建设，使东北地区的产业结构和生产力布局发生了显著变化。以辽宁省产业构成来看：1952 年国民生产总值是 41.38 亿元，其中第一产业占 29%，第二产业占 48.3%，第三产业占 22.7%；到 1957 年，国民生产总值增至 78.69 亿元，其中第一产业占 20.3%，第二产业占 59.3%，第三产业占 20.4%。两组数字显示出：第二产业增长 1.33 倍，提高 11 个百分点；第一、三产业绝对数虽也分别增长 0.33 倍和 0.71 倍，但相对数却分别回落 8.7 个百分点和 2.3 个百分点。② 辽宁省的三次产业构成的变化情况也与吉林、黑龙江两省大致相似。可见，东北全区产业结构发展的趋势是第二产业迅速发展，比重大幅度增加；第一、三产业虽也有所发展，但比例呈下降之势。

进入 20 世纪 60 年代以后，以大庆油田的开采为契机，引起东北产业结构的进一步变化。东北地区随即兴建了一批石油化工厂，并在油井、石化工厂和输出港之间构建了较完备的输油管道网，从而改变了东北地区的能源结构、原料结构、产品结构及出口贸易结构。从总的趋势上看，重化工业的比重不断上升，而轻工业所占比重趋于下降。至此，东北地区的重化工基地地位得以巩固，初步形成了以重化工业为主的产业结构。"二五"期间国家对东北地区实行优先发展重工业的政策，跳过了以农业、轻工业为主导产业的发展阶段，造成了全区产业结构严重失衡，以至出现二元化经济格局，即一端是有机构成很低的农业，另一端

---

① 杨文利：《东北老工业基地对新中国的历史贡献》，载《经济研究参考》2005 年第 91 期。
② 辽宁省统计局：《辽宁统计年鉴 2006》，中国统计出版社，2006 年。

是有机构成相当高的工业，二者比例极不协调。

工业内部结构也不合理，主要是轻重工业比例不协调。从 20 世纪 50 年代初到 70 年代末，我国为了奠定工业化基础，进而建立独立完整的工业体系，实行的是优先发展重工业的方针。据统计，1953～1978 年，国家投向重工业的基本建设投资额占同期全部投资总额的 90%，这为东北老工业基地重工业的发展创造了条件。1953～1980 年，东北地区仅辽、吉、黑三省的重工业产值平均每年递增 15%，高于全国重工业产值年均递增 13.16% 的速度。1952～1978 年，东北地区重工业产值增长近 17 倍，而轻工业产值在同期仅增长 6.38 倍。[①] 1985 年的数据见表 1－5 和表 1－6。

表 1－5　　　　1985 年全国各地区工农业、轻重工业总产值构成　　　单位：%

	全国	东北地区	华北地区	华东地区	中南地区	西南地区	西北地区
工业占工农业总产值之比	68.2	76.7	73.3	68.8	62.7	59.0	65.9
重工业占工业总产值之比	50.4	66.0	55.2	43.3	45.8	53.4	62.0

资料来源：国务院全国工业普查领导小组办公室等编，《1986 年中国工业经济统计资料》，中国统计出版社，1987 年。

表 1－6　　　　　　1985 年东北地区工业部门产值构成　　　单位：%

	冶金工业	电力工业	煤炭炼焦工业	石油工业	化学工业	机械工业	建材工业	森工业	食品工业	纺织工业	造纸工业	文教用品工业	其他工业
比重	10	3.6	3.1	12.3	10.7	25.5	4.1	3.8	9.3	8.1	1.8	1.4	6.3

资料来源：国务院全国工业普查领导小组办公室等编，《1986 年中国工业经济统计资料》，中国统计出版社，1987 年。

在重工业内部，采掘工业产值占工业总产值的 17.4%，原材料工业占 40.3%，制造业占 42.3%。[②] 东北地区的采掘工业建立在区域内丰富的自然资源基础上，为东北地区及全国的加工工业提供大量的原料和能源。原材料工业是建立在区域内加工工业基础上，为东北地区及全国的加工制造业提供大量的原料、材料。在采掘工业和原材料工业的基础上，形成了东北地区比较发达的加工制造业，并为

---

①② 国务院全国工业普查领导小组办公室等编：《1986 年中国工业经济统计资料》，中国统计出版社，1987 年。

采掘工业和原材料工业的发展提供了大量的技术装备。三者在原料、产品上的结合及企业地域上的结合形成了东北地区比较完善和发达的重工业体系,为国家的经济恢复和发展做出了重要的贡献。

在煤炭工业方面看,东北地区的煤炭和石油开采发展迅速。东北地区的煤炭生产在国家统一计划下,有了很大发展,形成了以统配矿为主,地方矿为辅,大中小型相结合的生产群体。统配矿是东北地区煤炭生产的主力,共有19个矿务局。其中,在黑龙江省有鹤岗、鸡西、双鸭山、七台河,在吉林省有通化、辽源、珲春、舒兰,在辽宁省有抚顺、阜新、铁法、沈阳、南票、北票,内蒙古东北地区有伊敏、大雁、扎赉诺尔、霍林河、平庄。到1985年,已建成矿井176处,实际产量10 706万吨,占全区煤炭生产总量的72.5%。东北地区地方煤矿的产量增长也很迅速,1952年,全区地方煤矿产量46.2万吨,占全区煤炭总产量的1.79%;1980年,产量达到2 012万吨,占全区煤炭总产量的18.95%;1985年产量达到4 055万吨,占全区煤炭总产量的27.5%。1985年,东北地区煤炭总产量达到14 761万吨,占全国总产量的16.9%。[1]

在石油工业方面看,东北地区相继建成大庆油田、辽河油田和吉林油田,成为全国重要的石油化工基地。1960年大庆油田的开发,使我国石油工业发生了巨大变化:当年开采石油97万吨,占全国的18.6%;1961年,开采石油就占全国的51.6%;1962~1975年,这一比例一直稳定在60%~70%左右;1976年,原油产量突破5 000万吨,并在此后27年间保持年产量超过5 000万吨。辽河油田1970年建成,现已成为中国第四大油田和全国最大的稠油、超稠油、高凝油生产基地,年原油生产能力1 500万吨以上,年天然气生产能力17亿立方米。吉林油田原油生产能力已达到年产500万吨。[2]

在冶金工业方面看,早在"一五"期间,国家就把发展东北钢铁工业列为重点,把鞍钢、本钢、齐钢的改扩建列为156项重点项目之中。经过多年的建设和发展,东北地区的钢铁工业已经形成矿山、冶炼、轧制同步发展的钢铁工业生产基地。鞍山、本溪、抚顺、大连、齐齐哈尔钢厂的年生产能力已达900万吨,占全区钢产量的90%。还有新抚、北台、凌源、通化、西林、乌兰浩特等一批加工成材厂。1985年,东北地区生铁产量1 089.9万吨,钢产量1 142.9万吨,钢材产量820.4万吨。在有色金属冶炼加工方面,辽宁省有色金属冶金工业产值居全国第二位,10种有色金属产量居全国第一位。吉林省是我国第二大镍业生产基地。[3]

---

① 国务院全国工业普查领导小组办公室等编:《1986年中国工业经济统计资料》,中国统计出版社,1987年。

② 李振泉、石庆武:《东北经济区经济地理总论》,东北师范大学出版社,1988年。

③ 同①。

在机械工业方面看，在"一五"计划的 156 项工程中，机械工业占了 26 项，其中 15 项落在东北地区，除 5 个项目是生产机械零件的工厂外，都是制造机器设备的工厂。有生产金属切削机床的工厂、汽车制造工厂、发电设备工厂、矿冶设备的工厂。在机床制造领域，"一五"时期全国建设和改造的 18 个机床生产厂中，辽宁省有 4 个，黑龙江省有 2 个。"一五"期间，仅辽宁省就提供了全国机床的 30% 的产量。在汽车生产领域，新中国成立后建立的长春第一汽车制造厂，在 1956 年投产后年产 3 万辆解放牌货车，1971 年扩大生产能力达 6 万辆，"五五"期内达到 8 万辆，解放牌货车成为我国公路货运以及非交通部门货物运输的主要的车型。在重型机械制造领域，新中国成立后的恢复期和"一五"期间，新建、扩建、改建的 8 个重型机械厂，东北老工业基地有 3 个，它们为我国的重型机械的生产制造做出了极大贡献，而且积累了建设大型现代化企业的宝贵经验。在发电设备领域，新中国成立后的"一五"时期，156 个重点工程中就有哈尔滨锅炉厂、哈尔滨汽轮机厂、哈尔滨电机厂汽轮发电机车间，到 1990 年形成了年产 3 000 兆瓦生产能力，即每年可生产 5 套 60 万千瓦机组的能力，占全国电机生产能力的 35%。[①]

此外，在森工工业方面，仅 1948～1949 年两年间，东北地区就为国家生产木材约 600 万立方米。到 1957 年，全国采伐企业达到 50 个，其中东北地区就有 32 个，森林工业投资达 8 亿元。"一五"期间，东北林区木材产量达到了全国总产量的 39.1%。1978 年，东北地区已形成了一支拥有 81 个林业局（企业生产单位）、950 多个国营林场、83.5 万名林业职工的庞大队伍，新中国成立至今已为国家生产木材 46 000 多万立方米。[②]

1.3 东北老工业基地资源型城市的形成与分布

东北老工业基地资源型城市的兴起是一个渐进的历史过程。回顾历史，东北地区的资源开发相继经历了清朝时期、民国时期、伪满时期和新中国时期四个阶段，而大规模资源开发的兴起主要集中在 20 世纪 20～40 年代，以及 20 世纪 50～70 年代。东北老工业基地资源型城市的兴起也多在这两个时期发生。至 21 世纪初，东北地区共有 37 座资源型城市，占全国资源型城市总数 1/3，是我国资源型城市分布最为集中的地区。

①② 李振泉、石庆武：《东北经济区经济地理总论》，东北师范大学出版社，1988 年。

1.3.1　东北老工业基地资源型城市的分布

资源型城市的概念说法不一，有学者认为资源型城市指其主要功能或重要功能是向社会提供矿产品及其初加工品等资源型产品的一类城市[1]，有学者认为资源型城市是依托资源开发而兴建或者发展起来的城市，作为一种特殊类型的城市，其主导产业是围绕资源开发而建立的采掘业和初级加工业[2]，也有学者认为资源型城市就是专门化职能城市的一种，是指伴随资源开发而兴起的城市，或者在其发展过程中，由于资源开发促使其再度繁荣的城市[3]，还有学者把资源型城市视为单一产业性城市[4]。本课题采纳王青云对资源型城市的定义，即资源型城市是因自然资源的开发而兴起或发展壮大，且资源型产业在工业中占有较大份额的城市。[5]

同时，界定资源型城市的数量化标准也多种多样。本课题同样采纳王青云对资源型城市的数量标准的界定，这也是国内学界较为认可的分类方法。其界定资源型城市的主要数量标准包括：采掘业产值占工业产值的比重在 10% 以上；采掘业产值规模，县级城市超过 1 亿元，地级城市超过 2 亿元；采掘业从业人员的比重在 5% 以上；采掘业从业人员规模，县级城市超过 1 万人，地级城市超过 2 万人。按照这样的分类原则，根据 2001 年的统计数据，我国共有资源型城市 118 座（具体如表 1-7 所示），占全国城市总数的 18%。[6]

东北地区总计 37 座资源型城市，占东北地区城市总数的 1/3 强，占全国资源型城市总数 1/3，其中辽宁省 7 座，吉林省 10 座，黑龙江省 13 座，内蒙古东北地区有 7 座。按照资源型城市的基础资源划分，东北地区共有煤炭城市 12 座，有色冶金城市 1 座，黑色冶金城市 1 座，石油城市 4 座，森工城市 19 座。[7] 这 37 座资源型城市中有 26 座为典型资源型城市[8]，约占全国总数 60 座的一半。

---

① 张秀生、陈先勇：《论中国资源型城市产业发展的现状、困境与对策》，载《经济评论》2001 年第 6 期。
② 张米尔、武春友：《资源型城市产业转型障碍与对策研究》，载《经济理论与经济管理》2001 年第 2 期。
③ 郑伯红：《资源型城市的可持续发展优化及案例研究》，载《云南地理环境研究》1999 年第 1 期。
④ 王元：《重视单一产业性城市的可持续发展》，载《人民日报》2000 年 1 月 11 日。
⑤⑥　王青云：《资源型城市经济转型研究》，中国经济出版社，2003 年。
⑦ 吉林省松原市应为石油城市，但王青云在《资源型城市经济转型研究》一书中将其归为森工城市一类。
⑧ 将采掘业产值占工业总产值比重上升为 20%，采掘业从业人员比重上升为 15%。

表 1 - 7   全国资源型城市的地区分布

省（区）	资源型城市的数量	城 市 名 称
辽　宁	7	抚顺、本溪、阜新、盘锦、葫芦岛、铁法、北票
吉　林	10	辽源、白山、敦化、珲春、桦甸、蛟河、松原、舒兰、临江、和龙
黑龙江	13	鸡西、鹤岗、双鸭山、七台河、大庆、伊春、五大连池、铁力、尚志、海林、穆棱、宁安、虎林
内蒙古	9	乌海、东胜、赤峰、满洲里、牙克石、锡林浩特、霍林郭勒、根河、阿尔山
河　北	5	唐山、邯郸、邢台、武安、迁安
山　西	11	大同、阳泉、长治、晋城、朔州、古交、霍州、孝义、介休、高平、原平
安　徽	4	淮南、淮北、铜陵、马鞍山
福　建	2	永安、漳平
江　西	5	萍乡、丰城、德兴、乐平、高安
山　东	9	枣庄、东营、新泰、龙口、莱州、滕州、邹城、肥城、招远
河　南	8	平顶山、鹤壁、焦作、濮阳、义马、汝州、灵宝、登封
湖　北	2	潜江、大冶
湖　南	6	耒阳、冷水江、郴州、资兴、涟源、临湘
广　东	3	韶关、云浮、乐昌
广　西	2	凭祥、合山
四　川	5	攀枝花、广元、华蓥、达州、绵竹
贵　州	2	六盘水、福泉
云　南	4	东川、个旧、开远、宣威
陕　西	2	铜川、韩城
甘　肃	3	白银、金昌、玉门
宁　夏	1	石嘴山
新　疆	5	克拉玛依、哈密、阿勒泰、库尔勒、阜康

　　资料来源：王青云，《资源型城市经济转型研究》，中国经济出版社，2003 年。

1.3.2　东北老工业基地资源型城市的形成

资源型城市的兴起是一个渐进的历史过程。在这个过程中，自然资源开发无疑是资源型城市兴起的推动力量。在资源开采的推动下，自然资源属地的城市化进程不断加快，从而导致资源型城市的出现。回顾历史，东北地区的资源开发相继经历了清朝时期、民国时期、伪满时期和新中国时期四个阶段，而大规模资源开发的兴起主要集中在 20 世纪 20～40 年代，以及 20 世纪 50～70 年代。东北老工业基地资源型城市的兴起也多在这两个时期发生，因此，我们也可以从近代东北地区城市的发展历史中发现资源型城市兴起的历史轨迹。

清朝以前，东北地区的城市大多偏重于政治、军事性质。这一时期的城市规模小，职能与布局较简单，往往是随某一政权建立而出现，又随某一政权衰亡而毁弃，极少数能够保存延续到近代。虽然总的趋势是不断地发展，但频繁的战乱滞缓了东北地区的城市发展演化进程。清朝的封禁政策更是阻断了东北地区的城市发展进程，除盛京（今沈阳）等少数城市外，东北地区早期城市大多衰落或消亡。1840 年鸦片战争后，东北地区城市建设才有了新的发展。到 20 世纪初，奉天（今沈阳）、吉林、长春、齐齐哈尔、宁古塔（宁安）等城市已初具近代工商业城市的雏形。由于此时东北地区的资本主义工商业尚处于萌芽阶段，因此还没有严格意义上的资源型城市。

1896 年，沙俄帝国强迫清政府签订了不平等的《中俄密约》、《中俄旅大租地条约》和《续约》，获得了在中国东北修筑铁路的特权。1902 年 10 月中东铁路正式通车，沙俄以铁路沿线为根据地，掠夺资源，建立工厂。伴随着铁路的修建与运营，东北地区城镇的发展进入一个新的阶段，奠定了具有殖民经济色彩的东北近代城市的格局。铁路沿线的哈尔滨、长春、奉天、大连、齐齐哈尔等相继发展为大城市，满洲里、牡丹江、绥芬河、公主岭、开原、铁岭、辽阳、大石桥、瓦房店、安东、本溪等一批中等城市兴起。日俄战争结束后，日本在获得"南满"铁路经营权的同时，完成了对大连、长春、铁岭、奉天、辽阳、海城、大石桥、熊岳、盖平和瓦房店的城市规划，到 1922 年末，共完成 104 个大小城镇的城市规划。[①]　其中，将鞍山、抚顺和本溪湖列为工矿业类型城市，重点开发铁矿和煤矿，发展钢铁工业。自此，本溪成为东北历史上第一个资源型城市。同时，在清末推行移民实边政策使大量移民前往东北地区。民国时期，东北的地方当局为了阻止列强扩张，也积极投资建设铁路。在 20 世纪前 30 年，东北地区成为当时国内铁路最密集的地区。

---

① 越泽明：《长春的都市规划史（1905～1945）》，载（日）《经济地理学年报》1993 年第 5 期。

这一时期的大规模移民、民族工业的发展以及铁路建设，促进了东北地区的城镇发展和区域开发，尤其是奠定了东北地区矿山城镇的分布格局（如图 1－1 所示）。

资料来源：宋玉祥、陈群元，《20 世纪以来东北城市的发展及其历史作用》，载《地理研究》2005 年第 1 期。

图 1－1　1932 年东北地区的城市与铁路线分布

伪满统治时期，大量的移民集中于具有一定工业基础的城市，加快了城市人口的集中化。东北地区的煤炭、铁矿、有色金属进入了近代工业开发阶段，初步形成以煤炭、钢铁、机械、化工为主的重化工业发展格局，铁路、港口等近代交通设施进一步发展，相继出现一批重要的工业、交通和军事城镇。为补充战争的巨大消耗，日本侵略者对东北地区的自然资源进行了疯狂的掠夺性开采，煤矿工人与林业工人迅速增加，矿山城镇形成规模。战略铁路公路网的大量修建，特别是采矿区的开发与铁路建设紧密结合，形成新城市，并在此基础上确立了东北地区城市结构体系的基本格局。其中，以煤矿开发兴起的城镇有鹤岗、和龙、抚顺、蛟河、北票、阜新、珲春等，同时，赤峰、满洲里、阿尔山、虎林等城镇相继出现并初具规模。到 1941 年，东北地区共有 15 个大城市：长春、吉林、齐齐哈尔、佳木斯、哈尔滨、安东、沈阳、抚顺、辽阳、鞍山、营口、本溪、锦州、阜新、大连，其中抚顺、本溪、阜新、鞍山为当时新兴的工矿城市。[①] 至今，抚顺、本溪、阜新也是东北老工业基地典型的资源型城市。

新中国成立后，东北地区成为国民经济建设重点地区，开始了大规模的工业

---

① 孔经纬：《中国东北地区经济史》，吉林教育出版社，1994 年。

化建设，推动了城市的快速发展。在这一时期以工业城市为主体，形成哈大、哈齐产业带和长吉工业区，并以特大城市为核心，形成若干个城市组团，使东北地区长期成为我国城市化水平最高的地区。由于国家对能源需求的增长，东北的煤炭资源成为国家重点开发地区，煤矿城镇以快于其他城镇的速度在人口规模、建成区规模及工业产值方面突飞猛进地发展，已有的煤矿城镇通过改造完善得到发展，随着新煤矿基地的建设，一批新煤矿城镇出现并迅速发展。1949 年，最大的煤矿城市抚顺人口仅 27.8 万人，到 1985 年超过 30 万人口的煤矿城市已达 8 个，抚顺市非农业人口已超过百万。鸡西市 1954～1961 年仅机械人口就增加 27 万，而同期双鸭山机械人口增加 36 万。黑龙江东部四大煤矿城市的崛起，内蒙古东部地区褐煤资源的发现与开发，改变了区域城镇的结构与布局。从 1960 年起，伴随着大庆油田、扶余油田和辽河油田的开发，在松嫩平原、辽河平原的湿地上迅速崛起了大庆、盘锦、松原等石油城市，其中大庆市市区人口数已经超过 100 万。从 1964 年起，开展了第二次大兴安岭开发，大、小兴安岭和长白山森林资源的开发，促进了林区的人口增加和林业城镇的发展。大部分林业局所在地都发展为小城镇，沿着林区铁路发展起了诸多林业城镇，其中伊春市作为我国最大的林业城市，人口已达到 132 万人。改革开放后，又兴起了阿尔山、五大连池等城市，[①] 2000 年东北地区城市分布如图 1－2 所示。

资料来源：宋玉祥、陈群元：《20 世纪以来东北城市的发展及其历史作用》，载《地理研究》2005 年第 1 期。

图 1－2　2000 年东北地区城市分布

---

① 宋玉祥、陈群元，《20 世纪以来东北城市的发展及其历史作用》，载《地理研究》2005 年第 1 期。

综上所述，东北老工业基地资源型城市的兴起主要分为两个阶段：新中国成立前以煤炭、铁矿开采为主要形成动因；新中国成立后则以煤炭、铁矿、石油开采和林业开发为主要支撑。应当说，东北老工业基地资源型城市的发展，与区域的开发是同步推进的。每一次城镇大发展，都是区域开发和资源开采的快速推进阶段。东北老工业基地资源型城市的发展，不仅推进了区域的全面开发，也为全国经济建设提供了物质与技术的保障。

自20世纪90年代以来，东北老工业基地部分资源型城市的主导资源逐渐枯竭，开始纷纷寻求摆脱经济困境、进行经济转型的发展道路。1998年，国家启动实施了天然林保护工程，为东北林业资源型城市的可持续发展提供了政策支持。2001年，国务院确定辽宁省阜新市为全国资源枯竭城市经济转型试点城市。2002年，党的十六大报告明确提出，"支持东北地区等老工业基地加快调整和改造，支持资源开采型城市和地区发展接续产业"，为东北资源型城市转型提供了难得的机遇。2003年，中共中央、国务院《关于实施东北地区等老工业基地振兴战略的若干意见》正式下发，阜新市作为全国资源枯竭城市经济转型的试点城市，被明确列入文件之中。2005年，国务院振兴东北地区等老工业基地领导小组第二次会议审议并通过了《振兴东北等老工业基地2004年工作总结和2005年工作要点》，提出抓紧研究建立资源开发补偿机制和衰退产业援助机制，有关政策措施率先在辽宁省阜新市、黑龙江省双鸭山市等资源型城市试行。选择黑龙江省大庆市、伊春市分别作为石油、森工类型的资源型城市扩大试点，将吉林省辽源市列入煤炭类型的资源型城市试点。2007年，党的十七大报告再次提出"帮助资源枯竭地区实现经济转型"。目前，东北三省除各转型试点城市在积极编制试点方案外，辽宁省、吉林省、黑龙江省也结合本省实际，编制完成了本省的资源型城市经济转型专项规划。随着东北老工业基地振兴战略的深入实施，东北各类资源型城市的转型工作正有序推进。

第 2 章

东北老工业基地资源型城市的发展现状

东北老工业基地资源型城市是伴随煤炭、油田、钢铁、森林等资源的开发建设而发展、繁荣起来的。新中国成立后相当长的一段时期内，根据国家工业建设的整体布局，东北地区建设了大量资源型城市，在国家经济恢复、工业体系与国民经济体系的建立和完善过程中发挥了不可替代的重要作用，成为我国经济发展的最重要增长极。在长期的计划经济体制和粗放式经济增长方式之下，这些资源型城市的功能就是为国家提供矿产品及其初加工产品。国家在短期内集中大量的人力、物力和资本，迅速注入矿产地，其目的是要在尽可能短的时期内，获得最大量的矿产资源以支持国民经济的发展。因此，东北老工业基地的资源型城市从一开始就存在着功能单一，城市社会服务功能及基础设施建设先天性不足等问题，而资源型城市数量扩张型的开发道路，在很大程度上忽视了资源的保护性开发、集约化开发和综合开发的道路，以至于利于综合利用资源、提高资源转换率的相关产业及其他优势产业长期得不到发展，资源型城市主导产业单一，使城市难以形成综合发展能力。

此外，在东北老工业基地资源型城市中，国有大中型企业是城市经济的主体，资源型产业是地方政府财政的主要来源，城市发展高度依赖企业，企业功能与城市功能高度同构和混合。在过去相当长时间内，企业功能实际上就是城市功能，企业实际上管理着城市。随着经济体制改革的深入，这种高度同构的现象虽已有所改变，但由于长期以来国有企业自身已形成了庞大的自我服务体系，城市提供的公共产品一时还难以替代企业的社会功能，这反过来又导致了城市功能发育迟缓。同时，随着市场经济进程的发展，国有大中型矿业企业的各种矛盾逐渐凸现，如企业效率低下，机制不活，冗员过多，社会负担沉重等。作为资源型城市的微观经济主体，其问题自然严重制约了资源型城市的发展和市场化的改革进程。

由于上述原因的影响，目前，东北老工业基地资源型城市在经济发展、社会保障、生态环境保护以及政府职能发挥等方面都存在一定的问题。

2.1 东北老工业基地资源型城市经济发展现状和问题

在长期发展过程中，东北老工业基地部分资源型城市在发展接续产业方面做出了有效的探索。一些城市虽然由矿业起步，但在资源开发的同时，比较重视对资源的综合利用，城市产业得到较成功的调整，出现了较多的非资源产业新增长点，第一、第二、第三产业得到了较合理的发展。但多数资源型城市仍未摆脱传统发展模式所遗留的大量经济问题的困扰。这些城市由于开发时间较长，长期实行畸形的单一超重型产业结构，使各种经济问题由于主体企业衰退而日益严重，而不得不面临经济后继发展无力的尴尬局面。

2.1.1 主体资源枯竭，后续资源不足

资源是资源型城市得以生产和发展起来的最重要的物质基础和条件，城市经济对资源的过度依赖性、资源的不可再生性和资源逐渐枯竭的不可逆转性共同决定了资源型城市在发展中所面临的最大问题是资源型问题。因为资源型地区天赋资源群聚集并以输出能源和原材料为特征，它的发展主要依赖自然资源储量的多寡。随着资源开采进程的不断进行以及开采量的逐年增加，不可再生性自然资源的可采量将会迅速减少，即使储量再丰富的资源也有用完枯竭的时候。因此，过分依赖自然资源的资源型地区发展总有衰退之时，只是早晚而已。同时，资源型企业也经历着由兴起—繁荣—鼎盛—衰落的发展过程。由于产业结构单一，资源型城市对煤炭、石油、森林资源过度依赖，城市的发展必然会受到这些枯竭资源的约束。即使对后续资源的勘探和开采还可以维持一段时间，不可再生性自然资源的利用终究是有限的，最后都会陷入资源枯竭期，这是不可避免的客观发展规律。

如果自然资源利用不合理，利用效率低下，资源被大量浪费，资源枯竭以及经济衰退进程会大大加快，地区经济发展将因此而停滞。东北老工业基地为我国

27

经济建设做出过突出贡献，在我国工业化进程中发挥了重大作用，不但提供了满足国民经济发展所需的基础原材料，而且通过利税上交为国家积累了巨额的资金，但自 20 世纪 80 年代末 90 年代初以来，明显进入衰退期，有些开采多年、资源接近枯竭的煤矿、铁矿，可采资源日益减少，开采难度越来越大，开采成本逐年增加。

图 2-1　濒临枯竭的煤炭资源

目前，从整体上看，东北老工业基地资源型城市发展的鼎盛期已经过去，矿产资源产业的整体萎缩已经相当明显。东北老工业基地资源型城市的多数矿山已经开采了几十年甚至百多年，相当部分矿井已严重衰老，资源已经枯竭，不少企业已经破产或将要破产。其中，中央下放到地方的国有大型煤矿共 94 个，东北就有 28 个，这些企业多数濒临破产的边缘。辽宁的资源产业枯竭和衰退主要体现在煤炭有色金属矿山上。辽宁现有的煤炭保有储量 70% 分布在铁法和沈阳矿区，全省 7 个矿区除铁法区外都是萎缩矿区，煤炭产量逐年下降，目前已降到全国第 7 位。10 年之内煤炭生产能力将由现在的 3 681 万吨逐步减少到 2 676 万吨。吉林的煤炭资源开发利用较早，煤炭行业老企业多，吉林的辽源、通化、舒兰、珲春四个矿务局共 20 个煤矿中有 14 个已经和正在关闭破产。尚在开采的矿山许多已是富矿少、贫矿多，矿质差、售价低，生产经营十分困难。吉林国有重点煤矿 2002 年人均年产量 60 吨，平均售价 105 元，销售收入只有 6 300 元左右，基本上只够支付职工工资；吨煤亏损 60 元，扣除国家亏损补贴，仍是全行业超亏。由于长期过度消耗森林资源，吉林东部长白山林区可供开发利用的森林资源砍伐殆尽，采运业及林业经济衰退。黑龙江省也同样面临着资源产业萎缩的问题。大庆油田是世界特大油田之一，已连续 24 年稳产在 5 000 万吨以上，而今占全国石油年产量 50% 的大庆油田，可采储量只剩下 30%，仅为 7.4 亿吨。从 2000 年开始，大庆油田原油产量每年以 150 万～200 万吨的速度递减，到 2010 年年产量将减至 3 459 万吨，到 2020 年将减至 2 000 万吨。这样，将导致大庆市 GDP 以每年 20 亿元的速度递减，地方财政每年递减 4 000 万元左右，开始进入产量递减、开采成本上升、外围找油阶段。此外，由于近百年的开发与过量采伐，黑龙江省森林资源数量也大幅减少，林木质量严重下降。伊春、大兴安岭地区成过熟林蓄积量 2.2 亿立方米，比开发初期减少了 83.4%，辖区内 16 个林业局已有 12 个无木可采，可采的成熟林只剩下 1.7%，可采木材不足 500 万立方米。经过几十年的地下开采，黑龙江省煤炭储量逐渐减少，煤炭资源富矿期已过。省内 4 个年产量 1 000 万吨级的特大型煤矿鹤岗、鸡西、双鸭山、七台河已面临煤炭资源枯竭或大量关井的局面。①

此外，由于国内新的资源区产量增加，以及国外进口石油、铁矿石等资源加大，导致国内众多品种的资源性产品由过去的短缺转为过剩，从而进一步加剧了东北老工业基地资源性产业地位的下降，并影响到产业的可持续发展与社会稳定。

2.1.2　产业结构单一，经济发展失衡

第一，东北老工业基地资源型城市的三次产业结构失衡，第二产业比重过大。这些资源型城市以资源采掘业及关联原材料初加工工业为产业体系的主导产业，从而形成较为单一的产业结构，城市经济发展对资源具有高度依赖性。无论是从 GDP 还是从从业人员的比重来看，这些资源型城市的第二产业都占有绝对分量，成为资源型城市的经济支柱，作为主导产业与配套产业形成了一条紧密的产业链，城市与工矿业、采掘业构筑成"牵一发而动全身"的纽带关系。随着矿产采选业及相关产业的发展，资源型城市的产业综合化程度进一步提高，加工程度进一步延伸，具有一定技术含量的化工、建筑、冶金、机械行业产值比重明显提高，使资源型城市的传统产业明显偏高，产业结构呈超重型，调整难度较大。从资源型产业的产值规模看，东北老工业基地资源型城市第二产业的重要地位主要体现在石油和天然气开采业、煤炭采选业、木材采运业三个行业上。2001 年，东北老工业基地的石油和天然气开采业实现工业产值 1 094.22 亿元，占全国同行业的 39.36%（其中黑龙江、辽宁、吉林的石油和天然气开采业占全国同行业的比重分别为 28.63%、8.69%、2.04%）。煤炭采运业工业产值

---

① 张凤武：《东北资源型城市转型策略研究》，载《中国矿业》2004 年第 7 期。

172.96 亿元，占全国同行业的 11.3%（其中黑龙江、辽宁、吉林的煤炭采选业占全国同行业的比重分别为 5.02%、4.84%、1.44%）。木材采选业实现工业产值 77.12 亿元，占全国同行业的 68.78%（其中，黑龙江、辽宁、吉林占全国同行业的比重分别为 39.26%、29.52%、21.22%）。

近年来，虽然各资源型城市的非资源型产业有不同程度的发展，但是由于资源型城市经济要素的投入重点仍在资源型支柱产业和专业化生产部门，产业结构仍然比较单一。例如，大庆市虽然不断对三次产业结构进行调整优化，由 "九五" 期末的 1.8:89.7:8.5 调整为 "十五" 期间的 3.0:85.9:11.1，第二产业仍占据着绝对的比重。2005 年，大庆市油与非油经济比例为 65:35，虽然地方工业增加值同比增长很大比例，但石油经济仍占全市经济的 65%，经济发展严重失衡。[1]

第二，东北老工业基地资源型城市产业发展层次低，整体效益不高。产品的竞争力、产业结构的效益问题，归根结底是生产力水平的科技含量问题。东北老工业基地大多数资源型城市的主导产业技术装备起点较低，主要工业部门和生产技术结构基本处于中等水平，辅助行业中技术构成偏低，新技术应用程度不高，导致经济发展后劲不足。东北老工业基地目前的设备中，六七十年代生产的占 50%~60%，80 年代的设备占 20% 左右，甚至一些地区连四五十年代的设备仍在使用，主要机械产品中达到当今世界先进水平的不到 5%，与国外的计算机控制的智能化、集成化为特征的自动化生产阶段相比，大体有 15~20 年的差距。吉林省 "九五" 期间的技改投入不如上海一年的投入。2000 年全省技改投资总量仅占全国的 2.2%，相当于上海的 28.9%，广东的 26.3%。[2]

总体来看，东北老工业基地资源型城市的经济增长是外延粗放型的。在这些城市中，劳动密集型产业居多，知识密集型产业较少，加工项目多，技术改造项目少。而这些产业大都投资规模大、建设周期长、投资回收期长。产业成长以资源为单一指向，配套产业群难以形成规模。同时，矿产品加工深度不够。资源利用程度不够，附加值低，从而导致经济效益低下。这些归根到底是由生产力水平的科技含量决定的。东北老工业基地大多数资源型城市的主导产业装备起点较低，主要工业部门和生产技术结构基本处于中等水平，辅助行业中技术水平偏低，新技术应用程度不高，导致经济发展后劲不足。

资源型地区的主导产业一般是围绕资源开发而建立的采掘业和初级加工业，其产品一般为矿产品或矿产初加工产品，生产的大多为 "傻大笨粗" 的初级和

---

① 张鹏程：《黑龙江省资源型城市经济转型对策思考》，载《边疆经济与文化》2008 年第 1 期。
② 吉林省政府研究室：《吉林老工业基地调整改造研究报告》，吉林人民出版社，2003 年。

低附加值产品，很少生产"精小灵细"的高附加值产品，产品的比较利益较低。在市场交换中，输出的多是价格低廉的原材料和初加工产品，流入的多是价格昂贵的精加工产品，利润流出流入逆差较大，不但大量经济利益流向域外被下游产业占有，而且总体竞争能力弱，在国内、国际市场中处于竞争不利地位。长期以来，由于资源相对宽裕，东北老工业基地资源型城市相关企业普遍缺乏危机感，容易产生依赖、惰性心理，技术进步和更新改造意识明显不足，不求降低消耗、不计成本高低，粗放式生产经营现象比较普遍，资源的利用率难以实现最大化。同时，由于缺乏自主创新能力，产业结构初级化、技术水平低级化、组织层次趋同化问题严重存在，盲目扩张，低水平重复投资冲动倾向明显，在国内外市场上竞相压价，恶性竞争现象难以杜绝，最终导致总体上经营效益低。并且由于产品出口分散，报价秩序混乱，在重要资源产品价格制定方面没有充分话语权，只能被动适应，不仅出口价格对资源、劳动和环境污染补偿不足，不利于稀缺资源的合理保护和充分利用，而且导致了高耗能高污染资源型产品出口，扩大贸易顺差，夸大人民币升值的压力，给经济长远发展带来诸多不利影响。

第三，东北老工业基地资源型城市市场经济体制转换和管理体制都相对滞后。东北老工业基地资源型城市多为新中国成立以后在计划经济体制下通过国家和地方投资逐步兴起的，企业的所有制性质基本是清一色的公有制，而且国有经济占有相当大的比重。改革开放以来虽然有所改变，但国有经济的比重仍然较重，致使非公有制、中小企业发展滞后。正是由于公有制企业比重较高，受计划经济影响深，造成市场经济体制转换慢，企业对市场信息反应迟钝，使产业结构、产品结构、技术结构、企业组织结构、所有制结构等，不能适应市场需求的变化，并带来一系列问题。资源型城市是计划经济的产物，是依托资源的开采而发展壮大起来的。由于长期受计划经济的影响，计划经济体制的一些遗留问题严重制约着资源型城市发展接续产业。

同时，东北老工业基地资源型城市的地方政府与资源开采管理机构并存，条块分割、政企不分的现象十分严重。以当前的煤炭产业转型为例，煤炭产业转型是一项复杂的系统工程，它不仅涉及地区性产业结构、产品结构、企业组织结构和所有制结构的调整，而且涉及各综合部门利益的再分配。以辽宁省为例，辽宁省的抚顺、阜新、铁法等几大矿物局原来都是隶属国家煤炭部的中直企业，现在虽然已经归属到辽宁省煤炭管理局，但企业的人、财、物、产、供、销甚至包括企业的技术改造项目都由煤炭行业主管部门直接审批，不归地方政府管理，各矿物局的行政级别往往同所在地政府一样，煤矿在一定程度上形成了"城中城"、"市中市"，长期以来封闭运行，造成了煤炭和地方的相互脱节。因此在煤炭产业转型发展问题上，地方一些部门和单位普遍存在着"煤炭产业转型是国家和省煤炭管理部门的事，是矿物局自身的事，与地方政府和自己无关"的想法，人为地割断了煤炭企业与当地经济发展的内在联系，使煤炭产业转型难以按区域经济可持续发展规律的要求来进行。

2.1.3 资源型企业负担沉重，经济效益低下

资源型城市是依托资源型企业而形成和发展的，资源型企业工业产值、税收、从业人员等指标基本都在 40% 以上，其在资源型城市中的经济地位举足轻重。东北老工业基地形成于第二次世界大战时期，带有典型的原料和初级产品出口的特点，市场化程度和分工程度很低，长期以来，这里的资源型企业形成了重化工业的内循环性与国有经济的封闭性相结合，重化工业的垂直分工与计划经济条块管理相结合，重化工业的政府采购与政府对资源调节的支配作用相结合的特点。上述特点又同传统的计划经济、国有经济和国有企业有机地切合在一起，并形成稳定的三角形结构。同时，由于对资源的长期无节制开发，东北地区的采掘和原材料工业企业的竞争优势已经或正在丧失殆尽。从开始兴建起，东北老工业基地资源型城市基本采用政企合一的管理体制，往往是先有企业，后有城市，再有政府，企业与城市没有形成两个单独的利益主体。由于受到计划经济体制的影响，木材、石油、煤炭等资源性产品的价格普遍偏低，长期处于不等价交换，加之城市基础设施基本由大型企业负责建设与管理，造成企业办社会支出大的局面。

此外，东北老工业基地资源型企业的负担沉重。由于长期以来受计划经济的影响，资源价格普遍偏低，使企业的利润减少。资源性企业自身也存在冗员过多、债务堆积的问题，再加上各种税费的支出，造成企业自身的资金很难积累起来。资源型企业大多数是自己办幼儿园、学校、医院等社会事业，这种企业办社会导致了庞大的额外支出。资源型企业的沉重负担使其难以进行资金的积累，没有时间、精力、资本顾及企业自身的可持续发展。沉重的负担束缚着这些企业按照现代企业制度进行深化改革，不利于资源型城市的合理规划与健康发展。沉重的负担导致资源型企业发展步伐缓慢，经济效益低下。截至 2002 年末，黑龙江省伊春和大兴安岭森工企业政策性亏损和福利费超支挂账累计已达 24.6 亿元，拖欠银行贷款及利息 63 亿元。而四大煤城的矿业集团公司不良资产为 61.4 亿元，占总资产的比重为 23.3%；负债总额达 176.8 亿元，欠各种税费 7.4 亿元，资产负债率为 67.2%。[①] 在全沈阳市 15 万户企业的 173 万名职工中，国有企业职工就有 97.3 万人。

---

① 李冰：《资源型城市经济转型研究》，载《国有资产管理》2004 年第 2 期。

1997年沈阳市分流下岗职工378万人，高于全国17%的平均水平。参加养老保险的在职职工与离退休职工的比例为1:0.46，抚养比为2.15，大大低于全国平均水平4.17。① 这些都将成为资源型城市实现经济进一步发展的障碍。

与不合理的产业结构相对应，东北老工业基地资源型城市所有制结构也不合理。基本上以国有和国有控股为主，尤其以大中型国有企业在城市经济结构中占有举足轻重的地位，非公有制经济成分总量较小、比重不大，国有及国有控股工业企业总产值高于全国平均水平。多数老企业都是在"一五"或"二五"期间建立的，有的甚至是日伪时期建厂的。这些企业经过几十年的超负荷运转，早已进入更新改造期，但是由于技改欠账太多，设备严重老化，工艺十分落后，劳动生产率低下，污染严重。如吉林市16户有代表性的国有大中型企业，主要技术装备达到国际水平的仅占6.15%，处于国内先进水平的只有15.33%，而处于国内一般水平和落后水平的则占77.47%。由于装备落后，效益低下，东北地区制造业已缺乏竞争优势。

此外，东北老工业基地资源型城市企业发展还存在多种问题，主要表现在：第一，融资能力差，企业发展后劲不足。以辽宁省为例，现有上市公司49家，其中以通过发行新股筹集资金为主，曾使用配股功能为企业筹资只占53%；上市公司中国有股比重过大，流通股本规模较小。从盈利水平看，净资产收益率在10%以上的只有20家，占上市企业总数的40%。第二，国有经济粗放经营引致效率下滑。与经济发达的8省区相比，东北老工业基地的生产率为5.43:6.11；装备率为2.8307:2.6299；综合要素生产率为5.92:6.23。第三，开放水平低。东北三省外资投资企业工业总产值平均比重为9.93%，而经济发达的8省区平均为25.9%。进一步看，利用外资结构上，直接投资与对外借款的比率为3:1，而吉林省则为1.3:1。第四，经济效益差。国有经济产业效率差，与全国平均水平相比，吉林省国有工业经济产值比重为77.9:40.8；其产业效率与非公有制经济相比，为94.3:127，而与全国非公有制经济产出效率比较，差距更大，为94.3:151.4。第五，对经济增长拉动作用弱。吉林省统计局测算，国有及国有控股企业工业总产值比重与人均国内生产总值之间呈现明显的负相关关系，国有及国有控股企业工业总产值每提高1个百分点，将使人均国内生产总值降低165元。

按照企业经营状况分类，目前东北老工业基地资源型城市的国有企业大体上可以分为三类：一类企业，指企业整体素质较好，管理规范，产品有一定的市场

① 宋冬林：《关于东北老工业基地调整改造的主要问题和思路》，载《吉林大学社会科学学报》2004年第1期。

竞争能力，有产业发展前景，经营方式灵活，特色明显，适应性强，在困难情况下仍能保持盈利，基本具备抵御市场风险和外部竞争的能力。这类企业在辽、吉、黑三省分别约占到38%、37%和30%。而在一类企业里面，按照现代企业制度要求形成了较为完善的出资人制度和企业治理结构，具有充分的技术储备和独立开发技术能力的企业不到5%，具有国际竞争力的大企业更是凤毛麟角。二类企业指企业整体素质一般，企业有产品、有市场，并具有一定经济实力，但由于资金和技术投入不足，目前生产经营困难，企业暂时处于微利和潜亏状态。在二类企业中，一部分企业有产业发展前景和发展潜力，经过努力可以跃升为一类企业。另一部分企业没有企业发展前景，若不及时调整产品结构和提高技术层次，可能滑入三类企业。二类企业在辽、吉、黑三省分别约占36%、32%和40%。三类企业指企业整体素质较差，企业包袱沉重，没有产品，没有市场，工艺落后，缺乏自我发展能力，生产经营十分困难。在东北地区的辽宁、吉林和黑龙江三省，上述企业约分别占到13%、19%和21%。

应当说，在上述三类企业中，即便是效益较好和具产业发展前景的好企业，可持续发展的基础也很薄弱。同时，东北老工业基地资源型城市的国有企业在面临体制约束的同时，也面临着技术约束和产业掣肘。一方面，产业结构、产业组织结构、产品结构不合理，技术设备严重老化，企业负担沉重。另一方面，又缺乏技术改造的机制和结构调整的条件；企业机制僵化，技术更新速度缓慢，不合理的产业结构和沉重负担严重影响老工业基地国有企业的发展。除了体制、结构和产业等因素的制约外，日益增多的失业、待业人员更构成了严峻的社会问题。

2.1.4　思想观念保守，创新创业动力不足

创业就是组建新公司或开创新事业，同时代表以创新为基础的做事和思考方式。创业的本质是创造和创新，其核心在于不受既有资源等条件的限制而对机会的追求。从资源丰富到资源枯竭，从对资源的过度依赖到遭遇资源的约束，从"靠山吃山、靠水吃水"到山穷水尽，是老工业基地资源型城市的普遍经历和典型特征。老工业基地资源型城市发展接续产业的问题实际上也就是老工业基地资源型城市的转型、创新与创业问题。东北地区地处国境边缘，在计划经济体制和国家经济布局等历史与现实因素的综合作用下，人们商品经济观念、竞争意识、商业冒险精神和接受先进经营管理手段的速度均落后于其他大部分地区。由于创业资本匮乏，东北地区创业态势一直不理想。近年的全球创业观察（GEM）中国报告均显示，辽宁省属于创业一般活跃地区，吉林省属于创业不活跃地区，而黑龙江省则属于创业沉寂区。

伴随全国民营经济的大发展，东北地区民营经济创业活动也呈现高速迅猛发展的态势，民营企业的地位、作用和自身素质都发生了历史性变化。首先，民营经济总量快速增长，整体实力显著增强。以吉林省为例，到 2006 年末，全省民营经济实现经济增加值比 2000 年翻了两番多，年均增长 25.1%，大大高于全省经济平均增速，占全省 GDP 的比重达到 40%，比 2000 年提高了 25.8 个百分点。其次，资本规模不断扩大，经营领域逐步拓展。到 2006 年末，吉林省民营经济注册资金达到 1 097.5 亿元，是 2000 年的 3 倍。① 经营范围也从传统的商贸业、加工业拓展到现代服务、加工制造、电子信息、旅游、文化和教育等领域。再次，对经济社会发展贡献明显提高。一方面，成为吸纳就业的主渠道，另一方面成为财税收入的重要来源。仍以吉林省为例，2000～2006 年全省民营经济就业人数年均增长 9%，税收收入年均增长 28.8%。

尽管如此，与全国发展水平，特别是与发达省份相比，东北地区民营经济仍有较大的差距，主要是总量不大，产业层次不高；企业数量少、规模小，整体发展水平和竞争能力较低。首先，与全国比，民营企业所占比例偏低。2004 年黑龙江、吉林、辽宁三省全部民营企业占全省企业总数的比例分别为 67.5%、69.7% 和 59.4%，而同期全国平均水平为 78.6%，在全国有数据资料的 28 个省市区中，上述比例的位次分别为 23、26、28。不仅如此，辽宁和吉林两省较 2001 年还有所下降。2005 年吉林省民营经济从业人数占全部从业人员比重为 25.6%，而同期全国平均水平则为 40.8%。其次，与发达省份相比，民营企业高素质人员比例较低。例如，2004 年吉林省民营企业具有研究生学历人员总数占民营企业全部从业人员的比例 0.5%，而广东省这一比例为 2.25%；具有大专及大学本科学历人员总数占民营企业全部从业人员的比例为 22.7%，而广东省这一比例为 29%。再其次，与国有企业相比，民营企业具有高技术职称的人员比例低、企业科技投入低。最后，民营企业规模较小。例如，2004 年吉林省主营业务收入 1 000 万元以下的民营企业占全省民营工业企业数的 88.7%，主营业务超过 1 亿元的企业仅有 155 个，占全省民营工业企业数的 1.4%。②

创业的本质是超越既有资源的限制而对机会的追求。而资源型城市的显著特点之一就是对资源的依赖程度过高。因此，资源型城市的创业动力和导向先天不足。资源型城市对资源的高度依赖性主要表现在两个方面：一是资源是城市得以形成与发展的必要条件。如煤城鸡西、七台河、阜新等的兴起与发展主要依赖于当地的煤炭资源，大庆、松原的发展因油而兴，钢铁城市本溪、鞍山的兴起也完

---

① 别胜学：《实现腾飞　增强实力》，载《吉林日报》2007 年 4 月 19 日。
② 风险投资网：《借助风险投资　助推东北振兴》，http：//www.chinavcpe.com/research/special/2008－10－24/e32b4679cb1b1473.html。

全是因为铁矿的开采与冶炼。二是资源的储量、品位和禀赋直接影响着资源型城市的企业效益与城市生命周期。资源型城市的特点之二是资源型企业对城市发展具有重大的影响。资源型城市中，资源的勘探、开采、冶炼、加工、销售等在城市发展中占有举足轻重的地位，影响着整个城市经济的运行。这些主导企业绝大部分由国家投资，资金、人力、物力有保证，兴起较快，在短短的几年内形成庞大的规模。因此，这些城市易于形成官僚体系而不是创业体系。

2.2 东北老工业基地资源型城市社会基础现状和问题

东北老工业基地资源型城市在发展过程中大多存在着用人成本过高的历史问题，人员效率低下的问题在其他资源开发行业中也普遍存在。另外，因为这些畸形的产业结构使就业主要集中于资源开发、加工与经营的企业，这种情况在综合化程度较低的城市尤为明显。随着矿业开发进入中后期，就业矛盾日益严重。城市功能的单一化使其无法容纳城市产业结构调整带来的再就业问题，造成资源型城市失业率高。同时，由于资源枯竭型城市企业极其困难，政府财政拮据，致使勉强维持生存的最低生活保障政策都难以落到实处。改革开放以来，国家陆续关闭了一批东北老工业基地的资源枯竭型企业，实施了政策性破产，但是一些被关闭破产企业的离退休人员的养老金、工伤人员的医疗费和与此相关联的生活津贴、职工安置费的发放、企业办社会等，都已经成为老大难问题，难以保证职工的基本养老、医疗需要。目前在东北老工业基地资源型城市中，较大规模的职工群体性事件时有发生，社会治安也趋于恶化，社会不稳定因素日趋增多，处理不好将直接影响到我国今后一个时期的经济发展和社会稳定的大局。此外，由于自身的发展特点使东北老工业基地资源型城市在发展过程中的人力资源开发问题存在很多亟待解决的问题。

2.2.1 失业人员较多，再就业压力大

资源型城市，特别是资源即将消耗殆尽的城市，其就业矛盾明显比非资源型城市尖锐。因为资源型城市在发展过程中，由于资源产业的逐步衰退和资源企业的逐步退出，必然产生大量的下岗失业工人。这些下岗失业人员主要由三部分组成，一部分是由于资源的枯竭或资产重组而造成的企业减员，另一部分是因资源型企业的萎缩而造成的关联企业和缺乏竞争力的其他企业所产生的失业人员，还

有一部分则是因城市经济缺乏新的增长点而形成的新增长劳动力的失业。这些职工素质较低、观念落后，安置起来成本高、困难大。因此，资源型城市，尤其是资源枯竭型城市在产业衰退后的人员就业问题，已经成为现在城市经济转型和地区协调发展中普遍存在的矛盾。东北老工业基地资源型城市的就业问题主要有如下特点。

一、下岗人员数量多，贫困人口比重大

新中国成立以来，东北老工业基地资源型城市曾为国家社会主义现代化建设做出了巨大贡献。为适应高度计划经济体制的要求，东北老工业基地资源型城市聚集了大量国有企业。1994 年以后，国有企业的大面积亏损导致了下岗职工人数激增，加上教育体制改革和老龄化步伐加快等多种因素的影响，东北老工业基地资源型城市贫困和收入差距悬殊问题越来越突出。目前，东北老工业基地下岗职工占全国的比重非常高。2002 年辽宁省国有企业下岗职工达 76.5 万人，城镇登记失业人员 83 万人，城镇有就业需求的人员更是高达 160 万人。2002 年吉林省的失业人员已达到 80 万人，黑龙江省的下岗职工总数也有 60 余万人，这些人员的生活大多处于极端贫困的状态。据估计，整个东北老工业基地城市的生活困难人群达五六百万人之多，占全国城市贫困人口的 1/4。[1] 2000 年，中国反映一国居民贫富差距标准的基尼系数值为 0.414，超过国际公认的警戒线 0.4 的标准，而东北老工业基地资源型城市因受国有企业改革的冲击最大，下岗职工人数众多，收入水平极低。从低收入人群数量所占比例和这些低收入人群的实际收入水平推测，东北老工业基地资源型城市居民的基尼系数会远远超过全国平均的数据。根据西蒙·库兹涅茨倒 U 形理论，发展中国家经济发展过程中收入差距的长期变动趋势是"先恶化、后改进"，即收入差距的长期变动轨迹类似于一个倒写的 U 字。这意味着最初的经济增长通常伴随着收入差距拉大的现象。目前，市场经济规律在经济生活中起着越来越重要的作用，以价值规律为基本规律的市场经济规律本身就具有使收入差距扩大的内在动力。因此，东北老工业基地资源型城市居民的贫困问题和收入差距过大的问题在将来的一定时期内还有不断恶化的趋势。

由于失业导致的贫困问题严重，东北老工业基地一些资源型城市甚至出现了"啃老"的特殊社会现象。所谓"啃老"是下岗失业大规模发生之后出现的一个具有普遍性的问题，通常指近几年国有企业实行力度越来越大的体制改革，特别是推行国有企业民营化以来，一大批 40 年龄段和 50 年龄段的国有企业职工下岗

---

[1] 魏后凯：《破解"东北现象" 盘活三省经济》，载《中国经济信息》2003 年第 20 期。

失业后找不到工作，仅靠社会最低保障金的救济无法维持日常生活，如果他们的父母有退休金的话，他们可以从父母那里获得一些帮助，人们把这种现象称为"啃老"。"啃老"现象进一步说明东北老工业基地资源型城市国有企业职工群众的艰难境遇，也可以说，"啃老"现象的出现是经济体制改革、发展资源断裂和再就业资本枯竭等多种因素的综合效应。并且，这些因素的任何一种如果能向好的方向转化，"啃老"现象都不至于普遍发生。"啃老"现象说明时下的东北老工业基地资源型是一个病态社会，这个社会的功能发生了逆转，年富力强的中年人不但不能承担起供养老人和抚养子女的责任，反而要没有劳动能力的老人分担自己的生活费用。"啃老"现象还进一步证明东北老工业基地资源型城市国有企业下岗失业人员没有开展理性选择的能力和追求。"啃老"是在万般无奈的情况下才发生的，无论失业人员的条件多么差，只要他有一点可能，他都不会作为中年人去伸手找自己的白发老人要钱。所以，"啃老"可以看成一些失业人员已经山穷水尽，或者说他们在各方面的资源已经进入无可开掘、无可利用的状态。

在传统的计划经济体制下，资源型城市长期实行充分就业和计划分配的劳动用工制度，企业劳动力与实际用工需求不相匹配。特别是资源型企业，成了计划安排就业的重点，造成企业职工数量远远超过企业经济规模所需要的实际数量，企业冗员很多。此外，由于资源型城市以资源产业为主导产业，其就业结构自然呈现单一特性，职工相对集中于少数行业。正是由于从业人员相对集中于资源产业，因而资源型产业的衰退必然会导致资源型企业及相关企业大量裁减富余人员，资源型城市面临巨大的再就业压力。改革开放后，东北老工业基地资源型城市也开始了以市场为导向的整体社会转型。但是，资源的逐渐枯竭正使得东北地区的资源型城市面临着更为复杂的就业形势。在全国目前 69 座资源面临枯竭的城市中，东北三省有 33 个，其中辽宁 13 个，吉林 8 个，黑龙江 12 个。黑龙江有一半的城市属于资源型城市。在这些资源型城市中，除大庆市经济较好外，其他资源型城市的经济都直接或间接因资源耗竭而变得十分困难，全省 33 个主要矿井中已有 16 个进入资源枯竭期并被国家批准破产。随着资源的耗尽，许多资源型产业不断衰落，大量企业停产、半停产甚至破产，大批职工下岗失业。由于全国统一的劳动力市场尚未形成，使资源枯竭型城市很难像国外的矿业城市那样，走"矿竭城衰"这个最为节省的道路。地区分割的户籍制度和难以携带的福利体制，使矿业城市的职工很难出去寻求就业，这无疑阻碍了劳动力市场发育和限制迁移。

据 2003 年第三季度劳动力市场统计，在全国上报的 90 个城市劳动力市场中，10 座资源型城市第三产业用人需求为 55 152 人，占 57.8%；其他 80 座城市的第三产业用人需求为 1 713 018 人，所占比重为 66.7%，可见资源型城市第三产业的劳动就业率明显低于其他城市。而在下岗人员登记求职的人员中，资源型城市下岗求职人员占18%，高出非资源型城市同期求职人员的10个百分点，一高一低，两者相差近21个百分点。① 资源型城市的第三产业不发达与居民收入较低、终端消费需求疲软高度相关。据劳动和社会保障部劳动科学研究所课题组2004年对辽宁四个资源型城市的调查表明，该省四个资源型城市下岗、失业人员打零工、灵活就业的比例大，收入低。其中本溪市资源开采业的下岗失业人员占失业总数的21%，享受最低生活保障家庭总户数达3.8万户；抚顺市资源开采业的下岗失业人员占失业总数的16%，资源开采业中享受最低生活保障的家庭，仅矿区就有3.6万户，占总数的54%。资源型城市享受低保的人员普遍较多，有的甚至已占市区人口总数的25%左右，其第三产业在这种情况下很难发展起来。② 导致下岗失业人员社会资本贫乏的根本原因在于他们获取经济资源途径的丧失（下岗失业）以及单位制的解体。没有了稳定职业自然就缺乏维持各种社会关系的经济资本，各种社会关系网络必然不断收缩；而单位制的解体也使之能依靠的体制资源不复存在。对社会资本的利用仅局限在亲朋熟悉关系，而忽视对非伦理关系的就业服务与职业介绍中心的作用，一方面是因为中国是个伦理社会，人们有困难时首先想到的是亲朋好友的帮助；另一方面也因为单位制解体后，社区建设还在探索之中，未建立起完善的援助体系。在这种情况下，简单服务业成为了下岗失业人员灵活就业的主要依托，他们的劳动强度大，劳动时间长，收入低。由于下岗失业人员自身的人力资本低下（年龄大、健康不佳，又无突出的专门职业技能）或失灵，再加上他们社会资本的贫乏及利用上的局限性，劳动强度大、收入低的简单服务行业成为他们的无奈选择。

下岗职工数量庞大的同时，失业下岗人员及家庭成员收入微薄，生活处于相对贫困状态，在岗职工生活水平也大幅度下降，2004年辽宁省在岗职工平均工资为14 921元，本省所有的资源型城市在岗职工平均工资均低于这个水平，2004年辽宁省离岗职工平均生活费为2 199元③，抚顺、本溪、阜新三个资源型城市的离岗职工平均生活费均低于全省平均水平，其中，集体单位离岗职工平均生活费全省为319元，阜新低至39元。以辽宁省阜新市为例，2001年末，阜新市实有下岗职工12.9万人，占全市职工的36.7%；失业人员2.7万人，登记失业率为5.9%，居全省之首。在下岗和失业人员中，矿区占45%。随着煤炭资源的减少，矿区下岗职工逐年增加，到2005年，全市下岗职工、失业人员总数达

---

① 杨波：《我国资源枯竭型城市的失业问题及其对策》，载《西安财经学院学报》2006年第3期。

② 葛竟天：《鲁尔的经验与东北老工业区改造》，载《神州学人》2005年第4期。

③ 陈卫民：《我国人口城市化背景下企业职工基本养老保险制度的改革思路》，载《市场与人口分析》2006年第2期。

到 17.6 万人。2001 年，阜新市城市居民人均可支配收入 4 327 元，比全国和辽宁省平均水平分别低 2 533 元和 1 458 元。低于最低生活保障标准 156 元的特困居民有 19.8 万人，占市区人口的 25.6%。由于社会保障能力有限，实际纳入低保的只有 3.2 万人①。

二、下岗人员就业观念保守，再就业难度大

由于资源型城市产业构成的特殊性，使得高失业率和低劳动参与率成为东北资源型城市就业的突出表现，在劳动力市场结构不合理以及没有替代产业补充的情况下，这些资源枯竭型城市的就业矛盾和失业问题，比非资源型城市和资源未枯竭型城市的压力更加沉重。以抚顺矿物局为例，抚顺煤炭产业现有职工 15 万人，占抚顺市区人口的 30%，离退休职工近 5.8 万人，随着煤炭产量的逐年减少和煤矿的关闭，在未来 10 年中每年都将有大量的职工下岗失业，1998 年全局下岗职工为 8 087 人，2000 年为 15 867 人，另外还有 13 713 名依赖煤炭生存的集体职工将失去工作岗位。② 再有，根据统计数据显示，资源型城市的失业人口再就业率比非资源型城市的再就业率低了 4.3 个百分点，而资源枯竭型城市的失业人口再就业率仅为 38.67%，比非资源型城市低了 8.32 个百分点。东北地区之所以会出现资源型城市再就业率低的现象，一方面是由于产业结构的不合理，导致劳动力市场就业弹性变小；另一方面是由于失业人员对于再就业的心理预期值非常低，所以主动退出了劳动力市场的竞争。新中国成立初期，国家对能源原材料产品需求巨大，企业对技术贡献重视不够，片面以劳动力数量的投入来扩张生产规模，大量的低素质劳动力被容纳到企业中来，与此同时，企业长期忽略对在岗人员进行继续教育和技能培训，造成了职工素质低下，技能单一。也因为职工素质低下，接受能力相对较差，因而对复杂知识技术岗位产生畏难心理。另外，资源型城市人文环境建设先天不足，文化教育比较落后，与非资源型城市相比，职工素质普遍较低。一部分失业人员长期以来形成了等、靠、要的就业观念，随着市场观念的强化，再加上一部分已经从事灵活就业的下岗失业人员有了一定时间下岗和再就业经历，上述失业人员对现有的工作和生活方式都已经适应，同时他们也认识到获得一份稳定工作的不切实际性，他们对现有的就业方式都有着一定的认同感，这是一种自发性的认同，对现实的认同，但更多的体现的是一种无奈性的认同。

---

① 赵文祥、王鸥：《资源枯竭型城市的就业问题——对辽宁省阜新市就业问题的调查分析》，载于《党政干部学刊》2004 年第 1 期。
② 岳颂东：《解决资源枯竭型城市的社会问题刻不容缓——辽宁省抚顺、本溪、阜新市贫困、失业和人居环境问题的调查》，载《中国发展评论》（中文版）2005 年第 4 期。

在改革开放初期，东北老工业基地资源型城市的国有企业的职工们充满对国有经济将面临快速发展的信心，对政府提出的各种改革措施都予以支持，在工资比小商小贩低了很多的情况下，他们也不动摇对国有企业的信任，甚至开始推行下岗分流政策时，下岗职工仍然怀着国有企业终将克服眼前困难的信念，忍受生活遇到的贫困，而不去从事市场经济活动。可是，自大批国有企业实行民营化改革以来，国有企业的工人一批又一批地沦为失业者，人们的社会信任发生了变化，不仅下岗失业人员对政府的一些政策持怀疑和抵触态度，对企业的改革措施十分反感，而且其他社会成员也对改革的前途和下岗失业人员的命运忧心忡忡。在对抚顺、本溪、辽源、白城和双鸭山这些城市的调查过程中，从政府机关、企业车间到街头巷尾，都能够听到悲观不平的怨言，感受到前途无望的消极心理。

在东北资源型城市内，长期的计划经济体制就业政策造成企业内部沉淀了大量冗员，隐性失业严重，与此同时，下岗人员的隐性就业也很普遍，相当部分的下岗人员通过各种方式找到了有报酬的工作，但是就业机构无法统计进来。隐性失业和隐性就业同时并存的状况导致了再就业形势错综复杂，再就业各项措施收效甚微，再就业工程难度很大。国土资源部的调查显示，在资源型城市的劳动力市场，一般劳动力过剩，办事人员、商饮服务人员等一般劳动力供给远远大于需求，求人倍率分别为 0.4 和 0.7；而具有一定技能的生产运输设备操作工和专业技术人员又供不应求，求人倍率为 1.3 和 0.9。这说明我国部分资源枯竭型城市的劳动力素质结构明显不适应劳动力市场的需求。因为资源型城市的劳动力大多是在计划经济体制下，为了资源的大规模开采和开发需要，按照计划方式从全国各地和附近农村调集和招募来的。除企业的经营管理人员和技术人员素质较高外，占劳动力绝对比重的普通职工的素质普遍较差，文化程度和技能水平都很低。2001 年阜新市下岗职工中初中及以下文化程度占下岗职工总数的 71%，分别高于辽宁省 62.6% 和全国 53.7% 平均水平 7.4个百分点和 17.3 个百分点，同时，失业下岗者大部分是从传统产业分流出来的年龄偏大的职工，2001 年阜新市下岗职工中 40 岁以上的大龄下岗职工占下岗职工总数的 47%，大龄下岗职工改行比较困难，再就业有着相当大的阻力，再就业意愿也不是很高。[①] 资源型城市吸纳再就业人员的空间很小，类似阜新市这样的资源枯竭矿山，几乎没有吸纳安置新就业人员的空间，下岗职工和失业人员从事的多是临时性、季节性、流动性很强的非正规性就业工作，处于低质量、不稳定的状态。

———————————

① 赵文祥、王鸥：《资源枯竭型城市的就业问题——对辽宁省阜新市就业问题的调查分析》，载《党政干部学刊》2004 年第 1 期。

2.2.2　历史遗留问题较多，社会保障面临压力

稳定是发展的基础，东北老工业基地资源型城市发展，需要一个和谐稳定的政治局面作支撑。在实现跨步转型的东北老工业基地资源型城市，很多弱势群体成员的基本生存条件和生存尊严都面临挑战，社会稳定存在较大隐患。比如，在东北老工业基地，平均每个改制职工买断工龄的补贴是 9 000 元，也就是说，企业只要给职工 9 000 元钱，职工的养老、医疗等社会保障待遇就全部变成自己的事情，数以千万计的改制企业职工，被排除在社会保障的安全网之外，一旦这些职工年老体弱，生活不能自理，社会将出现严重的秩序混乱。

一、众多历史遗留问题亟待解决

在长期计划经济体制下，东北老工业基地资源型城市为国家创造了大量利润，为国家财政做出了重大贡献，资源型城市的劳动者也因此较其他行业享受着更高的工资、更多福利和更好的教育。在长期的计划经济体制运行中，我国实行高积累、全保障的政策，东北老工业基地为国家的发展提供了大量的自然资源、技术、人力以及财力的支持，社会保障由国家统一安排，公众不必为个人的生老病死担忧，因此，对社会保障资源的地方积累基本上属于空白。东北老工业基地资源型城市国有企业职工本应缴纳的养老保险、失业保险等社会保障资金被国家以国有企业利润的方式无偿提取，实际是将当时国企工作人员的保障资金强行进行了积累。这些国有资产中不仅凝结了这些工作人员的劳动投入，实际上还包含了应有的社会保障资金投入。而随着社会主义市场经济体制改革的深化，国家不断调整社会保障的相关政策，享受社会保障的统一性与累积社会保障资源的差异性不断扩大社会保障资源的缺口，形成社会保障的"历史欠账"。这种"历史欠账"在东北老工业基地资源型城市最为明显，这些欠账成为东北老工业基地资源型城市社会保障问题的一个最大"瓶颈"。

党的十四届三中全会以后，城镇企业职工的养老金制度引进了个人账户，由过去的现收现付制向社会统筹和个人账户相结合的部分积累制转轨，所以产生了养老金隐性债务问题。2001 年开始，国家逐步取消作为过渡措施的国有企业职工"下岗"制度，与失业保险制度并轨。面向所有企业，建立"社会统筹与个人账户相结合"的社会保障基本制度，是新型城镇社会保障制度的发展趋势。然而，由于东北地区国有企业职工社会保障资金历史欠账问题十分突出，建立社会保障制度的难度较大。改革以前，离退休人员可以按照政府制定的公式，定期地从所在单位领取退休金；改革以后，这部分退休金的现值成为政府所要承担的

养老金隐性债务。据估计，社会保险对 1 亿多国有企业老职工的社会保障至少欠账 119 万亿元。单以养老保险为例，2000 年东北三省资金缺口近 20 亿元。由于贫富悬殊问题日益严重，社会保障覆盖面较小，东北老工业基地资源型城市当资源枯竭的负面效应发生影响时，劳动者的生活水平迅速下降到其他城市、其他行业之下，但现行社会保障制度并未能保持资源枯竭型城市劳动者的优越，反而在实际上将劳动者在社保方面予以降低，他们将可能因此而对社会现状不满、引发群体性事件而威胁社会稳定。

我国养老保险制度实行"部分积累制"模式，个人和单位缴纳的养老保险基金被划分为社会统筹和个人两部分。社会统筹部分实行"现收现付制"，用于支付当期退休人员的养老基金个人账户是一种"完全积累制"，个人账户基金管理的核心是保值增值。目前，我国养老保障制度面临的主要问题是，养老基金统筹部分入不敷出，个人账户基金被拿到统筹基金中去，个人账户基金"空账运行"。东北三省社会保障改革试点的目的就是"做实个人账户"，即养老保险基金中个人账户里的资金不被统筹账户占用。做到这一点的关键涉及两个问题，一是资金，二是管理模式。从管理模式上来看，社会保障试点改革以后，并没有改变原有的基金统一管理、统一调剂使用的基金管理模式，社会统筹可以没有任何障碍地透支个人账户的基金，个人账户基本上还是"空账"。从资金来源上来看，如果国家不对计划经济体制下所形成的社会保障历史欠账进行补偿，社会保障资金的缺口无法弥补。计划经济下国有企业支付给工人的工资只相当于收入中购买消费品的那一部分，而教育、住房、养老、医疗等方面的工资资金全部扣除。这笔积累的资金被用于扩大再生产，直接形成国有资产。计划经济下政府统一扣除了相当于必要劳动 70% 的社会保障部分，社会保障的功能是通过国有企业单位来行使。按照社会保障支出与利率的关系倒推，目前的一部分国有资产应当属于国有企业职工的社会保障基金。

随着人口结构步入老龄化，东北老工业基地资源型城市养老基金出现越来越巨大的缺口。而且，在新的养老保险制度的执行过程中，东北的部分地区还存在着挪用在职职工个人账户资金用于发放退休职工工资的情况，造成个人账户空账运行严重，形成了新的债务。失业保险基金收缴情况不理想也造成资金短缺的问题。如辽宁省全省目前半数以上城市的失业保险基金收率低于 90%，其中个别城市的失业保险基金收缴率甚至不足 50%。至于针对东北地区国有企业下岗职工基本生活保障而采取的"三三制"筹资原则，也因为企业、社会筹资不足，而难以充分保障国有企业下岗职工基本生活。此外，由于东北老工业基地资源型城市多为工矿城市，工伤人员比例多，矿工退休年龄早，医疗费用中职业病、慢性病所占比例大，养老保险、医疗保险和失业保险方面的支出均高于全国平均水平,因此东北老工业基地资源型城市的社会保障负担沉重,资金短缺问题就表现得更为突出。

此外,任何一个国家的基本社会保障制度都是全国范围的统筹,收费、福利、标准统一,个人账户的设置和管理统一,覆盖全体国民或全体城镇居民。而我国现在的基本社会保障只有省市级范围的地方社会统筹,没有中央级别的全国统筹。由于收支亏损的省份都要由中央财政给予补贴,地方政府在与中央财政博弈时,便可能通过做大赤字的手段来获得更多的社保补贴,这种挤兑中央财政的机制可能会使中央财政难以承受。因此,目前必须在中央政策层面上解决整体统筹的问题,并对东北老工业基地进行适当的政策倾斜。另外,目前实行的中央、地方政府和企业按相应比例进行社保资金配套模式,实际上是一种顺序倒置、难以实行的资金筹措方式。因为依据此模式,只有企业的资金到位后,地方政府和中央政府的相关配套资金才能得到落实,现实情况是,由于计划经济时代多年来实行的超常规积累政策,东北老工业基地资源型城市国有企业的发展现状不容乐观,多数国有企业的相关资金很难到位,也就意味着中央和地方政府的相关资金配套实际上大多无法落实。

二、现行体制依然存在很多缺陷

根据中国社会科学院的调查结果显示:资源枯竭型城市社会保障中保障不足和过度保障问题都相当严重。一方面,有大约50%的下岗失业者并没有领取到下岗生活费或者失业救济金;另一方面,还有大约1/3的下岗者,在下岗时间超过3年后,仍然在领取下岗生活费。这是因为现有的社会保障体系的瞄准机制存在严重缺陷。就最低生活保障来说,虽然一些城市的最低生活保障金标准只有150元左右,但是,享受低保还有其他好处,比如孩子的学费减免、北方城市免除取暖费等,对一些家庭具有吸引力。然而,由于申请者通常要证明自己失去劳动能力或者无生活来源才能满额领取,一些家庭就采取办"残疾证"、"离婚证"等手段来应对。同时,最低生活保障设计方式为"二者择一",要么领取低保,要么去工作,这种设计方式鼓励一部分人退出劳动力市场。一些低保家庭的成员本来有参加劳动力市场的愿望,但是,低保领取方式限制了他们就业。在一些资源枯竭型城市调研时发现,由于担心会失去低保资格,一些有就业意愿的劳动年龄人口,不敢去工作,不愿迁移出去。此外,社区工作人员是否有积极性辨识与监督贫困人口。中国城镇反贫困主要通过社区这个平台,调研中发现,一些社区的工作人员收入水平不足当地平均工资的一半,但是,竞聘社区工作人员岗位者众多,而工资水平接近的社区公益型岗位却少有问津。这意味着社区工作人员能够从自己的职务中得到工资外的福利,可能就是灰色收入。社区工作人员决定着谁能领取低保，这个权力很大——某城市一个街道每月发放的低保金达到 140 万元。如果社区工作人员以此寻租，低保瞄准效果可想而知。

改革之初，社会保障制度是作为国有企业改革配套设计的。我国在 20 世纪 80 年代开始建立待业（失业）保险制度，并形成了失业保险制度与国有企业职工下岗相结合的失业保障制度，以维护就业市场化过程中的社会稳定。但是，这种社会保障制度涵盖的对象主要是全民所有制职工和部分集体企业的职工，一些小集体企业和绝大部分乡镇企业、私营企业的职工及城镇个体劳动者都被排除在外，导致社会保障的覆盖范围狭小。1999 年末，东北地区共有 10 821 万人口，其中城镇有权享受养老保险、医疗保险和失业保险待遇的人员，只占城市总人口的 10% 左右。

同时，由于经济发展水平决定社会保障的规模，社会保障制度在实施中需要国家、企业和个人的经济支持，保障范围愈广、规模愈大，所需要财力愈多。经济发展滞后、财政状况不良，社会保障的范围与规模就会相对窄小。发达国家由于经济发达，社会保障支出占国民生产总值的比例高，保障的范围广、规模大。我国由于经济落后，历年国民收入中用于社会保障的部分仅占总收入的 7%。而东北老工业基地资源型城市由于政府财政收入偏低，且国有企业以及集体企业因资源枯竭、经济效益不佳而无力纳费，私营个体经济参保率不高、缴费有限，加之个人因企业凋敝而经济困窘，社会保障基金的收缴艰难、欠缴普遍，社会保障体系的范围更窄、规模更小。

近年来，国家逐渐对资源枯竭型矿山实施了政策性关闭破产，资源枯竭型城市随之丧失了主导产业，而主导产业的关闭又迅速带来了相关产业的萧条、破产，导致下岗和提前退休人员的激增，社会保险参保人数明显下降。并且欠费数额巨大，养老、医疗、工伤等社会保险基金缺口不断扩大，入不敷出，严重影响了职工的正常生活。我国经济体制改革以前，社会保障基本采用"企业 + 社会"、"企业保障"两种模式，企业代替政府承担大部分社会保障责任。随着市场经济体制改革的推进和深化，"职工单位化社会保障格局开始向社会化保障的新型格局关系转变"，东北老工业基地资源型城市也是如此。在市场经济体制改革中不断推进与深化中，东北老工业基地资源型城市加大了政企分开力度，改变了企业与政府的利润分配关系，扩大了企业的自主性，企业保障与政府责任开始分离。同时，为了减轻企业负担，增强企业的市场竞争力，企业的部分社会保障功能被剥离出来，成为社会公共事业的一部分纳入到政府的责任体系。由于资源型城市的政府和企业都不同程度地面临一定的经济和财政危机，因此，形成了社会保障的一大缺口。抚顺矿业集团所属集体企业的 3 423 名工伤职工，由于各种原因，从 1995～2006 年的 11 年里，没有享受到应有的工伤保险待遇，涉及金额高达 2 700 多万元，远远超过企业的利润总值。尤其是一些矿山企业关闭破产后，仍然留下了一系列后遗症，不仅离退休人员和工伤、职业病人员医疗及各种生活津贴等问题难以解决，职工安置费也发放不到位，企业承担的各种社会职能也无法移交，并由于地方财政拮据而造成低保政策无法落实。抚顺矿业集团所属集体企业 3 423 名职工，从 1995 年起由于各种原因至今没有享受应有的工伤保险待遇。尤其值得注意的是，由于资源枯竭型城市企业极其困难，政府财政拮据，致使勉强维持生存的最低生活保障政策都难以落到实处。①

此外，当前的"养老保险、医疗保险、最低生活保障"这三条保障线，还不能覆盖所有范围。首先，在社会保险制度方面，我国社会保险资金已经转向社会统筹，但社会保险各个项目都远未做到"应保尽保"。东北老工业基地资源型城市还有一部分企业还没有加入社会保障体系，这既不利于企业之间的公平竞争，也不利于保护劳动者的合法权益，一旦这些未加入社会保障体系的人将来遭遇某种风险，都有可能沦为弱势群体，成为社会救济的对象，必将对社会稳定或政府财政造成极大的压力。其次，在社会救助方面，东北地区在体制转轨过程中，一些地方存在着将下岗职工的"虚拟收入"（实际拿不到下岗职工基本生活费）和困难企业职工不能按时领到的工资作为实际收入计算的现象，致使部分低收入居民不能进入最低生活保障体系，陷入贫困的境地。例如，在辽宁省社会保障试点工作开展过程中，由于失业保险基金承受能力有限，国家补助政策又不明确，一旦大批失业人员进入失业保险，使基金出现缺口一时难以弥补，因而没有将符合条件的人员都及时纳入失业保险范围，使得该省出现了失业保险基金有结余，但仍有相当数量的并轨人员在解除劳动关系后没能及时领取到失业保险金的现象。

由于无法通过正式就业的方式解决生存问题，东北老工业基地资源型城市的大批下岗人员只能以各种形式灵活就业。从事灵活就业的下岗失业人员虽然有着很强的社会保险意识，但由于收入低导致他们没有能力参保。城市下岗失业人员在没了工作后就没了生活的依靠，加上国家现在又在各方面加大社会保障的力度，因而他们对社会保险都是非常熟悉的，也有着很强的保险意识。但由于自身收入只能维持基本的生活，他们对各种社会保险也只能望洋兴叹、巧妇难为无米之炊，这些从事灵活就业的下岗失业人员的家庭成员（老、弱、病者）或多或少都享受着低保，而他们自身因现在还能从事劳动且要养家糊口而难能为自己以后的保障做准备。经济能力的限制只能是着眼于现在，过一天算一天。

同时，东北老工业基地资源型城市社会保障结构层次低、欠完整。经济发展

---

① 李文祥：《资源枯竭型城市的社会保障制度改进》，载《甘肃社会科学》2006 年第 6 期。

水平也决定着社会保障的结构。社会保障结构是指社会保障各个项目之间的比例及相互联系。如果经济发展水平高，政府、企业与个人拥有足够的经济能力，政府就能够满足社会成员多方面的社会保障需求，对养老、疾病、残疾、失业、生育等一般性风险都予以全面保障，使社会保障结构层次高、体系完整。我国由于经济发展水平低，政府只能立足最基本的社会保险和救助，实施最基本的社会福利与救助项目，社会保障的结构就表现为层次低、欠完整。而资源枯竭型城市由于经济力量有限、财政收入偏低，只能保障弱势群体的基本需要，社会保障的结构层次更低、更欠完整。从东北老工业基地资源型城市社会保障支出比重来看，由国有企业负担的养老保险所占支出比重最大，占所有支出的60%以上，由国家财政支出的社会福利与救助和社会保障补助也占相当大的比重，而医疗、失业、工伤、生育保险的支出份额相对很小。这说明东北老工业基地资源型城市社会保障制度的社会化程度不高，保障项目支出结构还不平衡，从而造成了国家财政和国有企业保障负担过重。而且由于难以实现社会保障资金的有效筹集，保障充足供给，东北老工业基地资源型城市难以依据"大数法则"找到自身社会保障水平的适度点，以保证有充足的基金存储额和给付能力来应对社保问题，维持社会和谐稳定发展。

2.2.3　人力资源开发滞后于经济社会转型

20世纪50年代以来很多西方经济学者的研究表明，经济落后地区要进入经济发展阶段，最重要的因素不是物质资本，而是人力资本。高素质的人力资本，不仅是推动产业结构高级化和产业发展的重要因素，也是衡量经济发展水平的重要指标之一。自然资源的不可再生性决定了资源型城市必须转型。资源型城市依赖当地自然资源只是其发展过程中的一个历史阶段，不能靠自身的力量"造血"。因此，资源型城市发展的轨迹应该是：自然资源开发——自然资源开发与人力资源开发相结合——人力资源开发。最终只有通过人力资源如人的文化素质、劳动力熟练程度、企业家精神、组织管理水平等因素达到"矿竭城荣"，推动资源型城市实现可持续发展。人力资源开发可以为经济发展提供强大的智力支持，是促进资源型城市发展接续产业的重要因素。东北老工业基地资源型城市目前正处于自然资源开发与人力资源开发相结合，但人力资源的开发还很薄弱的过渡阶段。只有最终摆脱对自然资源的依赖而发挥人的主观能动性，大力开发人力资源，这些资源型城市才能走向经济、社会和环境的可持续发展。近年来，资源枯竭型城市在寻找接续产业、振兴地区经济的过程中，纷纷上马了不少项目，投注了大量物质资本，然而却普遍忽略了人力资本的更新、提升与积累。东北老工业基地资源型城市目前的人力资本格局存在的深层问题是低层次人力资本供给过剩并大量闲置或失效，中高层次的人力资本供给不足且外流现象严重，造成人力资本存量结构严重滞后于产业结构调整和升级的局面。

一、思想观念保守，就业结构不合理，人才流失严重

东北老工业基地资源型城市中的人力资源是在长期而严格的计划经济体制中形成的，煤炭、石油、金属等矿产都是国家必须控制的资源，开采这些资源的企业也只能是一些规模庞大的、按照国家指令计划运行的国有大型企业，所以在阜新、抚顺、辽源、铁力、伊春等资源枯竭型城市中闲置的人力资源主要是长期在国有企业中工作的职工。长期在严格计划经济的国有企业里工作，形成了国有企业地位高，工业企业是主导产业等企业观和产业观，习惯于"等、靠、要"，对个人努力和个人竞争陌生、畏惧，瞧不起千方百计赚取私利的商贩经营，厌倦市场经济活动等思想观念，不仅限制了职工群众人力资源的发挥，而且这些思想观念的存在本身就是人力资源萎缩的表现。

在计划经济体制下，国有企业既是经济单位也是社会单位，国有企业职工不仅在其中从事工业生产，而且还要依靠其享受福利、获取保障、展开日常生活。国有企业长期实行的僵化保守的指令性计划经济体制，不仅使国有企业职工适应了被动服从、排斥竞争、放弃选择的工作方式，也养成了安于现状、不愿进取和惧怕风险的生活方式与行为方式，这些都可以视为制度因素赋予东北老工业基地资源型城市人力资源的特点。

除了计划经济体制和国有企业制度对东北老工业基地资源型城市人力资源造成了难以排除的稳定影响外，还有自然资源的本质特点对资源枯竭型城市人力资源也造成了更加根深蒂固的深刻影响，而这一点是研究资源枯竭型城市人力资源时往往被忽视的。人们常常以直观的眼光看待作为劳动对象的自然资源，认为人类以不同的生产方式作用于劳动对象就一定会使它发生不同程度的变化。这个观点没有错，但是仅仅看到了问题的一个方面，另一方面是，劳动对象也以自身特点规定着人们的生产方式。土地、农作物这些不易移动的劳动对象，使农民形成了固守田园、不愿迁移的农业生产方式，并且进而形成了乐于稳定、惧怕变化，习惯熟悉、排斥陌生，安于重复、懒于学习等风俗习惯。费孝通曾对此做出了深刻论述，他称之为以土为本的乡土文明。土地是不能移动的，以土为本就必然形成了稳定难变的静态特点。石油、煤炭和金属矿藏等自然资源，虽然不像土地那样不可移动，并且只有将之从蕴藏处开采出来、运输出去才能完成任务，但是，这些资源的蕴藏地点或区域也是固定的，同商业贸易和饮食服务等行业面对的工作对象相比，这些自然资源无疑是稳定的存

在。就其蕴藏的固定性、自然性和客观性等特点而言，石油、煤炭和金属矿藏等自然资源同土地资源一样，也是使劳动者安于稳定、习惯重复的劳动对象，所以以土为本的农民的劳动方式和生活习惯，在以矿产资源为本的资源型产业的从业人员身上同样会表现出来。正是劳动对象和劳动方式的这些共同性，人们在划分产业类型时把采掘业同农业一同划归为第一产业。这里揭示了影响东北老工业基地资源型城市人力资源开发的客观因素，但是我们注重的不是这些客观因素，因为直接影响这些资源型城市人力资源开发的不是这些客观因素，而是由这些客观因素制约而成的劳动者和专业技术人员的僵化保守的思维方式、行为方式和生活方式，而这些都是制约东北老工业基地资源型城市人力资源开发的主观性障碍。

东北老工业基地资源型城市的发展以资源产业为支柱，资源产业属于劳动密集型产业。在资源型城市兴起的初期，资源的开采需要大量的工人，对于从事这一产业的劳动力来讲技术水平要求不高，在当时计划经济条件下国家调集大量的农村青壮劳动力到矿区进行资源开采，这些劳动力绝大多数文化程度不高，只能从事简单的体力劳动。虽然在这些资源型城市也有科技人员、管理人员和技术人员，但毕竟人数不多，且由于科技的进步及社会的发展，与综合性城市相比较，这些管理和科技人员普遍存在知识老化和结构不合理的现象，综合素质不高。管理人员多半是从学采矿、冶炼等专业技术人员中选拔，学习经济、管理、社会等专业的毕业生很少，因此，资源型城市人员结构主要以工科为主，这样的人才文化结构从长远来看，也影响着东北老工业基地资源型城市的可持续发展。

另外，尤其值得指出的是，东北老工业基地资源型企业技术人员出现的断层问题，也到了令人担忧的程度。据统计，全国煤炭系统的大中专毕业生，只有不足5%的学生愿意去企业工作。企业生产第一线的技术人员多以20世纪50年代和60年代毕业的大学生为主体。造成这种供需落差的原因，主要是劳动力的知识结构不合理，劳动力的技术提供与生产需要不协调。在资源型企业普通不景气的情况下，企业的生产设备、技术更新都有一定困难，因此又造成了对技工需求的减弱。形成各城市技工培训载体的技工学校严重萎缩，导致技工人才严重不足。比如，在煤城抚顺，全市30多所技校，现在只剩下3所，形成了企业越是不景气，越是不需要技术人员，越是缺少技术人员，企业越是不景气的恶性循环，从而成为影响整个国民经济持续健康发展和社会政治稳定的紧迫问题。而且，由于体制的原因，东北老工业基地资源型城市在发展的过程中企业与地方政府相互分割，"大企业，小政府"的现象是东北老工业基地资源型城市非常突出的特点之一。企业有企业自己的"子弟"学校，地方政府也有自己的学校，企业学校与市政学校各自办各自的教育，并且这些学校隶属于不同的教育主管部门，所以企业有自己的教育主管部门，学校按照自己的主管部门的要求运转，与市政学校互不联系，以至于重复建设严重，浪费了大量的资源，这样最终的结果是教育资源薄弱，直接影响了教育质量的提高。

与此同时，东北老工业基地资源型城市高层次人力资本外流现象十分严重，如高级技术工和大学生等，这对于城市产业和经济、社会的长远发展无疑是雪上加霜。改革开放后的 20 多年里，黑龙江省人才流失达 20 万人[1]；1993 年以来，吉林省每年人才流出量是流入量的 3 倍以上；由于前几年部分国有企业经营状况不好，辽宁省大量高技能人才也曾大量外流。以辽宁为例，三年来，引进博士 2 178 人，但流出 1 913 人，相抵仅留下 200 余人[2]。这与振兴东北老工业基地对人才的需求目标相去甚远。调查中我们得知，抚顺石化三厂和矿区的一些高级技术工人中很多选择到南方的一些石化企业和山西的矿区发展，因为那里能提供给他们更优厚的个人待遇和更良好的发展空间。而且南岔和抚顺等地的大学生毕业后也都很少选择回家乡发展，而是选择了经济发展前景良好和充满活力的城市。资源型城市不利的区位条件、交通的落后、信息的闭塞、工作条件的严酷、待遇的低下、生活条件的艰苦及自然环境的严重污染与综合性城市比较起来，人口流动的"推力拉力"差在不断增大，东北老工业基地资源型城市人才流失到发达城市的数量越来越多。据统计，本溪市近几年来，每年送走大专以上大学生 6 000 人以上，大量的毕业生留在外地工作，回到本溪工作的不到 10%。资源型城市的人才流失使资源型城市的人才更加缺乏，让这类城市的发展雪上加霜。虽然每年也有少数的研究生和本科生到资源型城市工作，但这少部分的毕业生主要在行政事业单位、学校、医院，到资源型企业工作的很少。有数据显示，辽宁省专业技术人员 74.31% 在事业单位，只有 25.69% 在企业；高级职称专业技术人员 78.95% 在事业单位，只有 21.05% 在企业；其中正高级职称的人才 96.9% 在事业单位，仅有 3.1% 在企业。[3] 一是行政事业单位工作及待遇比较稳定；二是资源型城市大多分布在偏远落后的地区，人们的意识还不解放，官本位思想还比较严重；三是资源型企业的工作环境不佳，待遇不高，且工资随资源市场的波动不稳定。这样的结果是企业单位的技术人员缺乏，技术水平低，管理水平落后，极大地影响了资源型企业的发展，进而导致资源型城市的可持续发展能力滞后。

---

[1] 赵卓莉：《对黑龙江省人才流失情况的调查分析》，载《哈尔滨市委党校学报》2006 年第 5 期。
[2] 刘元春：《东北老工业基地人力资源问题研究》，载《商场现代化》2005 年第 24 期。
[3] 王寰瞳：《辽宁实施人才强省战略面临的问题与对策研究》，载《东北大学学报》（社会科学版）2005 年第 6 期。

二、人力资源过强的专用性形成了难以消除的沉淀成本

东北老工业基地资源型城市三次产业结构特征是：第二产业在国民经济中占主导地位，其比重已超过或远远超过第一产业，但在质上还没有达到成熟的程度，吸收最先进的科技成果的能力还比较薄弱；第三产业的比重明显上升，但仍低于第二产业。三次产业的未来发展趋势是工业和农业的比重相对下降，第三产业的比重继续上升。因为工业的发展需要第三产业提供各项服务，科研、教育、咨询、物流、信息业等必然有相应的发展。面对传统的资源依赖型产业的转型和调整，东北老工业基地资源型城市纷纷提出了由资源开采向资源深加工转型的发展道路，由单一开发资源向综合利用资源转变。例如，抚顺市在 20 世纪 80 年代初就确立了发展"油头、化身、轻纺尾"一条龙的工业体系，以精细石化产业替代传统的煤炭产业。坚持改造传统产业与发展新兴产业并重，以高新技术产业改造传统产业。综合开发利用煤炭、石油、煤层气、油母页岩等资源，延长产业链，开创多品种、规模化、效益化的发展局面。随着森林资源的减少及天然林资源保护工程的实施，伊春市大幅度调减木材产量，已由最高年份的年产 780 万立方米调减到目前的年产 137 万立方米。为了尽快地调整产业结构和产品结构，实现伊春经济的良性循环，2000 年，伊春市提出了重点扶持和培育木材精深加工、北药开发、绿色食品及生态旅游四大优势特色产业。

产业结构的调整和升级不仅需要政策和资金的投入，更需要高素质人力资本的支撑。美国经济学家舒尔茨提出人力资本在现代经济增长中起着关键作用，他指出：人的知识、能力、健康等人力资本的提高对经济增长的贡献远比物质、劳动力数量的增加重要得多。作为掌握一定知识和技能的劳动力即作为高级劳动力形态的人力资本，其产业配置规律应当与一定时期产业发展的要求和产业结构变动规律相一致。纵观世界发达国家产业结构的变动趋势大体上符合了这一规律。然而东北老工业基地资源城市的人力资本供给结构却严重滞后于产业结构的优化和升级。

人力资本表现出很强的组织依赖性特征。在现代经济条件下，人力资本产权主体通常需要加入特定的组织，与其他人力资本产权主体或物质资本产权主体分工协作。否则，人力资本的价值增值不能实现。不仅如此，人力资本产权主体一旦进入特定的组织，该组织就会对他构成天然的退出壁垒。这主要表现为两方面：第一，人力资本与物质资本的相互依赖性。离开了物质资本，人力资本就丧失了"用武之地"，甚至可能丧失赖以谋生的"饭碗"。第二，人力资本的专用性。这种专用性来自企业中的"干中学"，是针对特定组织和特定工作所进行的知识和技能投资。人力资本这两方面的特点在东北老工业基地资源型城市表现得

尤为明显。工人人力资本的发挥是与自然资源和产业资源紧密相连的，其专业技能是与开采或采伐煤炭、石油和森林等产业资源对应的一些技术工种，技术含量和技术等级都比较低。

人力资源通过学习而成，这是人力资源同主观意识直接同一的最突出表现。主要由知识和技能构成的人力资源，一定是经过学习才能形成，而学习不仅是一种明确的意识活动过程，而且它还必须在一定的意识积累的基础上才能有效进行，所以学习是意识活动不断持续、不断展开的过程。并且学习的结果存储于心理结构之中，积淀为知识结构并进一步转换为能力结构，经过这些环节人力资源才得以形成。从人力资源的形成离不开学习而言，人力资源的主观意识性是十分明确的。形成人力资源的学习方式是不同的，而不同的学习方式形成了不同形式的人力资源，并规定了人们对自己人力资源的自觉程度。一般说来，专业训练和经验积累是形成和提高人力资源的两种基本学习方式。专业训练是一种特殊性学习，是特殊知识、特殊能力的训练。正是专业训练的这种特殊性，使受训练者能明确意识到自己专业知识的形式与内容，明确意识到自己专业能力的程度与价值。专业训练又是一种理性训练，是通过在专业教育中对专业概念、专门方法和系统理论的认识，对专业模式计量分析和逻辑推理的掌握而形成的。如果人们没有经过专业训练，仅仅通过经验积累也可以形成人力资源，并且经验积累的程度和时间也能同人们对其人力资源的自觉程度形成正相关关系。在东北老工业基地资源型城市失业人员再就业行为的调查中，可以发现很多从某个生产线上下来的工人，尽管他们通过多年的生产实践积累了一些诸如车、钳、铆、电、焊技术，但是由于这些技术缺乏专业训练，仅仅是长时间的经验积累，这些经验同他们依附的生产线或生产过程直接同一在一起，一旦需要将这些经验性的生产技术转移到其他生产线或其他行业，人们便会产生担心畏难情绪。

从人力资本适用范围来看，大量文献将人力资本划分为通用性人力资本和专用性人力资本两类。通用性人力资本与专用性人力资本的一个重要区别在于：前者的适用范围和流动转换领域很大，而后者则很小。行业或职业专用性人力资本则介于通用性人力资本与企业专用性人力资本之间，既没有企业专用性人力资本那么专用，又比通用性人力资本的适用范围窄得多。当劳动力长期就职于某一行业或职业，掌握了行业或职业专用的知识技能后，相应的就会形成行业或职业专用性人力资本。即便这些劳动力进行职位流动，首先也会在本行业或职业范围内搜寻，这是为了继续获得相应的专用性投资收益。轻易转换行业或职业，会造成人力资本投资存量结构中某些内容成为沉淀成本，出现某些技能的迅速贬值。

随着特定矿产资源的逐渐枯竭，整个资源依赖型产业链的长期维持就变得不可预期，激励专用性人力资本投资的长期交易环境就不复存在，所积聚的专用性人力资本就有很大概率会成为沉淀成本。以阜新市下辖的新邱区为例，2001年该区国有煤矿全部破产，造成1.5万名煤矿职工失去工作岗位，在全区6万多城市人口中，各类下岗失业人员达2.3万余人，占有劳动能力人员的52%。这些长期从事煤炭开采和加工处理工作的劳动力，积聚了大量的针对煤炭产业的专用性人力资本，劳动技能单一，一旦下岗失业后，只有再就业于和以往相同或相似的企业（岗位），才不会造成专用性投资的贬值和沉淀。但是，如果整个区域由于资源枯竭，相同或相似的岗位大量衰减，而且如果存在针对资源枯竭型城市的地域专用性人力资本，劳动力就不愿意跨地域转移，则以往针对特定资源的专用性投资成本势必无法收回。1997年阜新市就业人口中，采掘业为9.95万人，制造业为12.90万人，而到2002年，采掘业降为4.09万人，制造业仅为2.68万人。由于煤炭采掘及与之配套的制造业职位大量衰减，拥有专用性资本的下岗失业劳动力无法搜寻到匹配岗位以发挥人力资本的潜在价值。[1]

此外，当劳动力长期就职于某一体制环境后，所形成的人力资本在知识技能、人际关系、价值观念、思维方式、行为能力等方面带有体制特征。在计划经济体制下甚至在体制转轨初期，东北老工业基地资源型城市多数人员在国有企业中就职，国有企业实际上都在持续地与其内部职工签订一种提供完全保险的隐性的长期雇佣合约。国有企业保证职工端的是"铁饭碗"，没有失业、下岗的威胁，职工也不可能自由变换工作单位（调动工作受到计划指标的严格控制）。由于这种长期合约的存在，国有企业和内部职工都会预期到双方的交易关系是相当长的（从进入企业到退休再到退休后），也都没有中断交易的激励，于是，国有企业与内部职工共同为服务于这种体制的专用性人力资本进行投资。既定的体制专用性人力资本在另外一种体制下是会贬值的，一旦外生变量（如始于1997年的在国有企业实行的大规模下岗方案）导致这种（隐性的）长期雇佣合约突然中断，原有合约安排下针对体制专用性人力资本的权利承诺就无法兑现，这时无论是国有企业还是内部职工都无法及时调整其对体制专用性人力资本的投资，造成很多预期收益都无法得到补偿，产生了大量的沉淀成本，由于这些成本在另外的体制下无法完全收回，造成了所谓的"人力资本黏性"和"人力资本失灵"现象。

国有企业职工的人力资本同其岗位是紧密联系在一起的，资源型国有企业尤其如此。国有企业职工的人力资本只有附着在原来的工作岗位上才是有效的，而当他们一旦离开了国有企业的工作岗位，他们的人力资本就失效了。就数字统计

---

[1] 赖德胜、孟大虎：《专用性人力资本、劳动力转移与区域经济发展》，载《中国人口科学》2006年第1期。

而言，在职人员和离职人员人力资本的统计都是符合实际的。但是，如果考虑到配置性资源断裂和自然资源枯竭引起产业资源和就业资源枯竭，就会发现实际情况远比数字统计复杂得多。因为，东北老工业基地资源型城市中作为社会成员主体的国有企业职工，他们的文化教育和专业技术培训，只有相对于特定的生产活动才是有效的。在某个生产线或某个专业工作多年的工人和工程技术人员，他们的人力资源已经相对固化了。而当他们曾经长期工作的生产线和专业因为配置性资源和自然资源断裂而停产后，他们的专业技术也势必失效。如果这个判断成立，那么意味着东北老工业基地资源型城市国有企业职工的专业技术水平越高，他们遭受的损失也越严重，他们寻找新职业的负担也越沉重。例如，与1999年相比，2002年中国国有企业的职工减少了约1 357万人，东北地区就占16.12%。分行业继续考察，从事采掘业的国有企业职工减少了约176万人，东北地区占25.20%。① 而与临时职工相比，长期职工所拥有的各种类型的专用性人力资本无疑是较高的，尤其是这些长期职工拥有的体制专用性人力资本是最高的，一旦离岗，所拥有的体制专用性人力资本就无法收回全部的投资成本。

当然有些专业技术可以在几个领域中通用，如果具备的是通用性较强的专业技术，可以适当寻找新的空间。然而，大部分在东北老工业基地资源型城市国有企业中工作的职工，其专业技术通用性有很大的局限。因为东北老工业基地资源型城市国有企业大部分是资源采掘和初级加工企业，同其他行业生产有很大的距离。从事这种工业生产的工人和工程技术人员，一旦离开原来的生产线很难找到新的工作岗位。

2.3 东北老工业基地资源型城市生态环境现状和问题

资源产业是严重的环境污染和破坏型产业，特别是煤炭开采和洗选、石油开采与炼制、黑色和有色金属开采与初加工等行业，对人类生产生活，对土地、水体、空气、地质环境、自然景观和生物种群影响较大，破坏性较强，致使大多数资源型城市城区和矿区的环境污染和生态失衡程度远超过一般工业性城市，生态环境形势极其严峻。因此资源型城市面临的环境保护方面的压力远比其他城市要大。东北老工业基地资源型城市的经济发展大部分是以牺牲环境和资源为代价而取得的，重生产，轻保护，以完成和超过国家指令性生产指标为目的，在生态环境保护方面

---

① 国家统计局：《中国统计年鉴》（2000、2003），中国统计出版社。

形成了严重的历史欠账。由于受历史时期的限制，多数东北老工业基地资源型城市对环境问题的认识不够充分，加上技术发展水平的限制，这些资源型城市的环境治理欠账普遍较多，矿产资源开发利用过程中对生态环境产生的危害，由于资源型企业忽视环境建设与环境保护，着眼于当前利益，对自然资源长期地进行过度开采与利用，导致资源型城市的环境持续恶化。在资源的开采与利用过程中严重污染环境，排出大量废气、废水、废物，水土大量流失，地质灾害增多，对水体、大气、土地及人们的生活健康和社会经济活动构成了极大的危害。

2.3.1　生态资源损耗较大，生态环境不断恶化

　　近百年大规模开发使得东北老工业基地生态环境严重恶化，问题突出。20世纪以来，由于短时限高强度的大规模开发，东北老工业基地生态环境发生了巨大变化。20世纪初期、中期俄日殖民者对铁矿、煤炭等尤其是森林资源的疯狂掠夺，对东北老工业基地资源与生态环境造成了极大破坏。新中国成立以来，作为我国具有战略意义的老工业基地，大规模的工业开发与污染治理的滞后使得东北地区的资源消耗极大，生态环境严重恶化，甚至有学者指出东北地区生态环境接近不可恢复的临界状态。

一、生态资源高度破坏，生态功能过度衰退

　　东北地区是我国最大的木材生产基地，但长期的"重采轻育"和"重取轻予"，使得林区于20世纪80年代中期全面进入可采森林资源枯竭的危难困境。据统计，与新中国成立初期相比，东北北部和东部山区、半山区天然林锐减，天然林面积由6 500万公顷下降到5 787万公顷，每公顷蓄积量由172立方米下降到84立方米。同时，大部分天然原始林变成了次生林，质量显著下降，生态功能严重衰退。辽宁省由于多年来采补失调及乱砍滥伐，使得天然林面积减少，原始森林几乎绝迹；天然防护林比例偏低，只占天然林面积的22.9%；尤其是龄组结构不合理，幼龄林和中龄林面积占天然林面积的81.8%，近熟林、成熟林和过熟林仅占天然林面积的18.2%，生态功能严重削弱。森林砍伐和矿产资源开采导致城市与乡村生态失衡。伊春林区自开发建设以来，其区内国有森工企业长期超负荷承担国家木材生产任务，最高年时产量达到750万立方米，年均消耗蓄积800万立方米，消耗量超过生产量1倍。特别是进入80年代中后期，林业陷入了"两危"境地，积淀了诸多矛盾，当前的森林资源情况异常严峻，同时由于可采林木资源枯竭，多数以木材为原料的加工企业被迫停产或半停产。伊春市（包括伊春林管局、嘉荫县、铁力市、伊春市区及带岭局）近几年林业用地

面积正在逐步减少，而非林业用地面积有上升趋势。更严峻的是，截至2003年末，伊春市活立木总蓄积量已经由1953年第一次森林资源调查时的4 300万立方米下降为2 100万立方米，森林蓄积比开发初期下降了55%。可采成过熟林蓄积仅剩680万立方米，比开发初期减少98%。全市所属17个林管局中已有12个林业局无林可采，其余5个林业局也严重过伐。现在生产的木材，相当一部分是不得不忍痛采伐的中龄林。有鉴于可采林木资源的逐步枯竭，近几年伊春市木材产量也在逐年调减，并于2004年9月1日实施了禁止在伊春境内采伐天然红松林木的规定，木材产量的大幅下降已经将那些单纯依靠原材料粗加工的林产工业逼上了绝路。[①]

近些年，黑龙江省伊春市干旱和山洪等自然灾害频发，对周边区域和整个东北、华北等地的天然屏障作用也明显降低。大庆由于油田开采和人为破坏，生态环境严重恶化，荒漠化土地面积已达到1.03万平方公里，占全市总面积的48.6%。油田开发40多年间，草原面积净减少1 500平方公里，退化总面积达4 700平方公里，占草原总面积的71.8%。同时，草原退化、沙化和盐碱化面积日益扩大，已达84%。特别是近20年间，矿区草原面积净减少15.1万公顷，71.82%的草原退化，中轻度盐碱土地面积每年以667多公顷的速度增加，重度盐碱土地已达7万公顷。同时，土壤和水质污染日益加重，湿地面积不断萎缩；此外，大庆为油田供水，致使地下水水位大幅度持续下降，下降漏斗已接近5 000平方公里，地面变形严重，如任其发展下去，油田及周边地区地下水将面临枯竭的危险，所有这些因采油引起的地质环境问题已接近该地区的环境容量和承载力极限，影响了当地居民的正常生活，同时也阻碍了大庆油田自身及周边地区经济社会的可持续发展。近几年，尽管大庆市的造林面积保持了年均30万亩的速度，但由于历史欠账较多，目前全市森林覆盖率为9.1%，低于全国7个百分点，低于全省32个百分点，低于国家规定的平原区绿化面积1个百分点。[②]森林防御和降低自然灾害的能力较弱。现有人工林东南部较多，而主要风害方向西北部较少，而且西北部造林难度大，树种单一，结构还不够合理。在油田开采区，植被破坏严重，环境受到污染。油田开发过程中修建油田路、埋设各种管线、挖掘引水渠和排污渠、建筑油水泵站及厂矿等，占据了大面积草原，并将草原条块分割得支离破碎，裸地面积扩大。由于管、线、路的阻隔，排水不畅，形成新的坑塘和闭流区，井台周围落地原油、泥浆地、排污池、洗井废水对植被、土壤、水面造成污染。矿产资源开采和森林砍伐还破坏了自然地貌景观的美观和

---

① 马河滨：《黑龙江森工林区森林可持续发展问题》，载《森林工程》2000年第5期。
② 颜祥森、赵树民：《大庆可持续发展的成功实践》，载《大庆社会科学》2003年第3期。

完整性。采矿造成大量的坑矿、沉陷区和排土场等，特别是露天采矿破坏地貌景观非常严重。在一些自然保护区、风景名胜区、森林公园、饮用水源地保护区以及铁路、公路等交通干线两侧，可看到采矿留下的痕迹，不但破坏了自然环境，还影响到一些自然景观。

二、工业污染严重

许多东北老工业基地资源型城市地下水均衡系统受到破坏，水和空气污染严重。采矿破坏地下水均衡，导致地下水位下降，出现大面积地下漏斗。因采矿产生的废水、废液排放总量占工业废水排放总量的 10% 以上。矿山附近地表水体，常常作为废水、废渣的排放场所，遭受污染东北地区主要流域的水污染问题已经相当严重。辽河流域是我国水污染最为严重的流域之一，70% 以上断面为劣 V 类，基本丧失环境功能。松花江流域河流水质超标率枯水期为 87.5%，平水期为 68.8%，丰水期为 75.0%。2004 年，松辽流域水质污染依然比较严重，在评价总河长中，四类以上（包括 IV、V、超 V 类）水质占 63%。2005 年，辽宁省 6 条主要河流中，除鸭绿江为 II 类水质外，浑河、太子河、辽河、大辽河、大凌河均为超 V 类水质，在 36 个省控干流断面中超 V 类水质的断面占 69.4%。吉林省 2004 年监测数据也显示，16 条主要江河的 63 个水质断面中好于 III 类水体的占 33.4%，IV 类水体占 20.6%，V 类和劣 V 类水体占 46%。其中，辽河流域 V 类和劣 V 类水体占 76.9%；松花江流域 V 类和劣 V 类水体占 40%。东北地区污染性行业大多集中布局在资源型城市密集区，使得城市河段污染突出。辽宁省的资料表明，浑河流经抚顺、沈阳两市后，水质由 II 类恶化到超 V 类。太子河流经本溪、鞍山两市后，水质由 IV 类恶化到超 V 类；大凌河流经朝阳、锦州后，水质也由 II 类恶化到 V 类，且多项指标超过 V 类水质标准。[①]

矿山开采和燃烧过程中，排出大量二氧化碳、二氧化硫、一氧化氮及含有重金属、放射性元素的粉尘，造成大气污染，其带来的严重后果是酸雨及温室效应。煤矿开采时钻孔、爆破产生的尘埃及从地下释放出有毒有害气体，可以造成大气污染，最常见的如开采过程中排放的二氧化硫对大气的污染。同时露天矿煤层自燃、废石堆（特别是煤矸石）发生氧化、自燃释放出大量有毒有害气体，废石风化后形成细粒物质和粉尘以及尾矿等，在干燥气候与大风作用下产生尘爆，也会对大气造成污染。此外，矿石物理粉碎、煅烧及矿石、废石

---

① 陈群元等：《东北老工业基地振兴面临的城市化问题与对策》，载《城市规划汇刊》2004 年第 2 期。

运输过程中，与大气直接接触，粉尘气体游离到空气中也会造成污染。在废气排放方面，东北老工业基地在资源型城市仅煤炭采矿行业废气排放量就占工业废气排放量的 5.7%，其中，有害物排放量每年超过 73 万吨，主要为烟尘、二氧化硫、氮氧化物和一氧化碳等，使东北老工业基地资源型城市大气环境遭受不同程度污染（如图 2－2 所示）。如辽宁抚顺煤田因露天采煤，煤田周边地区空气污染严重，改变了区域的小气候，矿区空气富含硫化氢、二氧化硫、一氧化碳等有害气体，对人体及动植物损害很大。2004 年，东北三省工业增加值为 4 869.6 亿元，占全国工业增加值的 8.89%，而除工业废水排放总量、工业二氧化硫排放量、工业粉尘排放量等三种工业污染物外，其余大多数污染物产生量所占比重都大于工业增加值占全国的比重，尤其是工业烟尘、工业固体废弃物污染更为严重，达到 13% 以上。[1]

图 2－2 工厂排放的废气

资源开采对地表破坏严重，固体废弃物堆积大量占用土地。全国每年 85% 的工业废弃物来自矿山开采。据不完全统计，我国金属尾矿、煤矸石堆积已超过 50 亿吨和 40 亿吨，并且以每年 4 亿～5 亿吨的速度剧增。全国因采矿、尾矿、废石堆积，直接破坏和占用土地近 200 万公顷，破坏森林面积累积超过 106 万公顷，破坏草地面积 26.3 万公顷，而且工矿废弃地复垦率不到 12%，而发达国家的复垦率达 50%。[2] 随着资源的不断开采，东北老工业基地资源型城市的部分煤

---

① 刘文新等：《东北地区生态环境态势及其可持续发展对策》，载《生态环境》2007 年第 2 期。
② 王任飞、翟东升：《还资源型城市"一片蓝天"》，载《宏观经济管理》2006 年第 4 期。

矿地表塌陷面积日益扩大，煤矸石堆积占地增加，矿区瓦斯排放量大，固体排放物浓度高，生态环境持续恶化。如阜新经过百年的矿业开采，堆积了大量固体废弃物。固体废弃物以煤矸石、煤矿采掘、剥离产生的岩土为主，其次为粉煤灰、尾矿渣、燃煤炉渣和其他固体废弃物。到 2000 年末，阜新市工业固体废弃物累积堆存量为 16 亿吨。工业固体废弃物给阜新市造成了严重的环境污染和生态破坏，大量的煤矸石和粉煤灰堆放占用几千公顷的土地，破坏了植被，煤矸石自燃排放大量的烟尘，裸露的矸石山和排灰场遇风起尘，严重污染了空气，煤矸石淋溶水和排灰场渗漏水给地下水造成了严重污染。同时，固体废弃物堆放也占用宝贵的土地资源。仅吉林煤矿总占地面积达 1 732.3 公顷，林地 656 公顷，草地 241 公顷，废石生产量 751 万吨，其中治理量 231 万吨，仅占 30%。1991～1999 年，东北老工业基地仅工业固体废弃物堆放就占地 8.24 亿平方米，1991～1995 年占用耕地 3 176 万平方米。并且在堆存堆埋的过程中，其有毒有害成分会侵入土壤破坏土壤中微生物的生存条件。通常，堆存 1 万吨固体废弃物要占用 1 亩土地，而受污染的土地面积要比堆存占用土地面积大 1～2 倍，这些土地就失去了利用价值，这种破坏是不可逆转的。

2.3.2　矿产资源开采诱发的多种次生地质灾害影响

矿产资源开采诱发多种次生地质灾害，威胁人民群众的生命财产安全。在一些资源型城市中，由于地下采空，地面及边坡开挖影响了自然山体、斜坡稳定，导致矿山崩塌、滑坡、泥石流等地质灾害时有发生。目前，我国因采矿活动诱发的地质灾害每年造成的直接经济损失超过 100 亿元。此外，大多数煤炭开采城市都面临严重的地面塌陷问题。据调查，我国每采万吨煤引起地面下沉面积达 0.2 公顷，目前，仅东北三省原国有重点煤矿采煤沉陷区的总面积就达 990 平方公里，受影响居民超过 90 万人。

一、采矿沉陷区的治理问题

据不完全统计，全国因采矿引起的地表塌陷面积已达 8.7 万公顷左右。一般每采万吨煤要塌陷土地 0.2 公顷。目前每年从平地区采出煤量达 2 亿吨以上，每年造成地表塌陷面积达 4 000 公顷。地陷不仅出现在煤矿，有色金属、黑色金属、化工和核工业矿山也时常发生。目前，辽宁省 7 个沉陷区总面积达 370 平方公里，涉及沈阳、抚顺、本溪、阜新、灯塔、调兵山、北票和南票等 8 个城区。受损住宅建筑面积 737 万平方米，涉及居民 13.1 万户、38.2 万人；受损学校 101 所、29 万平方米；受损医院 44 所、8 万平方米；受损道路、供排水、供热、供电、煤气、通信等市政设施总长度达 1 700 公里；受损农田 22 万亩。黑龙江七台河矿区从 1958 年建矿以后，煤炭生产的发展，煤炭产量的逐渐增加，加速了七台河矿区地面塌陷的严重程度。自 20 世纪 70 年代，大面积开采的同时，地面也开始大面积塌陷。1980 年老市区（新兴区）出现地面塌陷现象，且越来越严重。1986 年，东部地区也开始出现地面塌陷，至 20 世纪 90 年代，地面塌陷更为严重。目前在七台河矿区 1 800 平方公里的煤田上，坑坑洼洼，塌陷面积已达 185 平方公里，严重塌陷面积 116 平方公里，其中，新兴区尤为严重，塌陷面积为 97 平方公里，占全矿区塌陷面积的 53.3%。到 2002 年底，铁法矿区地面沉降变形区的面积达 52.4 平方公里，其中严重变形区有 38 处，面积达 10.4 平方公里，最大沉坑深度达 12.5 米，其中常年无积水的变形区 11 处，枯水年无水，丰水年积水的季节性严重变形区有 2 处，常年覆水的严重变形区有 25 处，覆水区的总面积 2.74 平方公里。大庆是一座内陆城市，也是严重缺水的城市。油田开发离不开水，40 多年的油田开发，对地下水过度开采，地下水的补给远远跟不上抽取的速度，在大庆地下形成了总面积 5 500 多平方公里的"漏斗区"，城市的一部分已经悬空。地面沉陷给资源型城市发展带来了多种负面影响，主要表现在以下几个方面。

首先，使各种公共基础设施和居民建筑物严重受损。以七台河市为例，由于煤层多，开采时间长，采空后连年塌陷，地面建筑遭到严重破坏，房屋开裂、倾斜、变形。到目前为止，已严重损坏 132.4 万平方米，占全部建筑面积的53.6%，其中机关企事业单位建筑面积 59.6 万平方米，住宅 72.8 万平方米，已倒塌房屋面积 5.9 万平方米，有 3 670 户居民住房墙壁裂隙错位超过 20 厘米以上，门窗破坏不能居住面积达 52.4 万平方米，整个老区到处可见危房。截至2000 年，地面塌陷已破坏供水管道 6 万米；检查井 150 口，地下通讯线路 7 817米，地表通讯线路 5 473 米，砂石路面 15.23 万平方米，柏油路面 14.03 万平方米等。截至 2000 年底，七台河塌陷区已有 84 个机关事业单位被迫关闭，有 6 所学校不能正常上课，商业、文化、体育、医疗等社会事业已受到很大影响，造成老区人民群众住房难、吃水难、上学难、就医难等问题，严重影响和制约了七台河市的经济发展和城市建设。省级沈环线铁法境内公路三家子塌陷区，其路基和路面每年均多次发生开裂，据最近一次观测，开裂裂缝宽 20 ~ 80 毫米，最大达100 毫米以上，开裂两侧的路面高差达 50 ~ 70 厘米，长度横贯整个公路，由此所造成的交通和人员伤亡事故在逐年增多。据不完全统计，国家每年投放给该段公路的维修费就高达 180 多万元。铁法境内的其他市级公路的路基下沉等轻微的破坏随处可见。据统计，破坏相对比较严重的市级公路达 7 860 米，其经济损失不可估量。同时，市区的水、气管线及电网和通讯设施等也均遭到了严重的破坏，经调查统计，由于地面塌陷和地表变形，造成矿区专用动力电线和通信线路多处遭到严重破坏，动力电线长度达 25 400 米，通讯线路长度达 9 370 米。仅对晓明矿和大明一矿地下管路的破坏情况进行统计，遭到破坏的地下管路长达 2 520 米。据不完全统计，遭到轻微的破坏的地下光缆长度为 6 000 多米。目前阜新矿区因采煤产生的沉陷区范围 101.38 平方公里，共影响住宅建筑面积 147.29 万平方米，居民 28 733 户、78 846 人。沉陷区内受损学校 19 所，在校学生 10 154 人，建筑面积 82 424 平方米，其中中学 5 所，小学 13 所，中等专业学校 1 所；受损医院 3 所；受损企事业单位及网点 83 处；受破坏的道路 29 条、287 996 平方米；自来水管路 35.44 公里，下水管路 8.6 公里；供电线路 5.05 公里，通信线路 154.2 公里；受影响的大田 1.5 万亩、菜田 0.6 万亩（如图 2 – 3 所示）。

图 2 – 3　抚顺采煤沉陷区倒塌的民房

其次，威胁人民生命财产安全，造成社会不安定因素。采煤塌陷损坏大片农田，被淹被毁农田绝产、减产，从而使人口增加与土地减少的矛盾日益加重，造成这些地区农民的生活困难，严重影响了农民发展农业生产的积极性，给当地政府和企业增大了难度。农民到矿上上访，不仅影响了煤矿的正常生产，而且给社会增添了不安定因素。由于煤矿的不断采动，地面塌陷及地表沉降变形随时随地都有可能发生，使人们防不胜防。20 世纪 70 年代初期，铁法市大明镇某一沉区突然塌陷，致使下班回家路过此地的一名女青年被活活地埋藏于塌陷坑内，此事轰动了整个铁法煤城，给政府工作带来极大的麻烦。由于地面塌陷与沉降变形的产生，使矿区地面凹凸不平，尘土飞扬，环境恶化，严重破坏了矿区招商引资的投资环境，阻碍了矿区物质文明和精神文明的建设以及经济的繁荣发展。阜新沉

61

陷区中住宅严重受损急需搬迁的居民 15 028 户，41 236 人。其中，18 周岁至 55 周岁居民 25 051 人，占急需搬迁人口的 60.7%；56 周岁以上居民 9 154 人，占急需搬迁人口的 22.2%。18 岁至 55 周岁居民中，有劳动能力人口 23 790 人，占 95%；下岗失业人员 14 706 人，占有劳动能力人口的 61.8%。由于沉陷区经济受到严重影响，这些失业人员长期难以就业，给社会稳定带来严重隐患。

二、其他地质灾害的影响

东北老工业基地煤炭开采方式主要为井下开采和露天开采，除地面沉陷外，井下开采导致地裂缝和矿震等地质灾害，造成土地毁损、公路塌陷、铁轨扭曲、建筑物裂缝以及洼地积水沿裂隙下渗引发矿井透水等事故。瓦斯爆炸、矿井突水和冒顶往往是井下开采中破坏性最大、造成严重人员伤亡事故的突发性地质灾害。滑坡、泥石流是金属矿山开采诱发的主要地质灾害，特别是露天开采，大量破坏了植被和山坡土体，产生的废石、废渣等松散物质轻则造成矿区水土流失，重则诱发泥石流灾害。尤其是一些大中型闭坑矿山的尾矿库、排土场由于缺乏资金，管理很难到位，潜在溃坝和泥石流暴发的危险性极大。如辽宁青城子铅锌矿尾矿库已被辽宁省政府劳动厅列为重大事故隐患点。

此外，由于东北老工业基地也是我国重要的非金属矿产资源集中开发区，其中冶金用石英岩、白云岩和砂岩硅灰石水泥配料页岩、水泥大理岩等 20 余种矿产产量均居全国前列。因此，东北地区非金属矿山引发的主要环境地质问题主要与石材及水泥用灰岩类、沙衣黏土类有关。该区石材及水泥用灰岩类矿产的开采方式主要以露天开采为主，同时此类矿产大多由中小企业开采，加工技术普遍较为落后，从业人员素质低，环境意识差。在造成矿产资源浪费的同时，大量废渣压占植被、土地数量巨大，从而加重了矿区水土流失和粉尘对大气环境的污染。山地矿山则易导致滑坡、崩塌、泥石流等地质灾害。尤其是在一些群采、滥采、矿业秩序混乱的矿区，往往造成土地砂砾化和岩质化，同时造成自然地貌景观、地质遗迹的破坏。

2.4 东北老工业基地资源型城市政府作用现状和问题

由于我国长期实行高度集权的计划经济体制，东北老工业基地资源型城市又是计划经济管理的重点对象。因此资源型城市的管理体制和运行机制，甚至人们的思想观念和思维方式都深深地打上了计划经济的烙印。计划经济是"权力经济"或"统治经济"。在计划经济体制下，一切经济活动均由中央政府直接统管，并且按照"指令性计划"来组织社会经济活动，用行政机构的政治权力来"指挥"社会经济运行，社会经济活动大都按照实现规定好的计划指标进行。其直接后果是地方政府没有自主权，企业成为全国生产系统的加工车间，其突出特征表现为资源培植行政化、产业结构单一化、收入分配平均化、劳动就业统包制、调控方式指标化等。正是这种计划经济的管理体制，加深了资源型城市的主要问题，加速了资源型城市经济衰退的步伐，同时也加大了资源型城市经济转型的难度。改革开放以来，特别是确立社会主义市场经济体制目标以来，虽然计划经济体制加速打破，市场经济体制在加速完善，但东北老工业基地资源型城市由于是计划经济的"重灾区"，因而市场化进程相对缓慢，尤其是这些资源型城市的政府在发展思路、城市管理、产权结构等方面的体制积弊仍然制约着资源型城市的发展。

2.4.1 体制积弊引发的各种政府职能缺位问题

资源型城市因资源的开发而兴起，在发展上大都"先企业，后城市"，在管理上最初都是由企业代替政府，实行"政企合一"的体制，形成典型的"企业型城市"。在计划经济体制下，从经济活动的组织机制看，资源型城市地方政府和企业不过是中央政府的一个科层组织，其"政绩"取决于国家计划的完成情况。企业不仅管理自身的发展，也是地方管理的主体。城市成为企业实施生产计划的载体，重视资源基地的建设而轻视对城市功能的发展。城市的各项功能基本都是为资源开发服务的，造成了地方利益和城市中心功能无法得到体现，城市基础设施水平差，环境污染缺乏治理，地方产业无法得到发展。一方面，资源型城市因资源开发而兴，在发展上大都是"先企业，后城市"，在管理上最初都是由企业代替政府，实行"政企合一"。企业不仅管理自身的发展，也是地方管理的主体。城市成为企业实施其生产计划的载体。企业相对于地方政府具有同等甚至更高的行政级别。另一方面，在大多数资源型城市，资源开发企业都是大型或特大型的国有企业，人员多、规模大、职能全，各方面在城市都居主体地位。反映在城市格局上，都存在一个规模庞大的企业功能区，在基础设施和税收管理上自成体系，企业有自己的供水、供电、通信、医疗卫生、文化教育系统。而且，由于"企业办社会"，城市的大部分其他服务产业都被企业所包办。资源开发企业的职工及其家属要占市区人口总数的一半以上，企业的影响力一直渗透到城市的每一个家庭单元。对于职工而言，城市对于他们是抽象的，企业才是他们的生活和工作并得以依赖的"大家庭"。也有部分城市实行了政企分开的体制，由地方

63

政府承担城市的综合管理，企业负责生产运行。但是在计划经济体制下，地方政府和中央的利益基本一致，并成为中央在地方的计划和管理部门，代替中央政府执行其发展意图和指令。在这种情况下，地方政府和中央企业的利益也基本是一致的，并且地方政府也积极扶持中央企业规模的扩大和实力的增强，使城市的发展日益依赖于资源和资源开发企业，变成企业的附属。

　　1950～1960年是东北老工业基地资源型城市形成的高峰期，国家首先恢复了一些新中国成立前重要的工矿业基地，包括鹤岗、辽源、抚顺、阜新、鞍山等，充分利用这些基地原有的生产能力发展资源工业，恢复国民经济。从1953年开始的"一五"时期，中国进入全面工业化建设阶段。这一时期，主要围绕着前苏联援建的156个建设项目，大力增强中国的工业基础，资源产业是这一时期发展的重点。1958～1960年间，在"以钢为纲"、"大跃进"的背景下，国家进一步增强对资源型产业的投入，使东北老工业基地资源型城市得到了空前的发展，共形成了如大庆、伊春等一批资源型城市。在传统体制下，资源开发企业并非城市经济中的一个普通单元。在大多资源型城市，资源开发企业都是大型或特大型的国有企业，人员多、规模大、职能全，在城市各方面都居于主体地位。资源开发企业的职工及其家属都占市区人口总数的一半以上，反映在城市格局上，都存在一个规模庞大的企业功能区，在基础设施和税收管理上都自成体系，企业有自己的供水、供电、通信、医疗卫生、文化教育系统，企业与地方政府具有同等甚至更高的行政级别，地方政府虽然名义上对企业行使管理权，但实际却无法干预企业的发展。而且，"企业办社会"，城市的大部分其他服务产业都被企业所包办。由于城市人口的大多数是中央企业的职工，企业的影响渗透到每一个家庭中。

　　在这种组织机制下，城市往往存在"大企业、小市政"的局面，在发展中提倡"先生产、后生活"，重视资源基地的建设而轻视城市功能的发展。城市发展依赖于资源开发主体企业。城市的各项功能基本上都是为资源开发服务，地方利益和城市中心功能无法得到体现，城市基础设施水平差，环境污染缺乏治理，地方产业亦无法得到发展。从要素循环的流动机制看，在市场经济中，通过市场竞争和要素的自由流动，整个经济形成时空配置的均衡。但在传统计划经济体制下，由于资源流动实行统一的计划调配与划拨，不存在约束要素空间流动与聚集的市场机制，从而城市发展所面临的腹地不再是区域分工和空间竞争均衡的结果，而是整个国民经济计划运行体系空间分工与布局的结果。为了支持重工业化发展战略，国家对工业品的流通实行统一调拨，从而使一些重要工业城市的工业品供应区通过国家商业系统延伸至全国各地，而其原料和消费资料则又通过同样的计划调拨得到满足。于是，这些工业城市的腹地由某一特定地区人为地伸展至全国范围。也就是说，通过计划调拨机制，这些重点工业城市成长的腹地都由区域性的转为全国性的，只要计划允许，就可以从全国任何地方调拨物资以满足其需要。鉴于资源型产业在国家工业化过程中的战略地位，在资源型城市，国家对资源型产业实行高度集中的计划管理，企业的投资、生产、销售、包括利润的分配都是以纵向联系为主，和地方很少发生关系。企业只负责生产，而不会自行进行产业延伸或扩张；国家将资源产品调拨到另一个城市去进行加工，并且把利润的大部分也拿走，对职工则实行"低工资、高福利"政策。虽然由企业负责解决资源开发所引发的各种需求——包括基本的原材料、附属配套服务产业以及职工及其家属的生活、就业、上学、医疗等，但这些附属服务部门被限定在企业内部，也是垂直联系为主。国家还通过一系列的措施人为地压低资源产品的价格，形成人们常说的资源型城市收益的"双向流失"，这使资源型城市更难于得到收益的积累。这样，资源型城市要素循环的流动机制就表现为国家计划控制下以国家投入为主的封闭的循环过程。这种机制使城市发展严格地受制于国家的投资，国家投资增多则城市发展快，投资减少则发展立刻停滞。城市的发展主要取决于国家的投资，国家投资又主要取决于城市自身的资源条件以及国家在经济发展上的战略布局，等等。

长期以来，在东北老工业基地资源型城市，国有企业办社会呈现范围广、规模大和功能多重化状态，大型国有企业集生产建设、生活服务、科教文卫、治安消防乃至社区管理于一体，封闭运行。由此派生出两个城市功能主体：一是以市政地方为主体的城市功能主体；二是以大型国有企业为主体的城市功能主体。这种城市功能的双轨制运行，一方面造成重复建设，效率低下，运行不畅，城市综合功能难以形成；另一方面，也造成了城市和企业内部的一系列弊端，政府职能残缺、弱化，大企业自身不堪重负，竞争力大大降低。不仅如此，在中国当前的社会保障体系下，国有企业从某些产业中退出时，无法将原有企业职工及部分离退休职工转交给社会，而必须自己承担这部分职工的医疗、住房和养老金等成本。换言之，资源型城市国有企业面临"企业办社会、债务负担和冗员负担"三大障碍。企业办社会是就业、福利和保障三位一体的体制，不能随便解雇职工，如果解雇职工，需要承担起身份置换成本。冗员问题与企业办社会密切相关，因为身份一旦变化，福利、就业和保障都将随之丧失。而资源型城市产业结构单一、财政能力低下，短期内很难承接企业的社会功能，从而阻碍资源型城市的经济调整。

在城市发展的初期，无论是石油、煤炭、冶金还是森工，基本上都采用政企合一的管理体制。即大型企业的领导兼任城市的党政领导，城市的基础设施一般都由企业负责建设与管理，企业与城市之间没有形成两个利益主体，而是同一个

65

利益主体。随着企业的不断壮大，职工家属的规模不断增加，城市不断扩展，在矿区的基础上又划入了一些县区由城市管理，城市的职能逐步健全，城市与企业逐步分离，城市党政领导不再由大型企业领导兼任，但大型企业主要领导进入市委常委；城市的大多数基础设施由城市负责建设与管理，也有一些设施如供水、供气、公交等继续由大型企业建设与管理。如大庆市的市区公共汽车仍由大庆石油管理局负责运营，鹤岗市的城市供热主要由鹤岗矿务集团负责，等等。与此同时，资源型城市中的教育和卫生基本上保持着城市与企业平分秋色的格局。企业与政府的学校和医院各自为政，不能进行统筹规划。这样的体制性基础导致资源衰竭型城市政府无法进行合理布局，在造成资源浪费的同时抵消了城市政府和资源性企业的积极性，严重影响了政府职能的实现。

在计划经济体制下，国家将资源型城市仅作为国民经济总体布局中的一个要素来加以考虑和设置。中央对各区域、各地方采取人财物的一体化调控。这种纵向传导、纵向控制方式在推进国家工业化，实现大规模资本积累，建立较完整的工业体系上，实现了其他发展中国家难以实现的目标。同时，地区间的一切矛盾和问题都被纵向控制所淡化和掩盖。进入市场经济以后，经济运行机制发生了重大变化，原有的矛盾和问题便凸现出来并成为制约资源型城市产业结构调整的重要因素。进入市场经济以后，许多资源型城市居于弱势地位和边缘地位，这些城市面临的许多经济和社会矛盾依靠自身的能力去解决已是力不从心。就产业接续来说，已经衰退的资源型产业的退出和新产业成长所涉及的主导产业的培育，大量下岗职工的社会保障和再就业技能培训等一系列重大任务，只有国家行使职能，运用产业援助政策等手段予以支持才能完成。

在我国目前的体制背景下，地方政府包括省级政府和资源型城市政府，是产业接续的主导力量。首先，地方政府是经济转型的组织者、领导者。城市经济转型是一种由政府主导，运用行政和市场两种手段，以发展为根本目的的经济和社会活动，是一项涉及广泛、需要上下左右联动的系统工程。组织和策划如此庞大的系统工程，包括经济转型规划方案的编制、经济转型战略的制定与实施等，是地方政府应当履行的职责，也只有地方政府才能承担。其次，地方政府是地方经济发展环境的塑造者。人们越来越认识到，经济环境决定着一个地区经济发展的快慢，一个好的投资环境，可以受到投资者的青睐，形成要素聚集的吸引力，也可以形成国家对该地区进行投资支持的有效载体。再次，地方政府是经济转型的推动者和操作者。城市经济转型作为一项庞大的系统工程，需要地方政府动员社会各方面力量积极参与，运用经济的、法律的、行政的手段把企业行为引导到服从于、服务于城市经济转型的轨道上来。作为产业接续实施主体的企业，是整个产业接续过程的出发点和落脚点。中央政府和地方政府在资源型城市产业接续过程中的职能作用主要是通过企业来贯彻和落实。产业是由企业集合而成的，企业是基本的经济活动单位。资源型城市的产业接续离不开企业的产品转型和产业转型，并且最终由企业来承担和完成产业的升级和结构的调整。在市场经济条件下，产业转型所涉及的企业进入或退出以及如何进入和退出，主要依靠市场机制调节，由企业自主决定。虽然政府可以在资源型城市产业接续中发挥主导作用，但政府的作用必须以市场经济体制框架为舞台，遵循市场经济规律。因此，在遵循市场经济规律的前提下，引导、激励和规范企业行为，使之符合产业接续的战略目标，是实现资源型城市产业接续的重要任务。

作为发展资源型城市产业接续的实施主体，中央政府、地方政府和企业处于不同的职能地位，发挥不同的职能作用，这是清晰和明了的，但在实际运行中却是错综复杂的。由于产业接续需要巨额投入，这涉及要素资源的重新配置和重大的利益关系调整。就中央政府、地方政府和企业之间的关系来说，包括资源开发收益在内的收益分配、利税体系、政策格局等都需进行新的调整和安排。事实上，在目前的体制背景下，中央政府、地方政府和企业在这个问题上处于利益博弈状态。这种博弈行为既发生在中央政府与地方政府之间，更发生在政府与企业特别是与大型资源开发企业之间。对此，可以以石油城市为例进行进一步分析。在石油城市，油气开采企业在城市经济发展中占据主导地位，其行为往往左右着城市经济发展的速度、规模和方向。计划经济时期，油气开采企业直接隶属于中央，其行为完全受中央计划控制。改革开放以后，油气开采企业开始进行市场化改革，特别是近年来中国石油化工集团公司和中国石油天然气集团公司的组建，形成了典型的垂直一体化的大公司体制，其行为进一步趋向于市场化。由于我国陆上油气开采由中石油、中石化两大集团垄断，一个城市地域内的油气开采由一家企业控制，并且在城市经济中占据主导地位，于是在资源型城市发展接续产业的决策上就形成了政府与企业的典型的博弈状态。

2.4.2　现行体制下政府职能转变过程中存在问题

东北资源型城市持续发展是一项非常艰巨的任务，事关东北老工业基地振兴全局，而当地政府职能转变的成败与否必定对城市发展产生重要影响。实现资源型城市持续发展既是各地政府不可推卸的法定责任，也是各地地方政府为公众利益服务的最终目标的具体表现。但遗憾的是，当前东北资源型城市在政府公共服务具体实施方面和政府职能转变方面尚存在一定问题。

首先，东北老工业基地资源型城市政府思想观念落后，管理职能不能准确定位，"等、靠、要"现象普遍，改造行动迟缓，开拓进取不足，自主创业精神不够。在经济管理活动中，资源型城市政府还没有完全从计划经济体制运行模式下自觉地转向市场经济运行机制。尽管改革开放以后经历了五次改革，各级地方政府的职能转变取得了不同程度的进展，但是资源型城市由于长期处于国家指令性计划下，至今仍没有彻底摆脱计划经济体制下的职能划分框架和运行方式的束缚，不能正确对待和处理好与企业、与市场、与社会自主治理的关系，致使政企不分，政社不分，政事不分，在经济转型中过多关注微观活动，缺少对宏观调控的把握和引导，导致地方政府在地区经济发展中要么坐以待毙，穷于应付各种突发问题、事件，要么统得过多、过死，过多地进行行政干预。结果事事请示，做了许多不该管、管不了又管不好的事情。政府制度创新能力较弱，市场观念不强，信息闭塞，上自政府官员、下至企业职工都表现出强烈的行政依赖性，创新能力不强；同时，由于资源型城市政府由于掌握信息资源的有限性，出台的政策缺乏连续性，有的政策缺乏科学性，确定的重大目标难以实现，因此地方经济转型中出现许多低水平、粗加工、重复项目等现象，致使地方经济发展缺乏增长点，行政决策频繁更改，造成政策不连贯，市场主体要么无所适从，要么盲目投资，效果不理想则断然撤资，造成许多半截子工程。例如，20世纪80年代中后期，阜新地区工业进行了三次大的改革，一次是1982年规划"建材城"；另一次是1987年筹建"化工城"；再一次是建设棉纺工业，发展服装业。尝试的结果虽有一定的成效，但由于对市场动态把握不准，政府行为味道浓，加之技术水平低，产品质量差，缺乏市场竞争力，最后都以失败告终。1987年在全市工业企业推行大面积租赁，然而由于论证不充分及经验不足，以及租赁者与企业整体利益的偏差，租赁措施的目的没有达到。

其次，政府职能缺位现象严重影响了城市政府自身及区域形象。政府职能缺位，许多应该由政府做的事情没有做好，严重影响了资源衰竭型城市政府自身形象及区域形象。东北老工业基地资源型城市政府的社会控制能力欠佳，对经济转型可能触动错综复杂的社会关系并引发的各种各样的矛盾缺乏控制能力和解决办法。主要表现为：一是规范市场秩序的力度不够，没有形成统一开放、竞争有序的市场体系，对制假售假、商业欺诈等违法行为打击力度不够，对严重破坏市场秩序的地方保护主义和行政垄断放任自流，缺乏健全的社会信用体系。二是依法行政的统一性和透明度不高，政府行政行为不规范，缺乏对社会和公民的开放性，地方保护主义盛行，严重影响了生产要素、生活资料的正常流动，严重妨碍了国家和政府统一对外履行承诺的能力。一些行政机关甚至把行政权力作为"寻租"手段，"乱收费、乱摊派、乱罚款"等三乱现象时有发生。三是对投资主体的服务不够，普遍存在"重经营环境、轻法制环境，重先期免费、轻后期服务"现象，人治管理普遍存在，行政审批内容繁杂，不能充分利用现代化办公条件，不能使政府、企业的信息及时公开，致使工作拖沓，暗箱操作，给外商留下了"给一些优惠搞一点儿'一站式办公'就完事"的印象。四是缺乏有效的应对突发事件和重大安全事故处理机制。五是缺乏足够的财力，不能有效解决下岗失业、社会保障和环境保护等问题。资源型城市政府面对老龄人口服务、流动人口服务、农村公共服务、就业服务、贫困群体服务、信用服务、信息服务、法律服务等都存在着一定程度的缺失现象。在财力和物力有限、下岗职工比重大、社会不稳定因素增多的情况下转型，资源型城市政府往往表现出力不从心。

最后，东北老工业基地地方政府的经济建设倾向及过大的政府机构数量和规模，影响政府职能的发挥。市场经济要求政府转变职能，变经济建设型政府为公共服务型政府。地方政府的经济建设行为越少，城市的市场环境越好。但是当国家进行现代企业制度建设的时候，资源型城市原来的那些"中直企业"纷纷开始剥离它们的社会负担，如教育、卫生等机构，并且实行"减员增效"把大量的职工转变为城市的下岗待业人员。新的税收体制建立后，中直企业的上缴税金（所得税和增值税）又基本不与地方政府发生关系。这样对于中央政府而言，既收获了企业改革的利益，又把社会负担推给了地方。在这种情况下，地方政府必须为了增加地方的收入而竭尽全力"搞建设"，经济建设型政府的制度环境很难改变，它们在资本市场上的不利地位也难以扭转。政府机构的规模和数量的合理化，是政府职能发挥的重要条件。机构改革后，政府机构庞大，部门各机构之间内耗，办公效率太低的情况仍然存在。而且权力机构越大，权钱交易的事情会越多，包括专门从事反腐败的权力机构中也会发生腐败现象。而且越是扩大权力机构，反腐败的成本也越高。同时，权力机构越大，滥用权力和歪曲权力的事情也会越多。对政府的要求是廉洁和效率，但廉洁和效率同政府"为"的事情太多、政府机构过分庞大有密切关系。

第二篇

理论探讨篇

第3章

资源型城市相关研究的理论回顾

伴随着资源型城市发展问题的出现，资源型城市的相关研究逐渐兴起。在 20 世纪，国外学者对资源型城市的相关理论进行了大量的研究。由于资源型城市的发展问题不仅限于经济学领域，因此，最初的研究呈现出多学科综合性研究的特点，研究重点放在人口学、城镇规划问题以及诸多社会问题上。在经济学研究领域，出现了资源型城市发展依附理论，20 世纪 80 年代中期后，经济学家开始利用经济结构调整，以及劳动力市场分割等理论来进行资源型城镇的研究。我国国内的资源型城市相关研究相对起步较晚，相继经历了生产力布局与工业综合发展研究阶段，以及资源型城市转型与可持续发展研究阶段，并以资源型城市经济发展与转型研究为主。

3.1 国外资源型城市相关研究的状况

由于对当地自然资源的高度依赖，资源型城市的形成和发展具有独特的发展规律和特点。在先期进行工业化的国家，工业化进程的加快引起了自然资源需求的激增，出现了大量以矿山开采和初级加工为主要产业的城镇。由于外部和自身的种种原因，许多资源型城市都经受了不同程度的衰败，这一现象成为众多学者研究的焦点。在 20 世纪，国外学者对资源型城市的相关理论进行了大量的研究，特别是美国、加拿大、澳大利亚等资源丰富的工业国家的学者，在资源型城市研究领域的成果较多。其原因在于，资源型城市最早的兴起于先期进行工业化的国家，资源型城市发展问题也最早在这些国家显现出来。伴随着资源型城市发展的过程，国外学者对资源型城市的研究也经历了由面对现象的多学科综合性研究，到经济学的结构分析两个阶段。

3.1.1　资源型城市发展问题的综合性研究阶段

资源型城市研究的最初阶段始于 20 世纪 30 年代伊内斯（Innis）所做的开创性研究，延续至 20 世纪 70 年代中后期。出版了较多有关资源型城镇研究的经典著作，如伊内斯的《加拿大的毛皮贸易》（1930 年）、《加拿大的原材料生产问题》（1933 年），鲁宾逊的《加拿大资源富集边缘区的新兴工业城镇》（1962 年），卢卡斯的《采矿、磨坊、铁路城镇：加拿大单一工业社区的生活》（1971 年），赛门斯的《加拿大资源边缘区的单一企业社区》（1976 年），等等。

在这一时期，国外学者主要针对资源型城市在发展中暴露出的各种社会现象进行分析研究。由于这些社会现象并不仅限于经济学领域，因此这一阶段的理论研究范围较广，涉及了社会学、心理学、人口学、地理学等诸多学科。理论研究主要以单一工业城市或特定区域中的若干城市为对象，研究内容重点放在人口统计学特征、建筑和城镇规划问题以及单一工业的偏远城镇中的诸多社会问题上。行为地理学、城市规划学和区域发展理论以及社会学、心理学等学科的方法得到了应用。尤其是 20 世纪 60、70 年代，一批对资源型城镇的行为学和社会学研究，着重考察资源型城镇中孤寂的生活对居民的影响，力图确定社区不稳定的原因。

一、矿区发展的生命周期研究

矿区发展生命周期的最初研究是赫瓦特在 1929 年提出的矿区城镇阶段发展理论。赫瓦特依据区域矿产资源的加工利用程度进行划分，将矿区城镇的发展分为五个阶段。[①] 1971 年，卢卡斯（Lucas）提出了单一工业（产业）城镇或社区发展的四阶段理论。他认为，单一工业城镇发展的第一阶段是建设阶段。第二阶段为雇用人员阶段。在这两个阶段，人员的变动率高，青年人和年轻家庭占主导，不同种族和民族混杂，性别比失调，人口出生率高。第三阶段为过渡阶段，聚居地从依附一家公司变成独立的社区，公司不再独立经营城镇的日常事务，社区稳定感和参与意识逐渐形成。第四阶段为成熟阶段，这时成年劳动力的流动性

---

① Spooner D. 1981. Mining and Regional Development, Oxford University Press, pp. 8 – 9.

下降，退休人员比例上升，而一些年轻人被迫离去。①

　　20 世纪 70 年代末到 80 年代初，布莱德伯理（Bradbury）对卢卡斯的资源型城镇生命周期理论进行了发展，他在资源型城镇发展后期增加了两个阶段，即衰退（下降）阶段和废弃（关闭）阶段。布莱德伯理认为在衰退阶段，有可能导致矿山或工厂的关闭，也有可能导致城镇的衰退甚至消亡，进一步他提出一个城镇的完全废弃应该是第六阶段。② 布莱德伯理以加拿大魁北克省拉布拉多铁矿区的矿业城镇谢弗维尔（Schefferville）为案例，全面阐述了衰退阶段的特点和公司及社区的反应。此后，米尔沃德（H. Millward）和阿什曼（H. Aschmann）根据矿床开采的自然过程，对加拿大不雷顿角岛的悉尼矿区的历史地理进行了简化、归纳和抽象，按照地表运输和居民点的发展顺序，从地理学上描述了煤炭开采的自然顺序反应在地下的情况，最终形成了六个阶段的发展模型。③

二、资源型城市的人口学研究

　　由于资源采掘工业和初加工工业的收缩或转移造成了这些部门的大量裁员。这些部门往往是该城市的主导部门和经济基础。因此，裁员具有连锁效应，造成为主体部门生产服务和为其就业人员生活服务的其他行业中就业机会大量的丧失，服务业、零售业从业人员减少。另外在人口特征上往往表现出男性比率高、未婚率高、年轻人比率高、人口流动率高、外国人比率高、就业人口比率高（因为缺少年幼及年长人口）、自我雇用（Self-employment）比率低的特征。就业结构上采矿业占明显优势，经常占总就业人数的 50% 以上。而采矿业、建筑业和主要社区服务业之外的就业多是临时性的，由妻子儿女承担。另外由于主产业对劳动力技能要求低，对劳动力教育和培训不够，加上人力资源大量流失，造成本地劳动力素质较差。

　　资源型城镇人口的迁移和结构特征都不同于其他城镇。欧费奇力格（C. O' faircheallaigh）依据 1981 年的人口普查资料，对澳大利亚北部的资源型城镇——Alyangula 的人口静态特征进行了详尽的阐述。④ 布莱德伯理则从人口迁移

　　① Lucas R. A. 1971. Mine town，Mill town，Rail town：Life in Canadian Communities of Single Industry，University of Toronto Press.

　　② Bradbury J. H.，St. Martin I. 1983. Winding down in a Qubic town：a case study of Schefferville，The Canadian Geographer 27（2）：128 – 144.

　　③ Millward H. 1985. A Model of coalfield development：six stages exemplied by the Sydney field，The Canadian Geographer 29（3）：234 – 248. Aschmann H. 1970. The natural history of a mine，Economic Geography 46：172 – 189.

　　④ O' faircheallaigh C. 1988. Economic base and employment structure in northern territory mining towns，Resource Communities：Settlement and Workforces Issues，pp. 221 – 236.

的角度，对加拿大魁北克—拉布拉多地区资源型城镇的人口特征进行了研究。[①]
他指出，采掘业具有强烈的周期性，因此对矿业城镇的人口具有深刻影响。在兴
盛期，就业岗位多，劳动力迁入；在衰退期，劳动力迁出，以寻求新的工作或等
待衰退期的结束。如果没有这些弹性的、机动的、零散的和具有一定技能的劳动
力存在，采矿业将难以运作和生存。矿区城镇的人口迁移，有因采矿业季节性停
工而造成的短期迁移，一般冬季比夏季人口下降 25% ~30% ；也有因长期衰退
而造成的永久性迁移。

三、资源型城镇的社会学研究

矿区扩张收缩、雇人裁员，使人们心理上处于不稳定状态，家庭生活亦失去
平衡。马什（B. Marsh）对美国宾夕法尼亚州东北部的煤炭城镇居民的社区归属
感（Sense of Belonging）进行了研究。[②] 他指出：在资源型城镇总是存在"生存
方式"和"地方意义"上的矛盾。采矿业产生的财富随着煤炭大量外运而大部
分流到了纽约和费城等地，现在这些矿区经济衰退，人口大量外迁，但是仍有
1/3 ~1/2 的人口居住在这里，他们认为这里是与众不同的生活乐园。但以通常
的景观美学的标准来衡量以及经济和人口学调查，结果都表明这里是宾夕法尼亚
州最不具吸引力的地方。

从时间上来看，煤炭城镇经历了两个不对称的阶段。早期的工业化阶段，
最初的兴旺创造了许多就业机会，人们从四面八方到来。由于缺乏地方观念、
社区精神，这里成为精神生活的荒园，人们没有对当地的忠诚。几十年的开
采、稳定的生活使人们彼此依赖，为共同拥有的矿山、自然资源而自豪。这一
时期环境向新来的居民提供了物质财富，但此时的精神财富贫乏。进入衰退阶
段，人们守着一座已无多少经济价值的矿山和过去的美好记忆久久不忍离去，
环境向人们提供了较多的精神财富，但物质财富短缺。从另一角度来说，失
业、搬迁、再培训等可以在经济上由社会福利保障制度予以补偿，然而社区稳
定性的丧失、迁移造成的社会网络及与亲人联系的断裂是无法弥补的。兴盛期
与衰退期之间是几十年的稳定期，这一时期对今天的煤炭城镇具有强烈的影
响，这种影响既表现在自然景观上，也表现在人们对自身所处地位的认识上。
这些地区在形成居民社区归属感方面获得成功的根本原因是，这里根本没有原
先存在的社会景观，更重要的是这些人需要这里为其提供利益和财富，同时他

① Bradbury J. H. 1984. The impact of industrial cycles in the mining secter, International Journal of Urban and Regional Research 8（3）：311 - 331.

② Marsh B. 1987. Continuity and decline in the anthracite towns of Pennsylvania, Annals of the Association of American Geographers 77（3）：337 - 352.

们又积累这些财富用以构筑一个新环境。

社区的社会互动是资源型城镇研究的一个重要方面，坎贝尔（A. P. Campbell）、昂格尔（D. G. Unger）、弗里德（M. Fried）、吉尔（A. M. Gill）、沃伦（B. Warren）、鲍尔斯（R. T. Bowels）等都对此进行过研究。沃伦指出：社会互动可分为垂直和水平两个方向，垂直互动是指社区内的社会单位与区外单位的联系，水平互动是指区内不同单位间的联系。如果一个社区中的社会单位没有很强的水平互动，那么社区对区内生活环境的控制力较弱，而且那些具有较强垂直互动的社会单位将难以适应当地的传统和生活方式。[①] 以规划为手段来加强资源型社区的社会互动，将特殊的社会和自然特征融入城镇规划，用以强化社会互动已成为加拿大一个重要的规划理念。[②] 尽管人们对社会互动与居民的社区归属感之间的关系还有不同看法，但多数学者认为，社会互动的程度是衡量社区活力的重要指标。

四、对资源型城市公共设施的研究

资源型城镇最初一般由政府或跨国公司开发兴建，目的只是最快地投入生产并将资源外运，而对满足当地人民生活的设施配套方面考虑较少。另外，由于这一类地域往往地广人稀，城镇本身规模较小，难以达到许多高档服务项目要求的最低门槛值，这使许多服务职能只能从外界高级的中心输入或是用高得多的成本在本地获取。交通、娱乐设施的不健全使资源型城镇人民生活质量较低，处于一种单调、孤立的状态。

为了开发偏远地区的矿产资源，传统做法是"缘矿建镇"。20 世纪 80 年代末期以来，澳大利亚西部采矿业产生了"长距离通勤模式"（Long Distance Commuting, LDC）[③]。霍顿（D. S. Houghton）就该模式在澳大利亚的发展历程、对社会和区域发展的影响以及利弊进行了分析，他认为这种模式对公司很有益。[④] 首先，节约大量的新城建设费用；其次，澳大利亚各州政府都要求公司出资新建在偏远地区开采矿产资源所必需的城镇基础设施，采用 LDC 模式，则避免了这些义务；第三，LDC 模式增加了公司决策的灵活性；第四，该模式使公司招募雇员更容易，因为雇员家属不必迁往偏远的矿区，雇员的替换率也低得多。霍顿的调查表明，多数雇员对 LDC 模式表示满意。他们有更多的闲暇时间与家人待在

---

① arren R. L. 1963. The Community in Ammerica, Rand Mcnally College Publishing.

② Gill A. M. 1990. Enhancing social interaction in new resource towns: planning perspectives, Journal of Economic and Social Geography 81 (5): 348 – 363.

③ 其基本做法是依托距离较近的中心城镇，家属居住在中心城镇，雇员集中时间轮岗上班，长距离通勤。

④ Houghton D. S. 1993. Long-distance commuting: a new approach to mining in Australia, Geographical Journal 159 (3): 281 – 290.

一起；雇员家属可继续留在中心城镇，配偶不必放弃原先的工作、朋友和活动，子女也不会辍学，家庭住房投资得到了安全保障。但是，杰克逊（R. T. Jackson）指出：LDC 模式使家庭重担全部落到了妻子身上，雇员中一半以上是已婚男子，60% 的人有未成年的孩子，所以社会成本显然增加了。[1]

3.1.2 资源型城市发展的经济学结构分析阶段

20 世纪 70 年代以后，早期的理论、方法和研究内容开始受到质疑。布莱德伯理就曾指出，"过去大量的文献仅仅揭示了资源型城镇社会、经济问题的症状，并未进行充分的结构状况的分析，而结构状况是单一企业社区社会、经济问题的症结所在。合理的资源型城镇发展理论的建立，应依赖于对不平衡发展和资本积累的过程及背景的理解"。[2] 20 世纪 70 年代末到 80 年代中期，有关资源型城镇研究从注重个体的实证研究到关注群体的实证和规范研究相结合，在理论上，布莱德伯理和其他学者利用依附理论对资源型城镇的增长与衰退及其社会、经济特征做出了解释。

20 世纪 80 年代中期后，人们开始利用经济结构调整，以及劳动力市场分割等理论来进行资源型城镇的研究。关于资源型城市与其产业转型的研究主要集中于发达国家，但以资源型城市为研究对象的成果较少，主要采用案例研究方法。资源型城市产业转型一般需经历几十年甚至更长时间。首先，从资源型城镇向工矿城市转变，进行产业链初步延伸过程。然后，工矿城市向综合性城市转变，实现经济基础多元化，期间城市的基础设施、自然人文环境都得以完善，城市聚集功能逐渐提升。只有极少数资源城镇能够自发地、比较顺利地完成这两个转变。大多数工矿城市仅仅当资源发生枯竭、经济出现衰退时，才开始被迫实施产业转型，这种产业转型往往是与城市衰退治理同时进行的，需要外界援助与外力推动，常常经历一个比较漫长而痛苦的过程。

一、布莱德伯理的依附理论

布莱德伯理的基本论点就是在现行的资本主义阶段，资源采掘业及其城镇受到垂直一体化的大公司的控制。这些公司的经营范围和资源配置方法都是跨国

① Jackson R. T. 1987. Commuter mining and the Kidston gold mine：goodbye to mining town，Geography（72）：162 - 165.

② Bradbury J. H. 1979. Towards an alternative theory of resource based town development，Economic Geography 55（2）：147 - 166.

的，其目的是作为一个整体在经营过程中使资本积累达到最大化。个别资源型城镇在某个时期由于公司经营时具有比较成本及其他补偿优势而相对发达。但如果环境变化，并且这些城镇受到曾经使它们发展的资本积累的控制，那么生产将会转移到其他地区或国家。这种情况即使在自然资源未采尽的时候也会有可能发生。加上金属消耗的不确定性和价格的不稳定性，这就构成了使资源型城镇处于脆弱状态的结构条件。这就使资源型城镇极度依赖单一的经济活动，而这种经济活动随时都可能被停止。在跨国公司管理人员只效忠于本公司，而绝不会为某一具体的资源产地或国家的利益服务。地方政府对跨国公司采取合作和支持的态度，通过鼓励资本、劳动力流向资源型城镇，提供基础设施和适当的财政体制，颁布法令使生产过程和阶级关系合法化等措施来促进资本的有效积累。

布莱德伯理还认为，资源型地区或城镇与其服务的中心之间是剥削关系。人力资源、自然资源和资本从前者流向后者，使资源型地区或城镇本身欠发达，经济结构扭曲，在空间、部门、时间上都表现为极度的不平衡，同时，这却使资本在工业中心得到积累。由于资源开采部门本身就业规模小，产品大多是未加工或半加工，大量的附加值在工业中心实现，所以资源型城镇也没有创造更全面、更广泛的经济增长能力。这样，资源型城镇和地区表现出对不稳定和危险的经济活动的高度依赖，但又无法减少这种依赖性。波特斯（Porteons）在对加拿大的研究中，纽顿（P. Neweon）在对澳大利亚的研究中都发现了资源地区与工业中心之间本质上是剥削关系，大量资本流向联邦政府和州政府或大公司总部，削弱了资源区的发展潜力。

欧费奇力格则认为布莱德伯理等人的模型过于简化，而实际情况要更复杂。他在研究中发现，这里理论忽视了跨国公司和顺从的地方政府之外的地方精英和社会利益团体的利益——他们并不一定会代表跨国公司的利益。在资源区与工业中心之间往往会发生多种利益集团之间的斗争。此外，他认为资源区与工业中心之间的剥削关系的假设存在问题。资源区本身的初始条件很差，只有在外界资本和劳动力投入使矿藏转化为工业投入品时，它才成为资源。所以外来投入部门分享利润的要求也是应当的。虽然矿产资源被高度一体化和水平多样化的跨国公司所控制，但还是有许多与某一具体地区和矿产地紧紧相连的，并不是垂直一体化的公司。加上对建筑、机械、地质知识和人才的巨额投资等方面的考虑，布莱德伯理对跨国公司生产投资转移程度做了高估。

二、劳动力市场分割理论

研究劳动力市场的新古典学派设想一个统一劳动力市场，并且具有从高工资到低工资的统一序列，该序列反映劳动力的边际生产率。该学派还期望利用再培训和区际迁移等调节机制来纠正劳动力的短期供求不平衡。与此相反，市场分割理论认为，具有两个甚至更多的根本不关联的劳动力市场，它们具有不同的工资结构和就业特点，按照这种观点，劳动力的供求不平衡是结构性的。[1]

海特和巴恩斯（R. Hayter and T. J. Barnes）认为：加拿大资源型工业已经历了两个劳动力市场分割阶段，前一阶段与福特主义生产相适应，后一阶段与灵活的专业化生产相适应。[2] 一个二元劳动力市场正在加拿大很多偏远地区形成，即中心工作区和边缘工作区。在福特主义时代，中心工作区通过垄断公司决定工资和劳动力分配，发挥着内部劳动力市场的功能。形成这种状况的原因是，劳动力市场为垄断结构，垄断公司享有内部规模经济和稳定的市场，由于产品市场相当稳定，所以工作状况稳定，大规模生产需要对劳动力市场进行精确划分，由于合同意味着劳资双方具有共同利益，因此，将以监督促进劳动生产率提高的方法改变为提高工资和福利待遇。

主导产业和辅助产业间劳动力流动的各种障碍限制了两大产业工人间的竞争。一旦主导产业的工人议妥某种利益，便会一劳永逸。在中心工作区的雇员享有较高的工资、较好的福利待遇和工作保障，供职于大公司和公共部门，而竞争性较强的边缘工作区的工人工资低、福利少，一般被小公司雇用和自我雇用。随着主导产业劳动力向灵活的专业化方向发展，导致了资源型城镇劳动力的另一种分割。由于劳动力是自由灵活的，所以必须废弃劳动力市场的固定、精确划分，用功能上更灵活的内部劳动力和数量上更灵活的边缘劳动力取代过去的精确划分。劳动力供应数量的灵活性可通过雇用和暂时解雇以及加班、兼职或减少工作日来实现。

兰德尔和艾恩赛德（J. E. Randall and R. G. Ironside）对传统的资源型城镇研究理论进行了全面评述，并提出了一些新的观点。他们认为：人们对加拿大资源型城镇的印象往往受到伊内斯、卢卡斯、塞门斯等经典著作的左右，尽管这些经典研究是非常有价值的，但其结论并不完善。这些结论现在由于资源型城镇经济、社会的变迁以及地理学家和其他社会科学家的理论和实证研究而受到挑战。他们将经济结构调整和劳动力市场分割理论应用于资源型社区的研究中，对经典理论提出了质疑；同时，他们以 220 个资源型社区为样本，对他们的劳动力市场特点和社区对资源的依附与空间孤立之间的关系进行了研究。

① Norcliffe G. 1994. Regional labour market adjustments in a period of structural transformation: an assessment of the Canadian case, The Canadian Geographer 38（1）：2 - 17.
② Hayter R., Barnes T. J. 1992. Labour market segmentation, flexibility and recession: A British Colombian case study. *Environment and Planing* 10：333 - 353.

三、资源诅咒假说和专业化形成的锁定

资源诅咒假说和专业化形成的锁定是国外关于资源型城市产业转型研究的相对核心内容。

资源诅咒假说，即丰富的资源趋于阻碍而非促进经济发展。20 世纪最后 30 年，在全球范围内，资源的丰富常与经济增长缓慢联系在一起。石油资源丰富的 OPEC 国家作为整体，人均 GDP 呈负增长；拥有大量高品位磷酸盐矿藏的瑙鲁国，已经矿竭国衰；尽管阿拉斯加拥有丰富的石油与渔业资源，但在 20 世纪最后 20 年该州是美国唯一呈现经济负增长的州。与之相反，资源相对贫乏的日本、韩国、新加坡等国在 20 世纪最后 40 年却创造了经济发展奇迹。

丰富的资源趋于阻碍经济发展，有多种作用机制。其一，资源财富的挤出效应，资源带来大量收入，导致收入享有者放纵，忽视经济管理与发展支持政策的重要性；其二，资源型产业的挤出效应，资源型产业为资本密集型产业，资产专用性强，其前后向正外部性都不大，该产业的发展与其高收入，导致其他产业、教育与人力资本、R&D 投资不足；其三，资源财富引发寻租效应，特别是相关制度不完善、执行不利时，寻租获得利益大于努力工作获得利益，利益相关者则将主要精力放在寻租上，而不是努力工作与创新上；其四，资源财富导致"荷兰病"，即资源出口国往往出现本国收入水平提高，本国货币升值现象，这将加大该国的制造业成本。[1] 资源财富对经济发展的阻碍效应，在瑙鲁体现得非常显著。但是，如果相关资源制度比较完善、经济发展政策执行得有效，比如挪威，可以在很大程度上消除"资源诅咒"。

德国学者格雷伯（Grabher）通过对鲁尔工业区的研究，将工矿城市产业转型存在障碍的原因解释为专业化形成的锁定。鲁尔城市群是一个高度专业化、区域内部企业高度相互依赖的工业区。一方面，钢铁企业在不同产品领域形成高度专业化；另一方面，煤炭、机械制造、电子电器和服务业企业直接为鲁尔区内企业，特别是钢铁企业提供产品或服务，而且基本是长期的、针对特定用户的产品或服务。在这样一个区域内逐渐形成了功能性锁定，认知性锁定和政治性锁定。[2]

首先是功能性锁定。长期稳定的钢铁需求促使区内核心企业与其供应商形成紧密与稳定的关系。其一，供应商知道核心企业的投资计划，围绕该计划制定自

---

① Papyrakis, Elissaios and Reyer Gerlagh. 2004. The Resource Curse Hypothesis and its Transmission Channels, *Journal of Comparative Economics* 32: 181 – 193.

② Grabher, G. 1993. The Weakness of Strong Ties: The Lock-in of Regional Development in the Ruhe Area. In Gernot rabher (eds): The Embedded Firm: On the Socioeconomics of Industrial Networks, London and New York: Routledge.

己的研究与开发目标，以继续为核心企业提供产品。这在为煤炭企业提供设备的机械制造企业中最为显著，它们与主要客户共同开发新产品，产品的技术与功能从而被锁定。其二，供应商通常与核心企业中层管理人员有良好的工作关系，这削弱了供应商的市场营销能力。

其次是认知性锁定。区内密切的内部关系制约了企业对创新机会的察觉能力，使企业不去从其他渠道获取信息。这限制了联合体内机械制造企业的技术突破及其向有前途市场的转移。面对新技术提供的发展机会时，区内企业仍一味寻求通过老技术改进与提高而固守原有位置，这样被牢牢锁定在现存技术轨道内。

最后是政治性锁定。长期以来鲁尔区的经济发展受到产业、地方政府、国家区域发展部门、工会与专业协会之间合作关系的有效支撑。这种产业与政治之间的合作关系，产生了一个支持煤钢联合体的强有力的联盟，该联盟强调鲁尔在国民经济中具有特殊的"生产使命"，致使政府每年拿出巨额资金来补贴亏损严重的国内煤炭产业和煤钢联合体现存的技术轨道内的改进，同时阻止新兴产业在鲁尔区建立。

专业化形成的锁定对产业转型产生的阻碍效应，在德国鲁尔和乌克兰顿涅茨克这些工矿城市都不同程度得以体现。顿涅茨克企业在苏联时代计划经济体制下的专业化程度远远超过鲁尔，由此形成更为严重的锁定效应。

3.2 国内资源型城市相关研究的状况

我国的工业化和城市化进程相对较晚，相应地，资源型城市的形成也较晚。新中国成立后，在大规模推进城市化进程中，经济建设急需大量原材料，大批资源型城市伴随着资源大规模开发而相继兴起。国内资源型城市的研究一直有着深刻的国家政策烙印，其研究指向不仅与资源型城市自身的发展状况有关，更与国家宏观经济制度和政策的走向密切联系。从时间序列划分，我国资源型城市的研究可以大致划分为两个阶段：生产力布局与工业综合发展研究阶段和资源型城市转型与可持续发展研究阶段。

3.2.1 生产力布局与工业综合发展研究阶段

生产力布局与工业综合发展研究阶段从新中国成立后一直延续到20世纪90年代中期。以改革开放为界限还可以分为两个时期：生产力布局及资源生产基地研究时期和工矿城市研究时期。在前一时期，由于新中国成立后推行的重工业优先战略，资源型产业作为工业化发展的基础物质生产部门作用极为重要，资源型城市在国家生产力布局中也有着显要的地位。受到前苏联地域生产综合体理论影响，20 世纪 80 年代中期之前，我国资源型区域和城市的研究主要围绕国家宏观生产力布局，探讨生产力配置和工业基地的建设。在后一时期，经济地理学界率先展开对于资源开发与工业基地建设之间关系的研究，从计划经济的角度研究资源型工业基地的布局及其与加工基地之间的地域组合关系。80 年代后期，我国许多资源型城市的发展开始出现衰退的迹象，经济学界开始对资源型城市的发展问题进行研究，但是对单个的城市研究较多，系统的理论研究尚未形成规模。

20 世纪 80 年代中期之前，我国资源型区域和城市的研究主要围绕国家宏观生产力布局，探讨生产力配置和工业基地的建设。在改革开放之前，此类工作主要围绕实践展开。改革开放后，特别是由计划经济向市场经济转轨的过程中，资源型城市的发展开始显露出一些问题，对资源型城市工业综合发展的研究开始出现。1978 年，李文彦首次提出了煤炭城市工业发展的综合化问题，论述了这类城市综合发展的必要性及综合发展的方向，并且具体总结了当时煤炭城市综合发展的三种类型，即多门类重工业基地、煤电化为中心的工矿基地和煤炭地方工业结合的工矿中心[1]。魏心镇等也分别就煤矿区地域工业综合体的形成和发展、煤炭基地的类型和综合发展问题进行了研究，进一步发展了煤炭城市工业综合发展的思想[2]。马清裕（1981，1986）对包含煤炭城镇、油田城镇、金属矿区城镇、非金属矿区城镇在内的工矿区城镇进行了比较研究，综合阐述了不同时期、不同地理条件下工矿区城镇的工业结构类型及其发展特征。一些学者还研究了具体城市或工业地区的综合发展。

在对资源型城市的布局规划研究中，李文彦认为，对煤炭城市的规划，应当充分注意其特殊性，在合理确定城市工业发展方向的基础上，通过合理布局掌握好不同阶段煤炭工业同其他工业的协调关系，结合矿区条件合理规划居民点，重点解决好煤矿占地的问题。马清裕对工矿区城镇人口增长与规模预测进行了研究，指出这类城市人口随资源开发变化的规律，并且从区域角度详细探讨了工矿区镇的合理布局。他指出，工矿区城镇布局具有分散的特点，应当处理好主城区与工矿之间的关系，避免城市压矿，尽量依托老城发展，做到分散和集中相结合。邓念祖指出，工业布局混乱、功能分区不明确、环境质量低劣、城镇土地利

---

① 李文彦：《矿产资源条件对形成地区工业体系与工业基地特点的作用：地区开发与工业布局》，科学出版社，1999 年。

② 魏心镇：《矿产资源区域组合类型与地域工业综合体》，载《地理学报》1981 年第 4 期。

用率低是工矿区城镇布局存在的主要问题①。对这些工矿区城镇布局要注意充分利用和扩建原有城镇、工业企业成组布局、建立联合工人镇、避免城市压矿、加强规划管理。此外，樊杰还探讨了煤矿区国土规划的思想方法及应该注意的问题②。

3.2.2 资源型城市转型与可持续发展研究阶段

资源型城市转型与可持续发展研究阶段从 20 世纪 90 年代中期延续至今。90 年代中期之后，我国市场经济体制逐步完善，可持续发展理念逐渐深入人心，而此时的资源型城市的发展困境却愈发突出"四矿"（矿城、矿业、矿山、矿工）问题与"三农"问题一起被认为是我国可持续发展的难点。"十五"期间，随着国家振兴老工业基地战略和支持资源型区域发展持续产业政策的实施，资源型城市的发展因为实践的需求成为研究热点之一。2000 年之后，众多系统研究资源型城市发展和转型的著作相继出版，并于 2003~2004 年达到我国对资源型城市研究的高潮。这一阶段，"资源型城市"替代"矿业城市"、"工矿城市"等成为相关概念中应用最广泛的一个，并逐渐成为共识。资源型城市的研究领域扩展到其发展的各方面，但绝大多数研究以资源型城市经济发展与转型为主。研究案例一半以上来自东北地区，主要分布于辽宁、黑龙江、陕西、甘肃等省，主要城市有大庆、阜新、大同、东营、金昌、盘锦、白银、铜川、伊春等。

一、资源型城市问题的成因及其机理研究

国家工业化是进行大规模矿产资源开发和资源型城市产生的基本前提，根据矿产资源消费生命周期具有时间和空间效应。时间效应表现为随着国家工业化发展和人均收入的提高，各国矿产资源消费存在着一个由初始、增长、成熟和衰落四个阶段组成的倒"U"字形变化过程，产业结构变化、资源取代作用的加强、加工技术进步和环保意识的提高是导致这种过程变化的直接原因；空间效应表现矿产资源生产和供应的"倒金字塔"形特征，即国家经济越发达，工业化发展水平也高；矿产资源消费结构越先进，其资源供应的空间范围也就越大。相应地，具有城市的一般属性和作为资源开发基地的特殊属性这双重属性的资源型城市从其生长周期而言，一般要经历形成期、发展期、平衡期、转化期四个阶

---

① 邓念祖：《工矿城市规划结构的探讨》，载《城市规划汇刊》1990 年第 5 期。
② 樊杰：《对新时期国土规划及其理论基础建设的思考》，载《地理科学进展》1998 年第 4 期。

段①；我国东北地区资源型地域系统的形成与发展随着国家发展体制的交替经历了自然经济、殖民经济、计划经济、（过渡期）、市场经济几个阶段②。

我国资源型城市形成于一个特殊的工业化背景之下，有明显的被动性和突发性特点。资源型城市的发展机制是一个双重动力影响下的阶段性发展过程，即在传统计划经济体制下中国资源型城市的发展是受到国有资源开发企业的垄断控制，表现为一个城市企业化和企业城市化的过程。在制度和产业技术的双重约束下，资源型城市的产业结构具有高度刚性。③ 资源型城市衰退的最直接原因是因资源的枯竭而导致的产业退化④，并且在产业选择上形成了所谓的"产业锁定"⑤，从而导致了因资源型企业的不景气造成"多米诺骨牌效应"，对城市发展和稳定造成全面冲击。

从资源型城市发展历程与国家体制的角度考察，资源型城市衰退机制的直接原因是按照前苏联模式建设的资源型城市已不适应市场经济的发展⑥，随着国家发展政策的转变，城市自身的体制和机制的滞后、资源、区位和环境的变化等造成了资源型城市发展的衰退和边缘化⑦，城市功能不完善的问题也暴露出来。资源型城市的衰退还由于在我国体制变迁的三个阶段中由于缺失了"过渡阶段"而缺乏原始资本积累所引发的体制方面不公平待遇⑧。从经济发展方面看，资源型城市的衰退是一个有效宏观系统的局部损害，符合经济地域不均衡发展的规律，甚至可能是市场对资源有效配置的一种结果，所以其问题的性质也是社会发展和社会道义问题。

二、资源型城市经济转型与可持续发展

由单一专业化向经济多元化转化，由资源型城市向综合性城市转变、由原料生产基地向地区经济增长中心转变⑨，结构合理、功能完善、特色明显、竞争力

---

① 王颖：《资源型城市发展的实证研究——以辽宁省盘锦市为例》，载《城市研究》1997年第4期。
② 范士陈：《东北资源性地域系统形成演化机理研究》，载《经济地理》2004年第5期。
③ 刘玉劲、陈凡等：《我国资源型城市产业转型的分析框架》，载《东北大学学报》2004年第6期。
④ 赵秀峰：《从比较优势探索白银市发展特色经济的新途径》，载《中国国土资源经济》2004年第4期。
⑤ 戈银庆：《中国西部资源型城市反锁定安排与接续产业的发展》，载《兰州大学学报》2004年第1期。
⑥ 陈才：《东北老工业基地资源型城市与地区产业结构转型问题研究》，载《中国东北论坛2003——东北老工业基地的改造与振兴》，东北师范大学出版社，2003年，第161~164页。
⑦ 刘云刚：《新时期东北区资源型城市的发展与转型》，载《经济地理》2002年第5期。
⑧ 孙淼、丁四保：《我国资源型城市衰退的体制原因分析》，载《经济地理》2005年第2期。
⑨ 张红：《从城市体系看甘肃省矿业城市的持续发展》，载《兰州商学院学报》1999年第4期。

强的新型工业化城市是目前资源型城市转型方向的主流观点①。

从历史上看，资源型城市的转型过程中，城市的空间分布、生产技术、制度、运销市场、社会环境等是影响的主要因素②。资源型城市的转型应以代际公平为目的建立资源型城市社会经济发展与环境的协调关系③，从资源型城市这一巨系统出发，通过市场创新、文化创新、知识创新、制度创新、技术创新、管理创新及方式创新等各种创新的创新集成重整系统要素之间的关系④，以政府主导与市场调节相结合的产业延伸、产业更新和多元产业复合模式为基础⑤，实施多元化发展战略、适度开发战略、集约经营战略、"绿色矿城"战略、科教兴城战略、"筑巢引凤"战略、矿城互利战略、矿城扶持战略等战略，逐步实现资源型城市的可持续发展⑥。

但资源型城市转型成本巨大，主要可以分为实现利润最大化为目标的企业角度的转型成本和以实现平稳转型为目标的政府角度的转型成本。目前资源型城市转型的困难在于经济性和社会性沉淀成本的存在，而补偿和降低沉淀成本不仅要靠市场制度和非市场制度，也要借助政府的力量⑦。资源型城市的顺利转型还要处理好政企关系，建立子系统边界清晰的矿城耦合系统⑧，并通过组织跨行业、跨地区、跨所有制和跨国经营的多元化大型矿产资源企业集团加强市场竞争能力。

资源型城市竞争力重塑与提升的系统工程有三大支柱，即经济发展、社会转型、环境改造，其中产业转型是该系统工程的原始动力⑨。经济结构的多元化、优势产业的培育、经济要素的市场化被认为是资源型城市经济转型的关键。一般认为，资源型城市经济转型必须发挥自身的比较优势，通过"优势替代、优势再造、优势互补、优势延伸、优势挖潜"等优势转换战略⑩，从计划经济时代的"差别性策略"转变为"功能性策略"，建立和完善基本的市场制度，以利于要素的进入、最佳组合和退出⑪。其基本思路是主动适应全球化趋势，充分发挥资

① 叶冬松：《促进矿业城市的可持续发展》，载《资源产业》2003年第12期。
② 刘吕红：《传统资源型城市近代转型研究》，载《求索》2004年第7期。
③ 张军涛：《从代际公平的角度研究资源型城市的可持续发展》，载《资源产业》2001年第4期。
④ 刘祥、孟浩：《创新集成：矿业城市可持续发展的有效途径》，载《城市问题》2003年第4期。
⑤ 朱训：《21世纪中国矿业城市形势与发展战略思考》，载《中国矿业》2002年第1期。
⑥ 李成军：《中国煤矿城市经济转型研究》，中国市场出版社，2005年。
⑦ 宋冬林、汤吉军：《沉淀成本与资源型城市转型分析》，载《中国工业经济》2004年第6期。
⑧ 穆冬：《构建城矿耦合系统协同发展体系的研究》，载《资源产业》2003年第6期。
⑨ 吴奇修：《资源型城市产业转型研究》，载《求索》2005年第6期。
⑩ 沈镭、程静：《论矿业城市经济发展中的优势转换战略》，载《经济地理》1998年第2期。
⑪ 北京大学城市与环境学系阜新市产业结构调整及发展战略规划课题组：《阜新市产业结构调整与可持续发展战略研究》，载《中国人口资源与环境》2000年第3期。

源优势，延长资源开发利用周期，完善资源市场体系，提高资源利用效率，增加要素投入，改善投资环境，逐步实现资源密集型向技术密集型和劳动密集型的转变，因地制宜地选择引入全新替代产业的"大转型"或延伸产业链，带动相关产业发展的"小转型"，丰富产业链条，建立循环经济体系，实现资源型城市的可持续发展[1]。各城市案例研究中均在分析自身优势的基础上选择主导产业，资源—加工型产业一般作为首选，其他主要包括高新技术产业、旅游业、商贸业等第三产业，部分城市还选择第一产业作为主导产业之一。资源型城市经济转型中还涉及产业组织结构[2]、税收政策和企业激励机制等问题[3]。

　　资源型城市按照可持续发展水平分为初具可持续发展能力的城市、向可持续发展状态过渡的城市、存在大量经济问题和环境问题的城市[4]。资源型城市的可持续发展具有一定的特殊性[5]，其特殊性在于：矿区向城市演变的突发性、城市化水平的低层次性、高工业化的虚假性、基础设施的滞后性、工矿企业与城市机制的约束性、资源和环境的限制性。矿竭城衰、体制束缚、区位偏离、环境恶化、产业递增缓慢是制约资源型城市发展的主要问题。矿业城市可持续发展需要把握矿区生命周期、抓好经济结构转换、强化城市化功能、提高外向度、加强环境保护等。最主要的是需要抓好两大方面工作：一要延长资源开采年限，推迟资源枯竭期的到来；二要针对资源枯竭后的问题做好预防和应对措施[6]，并建立健全资源型城市可持续发展的指标体系[7]。

---

　　[1]　毕军贤：《资源型城市经济增长途径分析》，载《城市问题》2002 年第 4 期；韩赫：《资源型城市发展高新技术产业的探索》，载《科技与管理》2000 年第 1 期。

　　[2]　吴萍、杨建新、沈露：《产业演进机制与资源型老工业城市》，载《经济问题探索》2004 年第 1期。

　　[3]　钱勇、赵静：《促进资源型城市产业转型的税收政策》，载《辽宁工程大学学报》2004 年第 5 期。

　　[4]　马传栋：《可持续城市经济发展论》，中国环境科学出版社，2002 年。

　　[5]　沈镭、程静：《论矿业城市经济发展中的优势转换战略》，载《经济地理》1998 年第 2 期。

　　[6]　夏永祥：《中国区域经济关系研究》，甘肃人民出版社，1998 年。

　　[7]　周海林：《资源型城市可持续发展评价指标体系研究》，载《地域研究与开发》2000 年第 1 期；陈旭升：《资源型城市可持续发展的指标体系研究》，载《科技与管理》2003 年第 5 期。

第 4 章

可持续发展理论分析框架

可持续发展理念的提出，是对人类发展经验教训的反思，特别是对工业社会发展道路反思的结果。工业革命以来，人类在创造巨大社会财富的同时，也给赖以生存的自然环境造成极大破坏。传统发展模式引发的资源和环境等诸多方面的危机，使人类社会发展陷入不可持续的境地。如何利用有限的自然资源，保护脆弱的生态环境，并使发展成为既满足当代人的需求，又不对后代人满足其自身需求的能力构成危害的发展，是可持续发展理念探寻的核心问题。

与先期工业化国家一样，工业化对自然资源的需求促成了我国众多资源型城市的产生，其中有1/3分布在东北老工业基地。新中国成立以来，东北老工业基地资源型城市为国家经济建设做出了巨大贡献。同时，在长期的传统发展模式和计划经济体制下，东北老工业基地资源型城市逐渐陷入资源陷阱，在经济发展、社会保障、生态环境保护等方面出现了一定的问题。这些问题伴随着城市发展所依赖的主体资源枯竭逐步凸显出来，从而使资源型城市发展接续产业成为当务之急。

本课题所关注的东北老工业基地资源型城市发展接续产业问题可以归结为一些特定区域、特殊类型城市的产业发展问题。发展接续产业的目的是帮助资源型城市摆脱发展困境，从而实现城市经济发展，乃至可持续发展。这就需要我们引入可持续发展理念，并从自然资源利用的角度，反思新古典经济学理论的缺陷，探寻造成资源型城市发展不可持续的理论根源，并为资源型城市发展接续产业指明方向。

4.1 资源型城市兴衰与自然资源开发利用

在引入可持续发展理念之前，本章首先对资源型城市的发展历程进行考察分析。我们发现，城市的兴起是经济发展的结果，资源型城市的产生是由工业社会经济发展引发的大规模自然资源开发利用的产物。资源型城市的发展与自然资源开发利用紧密相连，资源兴则城市兴，资源衰则城市衰。工业社会的主导资源大多可耗竭的自然资源，资源出现危机就会导致城市发展陷入困境。而对自然资源危机的反思正是可持续发展理念产生的原因之一。

4.1.1 资源型城市兴起与自然资源禀赋

城市的兴起与社会生产发展水平紧密相连。在词义上，"城"为行政区域概念，即人口的集聚地，"市"为经济概念，即商品交换的场所。因此，城市既具有特定的地域指向，也包含一定的经济属性。作为人类集聚的一个地域实体，城市建立在一定的地域上，它是地域的一个点（或中心），地域的自然条件对城市的形成与发展有着巨大的影响。作为人类集聚的社会经济实体，城市是社会生产发展到一定阶段的产物：农业的产生和发展使人类从狩猎采集转向农耕定居，工商业的产生和发展促进了城市的崛起和繁荣。

作为最早出现的功能型城市，资源型城市是经济发展到特定阶段的产物。工业革命以后，社会生产的发展加快了城市化进程，表现在城市规模的不断扩大和功能型城市的出现。由于经济发展对自然资源的需求，一些大的矿物产地凭借自然资源禀赋迅速发展成为新兴的工业城市。自然资源开发和优势产业的集中促使这些城市开始发展其特有的工业产业，从而使城市具有了其特定的功能。这些新兴的城市不再仅是商品的交换地域，更是成为资源型产品的生产地域。从这个意义上说，资源型城市既是经济发展的产物，也是自然资源开发利用的结果。

自然资源在人类社会发展的过程中发挥着极其重要的作用。人类的生活离不开食物、衣服、房屋等物质生活资料，所以必须进行物质资料的生产，这也是人类社会存在和发展的基础。正如马克思所指出的，"一切人类生存的第一个前提也就是一切历史的第一个前提，这个前提就是：人们为了能够创造历史，必须能够生活……因此第一个历史活动就是生产满足这些需要的资料，即生产物质生活本身。"① 自然资源为物质资料生产活动提供了基础、原料和动力。因此，自然资源既是人类生产、生活的物质基础，也是社会经济运行、发展的物质保障。从这个意义上说，自然资源开发利用也促进了社会经济的发展和人类文明的进步，人类不断地向自然界索取自然资源来维系自身生存和发展的过程就是人类社会发展的历史缩影。

在社会经济发展过程中，不同的资源开发对象和社会生产方式对城市化进程的影响截然不同。在远古时代，人类对自然资源利用以采集和狩猎野生动植物资源为主。"农业革命"标志着人类历史完成了一个重大转折，从此农耕定居代替了狩猎采集。人类开始开发和利用土地等自然资源，生产人类生活必需但又不能完全由自然提供的产品。在这一时期，作为农业生产必要载体的土地成是资源开发利用的主要对象，一些金属矿产资源也得到开发利用，例如充当货币的金银，铸造生活用品、生产工具和武器所需的铜和铁等。在受到农业生产规模、技术水平和人口数量等因素的制约下，这一时期的自然资源开发利用整体规模相对较小。尽管农业社会已经拥有了一定数量的城市，但是这一时期的城市功能比较单一，资源型城市还没有出现。

与农业社会相比，工业社会是一个截然不同的社会，社会生产力加速发展，对自然资源的开发利用规模也是前所未有的。工业革命以来，特别是 19 世纪 20 年代以后，世界经济开始进入快速发展阶段，相应的自然资源消费需求也迅速增长。从总量上看，1820 年全球经济规模不足 700 亿美元，初级金属矿产品消费水平为 65 万吨，至 20 世纪末，全球经济总量超过 37.5 万亿美元，初级金属矿产品消费总量为 6 亿万吨，同一时期的全球一次能源消费量也增长了 880 倍。② 相关的数据分析表明，这一时期全球初级金属矿产品消费、能源矿产消费均与 GDP 呈现高度的正相关，迅速增长的自然资源消费是社会经济发展的基本前提和必要条件。

与此同时，工业社会城市的职能向着专业化和多元化的方向发展。世界各国城市化历史表明，在工业化的中前期，矿产资源的大规模开发利用导致了资源型城市的出现。一些城市因为资源开采而产生，另一些城市虽然在资源开发之前已有城市存在，但是资源开发加快了城市功能的转型。城市发展具有鲜明的资源指向，其原因在于资源型城市在自然资源的开采和初级加工中具有明显的优势。其一是资源优势。自然资源是天然物品，由于受到形成过程中地理因素的影响，自然资源的空间分布并不均衡。资源型城市作为自然资源的属地，具有得天独厚的

---

① 马克思、恩格斯：《马克思恩格斯全集》（第 3 卷），人民出版社，1960 年。
② 张雷：《矿产资源开发与国家工业化》，商务印书馆，2004 年。

资源优势。其二是区位优势。自然资源开采和异地利用必然借助各种交通运输手段，并伴有资源运输损耗，从而增加了资源使用者的成本。因此，资源型城市又具有资源开采后的初级加工，即上游资源型产品生产的优势。

资源型城市的勃兴是经济发展的历史结果，也是工业化进程中社会分工深化的必然要求。从西方工业化国家的早期经验看，各国以矿产资源加工为基础的工业布局多分布在煤炭和铁矿等资源产地，资源型城市也最早出现在这些地区，如英国中部、德国的鲁尔地区和美国的东北部等。我国自 20 世纪 50 年代以来的工业生产发展也体现出相似的特征。资料显示，1952～1989 年，全国新设城市近 300 个，其中有 54 个城市几乎没有任何历史基础。在这 54 个白手起家的城市中，有 28 个是建立在自然资源开发基础之上。[①]

同时，世界各国资源型城市的形成和发展都有相似的特征：在自然资源开采及其加工业的带动下，相关产业发展，提供了大量的就业机会，使自然资源属地非农人口大规模增长，进而促成城市兴起，以及城市规模的扩大。自然资源禀赋是资源型城市出现的决定因素，同时也造成了此类城市经济发展的资源依赖。从微观上看，资源型企业密布，并深刻影响城市居民的就业选择；从中观上看，资源优势演变成资源陷阱，导致城市产业发展层次较低，产业结构单一；从宏观上看，城市经济发展缺乏资源开发以外的增长点，城市布局失调、功能弱化，并与企业功能高度同构。这种资源的高度依赖性的结果必然是资源型城市经济发展与自然资源开发利用"一荣俱荣"，当然也会随着自然资源的枯竭而"一损俱损"。

4.1.2 资源型城市发展困境与自然资源枯竭

资源型城市具有与其他类型城市不同的发展规律，主要体现在比较鲜明的阶段性特征，这是与自然资源开发的生命周期相适应的。美国地质学家胡贝特（M. K. Hubbert）将资源型城市生命周期分为四个阶段：第一阶段——预备期，资源开发前准备阶段；第二阶段——成长期，全面投产到达到设计规模阶段；第三阶段——成熟期，生产达到设计规模阶段后继续发展，利用主导产业的前向后向和旁侧的联系发展相关联的产业，矿产综合区域发展程度逐步提高，规模逐步扩大；第四阶段——转型期，以矿业为主体的产业地位下降，如果有新的产业兴起，矿产区域的性质功能转变，一般演变为综合性工商业中心城市。没有新的产业兴起，城市开始衰退、消失。

如果没有新兴接续产业的出现，进而实现城市经济的转型，资源型城市在资

---

① 张雷：《矿产资源开发与国家工业化》，商务印书馆，2004 年。

源开发的后期必然会深陷资源陷阱并面临生存危机。究其原因，资源型城市的发展困境是高度依赖资源的城市在自然资源出现枯竭时自身经济发展的难以维系。这种因由自然资源枯竭带来的困境需要从资源供给的可得性和资源利用方式着手分析：从自然资源的经济属性看，自然资源既是生产的投入要素，而（有限的）自然资源也会成为经济发展的限制条件；从人类利用自然资源的方式看，不同的资源利用方式也深刻影响着资源耗竭的速度，从而加速（或缓解）资源供给矛盾对经济发展的影响。

事实上，资源型城市的自然资源数量，乃至整个自然界中大部分自然资源的存量都是有限的。自然资源可以划分为可再生资源和不可再生资源（如表 4 - 1 所示）。其中，可再生资源又称为流动性资源，是指能够利用自然力，以某一增长率保持或增加流量的自然资源。不可再生资源又称可耗竭资源或储存性资源，是指不能运用自然力增加其存量和流量的自然资源。不可再生资源和可再生资源之间的界限并不是泾渭分明的。在一定条件下，可再生资源有可能耗竭，也有可能会转变成不可再生资源。可再生资源包含了处于临界带和非临界带的两种自然资源。如果可再生资源的使用速度率超过其自然更新的速率，那么处于临界带中的可再生资源就会像不可再生资源一样被开采，甚至可能被掠夺到枯竭的程度。不仅如此，当这种掠夺式的使用突破了某个限定的临界点，以致破坏了可再生资源的更新条件而使自然恢复再也不可能发生，这时，即使停止了这种破坏性的利用，可再生资源也仍然会不可逆转地转变成不可再生资源。

表 4 - 1 　　　　　　　　　　**不可再生资源与可再生资源的划分**

不可再生资源			可再生资源	
使用后就消耗掉的	理论上可以恢复的	可循环使用的	临界带	非临界带
石油 天然气 煤	所有元素 矿物	金属矿物	鱼类 森林 动物 土壤 蓄水层中的水	太阳能 潮汐 风 波浪 水 大气

资料来源：朱迪·丽丝，《自然资源：分配、经济学与政策》，商务印书馆，2002 年。

同可再生资源相比，不可再生资源最特殊的性质就是可耗竭性。不可再生资源的存量是固定的，因此其可用数量会逐渐减少，即在某一时点上的任何使用都会减少后续时点的可供使用的数量。虽然对于某些可回收的不可再生资源来说，通过一定的物理、化学变化可以将资源从其使用后的生成物中提取出来。但是，这是因为根据熵与热力学第二定律，使用一定物质的最后趋势是不可得性（混沌）。换言之，不可再生资源在使用中最终会变得太分散，并与杂质混合而不可恢复，从而导致回收过程中总会出现质量散失，即不能完全回收。因此，回收重复利用可以延长可回收的不可再生资源的使用时限，但并不能改变此类不可再生资源的可耗竭性。

既然自然资源的可耗竭性无法改变，这就需要我们调整自然资源的利用方式，缓解经济发展和资源利用之间的矛盾。但是，人类最初没有给予自然资源对经济发展的制约作用以足够的重视，即使是在发展问题得到普遍关注的 20 世纪中期。在传统发展模式下，物质主义倾向使人们将经济发展等同于经济增长，最终把发展单纯归结为物质产品的积累，从而导致了对自然资源的疯狂掠夺。与农业社会相比，工业社会的一个特点就是矿产资源取代土地资源成为经济发展的资源主导，因此，当今世界经济快速发展的背后必然是自然资源的大量消耗。历史数据表明，世界各国的资源消费数量与 GDP 呈现高度的正相关，并且，越是经济发达国家，人均资源消费数量也越高（如图 4 - 1 所示）。在整个 20 世纪，人类消耗了 1 420 亿吨石油、2 650 亿吨煤、380 亿吨铁、7.6 亿吨铝、4.8 亿吨铜。

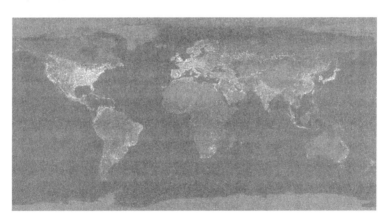

图 4 - 1　夜幕下的地球

里昂惕夫（Leontief）曾受联合国的委托主持了一个未来经济问题研究小组，考察了未来经济增长中获得自然资源的可能性以及不可再生资源耗竭问题。里昂惕夫的报告表明，1970 ~ 2000 年的 30 年间，世界不可再生资源消耗量惊人地增加：铜的消耗量增加 4.8 倍，铝和锌增加 4.2 倍，镍增加 4.3 倍，铝增加 5.3 倍，铁矿石增加 4.7 倍，石油增加 5.2 倍，天然气增加 4.5 倍，煤增加 5 倍。20 世纪最后 30 年所消耗的不可再生资源预计要会比整个文明历史以来的消耗量大 3~4 倍。① 一些学者通过基于已有探明储量和资源消耗速度的计算，认为大部分不可再生资源将在未来的几百年间耗竭，到那时人类的生存和发展将受到严重的威胁（如表 4 - 2 所示）。

表 4 - 2 部分矿物的元素资源基础及其期望寿命的估算

矿物	资源基础（吨）	不同消耗增长率下的期望寿命（年）				实际年消耗增长率（%）
		0	2%	5%	10%	
铝	2.0×10^{18}	1.7×10^{11}	1 107	468	247	9.8
镉	3.6×10^{12}	2.1×10^{8}	771	332	177	4.7
铬	2.6×10^{15}	1.3×10^{9}	861	368	196	5.3
钴	6.0×10^{14}	2.4×10^{10}	1 009	428	227	5.8
铜	1.5×10^{15}	2.2×10^{8}	772	332	177	4.8
金	8.4×10^{10}	6.3×10^{7}	709	307	164	2.4
铁	1.4×10^{18}	2.6×10^{9}	898	383	203	7.0
铅	2.9×10^{14}	8.4×10^{7}	724	313	167	3.8
镁	6.7×10^{17}	1.3×10^{11}	1 095	463	244	7.7
锰	3.1×10^{16}	3.1×10^{9}	906	386	205	6.5
汞	2.1×10^{12}	2.2×10^{8}	773	333	178	2.0
镍	2.1×10^{12}	3.2×10^{6}	559	246	133	6.9
磷	2.9×10^{16}	1.9×10^{9}	881	376	200	7.3
钾	4.1×10^{17}	2.2×10^{9}	1 005	427	226	9.0
铂	1.1×10^{12}	6.7×10^{9}	944	402	213	9.7
银	1.8×10^{12}	1.9×10^{8}	766	330	176	2.2
硫	9.6×10^{15}	2.1×10^{8}	769	331	177	6.7
锡	4.1×10^{13}	1.7×10^{8}	760	327	175	2.7
钨	2.6×10^{13}	6.8×10^{8}	829	355	189	3.8
锌	2.2×10^{15}	4.0×10^{11}	1 151	486	256	4.7

资料来源：朱迪·丽丝，《自然资源：分配、经济学与政策》，商务印书馆，2002 年。其中，资源基础数据是通过元素丰度乘以地壳总重量得出的，实际年消耗增长率为 1947~1974 年的平均增长率。

从资源利用效率看，不同生产技术水平下的资源消耗强度存在明显差异，从而放大了对自然资源消耗数量。仅以我国为例，与大多数发展中国家一样，我国的工业化进程起步较晚，生产技术水平落后于西方发达国家，资源利用效率偏低。自然资源利用方式的粗放导致资源浪费相当严重。第一，在资源开采阶段，

---

① 王军：《可持续发展》，中国发展出版社，1997 年。

以煤炭行业为例,我国煤炭资源回采率平均还不到35%,远达不到回采率不小于75%的技术要求。[①] 从新中国成立至2003年,我国累计产煤约350亿吨,而煤炭资源消耗量超过1 000亿吨,有650亿吨煤炭在开采阶段就被浪费了。第二,资源生产过程中的浪费也很严重,我国能源消费的低效率主要体现在能源强度过高。以2000年为例,我国能源消耗12.8亿吨标准煤,创造了1.08万亿美元的GDP,而美国同期能源消耗32.6亿吨标准煤,创造了9.96万亿美元的GDP。按美国的能耗水平创造中国的国内生产总值,只需要消耗3.5亿吨标准煤就足够了(如图4-2和图4-3所示)。[②] 第三,资源回收率较低。我国不可再生资源的总回收率约为30%,比国外的先进水平低了近20个百分点。资源的低效率利用造成我国的自然资源损失占GDP的比重远高于一些经济发达国家。

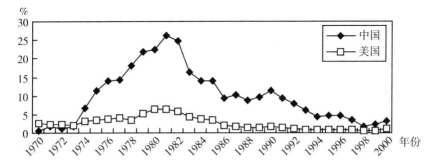

资料来源:胡鞍钢,《我国真实国民储蓄与自然资产损失(1970~1998)》,载《北京大学学报》(哲学社会科学版)2001年第4期。

图4-2 1970~2000年中国与美国能源耗竭损失占GDP比重

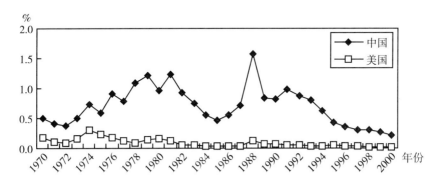

资料来源:胡鞍钢,《我国真实国民储蓄与自然资产损失(1970~1998)》,载《北京大学学报》(哲学社会科学版)2001年第4期。

图4-3 1970~2000年中国与美国矿产耗竭损失占GDP比重

---

① 李菲:《煤炭产销两旺凸显资源税功能弱化》,载《经济研究参考》2004年第51期。
② 陈和平:《节能降耗:经济可持续发展的重要一环》,载《宏观经济管理》2002年第6期。

自然资源过度的、低效率的利用加快了自然资源枯竭的速度。我国目前已经形成了 390 多座以采矿为主的资源型城市，其中，20% 处于成长期，68% 处于成熟期，12% 处于衰落期。全国约有 400 多座矿山已经或者将要闭坑，约有 50 多座矿城的资源处于衰减状态，面临着严重资源枯竭的威胁，资源型城市经济发展陷入困境。

4.2　自然资源危机与可持续发展理念

在人类文明的历史长河中，生存和发展是一个永恒的主题。生存是发展的基础和前提，而发展又是在更高层次上谋求生存。因此，发展问题一直是世界各国普遍关注的问题。国际上关于发展问题的讨论兴起于第二次世界大战之后。在发展问题研究的初期，发展观念具有明显的物质主义倾向，表现为将发展仅局限于经济发展，又将经济发展等同于经济增长，最终把发展单纯归结为物质产品的积累。传统发展观念的形成，在理论上继承了早期工业化的思想，在实践上则源于第二次世界大战后物质贫乏、百废待兴的需要。但是，这种以早期工业化发展为蓝本、以物质资本积累为核心的发展观念，由于忽视了人类社会发展的多样性和复杂性，造成了对资源的疯狂掠夺和对环境的严重破坏，损害了人类赖以生存和发展的条件。这也促使人们开始重新反思发展的真正意义，从而孕育了可持续发展理念。

4.2.1　传统发展观念及其局限

第二次世界大战结束后，特别是 20 世纪 50 年代以后，随着民族民主运动的兴起和帝国主义殖民体系的崩溃，广大的亚非拉国家获得了独立。这些国家为了振兴本国经济，消除贫困，重新确立自己在世界体系中的地位，真正走上自主发展的道路，普遍开始了工业化的进程。如何改变国家经济落后的面貌，迅速跟上时代的步伐，成为这些国家最迫切需要解决的课题。同时，工业国面对战后的物质匮乏，也想加速经济发展。这样就使全世界被带入到一场史无前例的发展潮流之中。

正是在这样的时代背景下，传统发展观形成并发展起来的。美国经济学家刘易斯（W. A. Lewis）在其著作《经济增长理论》中指出经济增长问题就是如何提高人口平均产值的问题，他认为贫穷国家之所以贫穷是因为"经济蛋糕做得不够大，现在关键的问题是必须把蛋糕做大些"。美国经济学家罗斯托（W. W. Rostow）指出他关心的是经济增长而不是其他。在刘易斯、罗斯托等人看来：发展问题，尤其是发展中国家的发展问题，就是经济增长问题，发展中国家经济落后的原因就在于工业化程度不够，经济蛋糕不大；而加快工业化的步伐，提高工业化的程度，把经济蛋糕做大，就会导致经济增长和社会进步。因而，他们都把国民生产总值及人均国民收入的增长作为评判发展的首要标准，把发展单纯地归结为物质财富的积累。

在传统发展观念的指导下，人们所关心的只是国民生产总值（GDP）的增长，GDP增长率成为各国普遍接受的衡量发展的指标。以经济增长作为衡量发展的唯一标准的做法引起了经济增长的狂热，同时也鼓励人们对物质享受的无限制追求，从而导致了对自然资源的疯狂掠夺和生态环境的破坏，其主要原因在于GDP数值中没有反映自然资源和环境质量的价值，也没有显示出经济增长所付出的环境和资源的代价。在无形之中，传统发展观将发展同人类赖以生存的环境对立起来，把发展带入不可持续的困境，从而引发了由发展带来的人口、资源和环境等诸多方面的危机。

首先是人口问题。经济活动的最终目的都是满足人的需要，因此，人口问题是经济发展中不能忽视的问题。在资源、财富既定的条件下，人口数量增多直接导致的是人均占有数量减少。历史也已表明大量严峻的社会问题均与人口的巨大压力有关。据考古材料，人类社会初期的世界总人口估计只有500万左右，至1650年，世界人口估计在5亿左右，在约9650年内提高了100倍，平均1500年翻一番。17世纪中叶的欧洲资产阶级革命和18世纪下叶开始的工业革命加速了世界人口的增长，世界人口至1850年已达10亿，在200年内又翻了一番。1850年以后，欧美的经济高速发展，生产力的提高刺激了人口增长，至1930年世界人口增至20亿上下，80年内就翻了一番。虽然，经历世界经济大危机和第二次世界大战，世界人口在45年内（1930～1975年）又增加了1倍，达到40亿。到20世纪末，世界人口已达60亿，而且每年还以8600万人的速度增长。从生态学观点来看，世界人口总数不应超过地球的承载能力，否则将影响整个地球生态系统的稳定性。世界人口的巨大压力对人类赖以生存的自然环境造成了严重的威胁。

其次是资源问题。作为人类生产、生活的物质基础，资源在经济发展中发挥重要的基础作用，并且每个社会成员所能分享的资源数量也直接影响其生活质量。现代社会经济发展的背后是大量资源的耗费。面对有限的自然资源，经济发展越来越多地受到资源"瓶颈"的制约。在整个20世纪，人类消耗了1420亿吨石油、2650亿吨煤、380亿吨铁、7.6亿吨铝和4.8亿吨铜。20世纪最后30年所

97

消耗的不可再生资源预计要会比整个文明历史以来的消耗量大 3 ~ 4 倍。[①] 按照目前世界能源的开采、消耗速度，几乎没有一种矿物化石能源储量还能够让人类再使用 200 年。水资源短缺日益严重，全世界有 10 余亿人得不到清洁的饮用水，每年有将近 1 000 万人因供水不足的原因而死亡。另外，掠夺式利用生物资源还引起相应的生态系统退化甚至崩溃，全球超过 15 000 种物种濒临灭绝，灭绝速度超过了以往任何地质时期。20 世纪 70 年代后，西方国家多次出现的资源短缺和能源危机，给社会经济的正常运转带来了严重的冲击，也给人类无节制地滥用资源的行为敲响了警钟。

最后是环境问题。经济快速发展，城市化进程也在加快，工业生产所产生的废气、废水、废渣，农业生产中广泛使用的农药和化肥，还有人们生活中产生的废烟、污水和垃圾，这些活动给人类赖以生存的环境也带来了巨大危害。人类活动向空气中排放的许多挥发性的有机化合物、烟尘造成了空气污染。20 世纪末，全世界的人类活动从其固定源和流动源向大气排放了 9 900 万吨硫氧化物，6 800 万吨氮氧化物，5 700 万吨悬浮颗粒物质及 17 700 万吨一氧化碳。工业废水和生活污水的排放造成了水体的污染，每年从城市排出的废水总量约几千亿吨，发展中国家 95% 以上的城市污水没有经过任何处理就被排入地表水，水污染加剧了水资源的危机。工业固体废弃物、农药和化肥造成了土壤的污染，每年排出的固体废弃物有 100 亿吨。各种污染物在损坏生态环境的同时，严重地威胁着人类的身体健康。根据世界卫生组织（WHO）的一份报告，空气、水源及其他环境污染导致全世界每年有 300 万 5 岁以下儿童死亡。目前，全世界每天二氧化碳排放量达到 600 万吨，不断增多的二氧化碳以及其他能够吸收热量的分子导致大气中不断增加的热量，从而严重威胁气候的平衡。根据政府间气候变化专门委员会（IPCC）的评估报告分析，20 世纪 90 年代全世界重大气象灾害造成的损失比 20 世纪 50 年代高出 10 倍。

传统发展观念只是将经济现象作为一个封闭的系统来看待，没有考虑到经济系统与其他社会系统的相互联系，认为只要把生产要素进行合理的配置，经济就能够自然地得到发展。由于这种发展观念忽视了经济发展的物质基础——资源和环境，终于导致了使经济本身陷于危机。传统发展观没有认识到经济发展与经济增长是两个不同的概念，从而没有把它们区分开来。这种把发展等同于物质财富增长的发展观的形成，在理论上继承了早期工业化思想的遗产，在实践上则是因为发展中国家在获得政治独立之后迫切需要发展经济，而发展经济的主要问题是物质资本匮乏，只有解决了物质资本的积累问题，才能实现经济的独立和较快发展。

[①]　王军：《可持续发展》，中国发展出版社，1997 年。

然而，许多发展中国家在经济增长的同时，并没有实现预期的发展目的，即只有明显的生产的量的增长，而没有社会经济结构、社会状况、政治经济体制等的明显进步和质的提高；相反，却出现了严重的分配不公、社会腐败、政治动荡。所以，单纯追求经济增长的传统发展观受到了普遍批评，并将这种现象称为"有增长而无发展"或"无发展的增长"。在经历一系列全球性资源、环境问题所带来的痛苦之后，人类开始积极反思和总结传统经济发展模式不可克服的矛盾，努力寻找新的发展模式，探索能在提高经济效益的同时保护资源、改善环境的政策和发展战略，于是可持续发展理念应运而生了。

4.2.2 可持续发展理念的产生

在 20 世纪中叶，由工业污染在欧美和日本引发的一系列公害事件，唤起了人们对环境问题的警觉。面对严峻的现实，众多学者纷纷发表文章、著书立说，分析环境问题产生的原因，论述生态环境恶化的严重后果，寻求改善环境和发展经济的人类可持续发展对策。1962 年，美国生物学家卡尔逊（R. Carson）以其著作《寂静的春天》发出呼吁：要正视由于人类生产活动而导致的严重后果。1966 年，英国经济学家鲍尔丁（K. E. Boulding）将系统方法应用于经济与环境相关性的分析，积极倡导储备型、休养生息型、福利型的经济发展，主张建立既不会使资源枯竭，又不会造成环境污染和生态破坏的能循环利用各种物质的"循环式"经济体系来代替过去的"单程式"经济。英国生态学家戈德·史密斯（E. Gold Smith）在《生存的蓝图》中提出了稳定的社会这一概念，即稳定的社会在给予它的成员以最佳满足的同时，也能使所有的意图和目的被无限期地持续，工业化的生活方式是不能持续的，只有实施政治和经济变革，灾难才可以避免。

一些学者也提出了较为悲观的观点，认为经济发展与生态环境的对立是绝对的，只有停止地球上人口和经济的发展，才能维护全球生态环境的平衡。1971 年，美国学者福雷斯特（J. Forester）在《世界动态学》一书中通过对系统动态学模型的分析后提出，人类经济发展会由于资源的枯竭而陷于停顿。1972 年，"罗马俱乐部"的米都斯（D. Meadows）发表了题为《增长的极限》的研究报告。在这个报告中，米都斯用"世界模型"向人们做出惊人的预测：人类经济增长在 2100 年以前将达到极限，并下了定论："世界体系的基本行为方式是人口和资本的指数增长和随后的崩溃"。这些悲观的观点遭到许多学者的批评，后者认为持续的经济增长是人类福利增长的先决条件。正如美国学者西蒙（J. L. Simon）在《没有极限的增长》中所阐述的，为了求得经济的增长，不必顾及生态环境的恶化，即科学技术的不断进步会使生态环境自然而然地达到平衡稳定。

面对日益高涨的保护环境的呼声，联合国于 1972 年在斯德哥尔摩召开人类环境会议并通过《联合国人类环境宣言》，该宣言呼吁各国政府和人民为维护和改善人类环境，造福全体人民，造福后代而共同努力。1980 年，世界自然保护联盟（IUCN）、联合国环境规划署（UNEP）和世界自然基金会（WWF）共同发表了《世界自然保护大纲》，首次提出了可持续发展的概念，并强调人类利用对生物圈的管理，使生物圈既能满足当代人的最大持续利益，又能保持其满足后代人需求与欲望的能力。1987 年，以挪威首相布伦特兰（Brundtland）为主席的联合国环境与发展委员会（WCED）发表了一份题为《我们共同的未来》的报告，正式提出了后来被广泛接受的可持续发展的概念："可持续发展是既满足当代人的需求，又不对后代人满足其自身需求的能力构成危害的发展。"[①] 1992 年，在联合国环境与发展大会上，可持续发展概念得到与会者的接受。大会通过的《里约环境与发展宣言》（又称《地球宪章》）在斯德哥尔摩宣言的基础上，针对环境与发展问题提出了 17 条原则，受到国际社会的广泛认同。

持续发展观强调的是资源、环境与经济的协调发展，追求的是人与自然的和谐。其核心思想是，健康的经济发展应建立在生态持续能力、社会公正和人民积极参与自身发展决策的基础上。它所追求的目标是：既要使人类的各种需求得到满足，个人得到充分发展；又要保护生态环境，不对后代人的生存和发展构成危害。它特别关注的是各种经济活动的生态合理性，强调对环境有利的经济活动应予鼓励，对环境不利的经济活动应予摒弃。在发展指标上，不单纯用国民生产总值（GDP）作为衡量发展的唯一指标，而是用社会、经济、文化、环境、生活等多项指标来衡量发展。这些都反映了人类对今后选择的发展道路和发展目标的憧憬和向往。人们逐步认识到，沿袭过去的发展道路必将造成不可持续的发展，因而是不可取的，走可持续发展之路，是人类面临的必然选择。

4.2.3 可持续发展理念对资源可耗竭性的关注

人类很早就针对天赋资源存在自然力发挥的最大限度进行了深度思考。古典经济学家的思索集中体现在马尔萨斯主义的忧虑之中。在《人口原理》中，马尔萨斯提出了人口增长呈几何级数增长而生活资料却以算术级数增加的假说。他认为如果不能意识到自然资源的有限性，最终导致人口数量超过自然资源供给的极限，那么人口增长就会陷入"马尔萨斯陷阱"。古典经济学家大多赞同马尔萨斯的论断：李嘉图认为农业中的报酬递减趋势会进一步加强，社会经济增长速度

---

① 世界环境与发展委员会：《我们共同的未来》，吉林人民出版社，1997 年。

将会逐渐放慢，直至进入人口与经济增长都处于停滞的社会静止状态；穆勒则倡导"静态经济"，即资本、人口和物质资料生产都处于零增长的平衡状态。

新古典经济学家不像古典经济学家那样热衷于讨论资源稀缺性的问题，而是将资源稀缺性看成是一个既定的前提，偏重于在此前提下的资源最优配置的问题。他们认为技术进步可以解决报酬递减规律的影响，以及由此带来的资源枯竭问题。新古典经济学的乐观态度对经济增长理论有着深刻的影响，在这些理论中，对自然资源的关注日益减少。在索洛的新古典经济增长模型中，技术进步成为经济增长的主要决定因素，技术进步对经济增长的贡献率已经大大超过劳动、资本这些要素对经济增长的贡献率，这似乎暗示着资源和环境不再构成对经济增长和发展的约束条件。库兹涅茨甚至认为，经济增长"不可能受到自然资源绝对缺乏所阻碍。"[1]

但是，自然资源是可耗竭的，当代人无节制地掠夺资源不仅会使自身陷入资源危机，也会把后代人的发展带入不可持续的困境。可持续发展是"既满足当代人的需求，又不对后代人满足其自身需求的能力构成危害的发展。"[2] 因此，就必须保证后代人应拥有与当代人同样的权利和利益，即自然资源利用在代际间实现公平，这也正体现了可持续发展的公平性原则。

可持续发展中的公平是指机会选择的平等性。鉴于在人类需求方面存在很多不公平因素，可持续发展所追求的公平性原则首先是代际内的公平即同代人之间的横向公平性，可持续发展要满足全体人民的基本需求和给全体人民机会以满足他们要求较好生活的愿望。其次是代际间的公平，即世代人之间的纵向公平性。要认识到人类赖以生存的自然资源是有限的，本代人不能因为自己的发展与需求而损害人类世世代代满足需求的条件——自然资源，要给世世代代以公平利用自然资源的权利。最后是公平分配有限资源，这主要是针对发达国家在利用自然资源方面的优势，这一优势取代了发展中国家利用自然资源的合理一部分来达到它们自己经济增长的机会。

但是，长期以来，可持续发展更多的是作为一种思想或一种呼吁，体现在各国政府的战略选择取向，以及民间团体的诉求之中。当发展更多的涵盖了针对经济系统之外的资源环境和社会的分析，可持续发展的研究也已经大大超出了经济学研究的范围。从经济学角度出发，经济学家更多的以经济发展为核心来阐述可持续发展。当然，这里的经济发展已不是传统意义上的以牺牲资源和环境为代价的经济发展，而是不降低环境质量和不破坏世界自然资源基础的经济发展。

---

[1] Nafziger E. Wayne. 1997. *The Economics of Developing Countries*, Prentice-hall, Third Edition, P. 331.

[2] 世界环境与发展委员会：《我们共同的未来》，吉林人民出版社，1997 年。

在此基础上，经济学家把代际问题引入分析框架，将可持续发展问题具体为代际发展问题。后代人的出现体现了可持续发展的一个非常明显的特征——时间性和历史性。可持续发展所强调的历史性是一种时间的推移，它不是把当代人的寿命延长，而是把当代人的子孙后代包括进来。这样，经济发展就不仅仅是当代人的事情，而是当代人和后代人共同面对的问题。从时间维度将后代人引入分析框架，使依赖于自然资源与环境的不同代际的人共同面对发展，这就产生了可持续发展的代际问题。

代际问题不是孤立的问题，它是可持续发展理念发展的必然结果，是人类发展面临的重大现实和长远课题。从经济学意义上看，可持续发展的一个核心问题就是对后代人福利的关注，这种关注是在人类对资源和环境施加的压力不断增长的背景下提出的。面临人类生存所依赖的自然资源在锐减、环境在恶化，从这个核心问题自然延伸出另一个问题，即经济系统是否有足够的能力去弥补自然资源的减少和改善环境，以保证未来各代人的福利不会减少。因此，可持续发展的经济学研究目的在于关注资源的代际配置，关注福利的代际公平。

4.3 对新古典经济学范式的反思

新古典经济学忽略了对自然资源可耗竭性的分析，转而以资源的稀缺性为前提，用最优化或最大化原则来描述微观主体的经济行为，并强调在市场机制的作用下，配置资源并达到合理有效利用的目的。新古典经济学认为市场机制的自发运行可以解决自然资源与经济发展的矛盾，从而可以避免马尔萨斯陷阱。实际上，技术进步只是掩盖了而并非消除了报酬递减规律的影响，资源枯竭问题仍是不可避免的。而正是新古典经济学所依赖的市场机制忽略了尚未出现的后代人的利益，当代人过度消耗自然资源，导致了经济发展越来越受到资源"瓶颈"的制约而难以持续进行下去。

4.3.1 对新古典经济学前提假设的反思

在完全竞争市场中，市场机制在资源配置中发挥着重要作用，市场能够通过价格机制和竞争机制使资源得到有效率的配置。市场是完美的，完美的市场同时为自然资源设计了完美的一生：某种资源的市场均衡价格决定了这种资源是否被开采；而开采出来的资源进入市场后经由供求双方共同作用形成新的均衡价格，价格的变动影响着资源的使用数量；当自然资源大量消耗变得稀缺时，升高的价格引导消费者使用其他替代资源。

从新古典经济学的角度看，完全竞争市场是有效率的：一方面，每个市场中的经济主体都是追求自身利益最大化的"经济人"，厂商通过成本—收益分析来决定是否开采、开采多少以实现利润最大化，消费者通过预算—效用分析来决定是否购买、购买多少以实现效用最大化。另一方面，自然资源尤其是经济价值较高的自然资源的稀缺是必然的。正是由于稀缺性，才需要考虑其配置效率，使稀缺资源的利用实现最大的收益。这就是所谓的"斯密假定"：在市场中，人们在实现自身利益最大化的同时，实现了整个社会利益的最大化。

然而，从代际视角看，斯密关于"看不见的手"的论断却具有一定的局限性。市场机制把后代人排除在分析框架之外，从而忽略了后代人的利益。在当代人行为影响后代人利益时，就会出现代际外部性，从而导致市场失灵。当代人过度使用自然资源，造成了对后代人利益的损害时，"看不见的手"无法引导社会资源配置达到帕累托最优状态。市场失灵的原因在于经济学研究一直沿用的新古典经济学基本假设，由于这些基本假设缺乏从时间维度的拓展，并没有从代际的角度将尚未出现在市场的后代人考虑进来，导致这些假设存在诸多的局限。

一、"经济人"假设：利己还是利他

新古典经济学认为"经济人"就是会计算、有创造性、能寻求自身利益最大化的人。此外，"经济人"假定中还暗含了关于人是理性的假定，就是每个人都能够通过成本—收益比较或趋利避害原则来对其所面临的一切机会和目标及实现目标的手段进行优化选择。在"贝克尔革命"之后，新的"经济人"假定是：当人们必须在若干取舍之间做出选择时——各种选择的结果将对个人的最后的满足或福利产生不同的影响——人们将更愿意选择那种能为自己带来较多好处的解决办法，而不是与此相反。

如此定义的"经济人"假设是市场实现经济效率的基础。首先，"经济人"是利己的，即追求自身利益是驱动人的经济行为的根本动机。这种动机和由此而产生的行为，有人自身内在的生物学和心理学根据。其次，利己的"经济人"的行为是理性的。他能根据自己的市场处境判断自身利益，并使自己的谋利行为符合从经验中学到的东西，从而使所追求的利益尽可能最大化。最后，理性的利己的"经济人"会促成社会利益的最大化。在良好的法律和制度的保证下，"经济人"追求个人利益最大化的自由行动会无意识而又卓有成效地增进社会公共利益。

按照这一假定，在经济活动中，个人所追求的唯一目标是其自身经济利益的最大化。换句话说，"经济人"主观上既不考虑社会利益，也不考虑自身的非经济利益。可持续发展则从时间的维度拓展了经济学研究的范围，将后代人引入分析框架，并强调当代人和后代人的共同利益才是发展的目标，当代人对后代人的利益负有责任，"经济人"不仅要利己，还要利他。既然"经济人"连同一代人组成的社会的利益都不考虑，就更谈不上考虑子孙后代的利益。正如马克思所批评的那样，"在他们看来，这种个人不是历史的结果，而是历史的起点。因为按照他们关于人性的观念，这种合乎自然的个人并不是从历史中产生的，而是由自然造成的。"①

二、资源的稀缺性：相对还是绝对

在经济学中，相对于人类社会的无穷欲望而言，经济物品或者说生产这些物品所需要的自然资源总是不足的，这种资源的相对有限性被称之为稀缺性。这样定义的稀缺性是一种相对的稀缺性，也就是说资源的稀缺性强调的不是资源绝对数量的多少，而是相对于人类欲望的无限性来说，再多的物品和资源也是不足的。正是由于资源的稀缺性，产生了如何利用现有的资源去生产经济物品来更有效地满足人类的选择问题，即生产什么、生产多少，如何生产以及为谁生产。资源稀缺性研究的目的在于在市场的基础性作用下，通过对资源稀缺及其测度的研究，更好地了解价格等关于资源稀缺的信号，从而更好地了解自然资源配置领域的市场机制，最终能够更好地利用并完善市场机制，达到资源的最优配置与利用。

但是，从可持续发展的代际视角看，自然资源，特别是不可再生资源，其固有的存量是有限的，由于其耗费过程的不可逆性，从而体现出可耗竭性。因此，当代人对不可再生资源的利用就要兼顾后代人的利益。所以，从本质上说，传统经济学中的资源稀缺性只是自然资源代内配置问题的研究假设，它缺少不可再生资源的存量有限性和可耗竭性的认识。

一方面，资源的稀缺性掩盖了不可再生资源的有限性。稀缺性是一个相对概念，它没有触及不可再生资源绝对数量的边界。这时，不可再生资源基础就被视为一个数量无限大的、可以随意利用的资本仓库。同时，稀缺也被看做是暂时的现象，它会通过市场供求双方的共同作用以价格的形式反映出来。若不可再生资源供不应求，价格的升高会使企业有利可图，更多的不可再生资源会被开采出来，使市场重新恢复平衡。这样一来，当代人无节制地使用不可再生资源的现象就不可避免，留给后代人的资源数量不断减少。

---

① 马克思、恩格斯：《马克思恩格斯全集》（第2卷），人民出版社，1972年。

另一方面，资源的稀缺性忽视了不可再生资源的可耗竭性。既然不可再生资源数量被放大到无限大，不可再生资源就被看成是不是可耗竭的，无论它能否再生，将来也不会出现枯竭的问题。同时，所有的行为被视为经济活动利己主义的结果，因此不可再生资源的消耗不被计入成本之中。但是，不可再生资源在耗费过程中具有不可逆性，当代人多使用一些，后代人就要少消费一些，任意增加不可再生资源更是不可能。看不到可耗竭性的当代人就只顾眼前利益，而忽视了后代人的利益。

三、资源的可替代性：确定还是不确定

自然资源的物质属性使人们意识到一种自然资源可能具有多种功能，一种功能也可能由不同的自然资源来实现，即自然资源之间存在功能上的替代作用。虽然这需要考虑资源使用成本的问题，但是一种资源使用成本的提高（超过其替代资源的使用成本），会使替代资源的利用成为可能。一般认为，当一种资源由于稀缺而导致价格升高时，诱发的技术进步会沿着两个方向前进：一是基于已有资源的技术进步，通过改进勘探技术寻找新储量，通过工艺改进降低使用成本，提高使用效率；二是在替代资源方面的技术进步，寻找新资源，或降低替代资源的使用成本。

在这个替代过程中，技术进步起到了决定性的作用。但是，知识积累所体现出的技术进步是一个漫长的过程，技术进步的过程又充满了偶然性因素，也就是指不完全以人的意志为转移的不确定性因素。同时，技术进步还涉及生产成本的问题。技术进步不仅是知识积累的结果，它也是科研机构的产品，需要长期大量的资金投入。当第二种技术进步的生产成本过高，超过第一种技术进步成本的时候，理性的"经济人"仍会选择基于已有资源的技术进步，反之亦然。除此之外，科技成果从产生到最终应用还需要一个漫长的过程，即存在所谓的发明—创新时滞。例如，柴油发动机从技术发明到广泛应用经历了 18 年，石油催化裂化技术经历了 20 年，连续轧钢技术则经历了 25 年。[1] 这些大多是因为人们对新技术的认识和价值判断不能一蹴而就，新科技成果在诞生初期还不成熟，以及科技成果的系统复杂性等原因。

当以新的不可再生资源替代原有不可再生资源时，不可再生资源的耗竭性问题依然存在；当多种因素导致技术进步在已有不可再生资源展开时，又加剧了已有不可再生资源的耗竭速度。以石油为例，虽然人们很早就意识到它的可耗竭性而去积极地寻找替代资源，并且多次石油危机等外部因素将原油价格从 1969 年

---

① 王春法：《论科技创新过程中的不确定性问题》，载《中国科技产业》1997 年第 2 期。

的 1.29 美元/桶上涨到 1979 年的 12 美元/桶，到 2005 年初达 55 美元/桶，2007 年末接近 100 美元/桶。但是，在世界范围内，石油仍是能源资源中最重要的组成部分，当代人对开采的石油开采与日俱增。因此，当代人在推动技术进步的同时，又不能寄希望于后代人一定能够通过技术进步找到可替代资源，而将不可再生资源耗竭性的难题留给后代人去解决。

4.3.2　对新古典资源定价方式的质疑

新古典经济学认为，一个经济如果自由运行的话，它会很快找到一种竞争性均衡，也就是说，在经济中一整套商品价格体系将确保每一个市场的供求均衡。这套价格体系也就是所有参与者之间达到产品的有效配置（尽管不一定是公平的分配），即可以达到静态的帕累托最优。至少从表面上看，将静态的帕累托最优扩展到一个动态的经济体系应该是不成问题的。

一、自然资源定价的消费模型和供求模型

通过建立一个跨时期的消费模型，我们可以分析新古典经济学关于自然资源代际定价模式。消费理论的通常假设是，在其他条件不变的情况下，消费者偏好现时产品甚于未来产品，所以时间偏好率是正的，也就是说，消费者要求更多的下期消费的增加补偿现期消费的减少。边际相对效用就是消费者为了得到更多的下期消费而愿意放弃现期消费的比率。假定现期产品和未来产品分别为 y_0 和 y_1，其中它们的边际效用分别为 $U'(y_0)$，$U'(y_1)$，那么必须满足条件：$\dfrac{U'(y_0)}{U'(y_1)} = -\dfrac{\Delta y_1}{\Delta y_0}$，这也可以通过图 4-4 来表示。

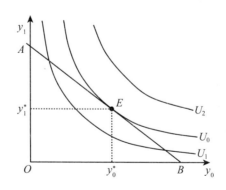

图 4-4　消费者帕累托最优的代际分配

在图4-4中，横轴代表现期消费产品数量，纵轴代表未来消费产品数量，U代表理性消费者所面临的时际无差异曲线，它显示消费者的时间偏好。但是，这并未给出当前消费和未来消费的实际替换路线，为此还需要引入时际约束线AB，它表示在当前市场利率给定的条件下，消费者实际上面临的当前消费和未来消费相互替代的机会或路线。

在给定市场利率和收入水平的条件下，消费者应该怎样在当前和未来分配收入和消费，从而消费者实现时际效用最大化。只有在E点，即无差异曲线与预算约束曲线相切时，才能实现效用最大化，此时消费者在其生命周期内现在和未来分别消费y_0^*和y_1^*，完全将资源计划消费尽，不给后代人留下任何消费机会。

我们可以把消费者愿意推迟消费以换取更多未来消费的比率定义为：

$$q = TRTP = \frac{\Delta y_1 - \Delta y_0}{\Delta y_0}$$

上式表示消费者的时间偏好率。因此，在消费者获得最大化效用时，均衡条件为时际预算线和时际无差异曲线的斜率相等，可以表示为：

$$\frac{U'(y_0)}{U'(y_1)} = -(1+q)$$

我们发现，边际条件满足帕累托最优，即社会处于福利边界上某一点。但是，该点对于社会来说未必是最优的。这是我们从代际分配角度无法获得到的。这是因为，该点只体现当代消费者的偏好，推测起来，理性消费者应该考虑其整个一生的消费，从而导出最优条件。恰恰是当代消费者没有考虑尚未出生的后代人消费偏好，而后代人将沿着当代人的消费时间走入这个经济体系，所以需要考虑后代人的利益。否则，消费者现时消费就会出于效用最大化而在自己的生命周期内进行消费选择，最终会导致耗尽所有的现有资源，不会给后代人留下任何消费机会。同样道理，企业为了追求利润最大化，仅仅考虑自己生命周期内的边际收益和边际成本，忽略了对后代人生产考虑。只要有利可图，他就会投资生产。

为了更简洁地清楚新古典经济学资源定价模式，我们引入一个简化的当代人供求经济模型来突出一系列复杂问题。其中，市场需求曲线是当代人自身追求效用最大化的结果，而市场供给曲线是企业追求利润最大化的结果。尽管这个模型是基于各种关键而完全不真实的假设，但它使我们把许多重要变量隔离出来。

如果我们假设矿产品市场是完全竞争，完全不受政府干预，完全理性的最大化利润追求者，则矿产生产的规模将取决于消费者的需求水平以及他们获得矿产品的成本。在任意时刻，每一种矿产品的需求曲线取决于一定经济体制的技术水平、经济活动规模、消费者数量及其偏好与富裕程度，以及替代品价格。一般来说，需求曲线的斜率为负，价格越高，消费者愿意购买的越少 DD，它表示当代人的现时消费需求。假设随着时间的变化消费者能在任意价格水平上的购买更多的矿产品，曲线向右移动会到 D_1D_1。另一种情况，如果开发了一种更便宜的新替代品，将会导致需求曲线向左移动到 D_2D_2，如图 4-5 所示。

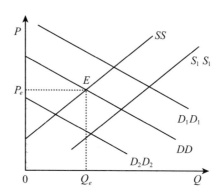

图 4-5　当代人的产品市场供求均衡分析

在同一时间，生产者在不同价格水平上都有一个他愿意并且能够提供给市场的产品数量。在完全竞争条件下，这个数量取决于生产成本（包括企业家的正常利润、资本市场收益），以及将矿产品投入到市场的运费，当价格上升，成本较高的生产者就能够提供矿产品，并使从越来越远的生产中心运出资源成为可能，因而供给曲线 SS 出现移动。像 DD 一样，SS 也可以随着时间的变化移动。如果技术变革降低了采矿成本、加工成本和运输成本，则在各个价格上生产者可以通过更多的矿产品（如 S_1S_1）；相反，资本市场价格、运输成本、能源成本的上升都会使 SS 曲线向左移动，则在各个价格水平上供给减少。

根据市场供求原理，市场价格机制自发调节最终将使市场达到均衡，从而使资源配置最优。并且市场供求任何一方力量发生变化，都会引起市场均衡价格的变化，同样也会达到最优配置。事实上，对于这个新古典最大化模型和自由定价基础已经受到四个方面的挑战：首先，新古典经济学假设前提是，自然资源是稀缺而不是枯竭的，将来也不能枯竭，所有的行为被视为经济活动私利的结果；其次，市场不完全体系，有外部性、公共物品以及信息不对称等干扰市场运行体系；再次，市场运作的结果可能与社会的文化、经济、政治目标不相符合，对当代人的个人私利的理性追求并不使社会利益最大化，这与斯密提出的"看不见的手"正好相反，有可能损害后代人的利益；最后，最大化行为仅仅考虑当代人，没有考虑后代人的消费偏好和生产模式，不能克服某些形式的自然资源短缺和枯竭。有些资源无法得到恢复，造成有些资源严重枯竭，进而严重影响后代人对资源需求的数量和质量。

二、新古典经济学资源配置方式的局限

事实上，资源代际分配有特定含义，它不是考虑短期可见的纵向配置，而是关系到子孙后代的生存与发展，而且也关系到当代人从有限寻求无限的根本利益的纵向配置。尽管自由市场的"看不见的手"有着不可怀疑的力量，但是它仍不足以确保许多牵涉到人类幸福以及让人们进步抱乐观态度的社会目标的实现。事实上，自由市场非常需要强有力的道德框架、社会凝聚力和有理性的政府干预来支撑。为了进一步反思新古典范式的缺陷和不足，我们需要考虑以下几个方面：

首先，从新古典范式的假设前提可以看出，不论是新古典经济学还是新制度经济学，实际上都是假设资源稀缺，没有考虑资源枯竭，即资源稀缺及其强度可能逐渐加大规律，也没有考虑当代人生产、消费对后代人的影响，即使考虑这类外部性影响，由于后代人经济主体不存在，以及信息不完全和交易成本昂贵，也无法达到最优配置。

从可持续发展的角度看，资源枯竭需要以新的、更为符合实际的资源稀缺及其强度加大前景为假设前提，取代资源稀缺的有关假设。考虑资源的代际优化配置，肯定不能完全"托付"市场机制，否则，我们就会成为市场的奴隶而不是市场的主人。因而政府必须通过经济杠杆对市场进行强有力的干预。从代际公平分配角度看，对新古典经济学定价并不完全否定，只是扩展人们认识问题的视野，通过深化对市场失灵的认识，使政府或社会能够采取更加有效的措施矫正这些缺陷，从而纳入社会、经济、政治、文化的统一体系中。

其次，资源代际分配市场机制失灵。市场机制最大的缺陷是它无法考虑后代人的利益，甚至也无法考虑现有市场之外的人们利益。市场具有强烈的短期倾向。虽然价格机制可以保障现有的供求均衡，但它未必使这种均衡机会在未来也会达到最大化。其中一个原因是，当代人与后代人对快乐的看法不可能完全相同；另一个原因是，后代人不可能在现在的市场上出价。即使当代人声称他们关心其儿女未来的命运，但他们的关心与那些孩子本身对其命运的关心也是不相同的。但这还不是问题的全部。如果市场经营者能够准确预测未来的供求，那么其中一些人就会愿意为明天的利益而在现在付出成本，这样的价格机制就会把今天的消费者挤出去。而实际上，未来充满了不确定性——不仅未来的供求状况是不确定性的，而且所有未来的市场参与者的行为和命运都是不确定性的。

再次，时间偏好率或贴现率无法体现代际公平消费或投资。即使在不确定性很小而且社会愿意考虑未来人的利益情况下，市场要根据今天的成本或收益来确定明天的成本或收益也会一定程度上受到限制。这就是把未来的成本或价格进行

贴现。为了决定今天的成本对明天的成本的功效，市场参与者（包括政府）通过把未来成本转换成相应的贴现值来进行比较。为此，他们使用贴现率，即假定一个在一段时间内现金的平均收益率。从某种意义上说，这种贴现是完全理性的，并且符合任何一个做长期投资的决策者的想法。但是，为了保存资源和为了未来预先支付更高的成本，用现在的价值计算是昂贵的，因而是非理性的。把数学的贴现方法应用到市场机制和政府的成本—收益上，再加上人们对未来不确定性的厌恶，以及更偏好现在的每一天，都使得满足当代人和后代人的要求变得十分困难。

即使后代人会更加富裕的假定是正确的，但这与我们现在正在挥霍的而且还是无法替代的资产，如煤、石油、水泥等没有什么关系，因为这些都不大可能再造出来或者寻找可替代品。即使后代人会更加富裕，但由于这个原因，他们也会关心这些不可替代资产的消失。事实上，完全有理由认为，随着社会越来越富裕，人们对环境与资源的质量的需求会越来越大。因此，我们不应该把可能对子孙后代造成的损失贴现（低估），而应该放大其负面效应。因此，与其通过做一些毫无根据的给予子孙后代的价值观、利益和困境的假设来推算我们的所作所为将给他们带来更大的损害，还不如尽可能保护我们的遗产。我们应该不滥用或挥霍那些对子孙后代发展和进步至关重要的环境与资源资产。

最后，GDP 只考虑当代人的最终产品的市场价值，忽略了对后代人外部性成本的计算。确保子孙后代能够公平享用环境与资源的一种有效方法是看我们不可再生资源的储量，即上代人传给我们的资源资产还有多少，我们是把它用光还是传给子孙后代。像这些不可再生资源可能在现实经济中有两方面重要性：一方面，它可以通过扣除经济增长中环境的耗损成本来修改 GDP 统计数字。不是把资源开发看做 GDP 中的产出，而是把它看做地理资源的耗损。因而尽管资源储量越来越少，但也没有计入成本之中。另一方面，它可以为资源耗损的外部性内部化提供一个参考数据，比如，在资源价格上做出一定的调整以反映资源枯竭对子孙后代的成本。我们可以制定一定的税收和配额标准以确保资源的现价能够反映被用掉的资源今后不得不用其他来替代的成本。以石油为例，政府需要制定税收和配额，而且它们应反映子孙后代用风车或太阳能来替代被耗损的石油所花费的预期成本。

总之，尽管我们可能夸大市场失灵的程度，但是我们必然能够看到，市场机制在解决枯竭资源方面存在着严重的缺陷。如果没有理性的政府干预，自由市场机制不能完全反映像枯竭、污染等给社会带来的外部性成本。不仅不能完全反映子孙后代的利益，而且为纠正自由市场机制而采取的措施无论是在理论上还是在实践上都难以说得通。因此，为了对付资源枯竭市场失灵，说明保持强有力的道德规范、理性政府干预和社会凝聚力，以及建立国际合作机制的重要性。当代人的市场偏好最大化并不一定会导致良好的社会结果。简言之，自由市场机制不足以确保可持续的社会发展和人类进步。

4.3.3 代际间市场失灵的外部性分析

新古典前提假设的局限导致市场机制无法保证资源代际的最优配置，这种体现在代际间的市场失灵需要通过外部性理论加以解释。从可持续发展的角度看，当代人的行为会对后代人产生影响，即代际之间也存在着外部效应，这种外部性既可能是正的，也可能是负的。正的外部性表现在人类知识的积累和生产力的提高，而负的外部性则体现在自然资源存量的下降、生物多样性的丧失等。可持续发展理念希望由人类活动造成的对后代人的外部性，正的效应要大于负的效应，只有这样才能体现出发展。如果正负效应刚好相等，这样虽然谈不上发展，但至少也是可持续的。如果负的效应大于正的效应，就会使后代人面临一个非常不利的发展空间，甚至造成绝对的倒退。

一、外部性在时间维度的拓展

外部性的核心思想是指经济行为的成本或收益向经济行为以外第三方的溢出。严格地说，外部性是指一个经济主体的经济行为对另一个经济主体的福利所产生的影响，而这种影响并没有通过货币形式或者市场机制反映出来。在经济活动中，外部性是广泛存在的。一般地，按照产生影响的效果不同将外部性分为正外部性和负外部性。正外部性是指一个经济主体的经济行为使另一个经济主体的福利增加，而这种影响并没有通过货币形式或者市场机制反映出来。相应地，负外部性是指一个经济主体的经济行为使另一个经济主体的福利减少，而这种影响并没有通过货币形式或者市场机制反映出来。正外部性和负外部性都会体现出如下的经济含义。

首先，外部性存在于经济主体的关联性行动之中。外部性涉及经济主体的行动，这种行动可能是单个主体单向的，也可能是多个主体间交互的。无论是哪种形式，外部性理论认为这种行动并不是独立、互不影响的，而是相互关联的。关联性行动将不同的经济主体联系在一起，使主体之间存在着利益互动的关系。在博弈论中，这种关联性活动的特征通过"策略"的概念被鲜明地揭示出来：一个人行动的收益，不仅取决于行动者本人的努力，也取决于与之交易的对方的行为。

其次，关联性活动所涉及经济主体的地位不平等。虽然关联性活动将不同的经济主体联系在一起，但采取行动的主体占有主动地位（是主动施加者），而感知外部性的主体处于被动地位（是被动接受者）。产生外部性的主体出于自身利益的动机（不管他是否意识到产生外部性的影响）而采取的行动，将某种"可察觉的利益（或可察觉的损害）"施加于其他主体，这时，感知外部性的主体是被迫接受者，也就是"并没有完全赞同直接或间接导致该事件的决策。"①

最后，外部性的影响没有通过市场发挥作用，但其产生的利益（或损害）体现在经济主体的成本和收益之中。外部性的出现模糊了成本和收益之间的界限。在新古典经济学中，经济主体会完全承担他的行动所引起的成本或收益。在关联性活动中，一个主体的成本可能就是另一个主体的收益，一个主体的收益又可能是另一个主体的成本。因此，如果存在外部性问题，一个主体的行动所引起的成本或收益就不完全由他自己承担；同时，即使他没有行动，也可能要承担其他主体行动引起的成本或收益。

外部性存在时，经济主体不能完全地将自己行为的结果体现在自己的成本与收益之中。经济学在研究外部性问题时往往并不区分空间的外部性和时间的外部性，而且总的来说都笼统地假定外部性问题是即时产生的，这就造成了分析视角的一定局限性。从空间的维度上看，一个人的行为会波及其他人的利益，发生在此地的行为造成的结果可能在彼地显现出来；从时间的维度上看，外部性的产生并不一定是即时的，一般都会存在一定的时间滞后。

外部性产生的时滞有时候较短，几个月或几年，有时候则会很长，几十年、上百年甚至更长时间。当时滞较长时，外部性产生的影响会更大：一方面，较长的时滞会削弱经济主体对外部性的感知，导致人们对当前行为产生外部性影响的估计不足，甚至完全意识不到外部性的存在；另一方面，即便意识到外部性的存在，但"事不关己"，经济主体的短视行为和机会主义偏好会占上风，使其更加重视自身利益、局部利益和眼前利益。而可持续发展关注的是当代人和后代人的整体利益，并强调满足当代人的需求的同时，不能"危及后代人满足其需求的发展"，也就是说，当代人的发展不能损害后代人的利益，当代人的利益不能建立在后代人的成本之上。这就需要我们从时间的维度上对外部性理论加以发展。

从时间的延续上对外部性理论的拓展，可以将外部性分为代内外部性和代际外部性。通常的外部性主要是从即期考虑资源是否合理配置，即主要是指代内的外部性问题。而代际外部性问题主要是要解决人类代际之间行为的相互影响，尤其是要消除前代对后代、当代对后代的不利影响，因此，代际外部性也可看成是当前向未来延伸的外部性。此外，代际外部性与代内外部性并不是严格区分的。

---

① 詹姆斯·E·米德：《效率、公平与产权》，北京经济学院出版社，1992年。

大多数的外部性问题是在时间和空间两个维度上同时展开的，不过是有的在空间性上更显著一些，有的在时间性上更突出一些。一些经济活动所产生的外部性不仅对当代人发挥作用，同时也对后代人产生影响；一些不能及时在当代人时限内消除的外部性，也将会随时间的推移，对后代人产生影响。当前，经济社会发展中的代际外部性问题广泛存在，尤其以土地荒漠化、资源枯竭、环境污染和物种减少等资源、环境问题最为突出，这些问题已经危及当代人的发展和子孙后代的生存。

二、自然资源开发利用的外部性问题

自然资源从开采、生产、消费直到排泄物返回自然界是一个多阶段的过程，在这个过程中同样存在着外部性问题。

首先，资源开发的外部性。当代人追求其效用的最大化，试图利用更多的资源，努力降低开发资源的成本。其结果势必首先开发那些容易开发、优质高效的资源，提高资本收益率，而给后代人留下则是难以开发，资源质量低的资源，这势必增加后代人开发资源的单位成本。另外，从开发资源的结构分析，当代人先开发那些能产生高附加值的资源，留给后代人是一个不容易产生高附加值的资源结构。同时，当代人在开发资源的同时也在努力勘探新的资源，以增加可利用资源总量，从资源的寻找成本看，也会使后代人的成本增加。最后，由于当代人在计算资源的当代社会成本时，没能考虑对后代人带来的负影响，使资源的价格低估，导致资源的过度开发。

其次，资源加工和产品消费的外部性。消费是社会生产的目的，当代人消费模式决定了对资源的需求和利用规模及结构。受信息不完全的影响，所产生的商品结构与消费结构不适应，形成了商品的积压和报废。产品设计加工过程中，存在不科学、不合理的因素，以及加工过程中出现的次品和废品等，造成资源的浪费，使下代人失掉了资源利用的机会利润。另外，资源作为生产的要素其本身是一种投入，在资源加工过程中，有投入必有产出，一是产生可供消费的商品，二是有废物的排出。由于技术水平的限制，有的排出物对环境造成污染，当代人对污染治理的力度不够，或者有的排出物其危害还未被当代人所认识，这就增加了后代人的污染治理费用。当消费者购买资源产品进行消费，无论是直接消费的商品，还是需经过消费者再加工后进行消费的商品，最终都会有废物排出，这也形成了对环境污染的外部性影响。

再其次，资源利用中技术的外部性。技术进步是实现向集约化的转变、经济增长和经济发展的重要力量。在资源利用过程中，主要技术有资源开发技术、探测技术、加工技术、加工过程的管理技术、清洁技术、污染治理技术、综合利用技术等。一方面，当代人的技术进步加大了资源利用量，提高单位资源的利用效率，减少了环境的污染；提高了可再生资源的再生能力，减少了不可再生资源的使用量；并通过发现资源的新存量及新的替代资源，提高了当代人的生活质量。另一方面，技术进步将知识资源留给了后代，使他们可以从较高的起点上，进行新的探索，提高了后代的可持续发展的能力，技术在资源利用过程主要是正的外部影响。

由于技术的创新受当代环境、知识水平等多方面的限制，人们对自然规律的认识有一定局限性，在科技发展方向上可能会有失误，甚至将错误的结论作为科学的成就，这就可能使后代人付出不应有的代价，这种科学技术负的外部性的例子在历史上也是屡见不鲜的。由于技术能为人类改造自然、利用自然提供强大的武器，因此备受人们的重视，但是并不是所有的技术都会受到同等的重视，人们更加关注对能提高劳动生产率和提高经济效益的技术进行开发，而对保护环境的技术开发重视不够，这种科学技术发展的非对称性和不平衡性导致清洁技术发展缓慢，造成了环境的污染积累，使地球生态系统受到破坏，甚至受到不可逆转的破坏。

最后，资源利用中对生态系统的外部性。可持续发展强调了人类与自然的协调，其协调性表现为它在满足人类生存和发展需求的同时，也满足其他生命生存和发展的需要，维持地球内在生态过程按其规律健康发展。生态系统由生物体与自然环境共同组成。生物体与自然环境之间彼此制约，相互作用，互为依存，生态系统内部一种因素的变动，可能会引发其他因素，甚至整个生态系统的变动。生态系统内部诸因素相互作用，关系很复杂，对其中许多规律当代人尚不了解，仍在探索之中。当代人在开发利用资源中，处于自身的需要，也强调保护生态平衡，但往往仅注意维持资源最安全的最小保有量及最小可再生率，而对如何保护整个生态系统缺乏整体上的把握。由于认识上的局限性，往往产生对其他生态系统负面影响估计不足的情况，因此，当代人在开发利用资源时，由于某种资源的过度利用或者在资源利用过程中造成的环境污染，通过生态链产生一系列的负面影响。对生态系统产生的负面影响可能会估计不足，从而导致生态失衡，使后代人处于比当代人更为困难的生态系统之中。

从时间的维度上看，当代人和后代人都要使用自然资源，资源不仅属于当代人，也属于后代人。当把自然资源看成是人类的公共资源时，从可持续发展的代际视角来看，不能因为当代人的发展而无节制地消耗资源，剥夺后代人使用资源的权力，并使他们的发展受到资源枯竭的制约。事实上，当代人先于后代人使用自然资源，出于自身发展的需要，当代人往往过度使用资源，对后代人的利益造成损害。因此，在自然资源的利用中广泛地存在着（负）代际外部性。

　　自然资源利用中的外部性问题较为复杂：首先，代内外部性与代际外部性交织在一起。虽然从时间的维度将人类分为当代人和后代人，但资源利用中外部性的接受者未必仅仅是后代人。与"公地悲剧"类似，资源使用中存在当代人对后代人的代际外部性问题，后代人是外部性的接受者。如果分析资源开采阶段的浪费和资源使用效率低下时，这种外部性体现在生产外部性中，当代人和后代人都是外部性的接受者。其次，不确定性对代际外部性的影响。资源的利用是在有限代际中进行的，但具体在多少代际中展开，是建立在当代人关于后代人对资源依赖程度的判断基础上。较为乐观的判断会认为技术进步使后代人减轻对现有资源的依赖程度，这样的判断可能会导致当代人轻视外部性的影响，或对更远后代权利的漠视；较为悲观的判断认为在相当长的一段时期内，当代人和后代人均依赖现有的资源，这会过度抑制当代资源的使用，导致资源利用的低效率。最后，代际外部性接受者的缺失，导致消除外部性的传统方法受到限制。代际外部性问题中的后代人并未出现，信息缺失使当代人无法判断代际外部性对后代人的影响，从而影响了解决外部性传统方法的效果。

4.4　可持续发展理念下的自然资源补偿机制

　　可持续发展理念谋求自然资源在代际之间公平利用，使跨代际的社会福利达到最优。在代际外部性存在的前提下，市场机制出现了资源代际配置的缺陷，这就需要我们重新审视自然资源的补偿机制。

4.4.1　代际间使用者成本补偿模式

　　自然资源，特别是不可再生资源，数量有限且耗费过程不可逆。在外部性理论中，作为人类共有的财产的自然资源被看做是共有资源（Common Property Resources），因其公共属性，往往被经济个体过多而使用造成"公地悲剧"。从时间上看，当代人先于后代人使用自然资源，当代人过度使用自然资源产生对后代人的代际外部性。代际外部性导致在资源代际配置时的市场失灵，需要引入政府行为——征收资源税（庇古税）——来消除外部性的影响。

　　我们将资源税引入世代交叠（OLG）模型，从代际的角度研究政府资源政策的跨期效果。资源并不是作为要素投入到生产，而是在生产过程中伴随资本投入产生的资源耗费。在初始的世代交叠模型中，政府把资源税直接转移支付给家庭，由于家庭成员没有任何对减少外部性有益的行为，资源税只在当期起到了消减外部性的作用，而在后期却产生了更为严重的后果。在改进的世代交叠模型中，家庭依靠自己减少外部性影响的行动（例如使用替代的、可再生的资源）中得到政府补贴，对资源约束的重视，经济积累更多的资本，资源约束也得到了改善。

一、引入资源税的世代交叠模型及其分析

引入资源税的世代交叠模型由一个两期的代表性家庭，完全竞争厂商和一个最小规模的政府所组成。代表性家庭成员在年轻时向厂商提供单位劳动获得工资，并得到政府的转移支付，全部收入在当期消费和储蓄之间选择，储蓄及其收益用于退休期间的消费。厂商在政府资源政策约束下完全竞争组织生产。政府通过征收资源税来限制当期过度使用资源的行为，并将税收转移给代表性家庭。模型中的资源仅包含不可再生资源，资源的耗费是由生产活动中资本投入所导致的。

1. 家庭的效用最大化

t 代家庭的效用受两期的消费和资源约束的影响，并用 $U(C_{1,t}, C_{2,t+1}, M_{t+1})$ 表示代表 t 代家庭理性偏好的效用函数。其中，$t+1$ 期的资源约束受到 t 期生产引发的外部性作用，相对于 $t+1$ 期，t 期的资源约束视为初始给定的。为方便起见，假设风险规避的效用函数具有如下形式：

$$U(C_{1,t}, C_{2,t+1}, M_{t+1}) = \ln(C_{1,t}) + (1+\rho)^{-1} \cdot [\ln(C_{2,t+1}) + \phi\ln(M_{t+1})] \quad (4-1)$$

其中，$C_{1,t}$ 为 t 期年轻人的消费，$C_{2,t+1}$ 为 $t+1$ 期老年人的消费；M_{t+1} 是 $t+1$ 期的资源约束；ρ 表示两期之间的贴现率；ϕ 表示家庭成员对资源约束的重视程度系数。

资源约束表示为：

$$M_{t+1} = M_t - h_t \quad (4-2)$$

其中，h_t 表示生产过程中资本投入导致的全部资源损耗，$h_t = \eta K_t$，$\eta > 0$ 表示资本投入和资源消耗之间的关联系数。M_t 是 t 期资源约束的衡量指标，M_0 即为资源在初始存量时的状态，视为外生给定。

在没有人口增长的前提下，t 代家庭成员在年轻时向厂商提供自己的劳动力，其劳动标准化为 1 个单位，以此获得工资收入 w_t 和政府的转移支付 T_t。同时，这些收入在当期消费 $C_{1,t}$ 和储蓄 S_t[①] 间分配，老年人退休期间的消费来源于

---

① 储蓄只能由年轻人完成，简便起见省略下标识的第一个分量1。

年轻时的储蓄及其收益：

$$C_{1,t} + S_t = w_t + T_t \qquad (4-3)$$

$$C_{2,t+1} = (1 + r_{t+1}) S_t \qquad (4-4)$$

其中，r_{t+1} 为从 t 期到 $t+1$ 期的利率。

因此，家庭的效用最大化问题就是在式（4-3）和式（4-4）的预算约束下，通过在两期选择自己的消费水平和储蓄，最大化其效用式（4-1）。

2. 厂商的利润最大化

模型中竞争性厂商以利率水平租用资本，提供工资雇用劳动进行生产。假设他们使用古典的生产技术：

$$Y_t = F(K_t) = AK_t^{\alpha} \qquad (4-5)$$

其中，A 表示技术水平，$0 < \alpha < 1$。

厂商的生产活动带来外部性影响，当期过度使用资源加重了后期的资源约束，政府对其征收每单位 τ_t 的资源税。厂商在资本、劳动力、资源税等成本费用的约束下最大化其利润。在前述没有人口增长、劳动标准化为一个单位的假设下，且不考虑资本折旧，厂商选择投入资本量来最大化利润：

$$\pi = Y_t - r_t K_t - w_t - \tau_t \eta K_t \qquad (4-6)$$

厂商利润最大化的一阶条件为：

$$r_t = \alpha A K_t^{\alpha-1} - \tau_t \eta \qquad (4-7)$$

竞争性厂商最终实现零利润，将式（4-7）代入式（4-6）得工资为：

$$w_t = (1-\alpha) Y_t = (1-\alpha) AK_t^{\alpha} \qquad (4-8)$$

3. 其他条件

商品市场均衡，即满足商品市场出清，商品的需求等于商品供给：

$$C_{1,t} + C_{2,t} + S_t = w_t + T_t + (1+r_t)K_t \qquad (4-9)$$

或者：

$$Y_t = C_{1,t} + C_{2,t} + K_{t+1} - K_t \qquad (4-10)$$

联合式（4-3）、式（4-4）、式（4-9），可得 $S_{t-1} = K_t$，即当期的资本来源于前期的储蓄。

政府以最小规模存在，其任务是通过征收资源税将生产带来的外部性内部化，以限制当期过度使用资源的行为，政府的预算要求是将从厂商征收的资源税全部转移给家庭，即 $T_t = \tau_t \eta K_t$。

4. 模型的基本分析

考虑 t 代的最优问题：$\text{Max}U(C_{1,t}, C_{2,t+1}, M_{t+1})$，s. t. $(4-2)$，$(4-3)$，$(4-4)$，通过建立拉格朗日函数，得到以下竞争均衡的关系式：

$$\frac{C_{2,t+1}}{C_{1,t}} = \frac{1+r_{t+1}}{1+\rho} \qquad (4.11)$$

$$C_{1,t} = \frac{(1+\rho)\tau_t}{\phi} M_{t+1} \qquad (4.12)$$

式 $(4-11)$ 说明了 t 代家庭的两期消费之间的替代关系，两期消费比是贴现率 ρ 和 $t+1$ 期利率 r_{t+1} 的函数。在贴现率 ρ 外生给定的前提下，利率的提高使得 t 代家庭在后期的消费增加。

式 $(4-12)$ 表示后期资源约束与前期消费之间的关系，但是这个关系受资源税率 τ_t 干扰。第一期的消费不受税率的影响，[1] 更大的资源税率 τ_t 使家庭更多的获得来自政府的转移支付，固定当期消费 $C_{1,t}$，从而家庭的储蓄 S_t 增加。由于 $S_t = K_{t+1}$，提供给后期租用给厂商的资本增加，从而使外部性活动 h_{t+1} 增大，$t+1$ 期资源约束 M_{t+1} 变得更加严峻。由于家庭没有任何减少这种外部性从而改善资源约束的行动，并且家庭对资源约束的重视程度系数 ϕ 是外生既定，这种不利的结果是不可避免的。

为减少厂商外部性的行为，政府往往采取对相应厂商征收资源税（庇古税）来达到目的，这是传统解决外部性问题的方法。但是，将厂商放置于完全竞争市场中的假定仅仅是为了分析的方便。实际上，资源开采企业以及资源消耗型厂商一般体现出具有某种程度的市场势力，厂商对价格有一定的操纵能力，而不是简单地面对市场竞争的均衡价格。所以，即便政府对厂商征收资源税，也很容易被厂商以某种形式将税负转嫁给消费者（如提高产品价格），政府消减外部性措施的效果并不理想。另外，此时的政府又不得不对消费者（也包括此类厂商的下游厂商）进行某种意义上的补贴。这样就出现了初始模型所描述的情况，厂商向政府纳税，政府将资源税又以直接补贴的形式转移给（因产品价格升高而受损失的、相对收入减少的）家庭。资源税的征收在当期看似起到了政府解决外部性的目的，但是在后期却放大了外部性的活动。从长期的角度来看，家庭效用尽管受资源约束的影响，但其影响毕竟有限，政府简单地将资源税转移给家庭的效果并不好。

---

[1] 一般税率并不直接影响消费。但从式 $(4-7)$ 可以看到后期的税率影响 $t+1$ 期利率，从而间接影响消费，但在前期消费既定（完成）的前提下，税率只影响了后期消费，或者两者之比，与本书的分析并不矛盾。

二、引入资源税的世代交叠模型的改进

1. 改进模型的结构

在改进的引入资源税的世代交叠模型中,家庭并不再是直接获得政府的转移支付,而是凭借减少外部性影响的行动 D_t (例如使用替代的、可再生的资源) 中得到政府补贴。相应地,资源约束表示为:

$$M_{t+1} = M_t - h_t + D_t \qquad (4-13)$$

家庭的预算要在消费、储蓄和减少外部性影响的行动间分配,则约束条件变为:

$$C_{1,t} + S_t + D_t = w_t + T_t \qquad (4-14)$$

商品市场均衡的条件为:

$$C_{1,t} + C_{2,t} + S_t + D_t = w_t + T_t + (1 + r_t)K_t \qquad (4-15)$$

或者:

$$Y_t = C_{1,t} + C_{2,t} + K_{t+1} - K_t + D_t \qquad (4-16)$$

2. 改进模型的基本分析

首先,市场竞争均衡。再次考虑 t 代的最优问题:$\mathrm{Max}\, U(C_{1,t}, C_{2,t+1}, M_{t+1})$,s. t. (4-13)、(4-14)、(4-4),通过建立拉格朗日函数,得到以下竞争均衡的关系式:

$$\frac{C_{2,t+1}}{C_{1,t}} = \frac{1 + r_{t+1}}{1 + \rho}$$

$$C_{1,t} = \frac{1 + \rho}{\phi} M_{t+1} \qquad (4-17)$$

式 (4-17) 表示 t 期的消费与 $t+1$ 期资源约束 M_{t+1} 的关系,两者之比与贴现率 ρ、对资源约束的重视程度系数 ϕ 有关。较高的贴现率不利于改善后期的资源约束,外生参数 ϕ 越大,可使后期的资源约束变好。

其次,资本的动态学。$t+1$ 期资本来自前期的储蓄,故 $K_{t+1} = S_t = C_{2,t+1}/(1 + r_{t+1})$。将市场均衡关系式 (4-11) 和式 (4-17) 代入,得到:

$$K_{t+1} = \phi^{-1} M_{t+1} \qquad (4-18)$$

由 M_{t+1} 的定义 (4-13),联合式 (4-14)、式 (4-4)、式 (4-11),可得:

$$K_{t+1} = \frac{1}{2 + \phi + \rho}\left[(1-\alpha)AK_t^\alpha + \tau_t \eta K_t - \eta K_t + M_t\right] \qquad (4-19)$$

这样，K_{t+1} 表示成 K_t 的函数形式。当 $K_{t+1} = K_t$ 时，得到资本的均衡值 K_t^*。式（4-19）的右端一阶导数为正，二阶导数为负。那么这条递增的凹曲线与象限角平分线的交点就是资本的稳态均衡值。假设 K_0 为初始点，资本运动的轨迹（如图 4-6 所示）逐渐收敛到均衡值 K^*。其他参数的影响分析与戴蒙德（Diamond）基本模型的结论是一致的。

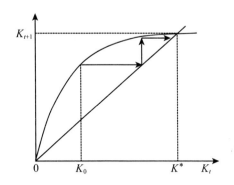

图 4-6　资本的动态过程

最后，稳态下的比较静态分析。根据式（4-13），资源约束不变的条件是 $h_t = D_t$。由式（4-19），资本的稳态值与资源约束的稳态值有关。当资源约束达到稳态值时，同时考虑资本稳态值，式（4-19）的稳态表述形式：

$$(1-\alpha)AK^{*\alpha} + \tau_t \eta K^* - \eta K^* - (2+\phi+\rho)K^* + M^* = 0 \qquad (4-20)$$

根据式（4-18），还可得到：

$$M^* = \phi K^* \qquad (4-21)$$

联合式（4-20）和式（4-21），可得稳态下资本的均衡值：

$$K^* = \left[\frac{(1-\alpha)A}{2+\rho+(1-\tau_t)\eta} \right]^{\frac{1}{1-\alpha}} \qquad (4-22)$$

3. 改进模型的基本结论

$\dfrac{\partial K^*}{\partial \tau_t} > 0$，因此 $\dfrac{\partial M^*}{\partial \tau_t} > 0$，说明严格的资源政策（较高资源税率）有利于资本的积累，并且有利于改善资源约束。严格的资源政策使家庭成员更多地获得来自政府的转移支付，增加的收入部分用于消费，重要的是储蓄部分同时也增加，因此积累了更多的资本。政府转移支付以补贴的形式给予家庭，引导家庭更多地采取减少外部性影响的行动，资源约束得到改善。因为 $K^* > 0$，$\dfrac{\partial M^*}{\partial \phi} > 0$，更高的对资源约束的重视程度系数 ϕ，将在资本达到稳态时，资源约束得到提高。

更高的贴现率 ρ、资本投入和资源消耗间的关联系数 η 不利于资本积累，且导致资源约束的加剧。更高的产出弹性系数 α 和技术水平 A 则有利于资本积累，使资源约束得以改善。更高的贴现率使家庭成员更关注当期的消费，抑制了当期的储蓄和采取减少外部性影响的行动，从而使经济积累的资本减少，资源约束进一步恶化。较高的资本投入和资源消耗间的关联系数 η 使经济过度依赖资源投入。更高的产出弹性系数 α 和技术水平 A 意味着生产和技术的提高，伴随着产出的增加，资本积累增加，最终使资源约束得以改善。

比较引入资源税的世代交叠模型及其改进模型，政府的存在有利于解决生产过程中带来的外部性而引起的市场失灵现象。资源税在当期对厂商的约束，有利于使竞争的均衡回归到社会均衡。然而，对于长期的资源约束来说，重要的是资源税的用途。初始模型中的家庭被动地接受来自政府的转移支付，并将其在消费和储蓄中分配，尽管他的效用与资源约束相联系，但这也仅仅是关心而已，不能带来后期资源约束的改善。而在改进模型中，家庭行为增加了采取减少外部性影响的行动，使家庭成员积极地参与到资源约束的改善活动中。资源环境受厂商行为和家庭行为的共同影响。资本积累和资源约束的改善在资源税率提高的影响下，同步增加。家庭对资源约束的重视程度的增加，将在资本达到稳态时，资源约束得到改善。高的贴现率使家庭成员更关注当期的消费，抑制了当期的储蓄和采取减少外部性影响的行动，从而带来较低的资本量，并导致资源约束恶化。更高的产出弹性系数 α 和技术水平 A 则有利于资本积累，使资源约束得以改善。

政府征收资源税是必要的。政府对相应企业征收庇古税是传统解决外部性问题的方法，它通过成本—收益的计算将企业产生的外部性影响纳入企业成本之中，限制企业产生外部性的行为。但也应看到，资源税目前在我国还是一个小税种，资源税对企业行为的约束作用有限。因此，应该加大对自然资源流量征税，适当提高自然资源价格。资源价格的提高既可以体现不可再生资源的稀缺性，又让微观经济主体深刻认识到其枯竭性，增强其保护资源的意识。

打破资源开采企业、资源耗费型企业的垄断有助于更好地实现政府保护资源的目的。资源开采企业或资源耗费型企业投资周期长、规模大，市场进入门槛较高，容易形成垄断。资源开采企业或资源耗费型企业的垄断又容易造成企业通过提高价格的形式实现税负转移的目的，从而影响资源税的当期效果。此外，资源开采企业或资源耗费型企业处于产业链的上游，此类型企业产品价格的提高，增加了下游厂商的生产成本，使其利润空间受到挤压，也使消费者的相对收入减少。

政府应该合理使用所征收的资源税。政府征收资源税对企业产生外部性行为的限制作用是毋庸置疑的，但从长期来看，要真正达到合理利用资源的目的，重要的是资源税的最终用途。所以，政府积极的资源政策还应该包括对企业或个人消减外部性行动的激励。应该鼓励并促使人们节约资源，更多地使用人力资源或可再生资源替代不可再生资源，通过科学技术进步来提高劳动生产率，缓解不可再生资源的枯竭困境。对于资源型城市来说，应当用征收的资源税作为发展接续产业的专项基金，用于合理改造、升级落后产业，调整单一的产业结构，寻求城市经济发展的新增长点，从而尽快摆脱生存和发展的困境。

4.4.2 自然资源的代际间产权制度

自然资源为当代人和后代人所共有，但是在利用过程中存在着代际矛盾——当代人过度地消耗资源，势必使后代人的发展受到制约。可持续发展的公平性要求后代人与当代人拥有均等的发展机会，把资源在各代人之间合理配置看做是实现经济社会持续稳定和协调发展的核心问题。所以，对人类赖以生存、发展的自然资源进行代际配置，是人类进化发展的必然要求。在可持续发展理念下，自然资源的代际配置不仅涉及当代人利益，也涉及后代人利益。

从现代产权理论角度看，市场机制能够配置资源达到帕累托最优效率，前提是要有明确的产权界定。事实上，在《社会成本问题》中，科斯就在批判庇古方法的基础上，提出了用界定产权的方法来解决外部性的方法。科斯认为，有些时候采用庇古税等严格确定责任的方式是没有必要的，只要产权明晰了，那么双方就可以通过市场进行交易，从而得到都满意的结果。既然产权不清是产生外部性的根本原因，那么通过界定产权可以解决外部性问题。

一、现代产权理论在资源代际配置上的适用性

现代产权理论是在交易费用为正的前提下，探讨了产权对效率的影响。现代产权理论认为，经济学所要研究的就是资源稀缺对人的利益的影响和由此带来的人与人之间的利益冲突；而人所面临的环境是不确定的，信息的获得不是免费的，因此，现代产权理论要处理和解决的就是人对利益环境的反应规则和经济组织的行为规则。确定这些行为规则即产权来解决利益冲突，从而提高资源的配置效率，即成为现代产权理论所要解决的基本问题。产权理论在逻辑上很吸引人，但是在涉及自然资源代际优化配置时，却存在一定的缺陷。

首先，现代产权理论忽视了后代人的权益诉求。一般地说，现代产权理论中的产权是指被有行为能力的人所属的一种制度安排，通过产权的市场交易，资源

配置效率可以达到帕累托最优状态。这就排除了后代人应得的权利诉求，因为，后代人还没有出现在当代人所处的市场中，即使赋予他们一定的产权，由于他们没有行为能力，也不会充分有效地行使属于自己的权利。由于自然资源是当代人和后代人共有的，后代人在伦理上也享有自然资源的收益权利。因此，当代人产权安排的高效率并非意味着后代人的经济福利最大化：当代人配置自然资源产生的负外部性具有积累效应，它对后代的影响是不可逆转的，而且对于后代人来说是完全被动和强加的。自然资源被过度利用乃至被破坏，在本质上是以牺牲后代人的福利为代价来换取当代人的所谓帕累托最优状态。因此，现代产权无法解释资源配置损害后代人的权益问题。

其次，现代产权理论缺失了时间的维度。在科斯产权理论的基础上，诺思认为"有效率的经济组织是经济增长的关键"[1]，即产权是经济长期增长的原因。应该说，揭示产权与增长的关系是新制度经济学的一个重要理论贡献。需要指出的是，如果按诺思产权逻辑，从长期看这种经济增长却是建立在损害后代人的福祉之上的。这是传统发展观的错误所在，同时也违背了可持续发展最基本的公平性原则。因此，在自然资源的动态配置问题上，科斯产权观遭遇了难题。从本质上说，科斯和诺思的产权范式忽略了自然资源代际间最优配置问题。自然资源具有很强的公共资源属性，其产权形态是一个包含代际共有性质在内的、复杂的产权结构，难以简单私有化，因此，在私有产权框架下无法解决自然资源的产权问题。这样，私有产权交易只能激励当代人对资源的帕累托最优利用，并不能保证公共资源的负外部性消减到最低以及经济长期有效地增长。

最后，外部性的内部化掩盖了负外部性的累积效果。按科斯的产权逻辑，经济负外部性可通过产权交易实现内部化。然而，经济负外部性的内部化是以受损方的主体独立为前提。由于作为公共资源的自然资源存在不可分性，对自然资源的损害表面看来涉及一个经济主体或一个地域的利益，实际上承受负外部性的主体已超出产权交易双方，涉及对自然资源均拥有产权的各方，即涉及由自然生态规律决定的其他关联性主体。例如，污水排放表面上看涉及下游企业，实际上也损害了由地下水系统联结起来的相关主体。如果考虑到污染造成的累积性后果，这种负外部性还涉及对生态植被均拥有产权的相关各方（包括后代人）的实际利益。这种负外部性内部化的成本已被悄悄地转移给了间接受害方。因此，外部性的内部化思路的实质是社会成本的社会均摊或隐性转移，只是暂时缓解了外部性问题，其实并未导致任何负外部性的实质性消除，而且还掩盖了负外部性累积造成的长远社会损害。

---

[1]　道格拉斯·诺思、罗伯特·托马斯：《西方世界的兴起——新经济史》，华夏出版社，1988年。

二、自然资源代际产权的理论支撑

自然资源不仅属于当代人，它也属于后代人，合理利用自然资源必然要实现自然资源的代际配置。现代产权理论之所以无法解释动态的、跨代际的资源配置问题，其主要原因在于现代产权理论伦理基础实质上是继承了洛克的自然法权理念。洛克提出的劳动所有权思想，即只要付出劳动，其产品或资源就应属于劳动者。那些无劳动能力的人（包括丧失劳动能力的人，尚未具备劳动能力的人，以及尚未出现的后代人）就没有所有权，从而具有劳动能力的当代人对自然资源拥有完全所有权。这样的产权配置必然使自然资源在当代被过度利用，最终影响乃至危及其后代人的生存和发展的权益。因此，必须重新认识自然资源产权代际公平性质的伦理基础。关于公平性的讨论，罗尔斯在《正义论》中所提出的最大最小标准可以作为适用于自然资源代际产权的公平性原则。

罗尔斯基于正义原则的公平性是以"原初状态"为理论前提的。这是一种纯粹假设的状态，包括三个方面的内容：第一，原初状态中的人是自由、平等和有理性的人，他们的社会地位、阶级出身、个人资质、心理特征、善恶观念、社会经济状况，甚至属于什么时代等偶然因素完全被排除；第二，原初状态中的人们处于"无知之幕"的背后，即他们对社会基本结构和正义原则的选择是在一种对所有相关信息一无所知的情况下进行的，他们所知道的就是他们的社会在受着正义环境的制约及其所具有的任何含义，这样处于原初状态的人也无从知道自己在揭去"无知之幕"后处于有利还是不利地位；第三，原初状态中的人们处于中等程度的匮乏状态，即自然资源和其他资源不是极度匮乏，以至于使合作归于失败，也不是极度丰富，以至于使合作成为多余。

罗尔斯在此基础上提出了两个正义的原则。第一个原则是每个人对与所有人所拥有的最广泛平等的基本自由体系相容的类似自由体系都应有一种平等的权利。第二个原则是社会的和经济的不平等应这样安排，使它们在与正义的储存原则一致的情况下，适合于最少受惠者的最大利益，并且依系于在机会公平平等的条件下职务和地位向所有人开放。处于"无知之幕"背后的人们接受这一原则就意味着接受了最大最小标准，即在一组备选方案中，选取一个使社会中最为不利的成员或群体收益最大的方案。这不同于新古典经济学的帕累托最优，也不同于庇古的补偿原则，而是关注全体社会成员中最弱势的那部分人的利益，使其福利最大。这样，每个社会成员的未来均有了保障，这就构成了可持续发展的代际公平伦理。

基于罗尔斯最大最小标准，常见的代际公平方法是建立在福利最低的一代人的福利水平极大化基础上。这种方法通过——每一代人仅关心其直系后代的福利，后代人也关心他们直系后代的福利——这样的事实产生一个跨代际的"责任链"，这就要求个人采纳比传统遗赠方式更广泛的后代人的福利观。这个推理路线中的个人要远复杂于福利极大化者，他们既是通过消费最大化自己效用的消费者，又是受特定公平约束的代际中的社会成员。

在客观的现实生产关系条件下，罗尔斯的"无知之幕"及原初状态只是纯粹的理论假设，自然资源代内、代际分配的公平性依不同历史阶段生产方式性质有不同的历史规定性。但是，在当今资源与生态环境危机频发的历史条件下，自然资源代际公平分配还是具有现实和历史意义的。当代人必须考虑弱势群体——后代人的生存基础和福利，这是可持续发展的基本伦理前提。为实现自然资源代内及代际公平分配这一伦理目标，需要重新思考自然资源代际产权的制度设计问题。

自然资源的代际产权就是从包括后代人在内的人类的整体利益出发，自然资源产权界定的一种制度安排。其内涵在于对自然资源的所有、占有、处置及使用乃至收益等权利来说，后代人与当代人享有同等权利，处于平等地位。这些权利交易的结果不仅有利于代内，而且有利于代际之间的利益平衡，即不能以损害后代人利益来谋取当代人经济福利。由于后代人尚未出现，自然资源代际产权安排必然由外部机构或组织（如政府、社会团体）加以实施。

三、自然资源代际产权的实现形式

基于现值最优的标准，在不破坏更新能力的前提下，可再生资源可以实现永续利用的。假设有这样一些可直接获利的可再生资源，经过初始投资、经营，最终获利，那么可再生资源的净现值 V 可以表示为如下公式：

$$V = \frac{P_t - C_t}{(1+r)^t} - K_0 = V_0 - K_0$$

其中，P_t 表示时刻 t 的资源价格，C_t 表示时刻 t 的开采成本，K_0 表示初始的投资，r 表示利息率，V_0 表示资源的现值，t 表示时间。要使净现值 V 最大，则需选择一个开采利用的最佳时刻 t^*。

显然，利息率 r 为零时，可再生资源所有者选择 $P_t - C_t$ 最大时开采可获净现值 V 最大。当利息率 r 为正时，开采将在未贴现的 $P_t - C_t$ 达到最大时刻之前开采，原因在于正的贴现率（因为利息率 r 为正）导致前期的贴现值较大。一般认为，考虑到代际公平，关键是确定适当的 r 来调整代际不公平问题。如果倾向于后代人利益，错过了当代最优开采期，这些经营性资源会老化，而对后代人来说却可以保有一定量的自然资源；如果技术的发展和新的经济资源出现，这种自然资源不再成为经济资源，对其开采就不再具有任何经济价值，这时当代人的利益就会受损。但是，高的（正）利息率r导致贴现率的降低，从而使现值最优的开采时刻提前。考虑到可再生资源的自我更新存在一定的周期性，那么，现值最优开采时刻的提前就有可能破坏可再生资源的更新过程，导致可再生资源向不可再生资源转化。

对于不可再生资源来说，存量的有限性决定其开采时间是有限的。基于现值最优的标准，不可再生资源的净现值 V_0 可以表示为如下公式：

$$V = \sum_{i=0}^{t} \frac{P_t - C_t}{(1+r)^i} - K_0 = V_0 - K_0$$

其中，P_t 表示时刻 t 的资源价格，C_t 表示时刻 t 的开采成本，t 表示资源耗竭时刻。最优开采率要保证净现值 V_0 最大，作为资源所有者可以开采并出售这种资产，转变为当前收入用来消费，也可以靠储藏这种资产增值，还可以把这些资源变现转换成金融证券并以 r 的利率得到利息或同时运用上述几种选择达到收益最大化，还可以借贷支付当前消费而保留这些资产。那么，现值最优意味着某种均衡，即每一时期单位矿区使用费的现值均相等。否则，资源所有者可以把开采从一个时期改到另一个时期，以便增加其矿藏现值。只有在每个时间间隔贴现收益以 r 的速率增长，或每个时间间隔未贴现收益的现值在各个时期保持不变的情况下，在每一时期才会开采某一数量的矿藏。

这同样涉及由 r 确定的贴现率是否是社会最优贴现率的问题。r 是由当代人确立的市场利率，至于后代人能否接受取决于后代人对现在的资源评价。也许现在保留的资源到那时已经没有经济价值，也许其价值会更高。这是不确定的未来所具有的现实不确定性，这当然为 r 的确定带来了难度。r 的选取必然是带有当代人的偏好，即使是设想给一个后代人的代理人（即赋予某些团体、机构）赋予一定的法律权限来近似代表后代人的福利。但是，这也是一个无奈的选择，毕竟后代人还没有出现，并且在实际上没有产权约束的资源是无意义的。无论是可再生的还是不可再生的自然资源的配置都要考虑后代福利。因此，必须赋予后代人可实施的产权，即自然资源产权需在代际之间分配。这样，后代人的代理人的责任显得尤为突出。后代人的产权可通过当代人代为间接行使，这种代际产权安排进一步可转换为共同治理结构，即自然资源的占有、使用要由当代人及后代人的代理人共同协商来完成。

第5章

沉淀成本范畴及其理论意义

5.1 基于沉淀成本理论的研究视角

5.1.1 研究视角转换的理论基础

新古典完全竞争市场模型作为经济学研究的参照系，为我们研究视角转换提供了营养。沉淀成本这一概念最早用于分析不完全市场的形成原因。在经济学中，固定成本（Fixed Cost）和沉淀成本（Sunk Cost）概念很容易造成混淆。如果我们把固定成本和沉淀成本区别开来，就可以清晰地理解两者的差别及其作用。固定成本是指与产出水平变动无关的成本。更为重要的是，固定成本资产对于外部企业仍然有价值，结果，如果企业停产，那么资产可能被出售，其再出售价值可以消除现有的债务关系，因而不会再产生利息负担。相比之下，沉淀成本是指承诺之后不能得到补偿的成本。更为重要的是，沉淀成本资产仅仅对企业自身有价值。如果企业停产，那么资产没有再出售价值，仍然需要偿还利息负担。在这种情况下，我们从两个视角看总成本的构成[①]：一种角度看，总成本等于固定成本和可变成本之和；另一种角度看，总成本等于沉淀成

[①] 在固定成本和可变成本之间做区分只是会计上的一种分类。对契约研究来说，更重要的是资产是否可重新配置（克莱因和莱弗勒；Klein and Leffler，1981）。在会计师们所谓的固定资产中，有许多资产事实上可以重新配置，如中心区通用性的厂房和设备。会计师们视为可变成本常常有很大一部分不可回收，例如，企业的人力资本投资。

127

本与可避免成本之和。后者是一种动态概念，成本是否沉淀取决于决策时成本是否得到补偿，前者是一种静态概念，是由生产技术决定的，投入要素，以及与此相关的成本是否固定，取决于投入要素使用时是否与产出水平变动而发生变动。长期看来是没有沉淀成本，这是因为所有的成本都是可避免和流动的，但却有可能有长期可避免固定成本。同样，根据交易数量与交易成本之间的关系，我们也可以区分交易的固定成本和可变成本，从而也会区分出固定成本与沉淀成本之间的差别。

在许多微观经济学教科书中，对于固定成本的定义实际上都是指沉淀成本——承诺之后无法得到补偿或回收的那些成本，是一种投资损失。这种定义无法清楚两者之间的差别及其作用。同时，这些教科书也都专门论述了沉淀成本概念。许多经济学教科书、管理经济学和产业经济学等已经阐述二者之间的差别。这意味着，经济学家已经认识到沉淀成本的重要性以及它与固定成本之间的差别。例如，在遏制进入的情况下，是沉淀成本而不是固定成本因具有承诺价值而造成战略效应。还有，在长期退出和短期停产问题上，决策都是依据可避免成本，包括可变成本和可避免固定成本，这是因为沉淀成本无关性。既然沉淀成本概念如此重要，以至需要澄清，为什么沉淀成本通常又被称为固定成本？

实际上，某些经济学教科书确实采用这种方法。他们用固定成本代替沉淀成本，使固定成本成为沉淀成本的同义语，使沉淀成本概念不需要出现，即对于固定成本的货币支出不可能得到补偿。例如，范里安（Varian）认为固定成本是指与产出水平无关，特别是企业是否生产产量都需要支付的那些成本，这是沉淀成本特征。同时，范里安也认识到可避免固定成本，但却使用准固定成本——也是与产出水平无关，但是在生产产量的情况下需要支付的那些成本。[①]

为此，我们总结总成本、固定成本、可变成本、沉淀成本和可避免成本之间的关系（王等人，2001），如表 5-1 所示。

表 5-1　　　　　　　　　　　成本分类比较

经济学教科书的成本分类		修改的成本分类	
总成本		总成本	
固定成本	其他成本类型	沉淀（固定）成本	可避免固定成本
	可变成本		可变成本

这样，我们可以清楚地表述这些成本之间的关系：

---

① 范里安：《微观经济学：现代观点》，上海三联书店，1994 年。

总成本 = 沉淀(固定)成本 + 可避免固定成本 + 可变成本

固定成本 = 沉淀(固定)成本 + 可避免固定成本

可避免成本 = 可避免固定成本 + 可变成本

在短期看来，至少某些成本是沉淀，但仍然有可避免固定成本；在长期看来，没有沉淀成本，但却可能有固定成本。

经济学家往往把短期看做某些要素是固定的时期，而把长期看做所有要素是可变的最短时期。实际上，所有要素在某种程度上都是可变的，但生产过程对新安排或者某些新投入变动的变动速度却受到两个条件约束：一是现存生产过程的可避免成本中不包括沉淀成本，但是新生产过程的可避免成本包括所有的成本，特别是新增要素投资事后看是沉淀成本，事前却是成本；二是与有关不同生产过程变动或者某些生产要素的利用调整都需要时间的投入。生产要素的利用速度取决于调整成本，例如，安装新增资本取决于资本生产、运输和安装的速度。

沉淀成本经常和固定成本混淆。概括地讲，沉淀成本属于固定成本，但固定成本并非都是沉淀成本。固定成本和可变成本（Variable Cost）是与经济学上的长期、短期相联系的一对概念。固定成本意指总成本中不随产出水平变化的成本，而可变成本是指总成本中随产出水平变化而变动的成本，因此可变成本是可以避免发生的。所有固定成本和可变成本的加总构成企业的总成本（Total Cost）。

在短期内，固定成本或者是可以避免的（Avoidable），或者是沉淀的（Sunk）。如果可以避免，这意味着当企业关门或者产量为零时，不会遭受这部分固定成本的损失，所以从这个角度分析，我们通常把这类可以避免的固定成本称为准固定成本（Quasi-Fixed Cost）；如果不可避免，或者说是沉淀的，这意味着当企业关门或者产量为零时，也需要有这部分成本支出，那么这类不可避免的固定成本就构成企业的沉淀成本。

这里，我们需要就短期与长期做些具体说明。经济学上短期与长期的含义，不同于日常生活中人们的理解。所谓短期是指某些要素固定不变的时期，而长期是指这样一个最短的时期，以至所有的投入要素都是可以变动的。在现实中，所有的投入都具有某种程度的可变性，但当对投入重新配置或者对投入的利用发生变动时，生产过程的调整速度将受到两方面的约束：其一，生产进程中可以避免的成本不包括沉淀成本，但与新的生产过程相联系的那部分可以避免的成本包括了所有的成本。尤为特殊的是，事后沉淀的在要素投入上的额外投资是一种事前成本。其二，当考察那些与不同生产过程相联系的投资或对某些生产要素利用的调整时，时间是必须考虑的因素。利用生产要素的速度决定了调整的成本。例如，在安装新的资本品过程中，与之相联系的成本取决于资本品的制造、运输和安装。在导致迟延有效率的前提下，最优安装将在快速安装的成本和得益之间权衡。在给定的产出水平下，这两方面的原因将使得短期成本和长期成本的区别更为显著，从而在短期内可以看到沉淀成本，而在长期中不会出现沉淀成本，进而再次回到新古典均衡体系中。

贝恩（Bain）则认为，进入壁垒是指和潜在的进入者相比，现有企业所享有的有利条件，这些条件是通过现存企业可以持久地维持高于竞争水平的价格而没有导致新企业进入反映出来的。作为分析进入壁垒的先驱，贝恩把进入壁垒分为三种：绝对成本优势；大规模生产的经济要求大量的资本支出；产品差别等。应用贝恩对进入壁垒的定义来研究退出问题，则如果在位企业获得利润比那些没有进入该产业的企业少，那么退出壁垒就存在。斯蒂格勒对进入壁垒的一般化也可以用来测量退出壁垒，即以企业离开某市场所必须承担的成本衡量退出壁垒，而该成本对那些没有进入该市场的企业来说或者已经建立并不撤出的企业是不必承担的。其中，关于退出壁垒直接定义是，当企业打算退出市场时其供给契约带来的成本或由其规章制度带来的一笔支出。简单地讲，退出壁垒就是退出障碍，指阻碍现有企业退出市场（行业）的因素，包括沉淀成本、违约成本、行政法规壁垒、声誉损失，等等。

不管怎样，沉淀成本不仅与生产成本和交易成本有关，而且还与机会成本有关。预期沉淀成本往往是指事前生产固定成本和交易成本的潜在损失，但是这些预期的成本未必是真正的沉淀成本，只有在事后因环境不确定性事件发生导致投资成本无法得到补偿，沉淀成本才会发生。所以，按照新古典经济学理性选择原则，至少在短期内，事前假设经济主体信息完全，边际收益和边际成本是决策的关键变量。一旦发生历史沉淀（生产和交易）成本，那么就不应该影响当前或未来决策，体现沉淀成本决策无关性。而从长期看来，没有沉淀成本，所以不论是从短期看来还是从长期看来，沉淀成本都不起作用，仅仅根据预期收益和预期成本大小进行决策就可以了，无须考虑以前发生的沉淀成本。

5.1.2 研究方法转换的现实选择

如果按照新古典经济学家经济理性，只要边际收益大于边际成本就可以进行，无须考虑过去已经发生的沉淀成本，从而会造成产业转换悖论：越是忽略沉淀成本，越容易滞留在现有的生产结构之中，难以发生转型，从而造成路径依赖或锁定效应。换言之，根据新古典经济学沉淀成本决策无关性，产业结构转换不是更加容易，反而更加困难。特别是由于忽略沉淀成本的存在，往往陷入"项目怪圈"，进一步追加原先的投资承诺，从而限制产业结构调整与国有资产重组效率，因此需要考虑过去不可回收的历史成本的补偿问题，则是加速产业结构转换的必要前提。

事实上，企业的整个生产过程，既是物质消耗和资金消耗的统一，又是生产成本和交易成本的统一。任何一个企业，在生产过程中总是千方百计地采用新技术、运用先进的管理方法，力争将生产成本降到最低程度，因此，对生产成本问题的研究，从古典经济学家到现代的经济学家、管理学家一刻都没有停止过。长期以来，由于经济研究都是在"完全竞争市场"和"零交易成本"的假设条件下进行的，认为市场自身有能力达到资源的最优配置，交易过程既不存在摩擦，也不存在成本，所以，在总成本中占有很大比重的交易成本往往被忽视。新制度经济学创始人罗纳德·科斯在1937年最早提出"交易成本"的概念，使经济理论研究从企业"黑盒子"向现实性方向迈进了一大步，使人们清晰地认识到，企业生产过程中除了活劳动成本与物化劳动成本外，存在着另一种成本即交易成本——包括动用资源建立、维护、使用、改变制度和组织等方面所涉及的所有成本，且交易成本是一个在经济生活中无时不在、无处不在，又时常令人感到朦胧的问题，对企业的效率高低有着重要的影响。

由于企业是一系列契约的联结物，企业的生产成本与交易成本至少可以在产出和企业的管理目标上统一。既然如此，一方面可以通过采用先进的科学技术，运用科学的管理方法，吸收优秀的人力资源，改善企业的生产条件，降低生产成本；另一方面也应该通过给予企业合理的内部和外部制度安排，降低企业的交易成本。只有做好这两方面的工作，才能使企业达到提高生产效率的目的。

新古典经济学在完全信息和完全理性的假设框架下，将企业的成本限制为生产成本，是符合它的分析基础的。一方面，既然价格可以传递市场交易中的一切信息，也即信息完全而对称，那么，经济行为人获取信息的成本为零，而信息成本是交易成本的最主要组成部分，因此，这就构成了交易成本为零的必要条件。另一方面，由于信息完备和完全竞争市场的基本假设，那么，风险、不确定性、固定资本和相关经济行为人的预期都不存在，这就构成了交易成本为零的充分条件。可见，在新古典经济学体系下，交易成本为零和信息完全，而且在新古典经济学的研究过程中，可以对生产成本与产出成本的关系进行详细的描述，即生产成本的提高会导致总产出增加；反之亦然。

但是，新古典经济范式对经济运行的解释与经济现实之间严重不和谐，即完全竞争、完全市场、完全理性、无固定资本在现实生活中是不存在的。要修正这种理论缺陷必须以其基本理论假设的修正为出发点，而代之以信息不完全或不对称或长期固定资本的假设。那么，这种抛弃与重建是否影响到生产成本的存在呢？答案是：没有影响。在这种理论假设下，生产成本仍然存在，仍然假设企业在最优生产规模上。更为重要的是，这种抛弃与重建为交易成本的提出开辟了道路。信息是不确定性的，也是不对称的，而信息具有非常重要的经济价值，经济行为人付出成本才能获得信息并利用信息。

因此说，在体制转型时期，东北老工业基地产业结构调整与国有资产重组过程中，由于信息完全或者零交易成本情况根本不存在，所以我们不能使用沉淀成本决策无关性理论。正是由于信息不完全或正交易成本的存在，才使考虑沉淀成本成为一种理性选择。为此，我们首先区分固定成本和沉淀成本，引入沉淀成本概念，不使用诸如生产成本、交易成本等其他成本概念，主要考虑是基于以下几点：

第一，现有的生产成本和交易成本概念都是属于事前机会成本概念，忽略了事后机会成本的研究，往往是指固定成本，类似于资产具有完全通用性。决策者在决策时已经考虑了，特别是在决策时通过预期收益和投资成本的比较，已经将预期沉淀成本（Prospective Sunk Cost）考虑了，所以，它不会影响决策者随后的决策，忽略了时间和空间的影响，所以需要重新考虑沉淀成本概念的含义。即使交易成本经济学也是如此。"照此情况，交易成本经济学似乎无法扩展到厂商发展及其动力过程问题。在交易成本经济学中，比较静态分析大行其道。尽管威廉姆森（Williamson）多次强调真正的动态过程分析的重要性，但交易成本经济学的分析工具仍然难以胜任这项任务。如果详尽分析动态过程（而非着眼于预先假设的结果），我们似乎无法绕过有限理性的个体学习过程这一问题。这一问题正是演化能力理论中居于中心地位的主题。"[1]

第二，现有的生产成本和交易成本都属于静态均衡分析和资源配置，隐含假设信息完全，忽略了生产投资的可持续增长条件。强调最大化和最小化行为，即使在有限理性的条件下也坚持最优化，其隐含假设新古典经济学和新制度经济学仅仅着眼于事前决策的理性行为，忽略了外部不确定性事件的冲击给决策者造成的影响。"这给我们出了一道难题：如威廉姆森所说，有限理性代理人无法预测未来的偶然事件，因而不可能签订完全契约，那他们又怎么可能预见到哪种类型的治理结构将最有效呢"[2]。另外，决定交易成本经济学适用性的另一种条件分类，与市场竞争性/非竞争性或可竞争性/非可竞争性有关。当市场是竞争性的或可竞争的，交易成本最小化的治理结构能够驱逐其他成本较高的治理结构。但是，在其他条件下，低效的治理结构能够继续存在。[3]其中，环境不确定性给决策者可以造成三种影响：一是有利影响，不会带来坏的结果；二是中性的，对决策者没有任何影响；三是不利影响，往往给决策者带来坏的结果。这一不利影响

①②③　克劳奈维根：《交易成本经济学及其超越》，上海财经大学出版社，2002 年。

的后果便是给决策者带来沉淀成本，使他需要重新进行优化，这也是我们分析问题的原因所在。

第三，现有的经济理论强调沉淀成本无关性，忽略了沉淀成本效应，恰恰是在信息完全条件下一种理性选择，即忽略沉淀成本是将其作为外生变量的一种理性选择，从而看不到沉淀成本对决策者的影响。即使论及沉淀成本，隐含假设已经知道沉淀成本大小了，看不到投资失败或错误之后的调整过程。现有的沉淀成本理论认为，"如果已经支出，不管如何选择都不能得到补偿，那么理性人将忽略它"①。这一说法等价于在信息完全或理性预期条件下，经济主体在发生沉淀成本的情况下已经进行最优选择了。沉淀成本不会影响决策者以后的决策，不管在时间的流逝中沉淀成本的价值如何变化，其恰是经济主体进行最优选择的自然结果。换言之，对于沉淀成本，我们往往是"让过去的事情过去吧"，它明确地把沉淀成本作为外生变量，不进入决策者的优化行为中。这说明，沉淀成本不影响决策者的决策过程。从事后角度看，由于沉淀成本反映了过去的承诺，它们的价值和特征对于以后的优化过程是不相关的。这种分析实际上也隐含假设是，决策者预期到所有的自然状态和经济过程，所以排除投资不可补偿的所有变化，以及来自于大量外生的不可预测事件的发生。正是由于沉淀成本事前被决策者完全知晓或理性预期，从而他把沉淀成本纳入其自身优化行为中，不会影响决策者以后的决策，所以反映的是将沉淀成本完全内部化，对最优选择毫无关系。在这种情况下，没有认识到沉淀成本是未来意外事件（不确定性）的函数，从而看不到沉淀成本很可能会影响决策者的以后决策，无法看到，考虑沉淀成本是一种理性行为。

第四，现有的经济理论着眼于外生沉淀成本概念，忽略了内生沉淀成本概念，往往出现所谓的新古典化趋势。通过重新定义沉淀成本，从而发现沉淀成本本身是时间或状态概念，更多关注物质资本等生产投资方面②，寻找时间和历史约束，适合动态演化分析，超越了生产成本和交易成本无历史的静态配置概念，但并不意味着它们之间没有关系，而是说生产成本和交易成本是发生沉淀成本的必要条件而不是充分条件。倘若信息完全，没有交易成本，那么就不会发生沉淀成本，不论发生条件变化，信息完全和资产通用性都可以重新配置。反过来说，

---

① Joseph E. Stiglitz and Carl E. Walsh, *Economics*, New York: W. W. Norton & Company, Inc. 2002.

② 在这里，投资非常符合凯恩斯的定义。凯恩斯将经济投资视为机器、设备等资本品购买。另外，当销售下降、未出售产品存货增加时，会发生预期之外的投资。注意经济投资与金融投资之间的区别，金融投资包括购买股票、债券和其他金融资产工具。金融投资并不是凯恩斯意义上的投资，因为它并不直接代表对资本品的购买。对于凯恩斯而言，金融工具仅是对于人们的储蓄可供选择的仓库。行为金融学探讨了沉淀成本效应，却很少涉及经济投资方面的沉淀成本效应。由此可知，沉淀成本大多着眼于生产投资的增长方面，而交易成本往往着眼于资源配置的静态分析。

如果发生了沉淀成本，那么必然有限理性和环境不确定性，存在着因逆向选择和道德风险带来的交易成本，导致潜在的交易损失发生，使沉淀成本无法消除，更好地理解沉淀成本的内生性，并不走向无摩擦均衡世界，从而可以看到无摩擦均衡世界根本无法实现，滞后效应始终会存在。

第五，现有的主流经济学是静态或比较静态分析，看不到历史时间和空间结构对经济体系的影响，从而忽略了动态调整过程分析，并没有使用适合动态调整分析的经济学概念，特别是真实时间导致投资成本与收益之间的分离，使投资成本很容易出现投资错误，进而导致沉淀成本，使过去投资或制度与未来联系起来，从而对当前决策造成影响。即使使用沉淀成本概念，人为割裂历史时间的作用，人为区分事前沉淀成本与事后沉淀成本，也并没有看到事前与事后沉淀成本之间的联系。在这种情况下，只要生产成本和交易成本都能够得到补偿，那么市场就是可竞争的，不论企业规模和市场上企业数量。恰恰是由于生产成本涉及资产专用性和有限理性，以及交易成本本身根本无法补偿，所以市场往往是不可竞争的。通过引入沉淀成本可以使我们看到沉淀成本估价的演化，与交易成本、有限理性，以及产业结构和产权结构等结合起来，认识到沉淀成本的形成过程，和如何解决沉淀成本，这本身构成动态调整过程。因此，认识到沉淀成本概念本身主要是时间和状态依存的经济变量，完全胜任动态演化分析，可以将真实时间，以及投资成本与收益流之间的关系联系起来，很容易发现影响沉淀成本的因素，从而为避免沉淀成本效应问题提供指导原则。

综上所述，通过区分固定成本和沉淀成本，进一步放松新古典经济学零沉淀成本假设前提，突出沉淀成本的经济学价值，修改新古典经济学的假设前提，摆脱主流沉淀成本与进入战略分析方法，将沉淀成本作为退出战略与重组研究框架，从而将沉淀成本效应与制度创新结合起来。不仅打破总供给无沉淀成本假设前提，而且还将沉淀成本与总需求结合起来，这一特征构成东北老工业基地特殊情况，也构成转型经济国家所面临的特殊情况，这是新古典经济学静态分析难以胜任的，从而进行动态调整过程研究。

由于沉淀成本概念本身就是时间和状态相关性的，它本身就是一个动态概念，体现了事件或决策不可逆性，更能突出经济学家使用成本概念研究经济学的传统，而不是使用派生出来的概念。新古典主流经济学因假设信息完全，所以根本看不到沉淀成本的存在，即使看到沉淀成本，由于信息完全或理性预期，也是经济主体事前优化的结果。通过结合产业经济学上的退出障碍和进入阻碍，新制度经济学上的有限理性、资产专用性等概念，以及行为经济学中对沉淀成本的关注，使我们从新古典经济学那种信息完全的世界里走出来，依据生产成本和交易成本，在时间的流逝中，通过投资—收益分离了解沉淀成本的出现与否，指出沉淀成本产生的前提条件：主观上的有限理性或有限认知能力（又可称为信息失灵）和客观上的环境不确定性（资产专用性和收益流无法预测），以及长期固定资本投资的存在，使投资成本在真实时间流逝中很容易产生沉淀成本。特别是在委托代理的情况下，因机会主义行为导致沉淀成本效应更大，从而使考虑沉淀成本成为一种常态。

东北老工业基地从过去继承下来的遗产可以分为资产存量和制度存量。

第一，东北老工业基地继承下来的物质资本、人力资本和无形资本存量。现行的经济总是在各个方面继承它的资本存量。这些资本包括通用性物质资本——建筑物、机器设备和交通工具，等等。它们也包括劳动力的通用技能——通用性人力资本。它们也包括各种各样专用性的资本，例如，体现在熟练的团队生产能力，这些资本是专用性，有可能由于它们的区位，等等。至少在理论上可知，通用性资本很容易通过市场购买而达到复制。相比之下，专用性人力资本和无形资本都是学习的产物，经常是隐性的，很难得到复制。

第二，生产技术和组织知识状态也会约束经济的发展。对于特定经济而言，重要的是，我们知道哪些现存的生产技术，甚至如果知道，哪些能够在实践中被重新使用。纳尔逊和温特（1982）指出，模仿现存的生产技术是一项成本昂贵和花费时间的活动。

第三，制度存量。现行经济中也会继承下来的制度存量，包括正式规则、非正式规则，以及它们的实施。正式规则包括政治和法律体系，等等。非正式规则包括道德、习惯和态度等。执行的方法包括法律惩罚、社会谴责等。如果制度具有完全通用性，很容易改变，那么它们不会构成经济中的显著约束，但是由于制度具有专用性，变化是缓慢的和困难的，在某些情况下，经济可能锁定在"以前的制度"中，造成沉淀成本效应。

在这种情况下，我们发现，采用沉淀成本分析方法不仅是对新古典主流经济学的一种有益扩充，而且也是针对东北老工业基地发展接续产业现实问题提出的。现有的投资成本往往因资产专用性、有限理性等，很容易产生沉淀成本，无法自由地发展接续产业。

因此，研究方法的转换，不仅是对新古典经济学的理论拓展，纳入可持续发展框架中，而且也符合研究东北老工业基地发展接续产业现实问题的需要，摆脱了静态无历史时间分析，引入真实时间动态分析，更能看出东北老工业基地资源型城市发展接续产业的调整过程和路径选择，并不是单一均衡解，无法向无摩擦的均衡收敛。此时，无摩擦的均衡无法达到，这是由于持续沉淀成本的存在导致的，从而造成滞后效应或锁定效应。这样，需要补偿或降低沉淀成本，克服沉淀成本效应，从而完善资产要素市场竞争，加强非市场治理结构，维持可持续发展环境是最为重要的。

5.2　沉淀成本的形成、分类及其性质

5.2.1　沉淀成本的形成条件

为了更清楚地理解沉淀成本概念，我们将沉淀成本的定义为资产在初级市场的购买价格大于其在二手市场的出售价格（或流动性或清算价格）。反之，当购买价格小于出售价格便不存在沉淀成本。那么，有哪些条件产生沉淀成本？

一、资产专用性对沉淀成本的影响

资产本身或互补资产是企业或产业专用的，是产生沉淀成本的重要条件。专用性可能造成因果模糊、社会复杂以及路径依赖等。不仅有形资产交易发生损失，而且无形资产不可能无损失交换。资产专用性投资理论被威廉姆森（Williamson，1975）、克莱因等（Klein et al.，1978）、格鲁特（Grout，1984）、格罗斯曼和哈特（Grossman and Hart，1986）、罗特姆伯格和萨龙纳（Rotemberg and Saloner，1987）以及费因斯坦和斯坦因（Feinstein and Stein，1988）等学者提出。其中，交易成本经济学主要代表人物威廉姆森（Williamson，1985）将资产专用性划分为四类：（1）设厂位置专用性。这种专用性资产要求企业的所有权要统一，这样才能使前后相继的生产阶段尽量互相靠近。因为所使用的资产无法移动，也就是说，它们的建设成本以及（或者）搬迁成本太高。因此，一旦这类资产建成投产，就要求各生产阶段互买互卖，才能有效发挥其生产能力。例如，在矿山附近建立炼钢厂，有助于减少存货和运输成本，而一旦厂址设定，就不可转作他用，即这些资产不可能流动——它们不能用于其他地方或者需要极大的成本损失。若移作他用，厂址的生产价值就会下降；（2）物质资产专用性。如果资产可以移动，其专用性又取决于其物质特征，那么，把这些资产（如各种专用模具）的所有权集中在一个企业，就可以由整个企业作为统一的买方，到市场上竞价采购。如果契约难以执行，买方还可以撤回这些购买要约并另找卖主，这就表面避免了那种"锁定"问题。例如，有些设备和机器的设计仅适用于特定交易用途，在其他用途中会大大降低其价值；（3）人力资产专用性。任何导致专用性人力资本的重要条件——无论是"实践出真知"，还是那些导致人力资本整批流动的可怕的问题。例如，在人力资本方面具

有特定目的的投资，主要来自于知识和经验的积累。当用非所学时，就会降低人力资产的价值；（4）特定用途的资产，是指供给者仅仅是为了向特定客户销售一定数量的产品而进行的投资，如果供给者与客户之间关系过早结束，就会使供给者处于生产能力过剩状态。后来，威廉姆森（Williamson，1991）又增加了品牌资本和临时专用性两个概念。

而且，多瑞格和皮奥罗（Doeringer and Piore）也描述了专用性任务："几乎每一种工作都包含一些专用性技能，甚至最简单的看守工作，只要熟悉工作场所的实际环境，也能对这类工作有促进。……也就是说，在一个团队中进行工作所需的技能永远不会和另一个团队所需的技能完全相似。"哈耶克（Hayek）对专用性的影响作了如下描述："……实际上，每个人相对于他人都有某些优势。因为他拥有一些独一无二的信息，这些信息可能有有利的用途……在这种职业中，对人、局部环境和具体环境的了解是一项非常有价值的资产。"一般说来，任务专用性至少有四种形式出现：（1）由非完全标准化的设备——它可能是普通设备——引起的设备专用性；（2）过程专用性，它是由工人和他的同事在具体的操作中形成或"采用"的；（3）非正式的团队适应性——由各方在不断接触中的相互适应导致；（4）信息沟通专用性，即指在企业内部才有价值的信息渠道和信息符号。

这样，因资产专用性难以转为他用，其再生产的机会成本降低而很容易产生沉淀成本，这是产生沉淀成本的最根本的客观条件。

二、信息不完全对沉淀成本的影响

如果投资者具备信息完全，长期固定资本将不会给经济带来任何问题。这是因为投资者只能够在获得预期利润回报的前提下购买资本品，不会出现投资失败情况。然而，在给定资产出售价格不受损的情况下，交易成本的存在也会产生沉淀成本。在信息不充分的情况下，投资者只能依靠猜测决定其投资方向，很难完全预测未来的信息，这样很容易出现投资错误或失误，此时买卖之间对资产的质量信息不对称可以导致市场失灵，正如柠檬市场模型所描述的那样。信息不对称是指交易双方中有一方拥有另一方所不知道的信息。正是由于信息不对称造成的机会主义行为（欺骗的可能性），信息少的一方对私有信息的一方不信任。这时明明互利的交易却由于欺骗的可能和缺乏互信而不可能实现。

经济学中这类信息不对称造成的交易成本的模型被称为逆向选择。最早就是柠檬模型：如果潜在买者不知道二手资产的质量，他仅仅愿意支付其预期平均质量下的价格。高质量的卖者对于该价格不愿意出售，从而退出市场。所以，市场的平均质量继续下降直到最差的质量得到交易为止。即使投资不具有企业或产业专用性，资产在购买之后，因信息不对称会使资产再出售价格也会下降，也会产生沉淀成本。

因此，"柠檬"问题（Akerlof，1970）也会产生部分沉淀成本。例如，企业设备、计算机等都不是企业或产业专用性的，但是出售价格仍可以小于购买价格，尽管它是新的。此时沉淀成本可能与交易成本呈正相关关系，如信息成本和运输成本等，如图 5-1 所示。从图中可以看出，交易成本（AB）可以产生沉淀成本，导致资产出售价格下降。这不仅取决于交易成本的大小，而且还取决于需求和供给曲线弹性的大小。这样，交易成本导致类似于税收那样的楔形而产生沉淀成本。

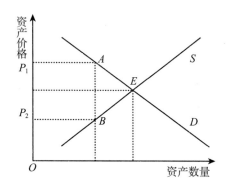

图 5-1 沉淀成本与交易成本之间的关系

如果我们考虑的资产本身就是信息，那么信息不对称更不容易消除掉，这是因为在没有揭示信息情况下我们无法估价信息的价值，这是信息悖论（Information Paradox）。不仅显性知识不能通过专利或其他机制得到保护，而且隐性知识具有可言传性质，不能无损失地进行交易。积累起来的知识根本不能转移或交易。因此说，交易成本也是产生沉淀成本的重要因素之一。

三、买方垄断对沉淀成本的影响

新古典经济学也认识到现实中企业资产售价低于竞争性市场价格。它把这一现象归结为资产买方垄断地位引起的。当一家企业在竞争性市场上购买一个要素投入时，边际要素成本与平均要素成本是相同的。但是当企业是一个垄断买主时，边际要素成本与平均要素成本是不一样的。作为要素市场买方垄断时，他增加一资本所引起的总成本增量即边际要素成本（MFC）高于资本要素价格（AFC）。同时，资本要素的需求曲线是由边际收益产品（MRP）决定（如图5-2 所示）。

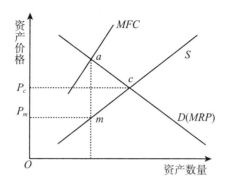

图 5 - 2　买方垄断与沉淀成本之间的关系

在图 5 - 2 中，在完全竞争条件下，资本要素的价格由 MRP 曲线与 S 曲线的交点 c 所决定，价格为 P_c。当资本要素处于买方垄断时，价格由 MFC 曲线与 MRP 曲线的利润最大化的交点 a 所决定的 m 点所决定，从而看出 P_c 远小于 P_m。这说明，在要素市场买方垄断的条件下，也会产生沉淀成本。同时，如果垄断卖方向垄断买方销售的市场，就会在资本要素市场处于双边垄断，此时具体的价格还取决于双方博弈，以及讨价还价力量的大小。

四、折旧对沉淀成本的影响

资产账面价值往往与折旧有关，所以，折旧率也会影响资产的沉淀成本数量，它是私有企业投资者回收固定资本的重要手段，也以投资者的生产成本形式出现的。由于技术进步和设备更新都会使资产购买价格进一步得到贬值。事实上，西方经济学者使用沉淀成本概念，实际上认为折旧成本完全可以得到补偿，仅仅考虑市场交易产生的沉淀成本就可以了。然而，虽然马克思并没有提出沉淀成本概念，但他已经认识到沉淀成本概念的本质特征。他没有从资产专用性等物质特征，以及资产市场交易成本角度考虑沉淀成本，而是从历史时间考虑沉淀成本的产生。换言之，马克思不是从交易过程的角度考虑沉淀成本，他是从生产过程和历史时间的角度，即从补偿投资成本的角度考虑沉淀成本的，考虑了沉淀成本产生的客观性。为此，马克思按照资本价值转移方式划分为固定资本（Fixed Capital）和流动资本（Circulating Capital），认识到我们今天被称作的沉淀成本。例如，他区分固定资本的交换价值与使用价值，剖析承诺的固定资本变成不可补偿成本的过程。同样，在时间流逝过程中，资本过度积累和资本贬值如何使固定资本价值损失而变成沉淀成本。

马克思指出，资本主义日益依靠多期资产以增加生产的迂回性。一方面，如果世界都是流通资本，那么生产在每期都可以重新开始；另一方面，如果资本品在时间维度上有承诺价值，那么就会很昂贵，降低了资产灵活性。例如，固定资产在使用过程中，因不断受到冲击或磨损，由新变旧，外表形态虽然较长时期保持不变，而他的内在功能却在慢慢地衰退，随着时间的推移，固定资产的使用价值就逐渐地、不同程度地降低其价值也随之相应的减少。固定资产因磨损而减少的价值，称为折旧。将固定资产在使用过程中，因磨损而转移到成本中的那部分以货币形式表现的价值，称为折旧费。

固定资产的价值耗损，是由于两方面原因引起的：一是固定资产的有形耗损；二是固定资产的无形耗损。固定资产的有形耗损是由于固定资产的使用磨损和自然耗损引起的；无形磨损则由于科学技术不断进步，新技术新产品的迅速出现和由于劳动生产率提高促使固定资产市场价值下降或者使其使用效益降低，迫使其提前淘汰而引起的固定资产耗损。这样，资本过度累计和资本贬值都分析了固定资本如何损失而成为沉淀成本。可以看出，固定资本固有特征是沉淀成本。技术进步导致特定资本过时。新技术的引入，使旧设备的市场价格下降，导致了资本品损失，提出有形磨损和无形磨损，从而看出沉淀成本形成还在于生产过程本身造成的。

由于马克思把企业作为生产过程，是随着时间的变化而变化，因此，他不仅划分出固定资本和流动资本，而且特别指出固定资本固有特征是折旧，仅仅关注客观时间对折旧，乃至对沉淀成本的影响。马克思一再强调，新技术如此迅速地摧毁原有资本的加害以至于没有一个工厂能实际收回其当初的投资成本。在一封给恩格斯的信中，马克思写到："20多年前我就断言，在我们现在的社会中不存在可以延续60~100年的生产工具，没有一个工厂、建筑等等能在它们被废弃之前已经收回了当初的生产它们的成本。现在我还是认为，无论怎么看这一观点都是完全正确的。"设想这样的一个行业，其技术正在高速发展。马克思引证的案例，是查尔斯·巴贝奇关于纺机专利转让的研究。开始时，纺机专利转让费为1 200镑，几年之内就跌到了60镑。

从马克思有形磨损和无形磨损角度看，不仅仅在资产转让过程中会出现沉淀成本，更多的是市场竞争和技术进步，以及外部不确定性冲击所带来的不可避免的资产损失，是固定资产无法通过自身再出售价值得到补偿的，从而会发现，技术进步或者追求高新科技水平，不仅会带来生产效率的提高、产出增加，但是它也会带来不利的一面——沉淀成本的产生。换言之，技术进步产生无法补偿的沉淀成本，会摧毁原有资本的价值，造成资产价值损失，这是产生沉淀成本的客观现实，无法回避。只有加强耗费成本的补偿，才会使企业再生产过程顺畅起来。

五、契约承诺对沉淀成本的影响

由于资产专用性普遍存在，长期契约或口头协议也普遍存在，其中，包含显性契约和隐性契约。一方面，契约的存在可以减少资产专用性损失；另一方面，契约的存在带来刚性，很难适应意外事件的冲击，所以，契约安排的存在在遭受不利冲击的情况下也会因契约承诺的存在产生沉淀成本。例如，契约（显性和隐性），以及政府管制等都会产生沉淀成本，使有些再生产的机会成本难以实现，从而造成所谓沉淀的机会成本（Sunk Opportunity Cost）。例如，事前契约规定生产要素价格是 11 万元，事后市场价格是 10 万元，则对购买者产生沉淀成本。如果政府不允许出售资产或重新配置资本，购买的资本品价格是 100 万元，政府规定不允许买卖，则沉淀成本则为 100 万元，如果允许自由买卖，也会降低沉淀成本的数量，从而使机会成本重新发挥作用。

总之，沉淀成本仅仅关注资产市场交易状况，包括资产专用性和二手市场交易成本，以及要素市场结构和资产生产过程中有形磨损和无形磨损等。当决策者信息完全时，完全预期未来各种可能事件，不仅不会发生交易成本，而且也不会发生沉淀成本。因为在完全信息情况下，任何投资资产不会出现投资错误或投资失败，可以按照收益率排序选择最大的投资项目，从而不会发生沉淀成本。然而，当信息不完全时，对未来预期只能依靠猜测，因不确定性[①]存在专用性资产交易成本昂贵，发生有形磨损和无形磨损等，从而造成资产本身市场价格损失而产生沉淀成本。这是因为，在发生不确定性条件下，通用性资产可以瞬时退出，转为他用，不会出现任何损失。

5.2.2　沉淀成本的分类

如前所述，为了研究问题的方便和简化，我们依据沉淀成本的本质特征，针对东北老工业基地的具体情况，将沉淀成本划分为经济性沉淀成本、社会性沉淀成本和生态性沉淀成本，尽管它们有可能会发生交叉，但并不影响我们分析的基本结论。只不过，这样分类为我们研究东北老工业基地发展接续产业做铺垫，更

---

① 不确定性与风险差别首先是由奈特（1921）区分的。奈特将可度量的不确定性定义为风险，用不确定性指不可度量的风险。风险的特征是概率估计的可靠性，以及因此将它作为一种保险的成本进行处理的可能性。估计的可靠性来自于所遵循的理论规律或稳定的经验规律，对经济理论的目的来说，整个概率问题的关键是，只要概率能够用这两种方法中的任何一种以数字表示，不确定性就可以排除。与可计算或可预测的风险不同，不确定性是指人们缺乏对事件的基本知识，对事件可能的结果知之甚少，因此不能通过现有的理论或经验进行预测或定量分析（参见奈特：《风险、不确定性与利润》（中译本），中国人民大学出版社，2005 年）。从而，不确定性是沉淀成本或者错误失败出现的根本原因。同时，凯恩斯（1921）在《概率论》中也指出不确定性——没有任何概率分析基础的价值，从而构成其《就业、利息和货币通论》的理论基础，造成有效需求不足的关键所在。在这里，沉淀成本与不确定性结合起来更加增加转型难度，从而摆脱确定性条件下的退出原则。

能寻找到沉淀成本的存在形式和影响，以及更容易寻找出相应的对策研究。

一、经济性沉淀成本

第一，专用性资产形成的沉淀成本。投入企业的生产性资产，由于只能用于特定的生产和服务，这样在企业退出某一产业而进入另一产业时，这些资产很难随企业被带入所进入产业接续发挥作用，难以回收投资成本，因而企业面临处置这些资产的障碍。尤其是国有企业的产业分布相当分散，而且沉淀在各产业中的资产又有相当大的规模，这样为资源型城市转型带来很大困难。按照威廉姆森（2002）对专用性资产划分可知：（1）专用性物质资本、人力资本等投资有沉淀成本。资源型城市企业需要投入生产性资产，如矿产地质勘察、开采以及加工所投入的物质资本、人力资本等，由于专用性较强，从原产业退出时难以回收投资成本。有些企业的厂房、机器设备即使能够折价出售，更因资产市场不完善，特别是信息不完全造成的阿克洛夫（1970）"柠檬问题"现象，也不能按照正常折旧后的价值出售，这些无法回收的资产价值，有可能是沉淀成本的重要来源。（2）目前商业性开采市场尚未形成，投资主体多元化，不论开采成功或失败，都需要支付大量搜寻信息等交易成本。这些交易成本本身都是沉淀成本。同时，沉淀成本也来源于城市非交易产品部门。在房地产、基础设施或设备的投资都是为了满足人口增长带来的需求。这些投资既不能迅速地转移到交易产品生产部门去，也不能转移到其他区位。因此对于非交易产品投资往往产生沉淀成本。（3）区位偏离也是沉淀成本的重要来源。矿业城市区位偏离，主要指矿业城市依资源而居，大多位于内陆，边远荒漠地区，地理环境闭塞，远离交通干线，远离工商业发达地区，远离国内、国际市场，区位条件较差。为了摆脱区位偏离，需要投入运输网络和储藏基础设施。在城市地区，往往集中在公路、铁路、电信系统以及储藏设施，虽然这些投资本身并不一定是沉淀成本，但这些投资都具有厂址区位专用性，难以移动到其他地区，从而很容易产生沉淀成本。

第二，固定成本转型过程中形成的经济性沉淀成本。它主要包括：（1）离退休劳动力安置成本，企业退出后要给劳动力重新安排工作或重新培训，而这笔培训费用和转移费用往往很高；（2）因企业退出造成终止各种契约所必须支付的违约费用；（3）退出企业职工情绪下降引起的生产经营状况恶化，使企业收益减少等。由于我国的特殊情况，在竞争性产业领域的国有企业数量庞大，在这些国有企业里工作的职工更是数以千万计，一旦这些企业退出，能否支付这笔巨额劳动力安置成本、重新培训成本等，将成为国有企业退出某些产业最突出的问题，这也成为资源型城市转型面临的重大问题。

第三，资源型城市国有企业巨额负债形成的经济性沉淀成本。资源型城市国有企业大多数有一个高昂的负债率，而且大部分是欠国有银行的，国有商业银行是国有企业最大的债权人。按国际经验，企业自有资本和借入资本的比例大体各占50%，显然，国有企业的债务比例很高。而且这些债务主要是欠银行的。尽管国有企业亏损会成为从竞争性产业退出的最好理由，但亏损严重的企业是很难转移出去的。如果通过破产的方式退出，国有银行也会破产，因而国有银行宁愿维持国有企业的现有状态。政府也会为了保住国有银行不至于发生危机，而采取维持国有企业现有状态的政策。国有企业债务负担形成资源型城市巨大的经济性沉淀成本，严重影响国有企业退出的可能性，进而限制民营经济，以及接续产业的发展。

第四，因交易成本导致市场不完善形成经济性沉淀成本。主要包括：（1）劳动市场不发达造成的沉淀成本障碍。由于劳动市场发展缓慢，而且很不规范，国有企业职工在从某些产业退出时，借用现有的劳动市场实现大规模退出企业职工转移，其作用是十分有限的。因信息不完全所导致交易成本是阻碍职工流动的重要因素。（2）资本市场不完善、不发达造成的沉淀成本障碍。由于资本市场不完善、不发达，信息更加不完全，资本价格无法发挥配置资源的作用。在这种情况下，国有企业从某些产业退出时，不能很好地利用资本市场，实现退出企业资产的迅速转移或变现。因此，需要借贷和资本供求者支付巨大的搜寻、签约和履约等交易成本。（3）产权市场发育滞后造成沉淀成本。我国产权市场发育滞后，非市场化倾向明显，市场退出多数停留在"关、停、并、转"上，导致产权交易不活跃，不少产权市场还是有场无市，规模小，交易极为清淡，退出企业的资产和产权无人问津，加上中介组织不足，信息量少，造成产权交易困难重重，进一步加大退出沉淀成本。

二、社会性沉淀成本形成

第一，政府主管部门和地方政府的阻碍。尽管中央政府在对待国有企业实施产业重组上态度是明确的，但政府主管部门和地方政府仍然会设法阻止所属企业的退出，一方面，需要维持自身的声誉，避免出现声誉资产沉淀成本；另一方面，因为这些主管部门和地方政府有自身独立的既得利益，让其所属企业退出本行业，无异于自己消灭自己。所属企业尽管有亏损，甚至全行业都是亏损的，但亏损企业会得到中央政府的财政补贴，自身的压力并不很大。更重要的是主管部门掌握着所属企业的人事任免权。如果这些企业退出本行业，主管部门和地方政府也就丧失了这些利益和权利，所以他们会制造出种种可能的退出障碍。有时中央政府出于政府信誉和社会稳定的考虑，会推迟对国有企业实施产业重组的计划。

第二，市场退出的决策主体错位。市场退出的决策本应由企业所有者（主要是出资者）做出，但对我国国有企业而言，由于"所有者缺位"，退出决策成为政府部门、企业经营者和职工公共选择的讨价还价过程。从政府角度看，国有企业不会退出，因为这与国有制是相容的。如果允许退出，那么必然有非国有企业来接管。由于国有企业所有权不可退出，进而产生剩余索取权和剩余控制权不可转让性。同时，让一个亏损企业维持生产不仅有利于缓解就业压力，而且还显示当地政府的政绩，因而常常倾向于继续生产而不退出市场。对于企业经营者来说，由于产权因素和债权因素的双层软化，维持亏损状态可以维持既得利益。对于企业职工来说，长期享受稳定的工资待遇和福利待遇，市场退出使其面临下岗威胁，市场的不确定性越大，职工退出越难。

第三，企业"内部人"的阻碍。"内部人"是指由企业的经理人员和职工共同组成的利益集团。从国有企业的经理人员来看，由于政府在同国有企业经理人员的委托代理关系上，缺乏严格的监督约束机制，国有企业的经理人员可以利用手中的权力牟取私利。如果企业要退出，许多老职工应当得到那部分非工资福利就会丧失掉，他们自然会出来抵制企业退出。这里当然也包括职工不愿意退出的复杂"惜退"心理成本。

第四，社会保障体制不健全。由于当前中国的社会保障体系尚不健全，国有企业从某些产业中退出时，无法将原有企业部分离退休职工转交给社会，而必须自己承担这部分职工医疗、住房和养老金等成本。换言之，资源型城市国有企业面临"企业办社会、债务负担和冗员负担"三大障碍，一并产生显著的社会性沉淀成本，阻碍资源型城市顺利转型。企业办社会是就业、福利和保障"三位一体"的体制，不能随便解雇职工，如果解雇工人，需要承担起身份置换成本。冗员问题与企业办社会极其相关，没有相应的社会保障制度，职工很难自由退出，因为身份一旦变化，福利、就业和保障将丧失掉。国有企业职工失业不仅仅失去工资，而且还会失去福利和保障利益。如果不建立完善的社会保障体制，职工流动会产生大量的社会性沉淀成本，从而阻碍资源型城市经济调整。

三、生态性沉淀成本

东北老工业基地自然资源丰富，但是为了把重工业作为重要目标，把发展生产力建立在向自然界索取的基础上，取之于自然过多，挥霍过度，使自然资源供给相对萎缩，超负载运载，出现存量锐减，生态系统失衡，环境日益恶化，出现大量的生态性沉淀成本。一方面，将自然资源排斥在价格体制之外，从而造成粗放方式掠夺资源；另一方面，出现大量资源赤字，造成环境不断恶化，从而造成无价或者廉价开采使用。资源的存量和用量不计，很少考虑对其耗用、保护与管理，最终形成一些与资源密切相关的初级产品，所谓"原"字号的产品价格一直是低廉的。资源价值在产品生产成本中得不到正确体现，要素成本构成不完整，又导致采掘和开发资源所形成的初级物质产品拿到市场交换收回的货币价值，补偿和恢复不了这些资源的耗用。不仅如此，由于长期以来对资源耗用不进行折旧，也就无法通过正常的资金来源渠道去保护和管理资源，更无法对其再生及替换，致使资源耗用量逐年增多，有限的资源存量锐减，甚至枯竭，对社会再生产运动及其整个经济运行产生强烈冲击作用。由于在东北老工业基地长期积存上述一些大量的资源价值补偿不足，致使相当一部分生产要素是没有价格的，不必通过市场与货币交换就进入生产流通领域，从而造成产品与货币市场上各种价值符号扭曲，经济运行机制畸形，生态环境失衡，从而衍生出大量的生态性沉淀成本，严重影响东北老工业基地经济发展和人们福利水平。

由此可见，东北老工业基地资源型城市不仅面临着因资产专用性和固定成本等带来经济性沉淀成本，而且还面临着因国有企业"三座大山"——企业债务、冗员和企业办社会等产生的社会性沉淀成本，以及因自然环境或者沉陷区治理造成的生态性沉淀成本。一旦东北老工业基地资源型城市发生转型，不仅会出现巨大的沉淀资产，还会丧失掉职工的就业工资、医疗保险、养老金等福利待遇，以及由此产生的生态性沉淀成本。因此这些沉淀成本阻碍资源型城市的转型、限制接续产业发展。

5.2.3 沉淀成本的特点

需要指出，尽管我们划分出经济性、社会性和生态性沉淀成本，但我们还可以进一步区分沉淀成本的性质，也可以划分出可补偿沉淀成本和不可补偿沉淀成本。前者是指通过市场化可以自身出售得到补偿的沉淀成本，后者是指由于资金缺乏或者资产市场失灵无法得到补偿的沉淀成本。同样，还可以划分出无意识沉淀成本和有意识沉淀成本。前者是指因外部自然不确定性事件导致产生的沉淀成本，经济主体必然需要承受，比如自然灾害、地震等。后者是由于经济主体在有限理性情况下，因制度不完全导致的机会主义行为（逆向选择和道德风险）所带来的沉淀成本，这是我们研究的重点。

首先，沉淀成本并不是废物和垃圾，也不是纯粹的损失成本（Lost Cost），沉淀成本的本质是潜在机会成本损失，是需要沉淀成本投资主体承担的。

其次，沉淀成本具有"双刃剑"特征，一方面，企业拥有沉淀成本，使自己遭受财务负担；另一方面，沉淀成本也具有潜在价值，形成竞争优势。因此，我们需要考虑沉淀成本的不同影响。

再其次，沉淀成本本身可以划分两类，一类沉淀成本是不可补偿的，但却是可转嫁的；另一类沉淀成本是可补偿的，无须转嫁的。一般来说，使企业遭受财务负担一般是不可补偿的，所以需要企业所有者直接承担，但却可转嫁的。另一方面，企业所有者所拥有的有形资产和无形资产，特别是有价值的专用物质和人力资产，包括专用性人力资产和物质资产，往往具有潜在价值，尽管企业财务损失，但这些专用性资产还有价值，所以需要退出或重组才能实现专用性（沉淀成本）资产的价值，也正是由于沉淀成本及其价值实现，才构成资源型城市发展接续产业，这是我们非常需要注意的地方。

因此，针对东北老工业基地发展接续产业研究，我们需要考虑经济性沉淀成本、社会性沉淀成本和生态性沉淀成本的大小和组合类型，从而更能清楚资源枯竭型城市沉淀成本大小和种类（如表5－2所示）。

表 5－2   沉淀成本种类组合

		经济性沉淀成本	
		大	小
		社会性沉淀成本	社会性沉淀成本
生态性沉淀成本		大	小
	大	区域 A	区域 B
	小	区域 C	区域 D

其中，社会性和生态性沉淀成本无法通过自身得到补偿，但却可转嫁。而经济性沉淀成本中，也需要再细分哪些是可补偿的，哪些是不可补偿的，从而将沉淀成本作为考察的重点。只有发现沉淀成本在发展接续产业中的作用，我们才能寻找解决所面临的经济问题。只有解决了现有的这些沉淀成本问题，东北老工业基地才能实现可持续发展。否则，因沉淀成本的存在及其影响，往往会破坏可持续发展的条件。因此，只有了解沉淀成本的存在形式、形成过程及其影响，我们才能重视沉淀成本对可持续发展的影响，从而确立一个良好的投资补偿机制，将经济、社会、资源等纳入可持续发展框架中，避免产生沉淀成本。只有这样，我们才能真正做到落实科学发展观，实现和谐社会，最终使东北老工业基地再次发展起来。

5.3 沉淀成本研究对资源型城市发展接续产业的意义

我们打破新古典经济学零沉淀成本假设，引入沉淀成本分析方法。从而发现，在东北老工业基地发展接续产业过程中，由于沉淀成本是内生的，特别是在体制转型时期，因历史继承下来的各类沉淀成本，以及因制度和市场不完善、环境高度不确定性等，从而造成发展接续产业的困难性。在这种情况下，依靠过去发生的资产存量和制度存量进行预期，将沉淀成本作为内生约束条件，从而发现沉淀成本的重要性，这与新古典经济学静态均衡分析形成鲜明对照。如前所述，东北老工业基地这三类沉淀成本十分显著，从而对于发展接续产业有着重要影响。

5.3.1 资源型城市沉淀成本的原因

与非资源型城市相比，同样的政府制度供给，资源型城市的反应一般是不十分灵敏。例如，同样是民营化制度改革，对于非资源型城市来说，实施起来相对容易，这是因为民营化不会给经济主体带来沉淀成本，经济主体的利益至少不会遭受损失。但对于资源型城市来说，实施起来很困难，这是因为民营化尽管带来了成本下降或者收益增加，但同时也给经济主体带来极大的沉淀成本，使经济主体遭受显著的利益损失。

一、资源型城市沉淀成本例证

一项制度供给，如果给经济主体，主要是国有企业和政府决策者，特别是重工业性质的国有企业带来大量的沉淀成本，改革将难以进行。即使制度供给带来成本下降，但由于无法补偿或者降低这些沉淀成本，依旧不会带来制度变迁。根据马克思再生产理论可知，只要是社会生产，就存在着物质补偿与价值补偿两重关系。马克思把社会生产划分为简单再生产和扩大再生产两种形式。在整个社会再生产过程中，一种是补偿，更换从过去一直到现在已经积累起来的劳动资料，在实物形态上实现其原有规模的再生产；另一种是积累，在实物形态上增加现有的劳动资料规模。马克思指出，"年劳动产品的价值，并不就是这一年新加劳动的产品。它还要补偿已经物化在生产资料中的过去劳动的价值。因而，总产品中和过去劳动的价值相等的那一部分，并不是当年劳动产品的一部分，而是过去劳动的再生产"。因此说，在全部年产品的价值中，一部分是属于过去劳动的价值，另一部分是属于新增加劳动的价值。在过去劳动的价值中，又可以分为两部分，一部分体现在已消耗掉的原料、燃料、辅助材料等劳动对象上面；另一部分则体现在已磨损的机器、设备、厂房、建筑物等劳动资料上面。为了使简单再生产正常地维持下去，其中的重要条件之一是，耗费多少劳动资料就要补偿多少劳动资料，只有根据生产过程中的各种磨损与消耗，及时地、足量地进行补偿，才能保证简单再生产顺利进行，为扩大再生产奠定基础。如果投资成本耗费无法得到补偿，经济主体难以进行下一期连续生产。

在生产过程中，生产耗费的补偿，即是企业维持简单再生产的起码条件和进行扩大再生产过程中耗费的资金，只有不断从产品销售收入中得到补偿，才有可能不断购入新的生产过程所需要的材料，才有可能不断支付职工劳动报酬和其他生产成本，才有可能逐步积累固定资产更新改造准备金，才有可能取得一定的盈利并从中提取企业基金，从而保证企业再生产的顺利进行。如果企业在生产过程中，所获得收入无法补偿物化劳动和活劳动的耗费，企业的产品生产就会受阻，下一轮生产过程就没有办法进行下去。这是对单个企业而言的。对于一个行业、一个部门，以及一个地区或一个国家，同样存在这样的问题。因此，投资成本补偿是企业再生产补偿的基础。当投资成本没有得到销售收益和自身残值的补偿，那么就会出现沉淀成本，从而严重影响单个企业、行业、地区和国家经济发展状况。

因此，当同样的制度供给，资源型城市会出现显著的沉淀成本，而不易引起制度变迁，因为这部分沉淀成本构成经济主体自身一种净损失。

东北老工业基地改革和振兴的难度主要在于计划经济体制、传统的以资源初级加工为特征的重化工业结构和国有经济比重过大等形成了大量的沉淀成本。我们以东北老工业基地资源型城市为例剖析沉淀成本形成的经济背景，进而阐述沉淀成本对其制度创新的各种影响。

第一，东北地区实行传统的计划经济历史长，影响大，市场经济基础设施薄弱，市场机制对资源配置的调节作用不强。早在1945年以前，日伪统治时期的东北实行的是战时经济，对资源和物资实行配给制。新中国成立初期，由于我国实施重工业优先发展战略，资源要素禀赋结构必须适应工业化要求，从而导致与该战略相配套的体制只能是用高度集中的以计划手段来配置资源的经济体制。因此，长期以来东北地区的资源配置手段主要以行政权力调拨为特征的命令型经济和计划经济为基础。由于资本被纳入计划配置的框架，要想使资本发挥作用，就必须保证资本所需要的劳动力、原材料等也纳入计划经济体制的框架，并把劳动力、原材料等资源同样配置到重工业生产领域。也就是说，在传统的计划经济体制下为了实现优先发展重工业战略目标，不仅要把资本、劳动力等生产要素以集中计划安排的手段配置到重工业领域，而且还要压低资本、劳动力等要素的价格，从而降低重工业产品的生产成本。因此，计划经济体制是一种内生的制度安排，是一种适合加速发展重工业的手段。在这种情况下，东北地区自然会形成高度集中的配置资源体系和实施低补偿、高积累政策，很少关注补偿基金，甚至很少考虑折旧基金补偿，长期以来形成巨大的体制性和经济性沉淀成本。

第二，东北地区的产业结构以资源开采和资源初级加工为主，产业结构单一、不合理。实施重工业优先发展战略，需要选择那些适宜发展重工业的地区作为这个战略的重点发展基地。由于黑龙江、吉林、辽宁三省不仅有工业生产基础，而且该地区还拥有煤、石油等能源矿产，铁、锰等金属矿产，以及很多非金属矿产资源，适于发展重工业。我国资源型城市共计118座，其地区分布如表5-3所示。

表 5-3   **资源型城市的地区分布**

省 （自治区）	资源型 城市数量	城市名称
辽 宁	7	抚顺、本溪、阜新、盘锦、葫芦岛、铁法、北票
吉 林	10	辽源、白山、敦化、珲春、桦甸、蛟河、松原、舒兰、临江、和龙
黑龙江	13	鸡西、鹤岗、双鸭山、七台河、大庆、伊春、五大连池、铁力、尚志、海林、穆棱、宁安、虎林
内蒙古	9	乌海、赤峰、满洲里、牙克石、东胜、锡林浩特、霍林郭勒、根河、阿尔山
河 北	5	唐山、邯郸、邢台、武安、迁安
山 西	11	大同、阳泉、长治、晋城、朔州、古交、霍州、孝义、介休、高平、原平
安 徽	4	淮南、淮北、铜陵、马鞍山
福 建	2	永安、漳平
江 西	5	萍乡、丰城、德兴、乐平、高安
山 东	9	枣庄、东营、新泰、龙口、莱州、滕州、邹城、肥城、招远
河 南	8	平顶山、鹤壁、焦作、濮阳、义马、汝州、灵宝、登封
湖 北	2	潜江、大冶
湖 南	6	耒阳、冷水江、郴州、资兴、涟源、临湘
广 东	3	韶关、云浮、乐昌
广 西	2	凭祥、合山
四 川	5	攀枝花、广元、华蓥、达州、绵竹
贵 州	2	六盘水、福泉
云 南	4	东川、个旧、开远、宣威
陕 西	2	铜川、韩城
甘 肃	3	白银、金昌、玉门
宁 夏	1	石嘴山
新 疆	5	克拉玛依、哈密、阿勒泰、库尔勒、阜康

资料来源：王青云，《资源型城市经济转型研究》，中国经济出版社，2003年。

在 118 座资源型城市中，黑龙江省最多，有 13 座；山西省其次，有 11 座；吉林、内蒙古、山东、河南、辽宁等省（自治区）分别为 10 座、9 座、9 座、8 座和 7 座，黑龙江、吉林、辽宁三省合计 30 座，约占全国的 1/4。118 座资源型城市，其土地总面积为 96 万平方公里，涉及总人口 1.54 亿人，涉及职工 1 250 万人，职工登记失业人数占职工比重 7.2%（超过国际公认的失业率警戒线 7%），比全国城市的平均水平高 2.3 个百分点；2000 年国内生产总值为 11 550 亿元，人均国内生产总值为 7 500 元，比我国全部城市的平均水平低 115 元；职工年平均工资为 7 800 元，比我国全部城市的平均水平低 1 700 元。

在传统的计划经济体制下，这种以资源和资源初级加工为主的重化工业结构又呈现出两个特征：对外资源和资源初级加工产品低价输出；对内产业封闭循环。产业关联度很低，产业链条短，社会分工不发达，落后封闭的产业结构与传统体制的计划经济体制融为一体，互为支撑，产业转换的市场基础十分薄弱。

第三，与传统的计划经济体制和封闭的产业结构相适应，东北地区国有经济的比重大，非国有经济比重小，所有权结构单一、不合理。东北地区的微观经济主体主要是由国有企业，尤其是由相当数量的中央直属大企业构成。由于中直企业的利润大多上交给国家，且产品配套多在系统内部或企业内部完成，因此对当地经济的拉动作用有限。此外，由于资源配置倾向于中直大企业，中小企业尤其是民营经济发展的空间十分狭小。这些因素使得产业转换的微观主体活力不足，资源配置和使用效率低下，如表 5-4 所示。

表 5-4　　　东北地区部分资源型城市的所有制结构（2000 年）

城市	工业总产值（万元）	国有及控股工业产值（万元）	私营工业产值（万元）	国有及控股工业产值比重（%）	私营工业产值比重（%）	合计（%）
阜新	445 761	357 101	14 440	80.11	3.24	83.35
北票	29 194	16 320	2 715	55.90	9.30	65.20
辽源	279 664	226 580	15 087	81.02	5.40	86.42
鸡西	486 360	320 766	9 301	65.96	1.91	67.88
鹤岗	374 550	260 711	33 957	69.61	9.07	78.67
七台河	261 771	214 624	22 427	81.99	8.57	90.56
大庆	7 096 546	6 449 771	39 245	91.59	0.55	92.14
伊春	413 566	290 079	7 476	70.14	1.81	71.95

资料来源：王青云，《资源型城市经济转型研究》，中国经济出版社，2003 年。

东北老工业基地资源型城市发展接续产业问题研究

第四，东北老工业基地资源型城市是依靠自然资源发展起来的。由于重化工业发展对原材料的巨大需求和实行不反映资源稀缺状况的计划定价机制，造成资源粗放型开采和浪费性使用，不注意自然资源与环境成本补偿，最终以环境恶化、资源枯竭严重为代价，城市的经济自增长能力不足，社会功能严重弱化，从而难以发生制度变迁。

根据王青云对于资源型城市的划分，我国共有 118 座资源型城市，其中东北地区黑、吉、辽三省总计 30 座，大约占全国的 1/3，都是以自然资源为基础发展起来的。这些城市往往都是依据所在地区的自然资源发展起来的，资源兴，城市兴；资源衰，城市衰。表 5 – 3 中列出的辽宁省的 7 个城市，吉林省辽源、敦化、珲春、松原、临江、和龙 6 个城市以及黑龙江省鸡西、鹤岗、双鸭山、七台河、大庆、伊春、铁力 7 个城市，全部属于典型资源型城市。

从而看到，东北地区资源型城市不仅分布广，而且往往都是以矿产这类不可再生资源为典型资源，资源价格不合理、环境恶化严重，这些投资成本都没有得到相应的补偿，产生了显著的社会性沉淀成本。

由此可见，东北老工业基地资源型城市所面临的初始条件，如计划经济体制比例大、国有经济比例大、重工业比例大、城市以自然资源为主等特征，与非资源型城市相比，同样的制度供给会带来大量的经济性、体制性和社会性沉淀成本。由于这些沉淀成本得不到补偿或者降低，经济主体缺乏制度变迁的内在动力和推动制度创新的外部条件，因此造成东北老工业基地资源型城市的制度需求弹性较小，对制度供给反应不灵敏。反过来说，只有给予特殊的制度供给，大大减少东北老工业基地身上的沉淀成本，制度对经济调节的有效性才能发挥出来。进一步看，由于传统的计划经济体制、封闭性的产业结构和庞大的国有经济所形成的铁三角架构，三者之间相互支撑，彼此影响。因此只有三管齐下统筹考虑改革和调整，东北地区的经济振兴才能实现。否则，仅靠单项推进改革和调整，如20 世纪 80 年代以来东北地区实行的产业结构调整，是难以解决资源型城市所面临的问题的。在产业结构约束下，国企改革和制度创新步履维艰，这就可以解释为什么国企改革和制度创新如何进展缓慢，产业结构调整效果为何不明显。

5.3.2 包括沉淀成本的动态投资模型

基于上面的例证分析，为了进一步说明经济性沉淀成本和社会性沉淀成本对资源型城市转型的影响，我们有必要再从微观角度分析经济性沉淀成本对企业投资的影响。令 I_t 是经济主体在时间 t 的物质资本投资数量，$I_t = I_t^+ + I_t^-$，该变量有助于经济主体控制增加或减少物质资本数量，公式如下：

151

$$K_t = (1 - a)K_{t-1} + I_t \tag{5.1}$$

其中，K_t 是在时间 t 物质资本数量，a 是物质资本折旧率。当我们理解经济主体的投资行为，便可以理解其进入与退出行为。

在时间 t，经济主体的利润函数为 $\pi_t = R(K_t) - C(I_t)$，其中 $R(K_t)$ 为总收益，$C(I_t)$ 为总成本。将式（5.1）放到成本函数中会产生 $\pi_t = R(K_t) - C[K_t - (1 - a)K_{t-1}]$。经济主体的利润约束为：

$$\pi_t = R(K_t) - C[K_t - (1 - a)K_{t-1}] \tag{5.2}$$

现考虑 I_t 投资行为的符号：当经济主体进行投资时，它可能为正（$I_t^+ > 0$）；当在资本市场上不投资时，它可能为零，即 $I_t = 0$；当进行负投资时，或者为负，$-(1 - a)K_{t-1} < I_t^- < 0$。正如前面所述，沉淀成本很容易出现，为此，我们假设投资的边际成本总是大于负投资的边际成本。换言之，获得资本的成本总是大于废弃的价值，两者之间的差额便是沉淀成本。

当企业追求利润最大化，根据边际收益等于边际成本，其最优原则是：

$$P \times MPI = MCI \tag{5.3}$$

其中，P 是产出的价格，MPI 是投资品的边际价值产品，MCI 是投资品的边际成本。这是标准的新古典竞争结论。

当物质资本投资是部分沉淀时，这一决策规则对物质资本配置有什么意义？

在发生沉淀成本的情况下，式（5.3）依赖物质资本的边际价值产品及其自身沉淀成本产生了四种可能的投资行为，这些证明参见图 5-3。在图 5-3 中，物质资本投资的边际成本等于单位购买价格 $S(I_t^+ > 0)$，由 SS 曲线表示。物质资本负投资等于其打捞价格 $s(I_t^- < 0)$，由 SS 曲线表示。$S > s$ 表明有沉淀成本。在第一种情况，物质资本的边际价值产品较高，与投资的边际成本曲线 SS 相交于正投资区域，这表明经济主体处于投资行为；在第二种情况下，物质资本的边际价值产品处于中间阶段 Ss，这表明它既不正投资也不负投资。在这个产固定区域，经济主体不易受外部经济环境的影响，这恰恰是因为沉淀成本导致的结果。在第三种情况下，物质资本的边际价值产品较小 ss，经济主体进行部分负投资。最后，当物质资本的边际价值产品极小时，导致总投资完全退出。

在图 5-3 中，横轴表示投资，右侧为正投资，左侧为负投资。纵轴表示投资或负投资的边际收益和边际成本。如果 $S = s$，即 SS 曲线与 ss 曲线重合，表明没有沉淀成本，投资者完全受外界条件的变化而瞬时变化。一旦亏损，经济主体会立刻进行负投资。反之，一旦有利可图，经济主体会立刻进行正投资，这是标准的新古典竞争模型。然而，如果 $S > s$，至少部分沉淀，一旦投资失败，有

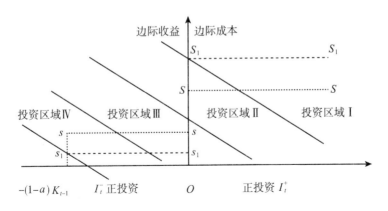

图 5 – 3 存在沉淀成本情况下的投资行为

可能会等待退出，这偏离了标准的新古典结论。具体分析如下：

1. 沉淀成本将使经济主体没有任何激励参与资本市场。例如，在投资行为Ⅱ，此时往往出现观望，等待时机，没有任何投资发生。

2. 沉淀成本可以产生不可逆行为和滞后效应。滞后效应以不可逆效应为特征。例如，考虑经济主体在时间 t 处于投资行为Ⅱ，在时间 $t+1$ 处于投资行为Ⅰ，在时间 $t+2$ 需返回投资行为Ⅱ，这个经济主体在时间 $t+1$ 进行投资，在时间 $t+2$ 不会进行负投资，尽管他事先知道在时间 $t+1$ 需要返回时间 $t+2$。这是因沉淀成本带来的调整障碍。

3. 在有沉淀成本的情况下，信息不完全对投资有不利影响。在有沉淀成本的情况下，这意味着在后来的负投资时需要承担沉淀成本：沉淀成本越大，面对的可能性越大，投资的负激励越强。同时这也意味着信息不完全和沉淀成本对投资有负面影响，影响企业进入。

4. 与第三种含义相关的是，进入要求进行投资，沉淀成本和信息不完全相互作用对进入（投资）有负面影响。换言之，沉淀成本和信息不完全构成了企业的进入壁垒。如果信息完全，不会发生沉淀成本，不会阻碍进入。只有在信息不完全的情况下，投资者害怕投资成本无法得到补偿，从而造成投资不足。

5. 沉淀成本对退出有阻碍。在有沉淀成本的情况下，该投资者将面对后来再投资或重新进入的沉淀成本：沉淀成本越大，面对的沉淀成本可能性越大，负投资（退出）的激励越小。这表明信息不完全和沉淀成本减少企业负投资和退出的激励，构成退出壁垒。因而，在这种情况下，很容易出现投资过度。

需要强调的一点是，这一模型同样也适用于自然资本、人力资本等经济性沉淀成本对企业进入与退出的影响。

接下来将社会性沉淀成本纳入分析框架，也不改变我们的基本结论，它的作用只是扩大沉淀成本的范围，增大了经济主体结构刚性调整的空间，增大了经济主体的退出和进入障碍，使价格信号更难以发挥作用。实际上，社会性沉淀成本相当于增加了企业的成本，也就是说，在经济主体进入市场时，必须付出更大的代价，而当其退出市场时更没有讨价还价的力量，只能以更低的价格出售其资产，进而使企业正投资的边际成本曲线由 SS 变为 S_1S_1 曲线，负投资的边际成本曲线由 ss 变为 s_1s_1，资产的沉淀区域扩大为 S_1s_1。

由此可见，在没有沉淀成本的情况下，只要依靠产品价格信号，便能够有效地配置生产资源。然而，由于沉淀成本普遍存在，减少各类资源的流动性，因而它构成企业投资激励（进入）和负投资（退出）的基本障碍。

5.3.3 对资源型城市沉淀成本的补偿机制分析

通过上面的微观经济模型扩展可知，沉淀成本对资源型城市转型有不利的影响，会严重影响资源型城市的经济发展。我们知道，在信息完全或无交易成本的情况下，不会发生任何沉淀成本，资源型城市的转型没有任何障碍。但这只是理想状态，由于资产专用性和交易成本的普遍存在性，使得沉淀成本也普遍存在。此时，投资成本受产业结构、市场供求等影响，很难瞬时发生调整，从而严重阻碍资源型城市顺利转型。对于我国的资源型城市来说，沉淀成本极为显著。只有解决了沉淀成本，才能创造出自由进入和退出的市场环境，从而不仅有助于现有企业或产业退出市场或产业，还有助于发展接续产业，确立资源型城市新的经济增长点。因此，管理或补偿沉淀成本是切断产业结构刚性或滞后效应的关键，也是加速资源型城市经济增长和发展的关键。具体来说，可以从以下几个方面来进行。

1. 完善产品市场和资产市场，理顺市场价格以达到补偿沉淀成本的目的。大力降低各类市场上的交易成本，保护产权。尊重契约自由，打破经济或行政垄断，促进生产要素在产业或区域间的流动，给各类资产提供更多的重新利用的机会，从而降低资产的沉淀成本。

2. 受益地区补偿或援助受损地区。主要包括两个方面：一是同行业内的补偿，在一个行业中，一些企业的退出会使那些留在这个行业中的企业受益，因此，制定措施让那些留下的企业向退出的企业提供补偿有充分的理由，可将行业内留存企业的收益的一部分通过有关政府机构或政府指定的金融机构，作为退出企业的补偿成本；二是跨行业的补偿，这种情形主要指一国实行开放政策后受益行业向受冲击行业提供的补偿，一个国家对外开放的扩大，削减关税是一项重要内容，那些保护程度明显降低的产业有可能会面对进口品的有力竞争，导致生产缩减和员工失业，但与此同时，另一部分使用进口投入品的行业会因进口投入品的价格降低而受益，一种可行的方式就是从使用进口品企业的得益中分出一块，作为受冲击企业的调整援助基金。资源型城市曾经为我国国民经济做出过重大贡献，在陷入困境的情况下也需要其他获益地区给予补偿。

3. 建立职工社会保障制度。对于那些企业无力提供培训和实施再就业的职工或者不具备再就业条件的职工，应由国家及当地政府建立资源型城市转轨专项职工社会保障基金，以保证其基本的生存需求。例如，建立私人保险或政府保险。社会安全网（食品和福利计划）以及价格支持计划（最低生活保障标准）等。这些措施都可以减少因职工流动而产生的社会性沉淀成本。

4. 资源型城市再就业政策。对于一些集中存在失业问题的行业和地区，仅仅靠一般的社会保障体系是不够的，政府需要制定一些特别的处置措施，例如，由政府设立或资助职业介绍机构和职业培训机构，录用特定行业。特定企业的失业职工可以享受政府补贴，雇用特定行业失业职工达到一定比例的企业可享受贷款。税收方面的优惠、政府出资和支持的公共工程的招标与雇用退出企业职工相结合等，否则，仅仅来自工人方面的反对意见，就可能会长期延误调整。这就要根据城市就业和产业发展的需要，设立若干不同类型。不同专业，不同所有制，不同层次的培训中心，有针对性地进行分门别类的培训，为发展接续产业创造人力资源，以促进工人在各个产业之间的流动，降低自然资源产业工人的人力资本沉淀。

5. 允许资源型城市的大中型企业，或以部分产权换资金、换技术的方式向外商开放，或以租赁的方式向外商提供闲置厂房、设备和土地等生产要素，有条件情况下也可以实施企业并购和重组。在这个过程中，确立合理的产权关系，降低委托代理成本，增强激励约束，期望在降低企业内部交易成本的同时，能够提高企业内部效率，创造一部分收益补偿经济性沉淀成本和社会性沉淀成本。如果企业的退出和重新进入过程与有前途的企业扩张过程结合起来，传统产业收缩本身就是新兴产业的扩张过程，这也是产业组织结构的优化过程。对外商投资单一资源型城市地区的现有企业，国家应在各方面比照经济特区的优惠政策予以扶持。

6. 在资源型城市转型过程中，政府也扮演着不可替代的角色。资源型城市枯竭不仅仅是城市本身问题，而且还是一个区域发展问题，因此，中央政府需要整体区域规划，确立科学发展观，形成稳定的体制环境和预期环境。政府除了对资源性城市给予税收减免或加速折旧等政策以外，要尽量降低交易成本，提高资产交易效率。政府通过对于公共基础设施的投资可以减少交易成本，承担教育、培训以及研发和市场信息投资的成本也可以减少交易成本，因为研发与信息搜集对于私人主体都会产生沉淀成本，政府承担了这一成本，就可以减少企业的沉淀成本。这就需要政府制定一系列经济转型政策,主要包括:设立专门的机构并向其提供资金和给予土地转让权,使其开发适合现代制造业发展的新工业区;以优惠政策吸引其他地区的企业家前来投资,并对这类投资者给予财政。税收,金融各方面的优惠等,降低企业进入的沉淀成本,为发展接续产业创造条件。

总之,由于资源型城市的沉淀成本十分显著,一方面应该大力完善各类市场制度和价格体制以达到降低沉淀成本之目的,同时,有些经济性沉淀成本很重要,却无法完全依靠市场制度进行化解,所以非市场制度也很重要。例如,企业可以签订长期契约或垂直一体化,甚至所有权结构调整等,以提高经济效率和资本利用率,促进沉淀成本的回收。政府这只"看得见的手"也应该将经济政策着眼于补偿沉淀成本,特别是社会性沉淀成本,以利于各类资源的退出与重新进入。一句话,资源型城市转型的最根本的原则在于补偿和降低沉淀成本,这不仅要依靠市场制度和非市场制度,也要借助政府的力量,唯有如此,资源型城市转型才能最终成功。

第三篇

国际比较与借鉴篇

第6章

国外老工业基地兴衰过程的考察

6.1 资源型工业基地的形成与发展

工业化过程使主要资本主义国家的经济步入了快速发展的轨道，而在这个过程中，经济增长的动力源也逐渐发生着变化，由工业革命初期传统的水力、风力，而变成了热力。蒸汽机的发明和推广，使得整个工业世界的动力得以数倍的增加，它结束了人类对自然力——水力和风力——的依赖，在很大程度上解决了工业布局受自然地理条件限制的问题，使工业生产能够在原材料产地或销售地附近进行，大大降低了生产成本。

随着蒸汽机的使用与普及，人类对煤炭资源的需求急剧增加，这使得开发产煤区成为工业发展的必要条件。进而人口开始在富含煤炭资源的区域周围集聚，建立矿山以及相关服务行业，随着开采规模的逐渐增大便形成了以采煤为基础产业的最初的资源型城市。此后，随着人类对能源资源的逐步认识，又相继出现了以石油和天然气等能源为开采对象的新的资源型城市。在资源型城市形成的过程中，一些以这些资源为主要原材料的工业部门由于成本原因逐渐向这些区域聚集，最终形成了以资源开采为基础，重化工业为主要经济增长点的工业基地，如德国鲁尔、法国洛林、英国的威尔士，等等。

6.1.1 资源型工业基地形成的原因

众多资源型工业基地形成的原因是多样的，但都离不开以下几个共同的因素。

一、蒸汽机的发明和使用

第一次工业革命是以蒸汽机的发明和使用为标志的，它改变了人类数千年来传统的经济生产方式，也是资源型工业基地得以兴盛的起因。蒸汽机的基本结构，是由法国物理学家巴本在1698年前后设计的。巴本是一位清教徒，因逃避政治迫害而流亡英国和德国。他所设想的热机装有气缸和活塞，利用外部加热气缸中的水生成蒸汽驱动活塞做功，然后利用蒸汽冷凝造成真空，借助大气压力使活塞降下来。但由于当时技术条件的限制，巴本的蒸汽机没有成为实用的工具。

在17世纪末到18世纪初的年代里，英国在燃料方面开始处于由木材向煤炭的过渡期，但当时采煤技术落后，出于对煤炭的巨大需求，也推动了蒸汽机的出现。当时英国煤矿为了解决矿井中地下水的渗出问题，常常养上百匹马以作为抽水的动力，效率十分低下。后来，德文郡的铁匠托马斯·纽可门在玻璃工约翰·卡利的帮助下，发明了当时先进的纽可门气压机，用于解决抽水问题。纽可门气压机可以相当于50匹马的工作量，但是花费却只需要原来的1/6，所以很快得到了普遍应用。可以说，纽可门气压机是瓦特动力机的真正前身。

几十年后，詹姆斯·瓦特把科学技术与实际工艺相结合，终于发明了效率高、能耗低的新动力机。1756年，瓦特来到了格拉斯哥，在发表过《国富论》的著名经济学家亚当·斯密的推荐下，到格拉斯哥大学担任了一名仪器制造师。1763年，他受命修理大学的一台纽可门气压机，在仔细研究了这台机器的工作原理和结构之后，他发现这种机器能耗大、效率低，于是决心改进这种机器。经过长期的思考与试验，1765年5月，他终于制成了将冷凝器单独设置的蒸汽机模型，将热效率提高了4倍。1769年瓦特制成了第一台样机，并获得了发明专利。1782年瓦特又发明了双向送汽蒸汽机，即将蒸汽从气缸的两侧交替送入推动活塞做功。之后，瓦特又对蒸汽机进行了许多改进，蒸汽机到这个时候已经不仅仅是用于矿井抽水了，而升华为工厂、交通工具的动力源泉了。[①] 蒸汽机的使用，首先使工厂进一步摆脱了自然条件的限制，因为蒸汽机消耗煤和水而自行产生动力，它的能力完全受人控制，可以移动，在厂址的选择上不受地点条件的制

---

① M·M·波斯坦、H·J·哈巴库克：《剑桥欧洲经济史》（第六卷），经济科学出版社，2002年。

约。另外，蒸汽机的使用使机器体系更加完善，蒸汽机将工具机、传动机、动力机三个部门结合成为不可分割的整体。正如恩格斯所说："17 世纪和 18 世纪从事制造蒸汽机的人们，谁也没有料想到，他们所创造的工具，比其他任何东西都会使全世界的社会状况革命化……"①

二、交通运输工具的革命以及交通运输业的发展

发达的交通运输是经济得以高速发展的重要保障。现代交通运输业的发展，更是紧紧伴随着世界的工业化进程。在第一次工业革命期间，交通运输的进步促进了煤钢资源的运输与需求，在很大程度上促成了传统资源型工业基地的产生。交通运输业的发展在一开始也是由于煤炭运输的需要而被迫切要求的。我们可以从老牌工业国的经济发展史中找到需要的证据。

英国交通运输业是从内行运河的修建开始的。1759 年，冯·布里奇沃特公爵为发展煤炭业，在沃尔斯利煤矿到曼彻斯特之间修建一条运河——沃尔斯利运河，这项工程于 1761 年竣工。这是英国第一条现代意义的运河，它的开通不仅解决了曼彻斯特运煤问题，而且使英国从此开始了兴建内河运输网的热潮。到 18 世纪末，英国各个经济区域都开出了一条条运河，曼彻斯特、伯明翰成了著名的运河枢纽，伦敦也修通了到莱斯特及德比和诺丁汉的运河。这个内河航运体系对英国的工业化起了至关重要的作用。

英国轮船的起步是借鉴美国发明家富尔顿制造的名为"克勒蒙特"号的蒸汽轮船，于 1812 年建造了第一艘汽船"彗星"号，并开辟了从格拉斯哥到海伦斯堡的航线。从 1831 年起，英国的海军已不再建造木帆船。1840 年，塞缪尔·肯纳德在利物浦创办了他的肯纳德轮船公司，在欧洲和北美之间开辟了第一条定期航运线，他本人也成了世界上第一个航运业巨头。到 1847 年，英国的商船队已经达到了 300 万吨位，尽管那时帆船数量还占据着绝对优势，但汽船已经开始了迅速取代帆船的过程，海上蒸汽时代正在到来。

但英国最有影响力的运输业革命是铁路时代的来临。在火车出现之后，更不要说工业基地，似乎整个国家的经济，都被火车带动起来，开始了飞速的发展。铁路技术发源于矿业，早在 17 世纪人们就开始制造了供矿车使用的木轨，但是使用的动力一直是人力或畜力。显然，人力和畜力根本无法满足大工业所产生的巨大的运输要求。随着蒸汽机的出现，人们开始尝试着把蒸汽机用于矿车之上。经过不断尝试，终于在 1814 年，由乔治·史蒂芬森研制成世界上第一台牵引力强、速度快、性能好的实用机车。机车技术的进步，开始掀起修建铁路的高潮。

---

① 恩格斯：《自然辩证法》，人民出版社，1995 年。

1836～1837 年，英国开始大规模修建铁路，据 1843 年的统计，大不列颠已有
1 498 英里的铁路通车。但是，这些铁路大多集中在英格兰，威尔士、苏格兰的
铁路依然落后。于是专门委员会于 1840～1841 年向财政部呈递报告书，呼吁解
决苏格兰和威尔士铁路交通问题。这在很大程度上促进了威尔士工业基地的形成
和发展。在 19 世纪 40 年代中期，英国又出现了一次修建铁路高潮。到 1850 年
英国的铁路为 6 084 英里，1860 年为 9 070 英里，占欧洲各国的首位。至此，英
国铁路运输网逐步形成，英国的交通面貌发生了根本的变化。①

除英国以外，在工业化过程中，法国、德国、日本的交通运输业也有翻天覆
地的变化。1830 年，英国从利物浦到曼彻斯特铁路通行并采用了史蒂芬森蒸汽
机车的消息给法国带来了极大震动，1832 年法国修建了第一条由里昂到纪埃河
的铁路。1842 年，法国制定了铁路法，在以后短短几年间，以巴黎为中心直达
里昂、奥尔良、布鲁塞尔、斯特拉斯堡、鲁昂等地的铁路干线系统就已经建成通
车了。这一时期，法国工业总产值的年平均增长率达到了 3%～3.5%，个别部
门高达 5% 以上，工厂制度在各个行业中稳稳占据了统治地位。

1835 年，德国修建了第一条铁路，由机车牵引的第一列火车"路德维希"号
在这条路上的开通，标志着德国铁路运输时代的开始。到 19 世纪 40 年代中期以
后，铁路建筑出现高潮。到 1875 年，德国铁路达到 27 795 公里。1850～1874 年
间，铁路投资占德国国民经济总投资中的比例高达 19.4%～22%。于是在铁路修
建的推动下，采煤、冶金等重工业迅速发展起来，由此兴起一批重工业基地。②

日本工业化过程中交通运输业也有巨大的进步。1872 年日本修建了第一条
铁路。1881 年日本铁路公司成立，1885 年以后一些新的铁路公司如阪十界铁路
公司、伊予铁路公司和水户铁路公司纷纷成立，到 1894 年，日本铁路长度达
3 402 公里，大约用了十年的时间增加了 8 倍。但日本交通运输业的发展更应理
解为造船业和海上运输的发展，以及日本在海外掠夺时修筑的铁路的增加，因为
这些帮助了日本的海外扩张，以及方便了日本在短时间内掠取大量国内匮乏的煤
炭等资源，促进本国的工业化。③

三、煤炭、钢铁生产的进步

世界上著名的资源型工业基地，如德国鲁尔区、法国洛林工业区、日本北九
州工业基地和英国威尔士工业区等，这些工业基地大多是在第一次工业革命时起

---

① M·M·波斯坦、H·J·哈巴库克：《剑桥欧洲经济史》（第六卷），经济科学出版社，2002 年。
② 王珏：《世界经济通史》（中），高等教育出版社，2005 年。
③ 周启乾：《日本近现代经济简史》，昆仑出版社，2006 年。

步的，并在第二次科技革命的时候得到了进一步大发展并对各国的经济快速发展输送了充足的动力。第一次工业革命时期对煤和钢的需求增加，促成了这些工业基地的产生，因为这些城市基本上都是煤铁禀赋丰富的资源城市。

世界上许多有一定工业价值的煤田都是在石炭纪时期形成的。本文中提到的工业区（除日本北九州工业区之外）都坐落在煤上，如莱茵—威斯特伐伦（包括鲁尔）、南威尔士、约克夏、萨尔—洛林等煤田，储量多达数百亿吨以上，其中鲁尔煤田储量超过 2 000 亿吨，含煤面积达 6 200 平方公里，煤炭灰分较低，含硫不高，发热量大，质量优良（如图 6 - 1 所示）。

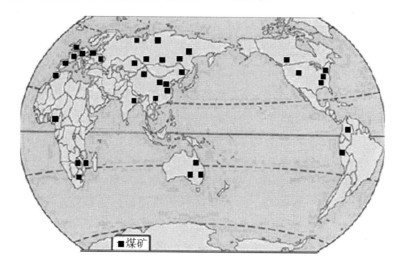

图 6 - 1　世界主要煤矿分布

资料来源：www. hytrip. net/n26875c1225. aspx。

铁矿石是发展钢铁工业的主要原料。法国洛林是世界著名的大型铁矿区，洛林铁矿区全区面积为 1 100 平方公里。区内铁矿探明储量为 40 亿吨，其中工业储量为 20 亿吨，褐铁矿为主。日本、德国、英国都属于铁矿资源贫乏的国家，所需的铁矿石基本上是依赖进口。英国的铁矿石储量虽不算很少，但因含铁量很低，有害成分多，因而无力与进口铁矿石竞争，英国的铁矿石自给率近年来只能满足其 1/5 的需要。[①] 丰富的煤铁资源在工业革命之前被利用得很少，只是由于工业革命，蒸汽机动力的出现并由其带动的工业技术的进步才使得煤铁资源得到充分的开发和利用（如图 6 - 2 所示）。

我们在前文中讲到蒸汽机的发明一部分是因为煤炭工业的直接需求，那么在瓦特的实用蒸汽机被广泛采用之后，它直接改进了煤炭开采技术。首先是矿井的

---

① 中国科学院地理研究所：《世界钢铁工业地理》，冶金出版社，1989 年。

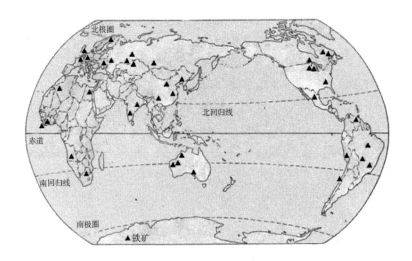

图 6 - 2　世界主要铁矿分布

资料来源：www. hytrip. net/n26875c1225. aspx。

开采深度马上大幅增加，并且随后蒸汽机被用于解决了矿井中的通风问题。1783年，英国一直采用的提斗从矿坑运煤的方法开始被蒸汽机所替代；1815年，人们开始用蒸汽凿井机；1815年，英国科学家汉弗里·戴维发明了安全矿灯解决了矿井瓦斯爆炸问题；1820年，一些矿井开始采用蒸汽机运输来代替人工背运。一系列新技术的采用使煤炭产量大幅度提高。英国成了欧洲最大的产煤国，煤炭业继纺织业之后成为英国又一重要的工业生产部门。德国鲁尔采煤区由于采用现代化的风镐、截煤机、现代化的排水、照明、通风和运输设备，采煤量直线上升，在 1840 ~ 1875 年的 35 年间，德国煤产量增加了 10 倍，居世界第二位。[①]

　　采煤业的发展为人类提供了新的能源，而这种能源又为冶金业提供了新的燃料，再加上有蒸汽机作为新动力，世界各国的冶金业也开始了大发展。1735 年英国人阿布拉罕·达比发明了焦炭炼铁法，取代了传统木炭炼铁；1760 年，蒸汽机驱动的鼓风机出现，提高了焦炭的燃烧效率，也提高了铁的产量。1783 年，英国工程师亨利·科特发明了搅拌炼铁法和轧钢机，1788 年，科特又发明了蒸汽机驱动的轧钢机，开始大量生产钢板、型钢和钢轨，钢材的价格也大幅度下降了。1856 年，英国的亨利·贝塞麦发明了贝塞麦转炉炼钢法，成为近代炼钢的开端，促进了欧洲的工业革命。后来，到 1879 年英国人西多尼·托马斯发明了托马斯转炉炼钢法，解决了脱磷的问题，从而使用高磷铁矿石作为炼钢的原料成为可能。1864 年，德籍英国人西门子和法国人马丁几乎同时发明了平炉炼钢法，亦称西门子—马丁炉。平炉的应用解决了工业发展过程中引起的废钢大量积累的

---

　　① 卡洛·M·奇波拉：《欧洲经济史》（第三卷），商务印书馆，1989 年。

问题，因而到第二次世界大战之前平炉一直是世界上主要的炼钢方法。由于采用了新的炼铁炼钢技术，丰富的煤铁资源得到了充分的利用，促进了这些资源型城市的大发展，基本上在很长时间内都成为各自国家经济高速增长的动力机。[①]

6.1.2　重要的世界资源型老工业基地

　　从上文的分析中我们可以总结出，蒸汽机的发明解决了动力问题，促进了煤钢生产的进步，而且蒸汽机在交通运输上的应用解决了煤钢运输问题，从而使煤钢的供应问题得到了解决；另外蒸汽机以煤作为燃料直接增加了对煤的需求，蒸汽机推动的机器大工业以及交通运输业的发展也极大增加了对煤钢的需求，因而使煤钢的需求问题得到了解决。煤钢需求供给问题的解决，直接促成了资源型工业基地的产生。

　　资源型地区或城市，就是指以开发某种本区域优势资源为主要经济发展战略的地区或城市，在国际国内学术界，有以下几种说法：一是指主要功能或重要功能是向社会提供矿产品及其初加工品等资源型产品的一类城市。二是依托资源开发而兴建或者发展起来的城市，作为一种特殊类型的城市，其主导产业是围绕资源开发而建立的采掘业和初级加工业。三是指伴随资源开发而兴起的城市，或者在其发展过程中，由于资源开发促使其再度繁荣的城市。张以诚认为，资源型城市的概念可以从质和量两个方面来界定。质的方面看该城市所执行的职能，即矿业经济对城市社会经济发展的影响及所占的地位；量的方面看矿业产业产值占当地工业总产值的比重。由于工业化，在世界上崛起了许多著名的资源型地区或城市，在这里介绍一下德国鲁尔区、法国洛林、英国威尔士以及日本北九州。

一、德国的鲁尔工业区

　　鲁尔区是世界上最大的工业区之一。鲁尔区不是严格的行政区域。鲁尔区位于德国经济最发达的北莱茵—威斯特法伦州（简称北威州）的中部，是北威州的五个区之一，包括了11个县市，其中有多特蒙德、埃森、杜伊斯堡等比较有名的工业城市。鲁尔区共有550万人口，约占统一后德国人口的6.7%。德国人口密度为每平方公里平均246人，北威州为520人，鲁尔区高达3 475人。鲁尔区有全世界最大的内河港口、交织的内河航道和欧洲最密集的铁路网，高速公路四通八达。鲁尔区的工业有近200年的历史。列宁在《帝国主义是资本主义的最高阶段》一书中多次提到的钢铁康采恩克虏伯公司1811年建于埃森市。随后，蒂森公司、鲁尔煤矿公司等一批采矿和钢铁康采恩也在这一地区创建。19世纪上半叶鲁尔区开

_____
　　① 卡洛·M·奇波拉：《欧洲经济史》（第三卷），商务印书馆，1989年。

始大规模的煤矿开采和钢铁生产，逐步发展成为世界上最著名的重工业区。[1]

鲁尔区工业规模宏大，部门结构复杂，部门间联系密切，在煤炭工业基础上，发展了强大的电力、冶金（包括黑色冶金和有色冶金）、化工、建材、纺织、啤酒酿制及其他轻工业，第二次世界大战后50年代以来的石油化工、70年代以来的电气、电子也都有长足发展，组成了以重工业为中心的完整而庞大的地区工业综合体。在19世纪末德国工业化及战后原联邦德国经济复兴中都起了基地作用，并对西欧邻国的发展起了巨大的影响，以"德国和欧洲工业的心脏"而久负盛名。

二、法国的洛林工业区

洛林地区位于法国的东北部，是法国最重要的钢铁工业基地，与德国接壤，面积23 500平方公里，人口230万左右，主要城市有南锡、梅斯等。铁矿、煤矿和纺织业是洛林地区的主要产业。从19世纪末开始，这里一直是欧洲重要的工业区。洛林地区有丰富的煤铁资源，这成为该工业基地迅速发展的根本。

钢铁工业在该地区尤为集中。全国著名的钢铁公司于齐诺、蒂永维尔等都在该区。从16世纪开始，洛林的钢铁工业就开始出现，到第一次工业革命的时候有了快速的发展，煤铁资源得到了充分利用，第二次世界大战以后，由于生产集中、联合企业发展以及专业化生产的发展，使得洛林钢铁工业形成了巨大的生产能力。洛林地区交通便利，为了解决煤铁的运输问题，该地区修建了完善的铁路网络；1964年，连接莱茵河的摩泽尔运河工程竣工，2 000~3 000吨级的船可以进入该基地，方便了洛林所需的焦炭、铁矿石、锰矿石等的运入，以及钢铁产品的运出。洛林地区的钢铁工业主要集中在以下三处：一是蒂永维尔—布里耶，二是隆维，三是南锡。

三、日本的北九州工业区

北九州工业地带是以钢铁煤炭为核心形成的重化工业地带，是日本五大工业地带之一。北九州工业地带发起于原北九州五市，于明治维新以后，日本资本主义的发展，特别是从日俄战争到第一次世界大战期间，随着重化工业的建立而迅速成长起来。工业革命之前，仅小仓为旧城下町，而门司、若松、八幡尚为农渔村落。八幡钢铁厂的建立为北九州工业地带形成的起点。工业革命的进行，需要大量煤炭，明治二十年（1887年）开发筑丰煤田，若松为筑丰煤炭的集散地。

---

[1]　宋梅、刘海滨：《从莱茵—鲁尔区的改造看辽中南地区资源型产业结构升级》，载《中国矿业》，2006年第7期。

中日战争以后，利用筑丰煤炭以军需生产为目的的官营八幡制铁所，在远贺郡八幡村枝光开始建设，1901 年投入生产，掠取了中国大冶的优质铁矿石与开滦煤矿的强黏性煤为原料，筑丰煤为燃料。

与此同时，与钢铁、煤炭工业生产有联系的部门相继兴起，各种承包的中小企业亦随之兴起，形成了北九州工业地带的基础。另外，关门、洞海港湾的玻璃、食品工业亦较发达。经过第一次世界大战，北九州的工业以八幡钢铁厂为据点迅速发展，钢铁工业并继续扩建。20 世纪 20 年代形成为大工业地带之一。1940 年前后，北九州的工业产值已占到全国的 8%，列"四大工业地带"的第四位。20 世纪 50 年代，日本产业政策的重心开始由"经济恢复"转向"经济振兴"，贸易立国发展战略的确立使资本密集型产业成为政府产业政策支持的重点，而基础产业、原材料产业让位于新兴的加工工业。这一时期，九州的钢铁工业逐渐失去支持，煤炭工业则由早期的促进成长的保护对象转变为衰退调整的保护对象。加之从中国和朝鲜掠夺原材料的前提已经消失，九州钢铁工业的区位优势丧失，"能源革命"又导致了煤炭业衰退，九州工业开始衰退。20 世纪 70 年代以后，日本开始采取各种产业政策积极对九州工业基地进行改造，使北九州成为日本高科技产业、新兴工业的主要基地。

四、英国工业基地

英国是最早进行工业革命的国家，也是最早确立资本主义生产方式的国家，因而机器大工业最早给英国带来了福祉。而且英国资源丰富，根据《世界钢铁工业地理》的数据，英国的炼焦煤总储量约为 930 亿吨，其中经济可采储量为 38 亿吨。铁矿储量也比较大，全国已累计开采铁矿石 16.2 亿吨，现有的总储量仍达 30 亿吨。英国的密德兰、兰开厦、约克厦、南威尔士等工业基地是英国的煤炭、铁矿资源的集中分布区，这些老工业区的煤炭储量约占全英煤炭总储量的 85% 以上。而且水陆交通优越，铁路网密集，拥有伦敦—格拉朗哥、伦敦—爱丁堡两条纵贯南北铁路干线及伦敦、利物浦、曼彻斯特等大型港口。从 18 世纪中叶，英国在煤铁资源优势基础上，形成了煤铁采掘及钢铁、机械、化工、纺织等传统工业部门，工业布局集中于煤铁产地及水利资源丰富的地区。先后形成了伯明翰、利物浦、曼彻斯特、谢菲尔德、纽卡斯尔、加的夫、伦敦等老工业基地。[1]

曼彻斯特、伯明翰、利物浦、考文垂、威尔士等英国老工业基地曾作为英国纺织、煤炭、钢铁、机械等传统工业的集中分布地区，从 20 世纪 50 年代开始，

---

① 陈汉欣：《世界钢铁工业地理》，科学出版社，1990 年。

这些老工业基地逐步衰退。煤炭开采业的衰退程度最高。从 60 年代到现在纽卡斯尔地区关闭了 93.4% 的煤矿。威尔士地区煤矿就业人数由 1921 年的 27.1 万人减少到 80 年代的 2.5 万人。

19 世纪 70 年代英国的钢铁工业产量约占世界总产量的 50%，谢菲尔德、斯肯索普等老钢铁工业基地的产量 20 世纪 70 年代比 50 年代下降了 90%。英国不仅传统工业发生严重衰退，而且 20 世纪 60 年代以后发展起来的航空、电子、汽车、船舶等现代工业生产也呈现出不同程度的衰退状况。在西方发达工业化国家中英国老工业基地发展衰退程度最高。最近几十年，通过英国政府对衰退工业基地的经济结构调整，使得老工业基地又重新焕发了活力。

6.2　国外老工业基地的衰退及其原因

20 世纪 50 年代，英国、德国、美国等发达国家的老工业基地相继出现发展迟滞、增长乏力等严重衰退问题，主要表现是资源枯竭、成本急剧上升、工业生产萎缩、环境污染严重和失业人口膨胀。

6.2.1　老工业基地衰退的现实

一、德国鲁尔区的衰退

德国鲁尔区是世界上最大的工业区之一，扮演着德国经济迅速恢复和高速增长的"引擎"的角色。但在 20 世纪 50 年代末至 60 年代初，鲁尔区的煤炭开采成本大大高于美国、中国和澳大利亚，加上石油和核电的应用，对煤炭的需求量有所减少。1957 年鲁尔区共有 141 家煤矿，雇用了 50 万以上的矿工。从 60 年代起，鲁尔区的煤开采量逐年下降。由于技术的发展，钢铁、汽车、造船业需要的人减少；钢铁生产向欧洲以外的子公司转移，钢铁产量也开始收缩。因此，从 60 年代开始，鲁尔区传统的煤炭工业和钢铁工业走向衰落，煤矿和钢铁厂逐个关闭。煤炭工业就业人数从 1962 年起开始下降，到 1996 年已减至 7 万人，炼钢业失去了 4 万个工作岗位，造船业的就业人数减少 2/3。70 年代后，大工业衰落的趋势已十分明显。80 年代问题越来越大，到 80 年代末期，鲁尔区面临着严重的失业问题。1980~1994 年，鲁尔区的就业结构发生了很大变化，农业和采矿业的就业人数下降了 33.3%，工业中的就业人数下降了 28.5%，建筑业的就业人数下降了 29.18%，只有服务业就业人数上升了 19.16%。这样，失业率就增加了。1996 年德国的失业率是 10.13%，北威州为 10.15%，而鲁尔区的失业率高达 15% ~ 16%。[1]

二、法国洛林的衰退

洛林位于法国东北部，是法国历史上以铁矿、煤矿资源丰富而著称的重化工基地，但在 20 世纪 60 年代末到 70 年代初，因资源、环境和技术条件的变化以及外部市场的竞争压力，洛林地区开始走向衰退。1954 年，洛林地区铁矿、煤矿和纺织业三个产业的职工人数约有 21.5 万人，占到该地区全部就业职工人数的 68%，但也就是从这个时候起，这三个产业开始出现持续的衰退现象，工人开始失业，1975 ~ 1992 年，衰退的速度进一步加快，上述三个产业的职工人数骤减，只有 3.5 万人，占工业用工总数的 19%。煤矿和铁矿 6.9 万个工作岗位消失了 88%，历史高峰期达到 9 万个工作岗位的冶金业现在也只剩下 1 万工人。1970 年，工人超过 500 人的冶金企业有 25 家，到现在只剩下 7 家，铁矿石年产量由过去的 5 000 万吨减到今天完全停止，煤炭产量也大幅度减少。纺织制衣业过去有 800 家，现在也已经减少到 300 家左右。[2]

三、日本北九州工业区的衰退

20 世纪 50 年代开始，日本政府开始调整产业政策，确立贸易立国战略作为政府产业政策的重心，着重发展新兴的加工工业，而基础产业和原材料产业的重要性开始下降。钢铁工业的发展开始失去产业政策的支持，煤炭工业也开始衰退。另外，日本这个时候没有了从中国和朝鲜掠夺来的原材料优势，区位优势丧失，因而造成了北九州工业基地开始衰退。20 世纪 70 年代以后，受"石油危机"的冲击，国际市场上原料、燃料价格相继上涨，以重化工业产品为主的贸易基本饱和，加之环境公害日趋严重等原因，日本提出产业结构能源节约化和高加工度化的发展战略。这一时期，九州的支柱型产业如平炉炼钢、炼铝、造船、化肥又被 1978 年 5 月颁布的《特定产业安定临时措施法》指定为"结构性萧条产业"[3]。此后，北九州的工业在全国工业中的比重不断降低（如图 6 - 3 所示）。

---

[1] 赵涛：《德国鲁尔区的改造——一个老工业基地改造的典型》，载《国际经济评论》2000 年第 3 期。

[2] 瞿伟、包卫彬：《产业结构转型为导向的我国资源型城市可持续发展模式研究》，载《中国可持续发展论坛》，2005 年。

[3] 陈淮：《日本产业政策研究》，中国人民大学出版社，1991 年。

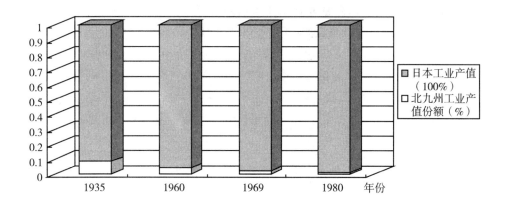

数据来源：杨振凯，《日本九州老工业基地改造政策分析》，载《现代日本经济》2006年第6期。

图6-3　北九州工业区的衰落

四、英国工业的衰退

第二次世界大战之后，英国不仅仅出现了资源型工业基地的衰退，而且整个国家的工业发展都发生了显著的恶化。这种衰退表现为两个方面：一是与过去的英国工业历史相比，英国的工业一直处于衰退状态；二是与主要的几个工业国家，尤其是西欧的工业国相比，英国工业部门的表现一直难以让人满意。劳动生产率可以有效地说明工业效率。我们来看一下英国的劳动生产率和其他工业国的对比状况。通过威廉·华莱士（William Wallace，1980）的研究发现，英国的劳动生产率增长速度一直很低。从1960年左右开始，英国的劳动生产率开始逐渐被联邦德国、法国、意大利赶上，到1976年，联邦德国、法国还有比利时、卢森堡、荷兰的三国经济联盟的平均每个工人的劳动生产率已经高出英国70%，意大利高出英国15%。在工业品的出口方面，英国也有很差的表现。德国一直比较稳定地占据了西欧主要工业国的1/5～1/4的工业品出口，法国到1970年左右也占到1/8的工业品出口，日本的发展速度从第二次世界大战后开始十分惊人，它到80年代的时候已经成为世界第二大工业品出口国。然而英国的工业品出口比重却是逐年下跌，从20世纪初的1/3一直下滑到80年代时的不到1/10。更重要的是，英国不仅仅在工业制造上衰退严重，而且在技术密集型产品的生产和贸易方面也已经远远落后于它的主要竞争对手。

英国工业的衰退源于产业结构调整方面的迟钝反应。从20世纪40、50年代开始，第三次科技革命爆发，许多新兴产业开始成为经济结构的新生力量。德国引领了西欧地区新工业的发展潮流，在精细化工、电力工业、精密仪器方面处于

170

领先地位，然而英国却没能即使将资源从衰退产业中及时转移，造成了新兴工业发展的落后。实际上，英国在科学研究上的投入并不少，但是这些投资只有较少部分实现了将科学技术转化为有市场的产品。而且英国工业部门缺少对技术人员、管理人员的教育培训。在德国和许多国家，16～18岁的劳动者都接受了广泛的、长时期的职业培训，而且在这些国家这种培训已经作为一种传统保持了一个多世纪之久。但英国只是在20世纪的中叶才开始应用这种培训机制。

最后，英国工业企业和金融部门以及政府之间的联系非常复杂。在德国和日本，企业和银行之间形成密切联系，而英国却没有这种情况。英国政府在处理传统企业短期充分就业目标和长期效率目标的冲突问题时，乐观地估计了自己与其他工业国家在新兴工业方面的差距，侧重于保持企业的实现就业功能而忽略了效率的提高，这对企业的发展尤为危险。

6.2.2 世界老工业基地衰退的原因

老工业基地的形成和衰退本质上是工业化推进过程中，技术进步所带动的产业结构升级导致市场配置资源的重心转移。工业化之初，机器使用所推动的生产要素在传统产业中高效配置，随着技术进步带来的内生性增长，自然资源等初级生产要素的边际生产率便越来越低。这样，主要依托生产要素禀赋优势的资源密集型、劳动密集型甚至部分资本密集型产业便日益衰退，老工业基地的衰退是市场规律作用的客观结果。国外的一些著名老工业基地衰退，主要有以下原因。

一、主导产业的衰退

主导产业是一个国家或地区在经济起飞或产业转换时期对经济发展和产业转换起主要牵动作用的产业或产业群。主导产业代表着整个社会产业结构演进的基本方向和趋势。美国经济学家罗斯托是最早使用主导产业这个概念的学者。他在《经济增长的阶段》一书中提出了经济"起飞"理论。他认为不论在任何时期，甚至在一个已经成熟并继续成长的经济中，前进的冲击力之所以能够保持，是由于为数有限的主导部门（Leading Sectors）迅速扩大的结果，这些部门的扩大又对其他产业部门的发展产生了重要作用。对于主导产业，罗斯托认为，依靠科技进步，获得新的生产函数，形成持续高速增长率，从而具有较强的扩散效应，对其他产业乃至新有产业的增长起着决定性的影响作用。

主导产业不是固定不变的，它也有更替性，一旦发展条件发生变化，原有的主导产业就会衰退，主导产业的牵动作用就会弱化，造成经济发展的减速。对于基于原主导产业而建立起来的工业基地或者工业区，如果不进行及时的主导产业的升级换代就会随之衰落下去。如德国的鲁尔区由于 20 世纪 50 年代以后，石油和天然气的大规模开采和应用，使煤炭工业出现了全球不景气，导致该地区大量矿井关闭、矿工减员和煤产量的大幅下降。1958～1971 年，鲁尔区开工矿井由 140 口降至 55 口，职工人数从 48.9 万人减少到 19.7 万人，煤产量由 1.22 亿吨降至 0.91 亿吨。英国是近代钢铁工业的发源地，不少钢铁生产技术和设备都是在英国发明的，如炼焦炉、热风炉、平炉和转炉等，钢铁产量在世界上也长期占有很大比重。然而到 20 世纪 40 年代末，英国钢铁产量从占世界总量的 1/2 强降到仅占世界总量的 8%。国内钢铁消费量从 1970 年的 2 452 万吨下降到 1981 年的 1 474 万吨，锐降了 40%。而且自英国加入欧洲共同体后，钢铁贸易受到影响，从 1974 年起，英国已经由一个传统的钢铁净出口国变为净进口国。① 英国的谢菲尔德市曾是全球驰名的钢铁工业中心，由于主导产业——钢铁业的衰退，导致大量工厂关闭、工人失业，产业走向萧条。美国的匹兹堡由于主导产业——钢铁业的衰退，1978～1987 年制造业失业人数累计达 10 万人以上，全市有 1/4 的家庭收入明显下降，市财政和教育部门的投入都下降了一半。

二、工业基地区域优势的丧失

工业基地的区域优势就是指工业区内存在的有利于产业发展与布局的区域有利因素。区域优势理论认为，每个地区（或国家）都具有生产某一特定产品的绝对有利或相对有利的条件，即区域生产优势。在国际贸易理论中，亚当·斯密和大卫·李嘉图分别提出了绝对优势（Absolute Advantage）和比较优势（Comparative Advantage）的概念。绝对优势理论认为各国的贸易之所以发生，其基础在于各国生产成本上存在绝对差异，比较优势理论认为绝对国际贸易的因素是两个国家商品的相对劳动成本，而不是生产这些商品所需要的绝对劳动成本。从这些国际贸易理论中，我们也可以理解出每一个工业基地无非也是生产它有绝对优势或比较优势的产品，其基础就是它资源禀赋的丰富和劳动力及地理位置的优势。

工业基地的区域优势是其形成和赖以生存的客观基础，任何类型的工业基地都是在某种特定的地区优势基础上形成、发展起来的，有的依靠矿产资源，有的依靠廉价劳动力，有的依靠资金，有的依靠知识技术。区域优势的强弱制约着区域工业生产要素的聚集程度及工业基地的发展规模。区域优势还直接决定了工业基地的劳动生产率、生产成本、产品市场价格及产品市场竞争能力的高低，进而决定了工业生产的生产利润及经济效益的高低，是工业基地赖以生存发展的支撑系统。如果每个地区（或国家）根据自身优势发展特定产品的生产，可降低生

---

① 中国科学院地理研究所：《世界钢铁工业地理》，冶金出版社，1989 年。

产成本，提高劳动生产率，使地区资源、劳动力和资本得到最有效的利用。[①]

区域优势是一个动态的系统，它的转变也必然导致工业基地结构与功能的变化。工业基地如果不能随着区域优势的转化而及时调整则必然导致衰退。"区域优势的变化主要表现在两个方面：一方面是老工业基地市场要素的变化。当老工业基地的资源利用及传统产业发展到了一定规模，资源储量日趋枯竭，包括原料运费在内的营运成本超过一定极限，必然会使区域优势丧失，出现老工业基地规模和速度的衰退。另一方面，老工业基地的发展会导致企业布局过于密集，从而出现人口过剩、失业率升高、低价昂贵和污染严重等一系列问题。使老工业基地投资环境恶化，吸引力下降，资金和人才外流，必然导致老工业基地的衰退"[②]。过去原联邦德国东南和西南地区经济落后，工业不发达，20 世纪 70 年代以来，联邦德国各州利用自身的优势，大量吸引投资和人才，以电子技术为重点发展各种新兴工业部门。1976 年，南部的巴符州、巴伐州和黑森州的社会总产值占全国的 38%，到 1982 年已上升到 42.7%，出现了所谓"南起北落"的增长格局。在这种增长格局中，由于伴随南部新兴工业崛起的是大量资本的转移，从而使鲁尔区内工业投资锐减。

三、产业结构不合理

老工业基地产业结构的主要问题是产业结构单一。自 18 世纪产业革命兴起工业基地以来，这些世界上著名的老工业基地都只是采掘工业及原材料工业等传统产业的聚集区，其他产业发展平平，工业区的产业结构缺乏弹性，因而比较脆弱，当主导产业部门受到市场冲击时，基地就很快陷入整体困境。例如，20 世纪 50 ~ 70 年代联邦德国工业基地生产高度集中于煤炭工业和钢铁等原材料工业，煤炭的销售危机和钢铁制品市场竞争能力的下降，使鲁尔工业区迅速陷入困境。

产业结构的过度单一化产生的产业结构缺乏弹性又导致了产业结构在演变时候的困难。一个地区的工业变化过程实际上是该地区主导产业部门不断更替及工业结构不断演进的过程。主导产业部门的演变应该是从以资源、劳动密集产业为主到以技术、资金密集产业为主到以高新技术产业为主的变化过程。我们通过各种产业结构理论，无论是赤松要的早期"雁行形态理论"还是罗斯托的经济增长阶段论都可以认识到，任何产业部门都会经历形成、发展、成熟和衰退的变化过程。

美国经济学家西蒙·库兹涅茨指出，任何高速增长的工业部门发展到成熟期

---

① 王辛枫：《国外老工业基地改造与振兴的借鉴与思考》，载《决策借鉴》1999 年第 2 期。
② 李诚固：《世界老工业基地衰退机制与改造途径研究》，载《经济地理》1996 年第 2 期。

以后，增长速度将逐步减弱。所以，当主导产业 A 进入成熟期后应该被主导产业 B 所取代，当主导产业 B 达到市场饱和，资源储量枯竭，技术增长达到极限时又应该被新的主导产业部门 C 所取代。主导产业部门像这样依次更替，就会在时序上形成主导产业链条，从而实现工业基地产业结构的有序演变。但是，如果工业基地的产业结构缺乏弹性，不能很好地进行产业结构的有序演变时，一旦主导产业出现衰退迹象，那么由于关联效应与主导产业部门联系紧密的产业部门也随之衰退，最终导致了整个工业基地的衰退。

西方老工业基地的产业结构强烈依赖于煤炭、铁矿等传统资源，属于一种低层次的初级结构，在经历了煤钢经济的繁荣之后就会面临市场饱和、资源匮乏、技术增长缓慢等问题的困扰，传统主导产业——煤炭、钢铁产业因此由成熟走向衰退。然而，在传统产业出现衰退的同时，工业基地内并没有萌发出更替性的电子、计算机、生物工程、航空航天等技术密集型工业部门以接替衰退的主导产业，产业结构演变的链条出现了断裂，使得老工业基地的经济活力丧失，发展缓慢。

四、新能源、资源的竞争和生产技术变革

20 世纪 50 年代以后，世界能源结构中天然气和石油的比重不断上升，受天然气和石油等替代性能源的竞争。煤炭在能源和原材料消费中所占的比重却逐渐降低。例如在联邦德国，煤炭在一次性能源消耗中的比重从 1950 年的 88% 逐渐降到 1972 年的 32.3%，化学工业原料也由煤炭转向石油和天然气为主。煤炭生产出现市场销售危机，导致煤炭工业的严重萧条。煤炭工业又是西方老工业基地的主导产业部门，煤炭工业的萎缩必然导致以煤炭为主导产业的老工业基地的经济衰退。

技术水平和生产工艺落后。[①] 第二次世界大战后，新技术和新工艺的不断出现，改变了资源配置中生产要素组合比例，推动产品的生产成本不断下降，进而改变了原有的市场供给曲线和需求曲线的均衡状态和各产业的分布格局。例如在化工技术中，石油精炼技术和高分子化学合成技术的进步，使能源工业和化学工业发生了巨大变化，增加了对石油的需求量，振兴了传统石化工业。这样，技术进步缓慢或技术利用率低的一些行业就慢慢衰退。另外，老工业基地外部经济环境的日渐恶化也加大了企业生产的成本。人口过剩、失业率高、环境恶化是西方老工业基地改造前存在的普遍问题。不良的经济环境使老工业基地投资吸引力下降，资金、人才外流，这必然导致老工业基地衰退。

① 李俊江、史本叶：《国外老工业基地改造的措施与启示》，载《经济纵横》2006 年第 5 期。

第7章

国外资源型城市改造模式的比较研究

资源型城市的改造、转型是世界范围的课题。只有解决好资源型城市的衰退问题，才能缓解潜在的区域经济摩擦和冲突，避免由一系列经济、社会问题所诱发的政治动荡。因此许多发达国家在经历老工业基地的衰退时期，纷纷进行区域经济振兴、产业结构调整与升级以及相关产业政策的调整，这一阶段成为许多发达国家工业化过程中的重要阶段。这些国家对资源型城市的改造和具体措施很好地帮助了自己国家的资源型城市走出了衰退的困境，使它们又重新焕发生机。这些经验，对我们来说无疑是一笔宝贵的财富，具有重要的参考价值。因此本章将对国外资源型城市的改造模式和具体措施加以研究，旨在总结出国外老工业基地改造过程对我国的启示。

7.1 国外老工业基地资源型城市改造模式的考察

对于资源型城市的改造，不同的国家因为国情不同而采取了许多有特色的措施，如德国鲁尔区在改造过程中侧重于人力资源开发和资金倾斜投入以促进资源产业转型，我们称之为"德国鲁尔模式"；法国洛林地区注重以高新技术改造传统产业，我们称之为"法国洛林模式"；日本九州工业区着重靠财政支持而转型，形成"日本九州模式"；英国在老工业基地改造过程中着重以大项目引进带动地区产业调整，形成自己的"英国威尔士模式"。

175

7.1.1　德国鲁尔模式

关于德国鲁尔区，在前文中已经做过简单介绍。鲁尔区的经济大发展源于第一次工业革命时期棉纺织业、冶金业、交通运输业的发展而带来的对能源的巨大需求；第二次世界大战之后，世界各国的经济恢复又面临了能源短缺的问题，因而德国鲁尔区以此为契机获得了更大的发展，并且更加繁荣，成为德国重要的工业基地。据统计，鲁尔区的经济总量在最高峰时曾占全德 GDP 的 1/3，煤炭产量始终占全德 80% 以上，钢铁产量的 70% 以上，为德国的战后经济恢复和高速增长做出了巨大贡献。鲁尔区出现经济危机是 20 世纪 50 年代中期后，随着廉价石油、天然气的大量被发现，世界进入能源替换和产业结构向高级化转移的科技革命时代。美、英、法、日等国的重化学工业区普遍出现严重的衰退迹象，以煤、钢为支柱的鲁尔区经济也开始走下坡路，先后出现了煤、钢危机。在新一轮产业革命的影响下，单一的重化工业为主的经济模式受到挑战，产业结构的低级弊端越来越明显。鲁尔工业区出现了主导产业衰落、失业上升、人口外流加剧、环境污染日益严重等问题，开始面临经济调整和转型的关键抉择。从 20 世纪 60 年代开始，联邦德国开始对鲁尔工业区进行改造。下面对德国鲁尔模式的具体措施予以介绍。

第一，设立专门机构负责制定经济结构调整政策、规划、项目审批和财政资助等事宜。联邦和北威州政府对鲁尔区老工业基地改造与经济结构转变一直都给予了高度重视。为资助老工业基地改造，联邦政府在经济部下专门设立了联邦地区发展规划委员会和执行委员会，负责项目审批和财政资助等事宜。鉴于鲁尔工业区的特殊经济形势，鲁尔区经济结构调整一直是北威州政府工作的最重要内容之一。州政府主抓结构调整工作的部门是州经济部，负责制定具体的经济结构调整政策和规划。鲁尔区政府也设立了地区发展委员会，对在鲁尔区开展商务活动提供资讯和帮助。鲁尔区政府还设立了地区会议制度，这一机构由地方的政府机构、工会、政党和各种协会组成，它的主要职能是根据市场状况和基层信息来调整政府的行动，讨论当地的发展潜力以及有关劳动力就业市场、基础设施、环保、能源、技术发展等问题，指定发展战略和目标，确定具体的措施和提出具体的项目。①

第二，全面制定地区发展、综合整治与振兴规划。全面规划是鲁尔区经济结

---

① 赵涛：《德国鲁尔区的改造——一个老工业基地改造的典型》，载《国际经济评论》2000 年第 3 期。

构转变的保证，为此，北威州政府自 20 世纪 60 年代起陆续出台了对改善地区经济产生深远影响的"鲁尔发展规划"、"北莱茵—威斯特法伦规划"和"鲁尔行动计划"等。在这些规划中，全面考虑了改善一个地区经济结构的广泛措施，如改善交通网络；大力发展教育事业；改善地区文化和娱乐设施；加强环境保护和改善城市环境；促进科学研究与开发，以及科技成果转化；削减煤炭和钢铁工业的生产能力，使生产能力与市场相适应等。

为实现多目标的区域综合整治与振兴，"鲁尔区城乡协会"（KVP）于 1989 年制定了一个为期 10 年的国际建筑展计划（IBA）。该计划面向北部鲁尔地区 800 平方公里，有 17 座城市，工业景观最密集、环境污染最严重、衰退程度最高的埃姆舍尔（Emscher）地区，因此又被称为德国的埃姆舍尔公园模式。它是一个大型区域性综合整治与复兴计划，该计划对鲁尔区工业结构转型、旧工业建筑和废弃地的改造和重新利用、当地的自然和生态环境的恢复，以及就业和住房等社会经济问题的解决等，给予了系统的考虑和规划。特别是 IBA 计划以项目分解和国际竞赛相结合的方式，获得了工业遗产旅游开发的创意源泉。①

第三，德国政府在产业结构调整中积极的财政补贴和扶植政策。为了缩小地区差距，促进地区平衡发展，德国政府加强了对老工业地区的资金投入。德国的区域经济政策主要由联邦和州共同制定和完成，政策的主要内容集中体现在三个方面：（1）国家对在贫困地区的投资加以一次性的投资补助；（2）对生产性的基础设施进行补助投资；（3）对高技术的职位予以补贴。在具体措施上，由联邦和州共同组成一个计划委员会，每四年制定一项常规计划，这一计划对区域经济促进只做原则性规定，区域经济政策的具体内容主要由州来执行，联邦只起协调作用，在经济上给予资助。② 例如，鲁尔区的各县市凡失业率达 15% 以上、人均收入为西部人均收入 75% 的地区都可申请联邦政府的资助。资助采取项目招标的办法，由地方提出申请资助的项目，联邦政府地区发展执行委员会会同北威州政府审批。凡得到批准的一般性项目，可获得占投资额 28% 的资金。对于可促进当地基础设施建设的环保和废厂房利用等项目，可得到占投资额 80% 的资金。资助金由联邦政府和州政府各承担一半。从 1966～1977 年的 10 年中，政府拨款 150 亿马克资助煤矿集中改造，并制定相应的政策保护煤炭工业。把采煤集中到机械化程度高、盈利多的大矿井，关闭不盈利的小企业，对整个鲁尔煤田重新规划，统一安排生产，并且实行了全盘机械化，现在煤炭生产就集中在 8 个大煤矿中。钢铁工业也在同期进行了设备更新和技术制造，关闭和合并老厂，扩建

① 白福臣：《德国鲁尔区经济持续发展及老工业基地改造的经验》，载《经济师》2006 年第 8 期。
② 宋冬林：《老工业基地国有企业深化改革研究》，长春出版社，2001 年。

新厂，进行企业内外调整，加强企业内部和企业之间联系与协作，同时对钢铁工业的布局作了合理调整。对于工业区最严重的环境污染问题，州政府投资 50 亿马克，成立环境保护机构，统一规划治理。对新兴工业企业的建立和迁入给予鼓励和优惠政策。

德国政府对产业结构调整做出的资助并不是盲目的，他们不断根据情况调整资助补贴的对象，使资助资金用到了刀刃上。德国联邦政府曾经一度对煤炭、钢铁、造船部门等老工业基地的主要产业进行补助，期望通过补助使这些老的传统产业重新产生竞争力，但是补助并没有带来积极的效果，在高投入、高资助以后，鲁尔区仍在进一步衰落。因此，联邦政府调整了对老工业基地的资助办法，减少了对煤炭、钢铁、造船等部门的资助，只资助其环保、废厂房利用等项目，把更多的资金用于投资生产新产品，扶持当地的新兴产业、服务业和中小企业的发展，以创造新的就业岗位。同时资助再就业培训，使富余的劳动力实现再就业。

第四，大力发展科教事业以及职业教育事业，促进人力资源的开发，积极解决失业问题。从 1961 年起在波鸿、多特蒙德、埃森等地陆续建起大学，大量培养适合产业现代化需要的高级人才。鲁尔区重视高技术的市场化，这里所有大学和研究所，都有"技术转化中心"，以帮助企业把技术转化成生产力。鲁尔区的各种技术园内，已有 600 多家公司和机构，提供了近万人的就业岗位。[①] 另外，德国政府大力发展职业教育和在职培训。通过在职培训使工人的专业经验和知识在老企业中得到应用，提高了企业的劳动生产率。为了解决因为产业结构转型而导致的失业问题，北威州政府专门制定了政策并设立了相关机构。那些从传统行业下岗的工人，在经过了一定的技术培训之后就可以继续从事更高要求的采煤或炼钢工作，有的也可以到别的领域寻找就业机会。由于采取了积极妥当的措施，鲁尔区在转型过程中避免了因失业问题导致的社会不稳定，但是在很长一段时间内解决失业问题仍然是鲁尔区的重要任务。

第五，改造传统产业，积极发展新兴产业。由于煤炭、钢铁行业的衰退是造成鲁尔区经济出现危机的主要原因，所以对煤炭、钢铁行业的改造不可避免。政府一方面拨巨资帮助效益好的煤钢企业进行集中化和合理化改革，实现生产机械化。另一方面关闭效益差、规模小的工厂。为了重新加强烟煤和焦煤的竞争力，鲁尔区开发研制并在竖井设备中采用了最新现代矿山开采技术，然后又研发并使用了先进的制煤气试验设备，使鲁尔区煤炭转换工艺上了一个新台阶，并且这种

---

① 宋梅、刘海滨：《从莱茵—鲁尔区的改造看辽中南地区资源型产业结构升级》，载《中国矿业》2006 年第 7 期。

煤炭转换技术的采用成为改善东鲁尔区经济结构的重要手段之一。为了扭转钢铁工业不景气的状况，鲁尔区钢铁企业调整了产品结构，采用新的技术，引进了投资达 3 500 亿马克的德国最先进的连续退火炉，极大地提高了鲁尔区钢铁产品的竞争力。在发展新兴产业方面，联邦政府积极改善投资环境，利用区内劳力充足、交通便利、市场潜力大、消费集中、大企业总部集中的特点，采取措施吸引配套的优良中小企业。为了促进中小企业的发展，政府在鲁尔区建立技术研究中心、科研成果转化服务机构和科学技术革新信息中心，帮助中小企业拟订技术革新计划，优先向其转让技术等措，以促进中小型企业的技术革新。政府还对创建中小型企业，特别是新技术企业采取鼓励政策，如提供财政补贴和咨询等。为了优化投资结构，北威州规定，凡是信息技术等新兴产业的企业在当地落户，将给予大型企业投资者 28%、小型投资者 18% 的经济补贴。这些措施极大地刺激了鲁尔区内新兴产业的发展。

第六，加快环境的治理，控制污染。在鲁尔河上建 100 多个澄清池净化污水，废弃煤矿山培土植树铺草，塌陷矿井开辟成湖泊疗养地。区内每个居民平均有 130 平方米绿地。各工厂都建立粉尘有害气体回收处理装置，排放不达标不准生产。全区有公园 3 000 多个，各城市间都有林带隔开，矿区已是绿色田园，取代黑烟尘蔽天盖地。现在的鲁尔区已成为景色优美的绿色工业区。对环境的治理产生了外部经济效应，降低了企业生产成本，促进了老工业基地的振兴。

总体上来看，德国鲁尔模式在最大程度上解决了资源性工业基地转型过程中不可避免的沉淀成本问题。它整合区域内原有的资源型企业，将运营成本高昂的中小企业进行整合，最终将为数众多的中小企业纳入到具有较高生产效率的几家大型企业中，在利用中小企业专有机械设备的同时实现了重化产业的规模运营，降低了运营成本；同时，对于无法化解的沉淀成本，德国人选择了由政府支付的方式进行冲销，并用政府投入的资金进行产业的升级，为资源型工业基地创造了新的经济增长点。另外，德国鲁尔模式下的人力资源开发模式也是鲁尔地区经济振兴的重要保障。

7.1.2　法国洛林模式

法国洛林地区是重要的工业基地，曾经依靠纺织业、采矿业和冶金业兴起并成为法国重要的经济支柱。但是到了 20 世纪 60 年代以后，由于受能源革命的冲击，法国洛林工业基地开始趋于衰退，法国政府不得不对洛林地区进行改造。在前文中已经提到过，第二次世界大战之后新材料的涌现替代了传统原材料，技术装备水平的提高降低了生产成本，致使洛林地区的规模大、服务单一的传统产业竞争力降低，逐渐不适应市场经济的发展趋势。于是，从 20 世纪 60 年代开始，法国洛林地区也进入了痛苦而漫长的产业转型时期。

法国振兴老工业区采取的主要措施是实行"再工业化"，包括收缩煤、钢铁的生产规模，大规模更新设备，淘汰旧工艺、采用新技术，实现生产现代化以及建立多样化经济等活动，除加强一般制造业外，还积极发展电子、飞机、化工等新兴工业，发展第三产业，逐步改变单一的传统经济格局。这些措施都给衰落的老工业区注入了新的活力，从而使之由衰退走向复兴。此外，为了解决地区间的不平衡以及由此带来的种种问题，法国政府在"地区整治"方面采取了"工业分散政策"。政府运用它掌握的"四大基金"，即经济社会发展基金、全国土地整治和城市建设基金、地区整治建设基金和地方分散援助基金，对落后地区提供巨额投资，直接影响投资的地区分配；对往落后地区迁厂建厂的业主，提供优厚的"地区开发津贴"及各种优惠政策；对拆迁厂还提供 64% 的拆迁补贴；对往落后地区安家落户的青年给予安家补贴等。[①] 法国洛林的改造措施具体如下：

第一，发展新兴产业，并依靠高新技术改造传统产业。洛林地区的转型是以发展高新技术、新兴产业为目标的升级过程。洛林地区积极适应国际市场的需求，发展新兴产业。将传统的能源工业由煤炭转向发展核电工业，洛林地区核电已经占当地电力消耗的 80%。雷诺、奔驰公司都在洛林设厂，汽车制造工业已经成为了洛林地区目前的支柱产业，占到了当地国民生产总值的 30%。除此之外，计算机、激光、电子、生物制药等新技术产业的产值已经占到了国民经济的 15%。为了更好地发展高新产业，洛林地区建立了许多高新技术园区，如南锡和梅斯高新技术园区，用于吸引国内外投资者在园区内进行高兴技术产业投资，以推动和促进整个地区的高新技术产业发展，并有效地支持现有产业部门及企业的高新技术改造。

洛林地区不仅仅发展新产业，而且运用高新技术加快对传统产业的改造。这主要体现在主要对原有的钢铁、机械、化工等行业进行技术改造，促其实现自动化，提高产品附加值。如钢铁公司发展市场短缺的汽车板材、镀锌板等，满足汽车工业发展的需求；电厂采用硫装置，既可利用洗煤剩下的煤泥发电，又不产生污染。[②] 最后，洛林政府主动放弃发展没有竞争力优势的产业。例如，洛林地区虽然煤铁丰富，但是由于煤铁的价格均高于世界平均价格——洛林钢铁价格比进口产品高 457 法郎，所以洛林政府果断地减少煤炭、冶金行业的从业人员，将资源从传统行业中及时转移出来，逐步地关闭洛林地区的全部炼铁、炼钢、采煤企

---

① 宋冬林：《老工业基地国有企业深化改革研究》，长春出版社，2001 年。
② 辽宁工业转型研究课题组：《借鉴法国洛林经验——加快辽宁工业转型》，载《中国软科学》1998 年第 10 期。

业。经过一系列努力，洛林地区汽车、电子等新兴行业已经取代了传统的煤炭和采矿工业，就业人数由 1960 年的不到 5% 上升为 20% 以上，洛林地区已经从一个煤炭、钢铁产业为主的老工业基地转型为以高新技术产业、复合技术产业为主的新兴工业区。

第二，建立了一整套财政补贴和奖励制度，较好地解决了老工业基地调整改造的资金问题[①]。

首先，增加政府拨款和补贴。政府通过"第九计划"，将工业结构改革和现代化、发展科技、就业和培训列为政府年度财政支出的重点，另外，在政府用于国土整治项目的预算支出中，优先保证冶金和煤炭等困难地区的需要。中央政府还决定，将全国大型工程投资额的 1/3 优先拨给洛林和诺尔—加莱地区。同时，法国政府运用它所掌握的"四大基金"（经济社会发展基金、全国土地整治和城市建设基金、地区整治干预基金、地方分散援助基金），对落后地区提供巨额的直接投资；1966～1981 年，国家为冶金部门提供了大约 600 亿法郎的营业补贴，1981～1983 年间又提供了 170 亿法郎；对往落后地区迁厂、建厂的企业主，提供优厚的"地区开发津贴"，降低土地能源收费；政府对安置煤矿富余人员的企业实行税收优惠，最多对聘用失业矿工的公司每吸纳 1 人资助 3 万法郎；对转产新办企业和培训中心提供资助；对拆迁的工厂提供拆迁补贴；对到落后地区安家落户的青年给予安家补贴，把集中在大城市和发达地区的产业、人口吸引到需要调整和改造的地区。政府还设立了工业企业下放奖金、第三产业地方奖金、科研活动奖金等。仅 1979 年，工业部门获得各种奖金或补贴的就业人员达 64 262 人，其中洛林地区占 12 291 人，诺尔—加莱地区占 11 844 人。1982 年 5 月，政府专门通过法令将上述名目繁多的补贴和奖金制度一律改称为"国土整治奖金"，并对奖金的发放做了许多重要修改。例如，奖金由过去同投资和就业条件挂钩改为只同就业条件挂钩，大幅度提高奖金发放额，扩大奖金发放地区以及简化奖金发放审批手续等。洛林、诺尔—加莱和中南矿区享有"优先"地位，奖金发放额最高。据统计，1982 年，奖金发放额总计达 7.8 亿法郎，其中洛林地区获得近 1.5 亿法郎。

其次，实行灵活的税收政策。政府决定削减工业企业行业税 10%。为吸引企业主到改革区，特别是到老工业区进行新投资，政府决定，在改革区范围内，对从 1983 年起新建的公司和企业，免征地方税、公司税和所得税 3 年，期满后，仍可享有 50% 的减税优待。对在洛林、诺尔—加莱重点改革区投资设厂或创办企业，并能创造新的就业机会的投资者，在 3 年内除免征上述税收外，还免征

---

① 隋忠诚：《东北老工业基地振兴的国际经验研究》，吉林大学博士论文，2006 年。

劳工税以及其他各种社会杂税和分摊，从而使这两个地区成了"无税特区"。

再其次，为企业家自筹资金提供税收方便。为支持企业家筹集资金，进行新的投资，银行特开立"企业储蓄卡"，储蓄期至少3年，对存款人免征利息税，期满后还可获得银行的一笔低息贷款。对用贷款进行投资取得的利润部分，税收减免。例如用于接收或改造旧厂的贷款，其利润税将减半征收。

最后，建立"工业现代化基金"。为推动企业技术改造和实现"现代化开发计划"，特建立"工业现代化基金"专门为技术改造的企业发放优惠贷款，以满足其资金需要。贷款发放方式有两种：一种是直接发放给企业，利率为9.75%（通常利率为16.18%）；另一种是间接提供，即先按9.75%的利率发放给有关的信贷公司，再由信贷公司贷给有关企业，一般利率为13%～14%。贷款对象主要是中小企业，也有少数大型国有企业。"基金"来源除部分由政府拨款外，大部分来自银行汇集的民间资本。

第三，扩大开放吸引外资，使工业转型与国际接轨。洛林地区工业转型的成功，还得益于扩大对外开放，大量吸引外商投资办企业，创造了更多的就业岗位。为吸引外资，他们制定了一系列的优惠政策：在洛林地区建厂，土地的价格比较便宜，只相当于德国的1/5～1/6，地方政府按50%给予资助；厂房建设可得到20%的资助，对在以前的矿区建厂，国家还以更多的资助作为鼓励；在设备方面，可得到15%的资助；投资额4 000万法郎，新创400个就业岗位为特大项目，可得到25%的资助。如德国的奔驰公司投资28亿法郎，创造了2 000个就业岗位，得到的资助大约为7 000万法郎。在人员培训方面，政府帮助新建企业按岗位要求进行劳动力培训，规定每雇用一个本地劳动力可得到3万法郎的资助。此外，他们还通过在国外设立代办处，对一些大的国际公司进行调查，分析他们在本地落户的可能性，如果发现哪个国际公司要在本地投资，就邀请其到本地参观，介绍自己的优势与优惠条件。由于有了这些优惠条件与良好的服务，洛林地区在利用外资方面取得了突破性进展。许多外国企业非常愿意到洛林来建厂。目前到法国投资的外商50%都集中在洛林地区。到1997年，已有18个国家在洛林地区创建了350个公司，创造了47 615个就业岗位，占洛林20%的工业就业岗位，对吸纳洛林地区的失业人员起了很大的作用。到2000年底，外国公司共在洛林地区建立了412个企业，吸纳劳动力65 311人。扩大开放不仅为洛林创造了新的就业岗位，还使产业发展走向国际化。[①]

第四，建立企业园圃，鼓励发展中小企业。洛林地区在工业转型中更多的是

---

① 齐建珍、杨中华、张龙治主编：《工业转型研究——区域煤炭产业转型研究》，东北大学出版社，2002年。

注重发展中小企业。这些中小企业在转型中为吸纳失业人员起到了积极的作用。培育中小企业的基地是企业园圃。企业园圃的功能就是帮助新企业度过创业时期的各种困难，并促进其更快更好的发展。企业园圃主要的工作是帮助新公司制定起步规划，帮助新公司正式成立，并在初期为之提供各种服务。新创立的公司可以利用园圃里现成的厂房、车间、办公室等服务性设施实习两年。企业园圃设有专家团，并为在这里创办企业配有专家顾问，随时帮助解决企业发展过程中出现的问题。待企业主积累了一定的办厂经验后出去发展。法国通过建立企业园圃培育和发展了大量的中小企业，在工业转型中起了重要的作用。

第五，积极提供培训，解决劳动力再就业问题。洛林地区转型的都是传统工业，这些行业的工人从事简单劳动的比较多，掌握的技能比较单一，不适应工业转型和发展新兴产业的需要。针对这种情况，他们创造了对转业者进行技能培训的有效方式。根据再就业和产业发展的需要，组成了若干不同类型、不同专业、不同所有制、不同层次的培训中心。培训中心根据受培训者的文化、技术基础、将要从事的工作和国家将要发展的新产业，有针对性地进行分门别类的培训。培训时间一般为 2 年，特殊岗位 3~5 年，培训期间受培训人的培训费由国家支付，工资由企业支付。经过培训后，培训中心至少为每个工人提供 2 种职业选择，只要是自己同意，所有的人都可以找到工作。但如果不同意，就会被解雇。据调查，经过培训后再就业职工的重新失业率只有 7%，为使培训和就业有机结合，还建立了许多工业发展公司，通过发展新企业来创造新的就业岗位。工业发展公司的主要任务是帮助新公司制定计划，研究其可行性，帮助新公司寻找新的厂址，帮助贷款，促使其在洛林安家落户。只要在本地办公司，还可得到 3 万~5 万法郎的资助以及减免所得税的优惠。正由于洛林地区采取了培训与就业相结合这种积极而有效的方式，尽管洛林地区的失业人数多，再就业压力大，但在转型过程中其失业率却一直低于全国平均水平，而在转型初期这一指标是高于全国平均水平的。据资料显示，洛林矿区现有职工数占原有职工数的比重为 25%，钢铁工业现有职工数占原有职工数的比重只有 11%。也就是说，75% 的钢铁工人和 89% 的煤矿工人已经转业。法国培训专业工人的做法被认为是一种成功的经验在欧洲得到了推广。洛林地区由于工业转型导致人员就业压力增大，成为一种沉重的社会包袱。但是通过培训与就业的有机结合，他们把包袱变为财富，把压力变为动力，工人的转业过程变成了提高素质，增加技能的过程变成了为新产业的发展奠定基础的过程。[1]

---

[1] 辽宁工业转型研究课题组：《借鉴法国洛林经验——加快辽宁工业转型》，载《中国软科学》1998 年第 10 期。

第六，政府的倾斜政策。政府的倾斜政策主要体现在政府为产业转型提供巨额资金援助和贷款。法国政府于 1967 年 7 月 28 日组建了既不是银行又不是信贷机构的"支持矿区再产业化金融公司"，作为国家支持转型地区的渠道。在创建后的头 15 年中，该公司资本从 1 000 万法郎增加到了 1.2 亿法郎，为 230 个企业提供了 2.8 亿法郎的贷款，并因此创造了上万个就业岗位。此外，"矿区产业化基金会"和"北加来海峡及融公司"等金融公司也以贷款形式积极向北加来海峡地区和法国煤炭公司投资，支持企业到矿区落户，参与矿区开发。①

法国洛林模式特别强调政府在产业改造过程中所起到的作用，特别是政府在资金方面所给予的巨大支持是洛林地区得以实现产业结构转型的重要因素。但是，由于洛林模式完全放弃了资源型城市原有优势产业，从而使资源型工业基地必须承担巨大的沉淀成本，这对于资本稀缺的发展中国家来说往往是难以接受的。

7.1.3　日本九州模式

北九州工业区是日本历史最悠久的工业基地之一。第二次世界大战以后，由于日本国民经济的重化学工业化，能源政策的转变以及日本产业向高级化发展，北九州工业区存在的潜在问题开始暴露。例如，由于九州工业区的布局是在战前建立的，所以在战后扩大工业区面积的余地有限；另外，国际市场廉价石油、天然气的出现使能源政策转换加速，使当地以筑丰煤矿为主的煤炭业受到重创。20 世纪 70 年代石油危机之后，日本"重厚长大"型的煤炭、纺织以及造船等产业，因为资源枯竭、劳动成本增加和能源危机，相继成为夕阳产业。取而代之的是汽车、家电、机械、半导体等组装加工业开始成为新支柱产业。为了解决因主导产业衰退造成的北九州工业区的衰退问题，日本政府着重通过政府的财政支持帮助北九州工业区实现改造，经过一系列努力，九州老工业基地已经重新焕发活力，成为世界闻名的"硅岛"和"车岛"。

日本的区域振兴政策，主要是为了缩小地区间收入的差别。日本在工业过程中，工业首先在东京、大阪、名古屋以及九州北部发展起来，形成了京滨、阪神、东京和北九州四大工业区。20 世纪 50 年代中期开始，随着重化工业的高速发展，四大老工业区与新兴的濑户内海工业区连接成以钢铁、石化和机械工业为核心的"太平洋带状工业地带"，而其他地区则相对落后。这样，一方面在一些新兴经济区域，重化工业大发展；另一方面，在一些传统产业密集地区，出现了资源枯竭和结构升级带来的产业及区域经济衰退，使得区域收入差距明显扩大。

---

① 陈支农：《美德法如何改造老工业基地》，载《西部大开发》2004 年第 3 期。

为了缩小这种差别，日本政府于 1961 年制定了以导入新兴产业为主要目标的《采煤地区振兴临时措施法》，并由政府出面组织"采煤地域振兴事业团"。在 60 年代前半期，区域间经济发展差别有所缩小，但到了 60 年代后半期，由于人口、资本和技术向大城市聚集，区域间差别再次扩大，于是，日本政府于 1978 年制定了以促进资本流动为主要目标的《特定萧条产业安定临时措施法》、以增加就业岗位和促进劳动力流动为主要目标的《特定萧条地区离职者临时措施法》和《特定萧条产业离职者临时措施法》、以促进衰退区域内中小企业发展为目标的《特定萧条地区中小企业对策临时措施法》等一整套政策体系，这一整套政策体系在维护区域安定、缓解各方面社会经济决策矛盾与促进经济发展上发挥了重大作用，到了 70 年代末期，区域间差别大幅度缩小，取得了突出成效。九州模式的具体措施如下：

第一，通过积极的财政措施加强老工业区的基础设施建设。为了解决九州等产煤地区的工业用水问题，日本从 1965 年度开始对九州等产煤地区的小水系水源开发给予最高至 35% 的事业费补助，并从 1967 年起将此标准上调到最高 45%。1962～1995 年间，日本用于产煤地区工业用水开发方面的补助金约达 93 亿日元。20 世纪 70 年代初，日本已经在九州建立了机场网，使九州成为日本少数几个拥有完善的现代化机场设施的地区之一，为电子工业提供了理想的设厂条件。一系列工厂在机场周围建立起来，为九州逐步成为日本的"硅岛"奠定了坚实的基础。[1] 政府规定：对于振兴九州等产煤地区必需的特定公共事业，当所在道县的负担超过通常的事业费时允许举债，同时，该地方债利息支付额中年利超过 3.5% 的部分由国库来补给。这种政策的适用对象包括道路、港湾、渔港、公共住宅、河流、海岸保护设施、砂防、林地、滑坡、治理坑害等。从 1965～1994 年间，适用于该项政策的利息补给额达 355 亿日元，举债许可额合计 2 060 亿日元。另外，日本政府一直采取对低收入地区增加补助金的办法减小公共服务方面的地区差别，但煤炭工业衰退后，仅靠这些补助金已不足以提供基础性的公共服务。为此，政府对 181 个因煤矿萧条而受到严重影响的市镇村采取了特别预算措施，其中九州地区就占了 117 个，使其基本可以维持自身的学校、道路及其他地方性公共服务设施。[2]

第二，通过积极的财政措施解决老工业区的资金问题。为了解决老工业基地调整改造的资金问题，日本政府采取了大量积极有效的财政措施：建立工业开发区，通过简化设厂手续、提供贷款等，引导企业进入；重新培训煤矿工

① 笪志刚：《日本、德国资源型工业区与振兴东北》，载《世纪桥》2005 年第 8 期。
② 隋忠诚：《东北老工业基地振兴的国际经验研究》，吉林大学博士论文，2006 年。

人，为新建企业提供合格劳动力；提供特别预算和社会救济，使因煤矿萧条受影响的市镇村能维持其地方性公共设施；设立地域振兴整顿公团，为进入九州等产煤区域的企业提供低息的设备资金融资和长期运转资金融资；税制上的优惠措施主要表现为地方税（含不动产取得税、固定资产税、事业税）的减免，而地方税收减收额的80%由国家补贴给地方；另外还对九州等产煤区域的中小工商业企业给予特别贷款并实施信用保险特别措施等。日本政府在1969年创设了产煤地域振兴临时支付金制度，为了缓和因闭矿而财政严重疲软的地区所受的财政打击，支援老工业区的经济振兴。其后，日本政府还补充、增加了其他一些相应措施：如1981年的"特定事业促进调整额"、1988年增设的"大规模项目事业化促进调整额"、1991年的"产煤地域城市建设整顿规划调整额"和"产煤地域城市建设整顿土地购入等调整额"、1992年的"项目设施整顿等支援调整额"和"产煤地域环境整顿调查研究等调整额"以及1993年的"产煤地域城市建设整顿土地先行取得对策调整额"和"产煤地域城市建设不用设施除去等调整额"。①

第三，完善社会保障，对失业人员进行再培训，积极解决失业人员的就业问题。日本政府为安置关闭煤矿后的失业人员制定了《煤炭矿业结构调整临时措施法》、《煤矿职工队伍稳定雇佣临时措施法》、《特定萧条地区离职者临时措施法》、《特定萧条产业离职者临时措施法》和《煤炭矿业年金基金法》，对在合理调整中离岗的煤矿职工发放退职金和离职金，通过实施援助职业转换、办理职业训练和再就业援助等措施，使离岗人员实现再就业和保障生活稳定，避免因矿山关闭造成社会和经济混乱。日本对煤矿离岗人员的培训从开始讨论煤矿封井问题之日起即开始着手到最终决定封井一直进行，这种做法确保了煤矿工人在下岗前都基本掌握了比较高的技能，再就业比较顺利。例如，福冈的三井三池煤矿关闭后，再就业人员比例达到80.7%。②

第四，创立了"技术城"高新技术产业发展模式，注重"产、学、官"结合。③"技术城"（Technopolis）是日本人造的词，它是以高技术研究开发为基础，将产（业）、学（术）、住（生活环境）有机结合成三位一体的、以原有地方城市为母城的新型中小城市。技术城在地域上大体是按圈层模式规划的。高技术城本身是核心，为内圈，包括产、学、住基本功能齐全的独立生活圈；将高速公路或铁路行程为1~2.5小时的中心城市地区规划为中间圈；以飞机航程1小时左右为界作为外圈。中间圈和外圈属于日归型行动圈。

---

① 隋忠诚：《东北老工业基地振兴的国际经验研究》，吉林大学博士论文，2006年。
②③ 杨振凯：《日本九州老工业基地改造政策分析》，载《现代日本经济》2006年第6期。

技术城与其他高科技开发区的最大差异在于技术城追求一种理想的城市形式，它要"把田园的宽裕带给城市，把城市的活力带给田园"。其基本设想，是把经济发展与科学技术、产业技术结合为整体，把开发高技术产业与改造传统产业相结合，将产、学、住有机融合，以优良的环境、优惠的政策和一定的技术经济基础，吸引外地人才和大企业，目的是提高地方实业的技术水平，进而促进地方工业发展，实现地区经济振兴。

1983年，日本在全国设立的26个技术城，九州地区就占6个，即久留米·鸟栖（福冈、佐贺两县）、环大村湾（长崎县）、熊本（熊本县）、县北国东（大分县）、宫崎SUN（宫崎县）、国分隼人（鹿儿岛县）技术城。技术城的迅速发展，推动了当地基础设施的建设，促进了新产品、新技术开发和人才培养，对推动九州的工业和经济发展做出了突出贡献。1994年，九州的这6个区的工业生产总值达到42 541亿日元，占九州当年工业总值的22.5%，在区内的从业人口约18万人。[①]

在"技术城"带动下，遵循"产、学、官"原则，九州地区科技成果转化效果明显。九州地方于2002年成立了地区"产学官交流中心"，负责汇总企业需求、掌握技术资源信息、匹配科研院所、提供交流信息、指导科研方向等。"产、学、官"结合活动成果显著，对促进地区科技成果转化、提升地区产业技术能力发挥着重要的作用。2002年，九州企业与大学等科研院所共同研究的项目数为810件，5年间增长了2.57倍，已占到全国的12%。截止到2003年7月，九州地区被认可的TLO（Technology Licensing Organization，技术转移机构）数量为6个，已占到全国总量的16.7%。[②]

第五，注重环境修复，推广生态工业园建设，发展循环型经济。[③] 第二次世界大战后50年代~60年代初，日本由于片面发展经济，环保意识薄弱，工业集中地区的环境不断恶化，生态遭到严重破坏。九州是其中最典型的代表，日本的"四大公害"事件九州就占了2个。以北九州市为例，1965年该地区的年均降尘量达80吨/月，最高时达108吨/月，创日本最高纪录，洞海湾内的溶解氧量为0毫克/升，化学需氧量则高达36毫克/升，一度被称为"死海"。自20世纪70年代始，九州开始加强环境建设，改善生态环境，主要措施有：

1. 制定严格的环境保护法律。20世纪60~70年代，日本政府先后出台了

---

① 中国驻日本福冈领馆科技组：《九州的科技园区建设》，中国国际科技合作网，http：//fukuoka. cistc. gov. cn，2004年10月13日。

② 九州经济产业局：《九州的经济概况》，http：//www. kyushu. meti. go. jp/chinese/jiuzhou. html，2005年12月15日。

③ 杨振凯：《日本九州老工业基地改造政策分析》，载《现代日本经济》2006年第6期。

《公害对策基本法》、《大气污染防治法》、《噪音规制法》、《水质污染防治法》、《海洋污染防治法》、《恶臭防治法》和《自然环境保护法》等一系列环保法律。进入90年代，日本又推出《循环型社会形成推进基本法》及两部综合性法律和六部专门法。九州地方制定了比国家法律更为严格的地方法律，如，北九州市的《北九州公害防治条例》；关于废弃物减量和妥善处理的条例和规则；大型垃圾、产业废弃物处理的相关规定；防止乱扔废罐等物品的条例和实施规则；生态工业园条例等。

2. 官、产、民协调一致改善环境。日本在解决环境问题上特别重视社会力量，国家各部门、地方政府、企业、非政府组织和国民等相关主体根据各自的责任和义务，发挥各自应有的作用。政府通过法律、政策引导，企业积极配合，民众积极参与实施监督。如北九州市政府与企业签订《公害防治协议》，对中小企业防污控制提供援助，环境局每年都要将环境情况向市民公开，以求得市民监督等。

3. 环境修复与国土整治相结合。在矿区原址建设城市居民住宅小区、娱乐中心、旅游景点。例如，福冈的饭市利用煤矿原址建立起市民公园、赛车场、游乐场等娱乐设施，不仅环境得到修复，而且还有效地将煤矿的负遗产顺利转变成经济发展的新动力。如今，饭市已由过去的煤区转变成文化城。

4. 建立"生态工业园"，发展循环经济。为改善九州的环境，日本以建设循环型社会为目标，在发挥地区产业优势的基础上，在九州大力培育和引进环保产业，强化循环再生利用，建立多处"生态工业园"示范区。截至2004年10月，日本先后批准建设了23个生态工业园区，九州占有3个，分别在北九州市、福冈县的大牟田市和熊本县水俣市。经过几十年的努力，九州的环境得到了极大改善。污染最为严重的北九州市现已成为日本以及世界"生态城"、"循环型城市"的代表，多次受到经济合作组织和联合国表彰。目前，环境产业已成为九州极具潜力的下一代支柱产业。1998年，九州环境产业产值2.3万亿日元，占地区GDP 43万亿日元的5.3%，占全国同类产业的10.6%。①

从政策内容上看，日本九州模式强调政府在基础设施建设中的关键作用。日本政府在九州地区转型过程中积极投入资金对原有基础设施进行改造升级，并且特别强调科研与生产的实际结合，实现了区域内部的产业结构转型。更为重要的是，九州模式对于环境问题的关注，发展循环经济已经使环境产业成为该区域经济增长的下一个支柱产业。

① 九州经济产业局：《九州的经济概况》，http://www.kyushu.meti.go.jp/chinese/jiuzhou.html，2005年12月15日。

7.1.4 英国威尔士模式

英国是世界上最早进行工业革命的国家，曾经在很长一段时间内创造了令世界所有国家都望尘莫及的巨大生产力，但是到了 20 世纪初，随着新的科技浪潮的迅速推进和普及，英国的传统工业日趋衰落，依靠煤铁资源而兴起的老工业基地也出现衰退，英国整个国家甚至成为主要资本主义国家重衰退现象最明显的典范。

20 世纪 60 年代以后，英国政府开始着重进行产业结构调整。伦敦、伯明翰、利物浦、谢菲尔德、曼彻斯特等曾为早期工业革命标志的大工业城市的许多工业企业关停并迁，取而代之的是金融业、服务业、电子产业等。总之，英国通过产业调整，加强对老工业基地的改造，使老工业基地重新迸发出生机。

工业化初期，英国在煤、铁资源的富集区，建立兰开夏、西约克夏、西米德兰、南威尔士、中苏格兰和英格兰东北部等大工业区。第二次世界大战后，这些主要建立在资源基础上的老工业区，由于结构性矛盾而不断衰落，造成这些地区的高失业率和人口大量外流，因此，英国的区域振兴政策的着眼点是解决老工业区的衰退和失业率过高问题，把失业率高于全国平均水平的地区确定为需要援助的特别地区，把受援地区定为"开发区"；其中，失业率最高的小块定为"特别开发区"，比邻开发区的地区，受开发区衰退的影响，同样有失业的问题，但程度轻于开发区，如不给予一定的支持也很难发展，这类地区就定为"中间地区"。为了把新兴工业吸引到高失业率地区，并控制新兴工业密集地区的过度发展，主要采取了两项措施：第一，控制发放工业开发证书。凡是新建工厂必须有政府相应机构颁发的开发证书才能施工，凡符合政府的区域政策，在上述各类受援地区建厂的都可以取得开发证书，并得到政策规定的财政补贴、贷款利率、税收、折旧等方面的优惠。优惠数额视受援区创造的就业机会而定。当开发区失业率降低到一定比例（4% 以下）就立即取消开发区待遇，不再援助。第二，颁布一系列法令。包括最早于 1934 年颁布的《特别地区法》，规定对苏格兰中部、西坎伯兰、英格兰东北部和威尔士南部等 4 个失业率较高的地区作为受援区，援助主要用于基础部门的建设，以减少这些地区对衰落的传统产业的依赖程度；1945 年的《工业分布法》，是第二次世界大战后第一个实施区域政策的立法。此外，还有以后的《工业资助法》和《工业发展法》等。到了 20 世纪 80 年代以后，英国传统产业（如煤炭、钢铁、造船和纺织等）集中的老工业区进一步衰落，英国的区域振兴政策更紧密地与创造就业联系起来，同时，把钱化在问题最严重的地区，并有利于更多地创造就业机会，采取了既能解决问题又可节省开支

的策略。英国威尔士模式的具体措施如下:

第一,利用高新技术改造传统产业。[①] 在英国的改造过程中,电子通信、生物工程、软件等行业比重日益增加,传统的纺织、采矿、钢铁、机械制造等所谓"夕阳产业"则逐步萎缩或停滞。但是,英国的企业并没有简单把传统产业等同于"夕阳产业"加以冷落,而是依托不断的技术改造、创新和经营改革,使这些行业获得生机,实现新的腾飞。英国的钢铁制造业是这方面的一个重要典型。1967 年,英国政府把该行业的 90% 收归国有之后的第二年,便开始了一项投资 30 亿英镑进行现代化改造的 10 年计划。在这期间,新的科研成果不断应用于冶炼与轧制、设计与生产、管理与营销等方面。新技术的应用,极大地提高了劳动生产率,到1980 年,效率超过了欧洲任何国家的钢铁制造业。

第二,促进传统产业技术改造与创新。[②]

1. 增加政府的科技投入。英国政府将继续增加每年的科技预算,用于科学、技术与工程方面的研究、开发和利用。

2. 鼓励企业增加 R&D 投入。与其他发达国家相比,英国企业的 R&D 投入呈下降趋势。传统产业的技术改造和创新与企业的 R&D 的投入密切相关。由于 R&D 是需要企业进行长期并具有一定风险的投资,由于企业特别是中小企业往往由于缺少资金或难以承担这方面风险而减少在 R&D 方面的投入。为鼓励企业增加 R&D 投入,英国政府将采取以下新的措施:(1) 对中小企业的 R&D 投入施行税收优惠;(2) 建立一个 1.8 亿英镑的产业基金,促进与引导金融机构对中小企业的投资;(3) 通过可持续技术发展计划,帮助企业改进技新术,促进其产品生产工艺的可持续发展;(4) 在政府新一轮"远见计划"中对制造业未来 20 年的发展进行预测,为制造业提供可行的建议;(5) 支持机械工程师学会设立的制造工程卓越奖,对企业进行奖励。

3. 加强人力资源开发与技能培训。增加 R&D 的投入并不能直接为企业带来利润。只有依靠有技术技能和管理技能的人将知识应用于生产实际,才能为企业带来经济效益。为此英国政府将帮助企业加强人力资源开发与技能方面培训,解决人力资源和技能短缺问题。贸工部将与教育与就业部合作,促进产业界与高等院校的联系和相互协作。鼓励高等教育直接为生产实际服务,提高大学毕业生的职业技能。加强国家培训组织的网络建设,促进职业技能培训。

4. 推动信息通信技术的应用。英国企业在信息通信技术应用方面与美国、

---

① 郭福华:《借鉴西欧国家成功经验,利用信息技术改造老工业区》,载《当代通信》2004 年第 14 期。

② 张嵩:《英国政府促进传统产业技术改造与创新的举措》,载《全球科技经济瞭望》2000 年第 12 期。

日本等主要竞争对手相比还有差距。为此英国政府将改革现有电讯法律，促进企业应用信息通信技术，使英国成为全球电子商务中心。政府将与英国电信、微软、英特、康柏公司合作为企业应用信息通信技术提供咨询服务。

5. 建立产业协作网。产业协作，如企业之间供货网络、生产分工、产业分工等产业协作，是企业充分利用其投资和人力资源的一种重要方式。英国政府将以改善汽车配件工业计划为成功运作模式，继续支持十个不同行业的产业协作计划。继续支持区域开发署，促进地区性的产业协作，建立区域性产业。政府将设立企业联系机构，每年为 1 万个有进取精神和发展潜力的企业提供技术、市场方面的指导；支持英国工业联合会为未来准备的就绪计划，鼓励企业面对未来的发展采取最佳策略。

6. 鼓励市场竞争。取缔不公平和反竞争的行为，改革现有企业兼并政策，为传统产业的发展提供开放的、竞争的市场环境。

第三，推行国有企业的股份制改革，鼓励中小企业发展。[①] 英国政府对老工业基地国有企业的股份制改革，可分为四个阶段[②]：

第一个阶段，由政府主管部门对国有企业改革方案进行可行性研究并做出决策；第二阶段对包括调整国有企业内部结构在内的企业经营管理体制进行变革；第三阶段是出售国有公司股权并为股票上市做好准备工作；第四阶段为国有企业股票上市以及国有股权的逐步出售做准备。在上述的四个阶段中，第二、三阶段最为重要。第二阶段是在公司内部进行经营机制调整。第三阶段是出售国有股权，为上市做准备，包括三个方面的内容：首先，评估国有企业资产，采用现时市场售价法，即对现有的资产按照可能出售的价格进行重新评估；其次，定价，国有企业股票上市定价是关键，若定价太高，认购人可能会减少，从而导致上市失败，这将大大损害国有企业股票形象，并为以后的国有企业股票上市造成困难，但上市股票若定价太低，国家将为此遭到重大损失，广大纳税人也会产生不满并且会造成二级市场投机过剩；最后，确定职工持股购股方案，英国政府对其国有企业进行股份制改造时，一般都让职工持有总股份的 10% 左右。职工持股可通过几种方式，一部分由公司向全体职工赠送股票；一部分让职工低价购买，而且低价购买部分还可以采取"买二送一"的办法；还有一部分是按公司上市价格优先购买。

例如从 1988 年开始，英国为了改造传统产业，提高钢铁制造业的生产效率，对老工业基地的钢铁产业进行了大规模的私有化。通过上述程序进行操作，结果

---

① 隋忠诚：《东北老工业基地振兴的国际经验研究》，吉林大学博士论文，2006 年。
② 彭建国：《英国国有企业的改造》，载《中国市场》1994 年第 6 期。

改制后生产效率和产品质量都得到了极大的提高，到 2003 年，钢铁制造业的从业人数已经由 5 万人降到了 2.5 万人[①]。

另外，十几年来，英国政府先后采取了一系列措施，放松政府管制，提高老工业基地的经济活力。政府先后废除了 160 多项对经济活动的限制规定，如取消最低固定佣金制度；取消证券经纪人与证券批发商之间的分工；允许外国公司直接参加市场交易活动；废除私人企业工人最高工资的限额及对产品价格的限制等。同时，针对产业衰退和地区衰退问题，英国各级政府还积极扶植中小私营企业的发展，以增强经济活力。政府为此制定了《企业扩张计划》（Business Expansion Scheme）为中小企业提供资本和技术咨询。减少小企业应缴的所得税、投资特别税、法人税及附加税、资本让渡税、资本所得税等。英国政府的扶植政策增强了中小私营企业的发展势头，促进了老工业基地经济的发展。

第四，政府的财政政策支持促进老工业基地经济发展。[②] 英国政府规定，符合区域政策，在开发区建厂的企业可以得到政策规定的财政补贴、贷款利率、税收、折旧等方面的优惠，数额视其在开发区创造的就业机会而定。而当开发区失业率降低到一定比例（如 4% 以下）后就立即取消开发区待遇，不再援助。这种限制性措施，为开发区创造了大量发展的机会。另外，英国政府在 1966 年颁布了《工业发展法》，规定在受援地区建厂可得到相当于设备投资 40% 的赠款，1968 年重新规定，对设备投资的赠款比例，特别开发区为 44%，开发区为 40%，中间区为 20%，并可减免所得税、财产税。20 世纪七八十年代，老工业基地钢铁工人失业最多的时候，英国政府利用财政资金，对失业的钢铁工人提供免费培训，使他们获得重新就业的新技能。近些年，则开始通过对被裁减者实行贷款和其他类型的金融资助，帮助他们自己创业。政府对同意安置多余工人的公司给予临时就业津贴；出资在全国成立 49 个职业指导中心；为青年人提供获得工作经验的机会等。从 1975 年 4 月到 1978 年 3 月，政府在专门的就业服务和培训方面的支出总计达 5.6 亿英镑，1980 年 8 月宣布再拨款 2.5 亿英镑的资金，主要用于为 18 岁以下找不到工作的中学毕业生提供职业培训机会；1982 年 7 月，又宣布了一项新的减少失业的计划，主要是向那些把全日工作分为两份半日工作的公司提供补助。[③]

---

① 郭福华：《借鉴西欧国家成功经验，利用信息技术改造老工业区》，载《当代通信》2004 年第 14 期。

② 隋忠诚：《东北老工业基地振兴的国际经验研究》，吉林大学博士论文，2006 年。

③ 马震平：《英国老工业基地改造经验——英国地区政策的基本架构与经验》，载《经济管理文摘》2003 年第 22 期。

与前三种模式不同，英国威尔士模式更加强调市场对于资源配置的关键作用。政府在改革过程中起到引导和辅助作用，其目的在于更加完善的发挥市场机制。当然，对老工业基地给予财政上的支持是任何发展模式都必要的。

通过本节的分析，我们将这四个国际上著名的老工业基地的改造措施及其特点归纳成表 7-1，以便于我们继续进行下面的分析。

表 7-1　　　　　国外主要资源型城市改造措施一览表

	鲁尔工业区	洛林工业区	北九州工业区	威尔士工业区
衰退原因	主导产业衰退；区域优势丧失；产业结构不合理；新的产业革命爆发			
改造措施	建立专门负责机构；制定改造计划；给予财政补贴与支持；重视人力资源开发	发展高新产业；建立财政补贴与奖励制度；引进外资；建立中小企业园圃；政府倾斜政策	补贴健全基础设施建设；实施积极的财政政策，解决资金问题；完善社会保障制度；注重"产、学、官"结合	利用高新技术改造传统产业；推行国有企业的股份制改革；实施促进老工业基地经济发展的财政政策
措施的显著特点	强调人力资本开发	财政冲销巨额沉淀成本	政府主导改造路径	推行私有化，完成国有企业的股份制改革
措施的共同点	强调矿产资源的不可再生性，重视环境的保护与资源的可持续利用			

资源来源：据前文总结而得。

7.2　国外老工业基地资源型城市改造对我国的启示

7.2.1　政府与企业的协作

从国外工业基地改造的经历我们可以看出，要想使老工业基地尽快走出困境，单纯依靠市场力量是不现实的，西方市场经济国家尚且如此，我国当然也不能例外。由于我国的老工业基地曾经为全国经济的发展做出过重大贡献，其目前的衰退也与早期的透支及计划经济体制密不可分，因而中央政府对该区域的振兴更责无旁贷。

193

一、成立相关机构，对老工业基地的改造进行统一规划和指导

这一点受到德国鲁尔与法国洛林模式的启发。如德国鲁尔区在 20 世纪 60 年代成立区域规划机构，编制地区总体发展规划，提出了调整工业结构，改造煤钢基地，发展新兴工业，消除环境污染的目标。法国政府专门成立了工业转型与国土整治部，并在法国、比利时、卢森堡接壤地区成立欧洲资源转型与调整中心以及"煤炭工业地区转型金融公司"等中介机构，负责制定钢铁、煤炭等领域的转型规划并协调地区改革行动。

从德国政府的做法来看，我国在老工业基地改造过程中还应该注重各级政府的共同努力。德国在改造过程中，联邦政府、州政府乃至市政府都在各自的岗位上发挥了自己应有的作用，确保了微观和宏观问题解决的统一。"鲁尔的成功经验表明，转型不是一个自然变化的过程，而是战略的选择，它包括一系列战略决策，注重政府和企业互动，规划的指导作用非常明显。从中国的实际情况来看，矿业城市大多是按照一厂一市的前苏联模式发展起来的，经营资源产业的国有大中型企业的振兴是矿业城市成功转型的关键所在。但这些企业在管理体制上又有着中央和地方（省、地）之分，在转型上与地方政府呈现出不同程度的复杂利益关系，双方在转型工作中都希望对方在基础设施建设、环境整治等方面承担更多的责任，为自身可持续发展创造条件；在接续产业选择上往往更多地考虑自身利益，缺乏相互沟通。这种局面不仅有碍资源的优化配置，长此以往还可能产生利益冲突，不利于转型工作的顺利开展。因此，在我国改造老工业基地的过程中，也应该在地方政府成立专门机构，为中央机构提供准确的信息，使中央的政策来自基层，并在政策和资金上积极配合。"①

二、对老工业基地改造进行长期规划

从国外情况看，大多数资源型城市资源发生枯竭、经济出现衰退时，城市基础设施建设不足、自然人文环境不良，缺乏聚集效应，在这种情况下实施产业转型，往往难度很大，即使产业转型能够实现也是一个痛苦而漫长的过程。这主要是由于资源型城市发展缺乏规划，或者仅仅将其定位为专业化工矿城市甚至采掘城市，不鼓励甚至限制城市经济基础的多元化。② 因此，对老工业基地的改造应当在长期规划和国民经济整体发展目标的指导下进行。它不应是一种"应急性

---

① 黄溶冰等：《休斯敦、鲁尔和洛林的转型策略及提示》，载《辽宁工程技术大学学报》2004 年第 6 期。

② 钱勇：《国外资源型城市产业转型的实践、理论与启示》，载《财经问题研究》2005 年第 12 期。

的"、为解决一定时期内某些"特定问题"的短期调整，而应是一种在对整体经济发展目标、条件进行深思熟虑后做出的决策。中央政府在对老工业基地的改造上要加强宏观调控力度，充分发挥政府的作用，发挥立法手段和经济杠杆的作用，并应与整个区域政策结合起来。同时，要注意实行分类管理的原则，根据不同区域的经济条件和特点，对不同行业、不同企业实行有重点的改造和调整。

各级政府要重新认识老工业基地的现实优势，增加新产业的科技含量，确立新的主导产业部门。任何类型的工业基地都是在特定的区域优势的基础上形成、发展起来的，并随着区域优势的转变而发生变化。资源型城市经济转型，实现可持续发展更是如此。莱茵—鲁尔区的经验表明，矿业城市经济转型过程中，矿产业和非矿产业要同时发展，矿产业要延伸产业链，非矿产业要提高科技含量。

各级政府还应该做好长期的区域规划。老工业基地改造要做到生产力布局合理，城市功能完善。英国英格兰工业基地改造的实践证明，作为工业革命的发源地，资源型城市走非工业化的道路是个有益的尝试，这些工业基地大都拥有完备的交通网络，转型重点放在发展金融业、专业咨询、会展业、旅游业和零售业方面，走以服务业为龙头的转型模式。莱茵—鲁尔工业基地在煤钢生产的基础上发展汽车、电子、纺织、食品等新的产业部门，使原来较为单一的产业结构，转变为以煤钢生产为基础，机械、化工、电子、纺织等多部门相结合的综合性工业基地。美国东北五大湖工业区还把煤炭产业转型同国土整治结合起来，并列入整个地区规划，他们专门成立了国土整治部门，负责处理和解决衰老矿区遗留的土地污染、闲置场地的重新有效利用问题。企业关闭后，迅速抹掉老矿区的痕迹，对其进行重新改造包装，或建居民住宅、娱乐中心，或作为新厂厂址，或植树种草，美化环境等。

三、国家积极的政策扶持

国际上其他老工业基地的振兴无不与国家政策扶持紧密相关，东北振兴更离不开国家的支持。2003年10月5日中央出台《中共中央国务院关于实施东北地区等老工业基地振兴战略的若干意见》，为支持东北地区老工业基地振兴，经国务院批准，财政部、国家税务总局发出通知，明确振兴东北老工业基地有关企业所得税优惠政策，并自2004年7月1日起执行。辽宁、吉林、黑龙江三省已分别制定实施了《辽宁老工业基地振兴规划》、《振兴吉林老工业基地规划纲要》、《黑龙江省老工业基地振兴总体规划》，这三个规划已经国务院振兴东北地区等老工业基地领导小组办公室批复同意。东北许多老工业基地城市，也相继制定实施了老工业基地振兴规划。国家有关部门也编制完成了相应的专项规划，如《东北地区电力工业中长期发展规划》、《振兴东北老工业基地公路水运交通发展规

195

划纲要》等。这些规划的制定实施将有利于进一步推进东北老工业基地的调整改造和振兴。[①]

政府应该强化对不同基地的分类指导。[②] 从东北地区的实际情况看，老工业基地主要有四种类型：一是原材料工业基地，如鞍山、大庆等；二是单一资源型基地，如阜新、鸡西等；三是装备制造业基地，如齐齐哈尔等；四是综合性老工业基地，如沈阳、哈尔滨等。对于不同的老工业基地，应该采取不同的策略，实行分类指导、区别对待。例如，对于单一资源型基地和原材料老工业基地，要重点解决资源枯竭和接续产业的发展问题，延长产业链条，积极培育新兴产业，逐步实现产业的多元化；对于以装备制造业为中心的老工业基地，应把重点放在提高经济增长质量和产业竞争力，促进产业升级，增强发展后劲上面；对于综合性老工业基地，要重点发展先进制造业、高新技术产业和现代第三产业，增强中心城市功能，提高城市综合竞争力。

四、完善市场经济体制，注重制度建设[③]

进一步完善市场经济体制，这是老工业基地改造的一个先导性条件。资源的市场配置是老工业基地振兴的根本途径。我国的老工业基地改造，就是要在国家宏观调控下发挥市场在资源配置中的基础作用。要通过所有制改革和产权制度建设塑造充满活力的微观经济主体；要通过完善价格和竞争机制建立灵活高效的市场传导机制。同时，要加强国家的宏观调控，减轻市场配置中的外部不经济和资源浪费，调整计划经济时期形成的企业和产业不合理的分工格局。

重视制度建设，减少或消除市场准入中行政性限制、所有制歧视和地方保护，建立良好的政策环境。加强制度建设，不是以制度安排取代市场机制，而是为强化市场资源配置功能，纠正资源配置中的市场失灵，保障经济主体正常的交易环境。要通过制度建设鼓励和引导民间资本、境外资本积极参与老工业基地接续产业的发展和主导产业的转型。

7.2.2 积极发展接续产业

发展接续产业是解决资源型城市转型问题的关键。德国鲁尔模式的做法是利

---

① 王洛林、魏后凯：《振兴东北老工业基地的主要政策措施》，载《中国经济时报》2005 年 7 月 18 日。

② 生奇志等：《资源型工业基地国际经验比较与东北振兴对策》，载《科技管理研究》2006 年第 10 期。

③ 李俊江、史本叶：《国外老工业基地改造的措施与启示》，载《经济纵横》2006 年第 5 期。

用原有资源产业形成的产业基础，形成多元产业结构，虽然鲁尔在城市发展过程中对其优势资源的开发具有较强的经济依赖，但由于该地区产业综合化发展趋势较为明显，吸引和形成了一定数量的其他次级产业，从而有可能在其现有的多种产业中，找到具有发展潜力及区域带动能力的新主导产业，目前汽车、炼油、化工以及电子产品生产企业已遍及全区，使该地区经济结构逐步得到了调整和提升。

法国洛林地区在 20 世纪 60 年代开始，煤炭资源逐渐枯竭，开采成本高于进口煤炭到岸价格的 3 倍左右，造成洛林煤炭工业长期亏损。在转型过程中，洛林选择了植入新产业的模式，摒弃传统产业，坚持高起点进行转型，接续产业大都瞄准高新技术和复合技术产业，根据国际市场需求，发展了计算机、激光、电子、生物制药、环保等高新技术产业。

我国东北地区地域面积远大于德国鲁尔和法国洛林地区，资源型城市具体情况又有较大差异，所以不能够在东北地区单一拷贝鲁尔模式或洛林模式，要实现东北老工业基地资源型城市的接续产业的合理选择，我们还要从自身的状况具体分析。

一、发展教育科研事业是发展接续产业的前提

老工业基地遗留的劳动力通常受资源型城市环境的制约，技能单一，往往对传统的生产技术比较熟悉而对新兴产业和新兴技术比较陌生，因而如不大力发展教育事业促进新人才的培养，发展接续产业需要的人才就会出现缺口，接续产业的发展就会遇到瓶颈。

从国际经验上看，德国、日本是最重视教育的国家，因而在转型过程中能够较快地发展起新兴产业、高技术产业。例如，20 世纪 60 年代，鲁尔区所在的北威州抓住新技术革命契机，树立教育优先的战略思想。该州陆续建起一批新型综合大学、高等专科院校以及相关的新兴学科。目前，该州共有 53 所大学与专科学校。科研方面，北威州还先后建立了 21 个高级专业研究中心，以及涉及微电子、信息技术等领域的其他研究中心。该州已发展成为欧洲最重要的十大科技创新区之一，鲁尔区也从一个没有大学的地区成为欧洲大学密度最大的工业区。

二、发展新兴产业

从国际经验看，发展新兴产业是解决资源型老工业基地产业结构单一、缺乏弹性的较好办法。根据市场的需求变化，适时发展新兴产业才能使老工业基地获得可持续发展。

德国鲁尔区在改造过程中，利用当地劳动力资源充裕、交通便利、市场巨大

等优势，吸引各类新兴工业企业扩大投资和迁入，同时积极鼓励发展第三产业，使化工、电子、汽车、炼油、服装以及饮食服务等各类企业遍布全区。鲁尔区内的各大公司内部都普遍建立自己的科研机构，这些科研机构与高等院校、科研中心等机构密切合作，不断提高产品的技术水平，保持了区内产业的领先性。法国洛林地区更是如此。在上文阐述洛林模式的时候就提到，洛林工业基地改造的特点就是进行高起点的工业转型。洛林地区的新产业发展很快，核能、汽车工业、电子计算机、生物制药、环保等高技术产业取代了传统煤钢、纺织业成为该地区的支柱产业。日本在对九州工业区进行调整时结合区位优势，植入新兴替代产业，在九州地区发展集成电路（IC）产业。大量富余的廉价劳动力、良好的空气质量和水质以及发达的航空运输设施为九州发展 IC 产业提供了良好的区位优势。IC 产业为九州经济注入了新的活力，这不仅对地区的经济发展起到推动作用，而且形成明显的集聚效应，极大地促进了九州地区高新技术产业的发展。自 1965 年三菱电机公司确定在九州建造第一座集成电路工厂以来，东芝、日本电气、松下、富士通、索尼等大公司接踵而至，甚至美国得克萨斯仪器公司和仙童公司也将其集成电路工厂建在九州。随着半导体产业繁荣发展，IT 相关产业的研究机构、开发基地不断聚集到九州，德国国立信息处理研究所（GMD-Japan）、英国克兰菲尔德（Cranfield）大学日本中心等世界性研究所和大学先后落户九州，而日本国内的日立、索尼、三菱、富士通等大企业也就近成立研究所。九州正成为日本名副其实的高科技产业基地。①

三、利用高新技术改造传统产业

正如法国洛林在老工业基地转型过程中的做法表明的那样，对老工业基地的改造不是仅仅用新兴产业来百分之百替代传统产业，而是要把先进的技术利用到传统产业中，促进传统产业的升级换代，提升传统产业在现代社会的竞争力。像法国那样，对于没有发展潜力、没有竞争优势的产业和产品，就要实行主动放弃，把资源让位于改造那些有发展潜力的传统产业或者是新兴产业，这样做也是遵循市场经济客观规律的结果。例如，法国洛林地区主动关闭煤矿、逐步放弃煤炭产业，减少煤炭产业的从业人员。对于有发展潜力的传统产业，我们就要运用高新技术加以改造，促使其实现生产现代化，提高生产效率，降低成本，增强竞争能力。法国运用高新技术对原有的钢铁、机械、化工等行业进行技术改造，促其实现自动化，提高产品附加值。保留的钢铁公司发展市场短缺的汽车板材、镀锌板等，满足汽车工业发展的需求，使洛林钢铁工业的附

---

① 杨振凯：《日本九州老工业基地改造政策分析》，载《现代日本经济》2006 年第 6 期。

加值提高一倍以上。

英国政府也始终坚持对传统产业进行调整与改造。一方面，削减那些生产过剩、竞争能力差、企业效益低下的传统工业部门。如煤炭业，在20世纪80年代初，国家煤炭委员会运营的煤矿多达172座，而到90年代初，只留下15座；另一方面，对一些传统工业利用新技术、新工艺加以改造，以提高产品质量或降低成本，增强其竞争能力。[1]

四、建立高新技术园区，促进科研成果转化为生产力

鲁尔地区重视技术的市场化，区内大学和研究所都有"技术转化中心"，以帮助企业把技术转化成生产力；州政府还与市镇政府、当地银行及工商协会等机构共同投资在大学或主要科研中心附近兴建科技中心与科技园区，加快科技成果的转让速度。法国政府通过签署《国家—地区计划合同》，鼓励企业与科研机构及高等院校签订技术创新、应用和推广合作契约，建立以企业为主体，企业、科研机构和高等院校联为一体的科技开发体系。意大利西北工业三角区的振兴过程中，建设了以都灵—伊夫雷亚—诺瓦拉地区为中心的三角"技术城"，建立企业与高校、科研院所相结合的企业园圃，促进工业三角区生产程序的高度自动化。[2]日本在全国建立了26个技术城，把经济发展与科学技术、产业技术结合为整体，把开发高技术产业与改造传统产业相结合，提高了地方产业的技术水平。"日本的'产、学、官'联合是一种在政府支持下，充分利用大学强大的科研队伍和企业的经济实力，加快科技成果转化，开发新兴技术产品，增强企业国际竞争力的机制。它为九州老工业基地科技成果转化、产业技术提高发挥了极大作用。为加快东北老工业基地的科技成果转化能力，增强地区产业竞争力，我们也应注重'产、学、官'结合。一是政府出台相关优惠政策，促进产学结合。例如采取专利提成奖励措施、利用税收优惠政策鼓励企业向高校投资、对高新科技风险企业采取免税措施、改变高校和其他科研院（所）科研成果的评估办法、鼓励将企业项目纳入科研评估体系等；二是加强地区交流中心建设，加强信息交流，增进高校与企业界的联系。如召集企业人士与学者座谈、调查和汇总企业的需求、匹配相关大学或科研院（所）、指导产学科研方向等；三是鼓励高校建立专门的科研成果推销机构，加快技术转让速度。如建立企业项目咨询公司、企业项目联络办事处、大学专利转让机构等。"[3]

---

① 隋忠诚：《东北老工业基地振兴的国际经验研究》，吉林大学博士论文，2006年。
② 林蔚：《西欧国家如何改造老工业基地》，载《当代世界》2004年第9期。
③ 杨振凯：《日本九州老工业基地改造政策分析》，载《现代日本经济》2006年第6期。

第四篇

案例和实证研究篇

第 8 章

东北老工业基地资源型城市
接续产业的选择研究

资源型城市对资源具有很强的依赖性。这种依赖性主要表现在资源型城市的兴起源于自然资源开发，特别是由资源开采、初级产品加工所构成的资源型产业在城市经济中占据主导地位。随着资源的日益枯竭，资源型产业开始进入衰退期，资源型城市发展接续产业的问题逐渐凸现出来。资源型城市发展接续产业就是培育新兴产业，使其逐渐替代资源型产业成为主导产业，通过产业转型实现资源型城市的可持续发展。因此，采取何种方式、选择哪种接续产业发展，这就是实现资源型城市经济转型的关键问题。对于东北老工业基地的众多资源型城市来说，发展接续产业不必、也不能采取统一的模式，这就需要我们从资源型城市的发展实际出发，借助现代经济学理论，给出接续产业选择的一般性原则，从而为东北老工业基地资源型城市发展接续产业提供理论依据和基本思路。

8.1 东北老工业基地资源型城市接续产业的发展方式

根据资源型城市的资源基础，接续产业的发展有两种基本模式，即产业延伸模式和产业替代模式。由于东北老工业基地资源型城市所面临的多是经济意义上的资源枯竭，因此这两种模式对于大多数资源型城市发展接续产业都是适用的。

8.1.1　资源枯竭的两种含义

一般认为，接续产业问题尽管是最先在资源枯竭型城市发展困境中凸现出来的，但是它却是所有资源型城市共同面临的发展问题。究其原因，资源型城市所依赖的资源多为煤炭、石油，以及金属矿产等不可再生资源，资源可采储量的有限性导致资源开发不可能无限期的延续，因此，资源型城市最终都会演变成为资源枯竭型城市。这个逻辑演绎结论是通过分析自然资源的物理属性得到的。实际上，大多数自然资源，特别是不可再生资源，其形成经历了漫长的自然历史过程。资源消耗后在短期内无法恢复，从而体现出存量有限、不可再生的特点。因此，不可再生资源的可用数量随着资源开采而不断减少，当资源全部采掘完毕时，资源即告枯竭。

从广义上说，资源枯竭的定义有两种，一种是物理意义上的枯竭，一种是经济意义上的枯竭。物理意义上的枯竭正如上文所述的情况，即资源存量为零，不存在任何可开采的资源，它是一种绝对意义上的资源枯竭。同时，我们也应该看到除了物理属性以外，自然资源还具有经济属性。在市场经济条件下，资源产品具有市场价格，出售资源可以获得收益。因此，资源是否具有开采价值取决于开采成本与资源收益之间的关系，只有当开采收益高于开采成本时，资源开发才得以进行。当开采收益低于开采成本时，资源不具备开发价值，这就是经济意义上的资源枯竭。

在一定的经济环境中，理性的、追求利润最大化的资源所有者会选择首先开采成本较小的那部分资源。随着资源开采的不断深入，开采成本也会不断地上升。由于资源产品价格一般是在有限的范围内波动，开采成本上升的结果必然导致自然资源在采尽之前就不具有开采价值。换言之，经济意义上的资源枯竭往往在物理意义上的枯竭时刻之前发生。因此，我们通常所说的资源枯竭都是经济意义上的枯竭。需要指出的是，经济意义上的资源枯竭是一个相对的概念，它的判断标准不涉及资源的绝对数量，而取决于资源开采的成本收益分析。因此，经济环境中的诸多因素都会对资源枯竭状态产生影响，其中资源产品价格和技术水平是两个最重要的因素。

资源产品价格是影响开采收益的主要因素。对于原本没有开采价值的资源来说，资源产品价格上涨到一定水平后会导致开采收益超过开采成本，使资源继续开发成为可能，资源枯竭状态被打破。反过来，资源产品价格的下跌也会使原来可开发的资源失去开采价值，引发资源枯竭。进一步来说，资源产品的价格固然受到生产者市场势力和政府价格政策的影响，但它主要还是反映了市场经济中的需求水平和供给成本。在开采成本（供给成本）不变的情况下，市场的需求因素，包括收入水平、消费习惯、替代品价格等都会最终反映到资源产品价格上。

技术水平也是影响资源枯竭状态的因素之一。从开采成本方面看，在不考虑政府税收的情况下，开采成本主要来自于生产要素成本。技术水平正是决定成本的关键因素：在技术水平不变的情况下，开采成本随生产规模呈现先降低后升高的趋势，也就是边际报酬递减规律在成本上的体现；在技术进步提高技术水平后，单位要素投入带来的产出水平增加，资源开采成本降低，已探明资源的可采数量和比例得以提高。此外，随着技术水平的进步，生产者资源勘探的水平不断得到提高，新的矿源不断被发现，资源后备储量增加，资源枯竭状态得以缓解。

东北老工业基地资源型城市所面临的资源枯竭问题大多数属于经济意义上的枯竭，因此资源型城市的资源枯竭状态会随着外部经济因素的改变而发生变化。以油页岩为例，它是东北地区盛产的一种矿产资源。油页岩经过冷却或高温干馏后便会产出石油，但是其开采加工成本较高，只有当石油价格达到一定水平时才具备开采价值。根据2007年世界油页岩年会提供的最新性价比：当石油达到每桶25美元时，地下冷却干馏就可赢利；当油价达到35美元时，将油页岩开采出来加温干馏也可获利。在国际石油价格不断走高的情况下，原本备受冷落的油页岩获得了大规模开发的价值。现在，包括壳牌公司在内的众多国内外投资者都将东北地区的油页岩列为开发对象。

8.1.2 东北老工业基地资源型城市发展接续产业的方式

资源型城市发展的接续产业是相对于资源型产业而言的。在狭义上，接续产业是指在原有主导产业的基础上不断拓展和延伸产业链，对原有资源型产业的产品展开深加工和制造；在广义上，接续产业还包含了替代产业，即脱离原有主导产业，转而发展非资源型产业。本课题研究所涉及的接续产业包含了狭义上的接续产业和广义上的替代产业，从而使接续产业更具有一般性。因此，接续产业既包含对原有主导产业的进一步延伸和发展，也包含对原有主导产业的更新和取代。同时，这也给出了资源型城市接续产业发展的两种基本模式：产业延伸模式和产业替代模式。

其一，产业延伸模式。产业延伸模式就是在资源开采的基础上，利用原有资源优势，发展资源深加工产业，通过产业链的扩展增加产品的加工深度，提高资源的产出价值，从而带动城市主导产业的转型。一般来说，产业延伸模式有内涵型和外延型两个发展方向。

内涵型强调针对原有资源，拓宽资源开发领域。我国自然资源利用效率比世界平均水平低 20 个百分点，主体资源利用率低，伴生、共生资源利用率更低。可以通过加强伴生、共生资源的综合利用，减少资源浪费；也可以通过利用煤矸石、尾矿等废弃物，实现变废为宝。外延型是拉长原有产业链条。资源型产业处于产业链的上游，产品附加值小、利润率低。传统的垂直分工将资源采掘、原材料加工与资源深加工异地开展，不利于资源型城市发展。可以通过发挥资源型产业前向关联效应大的优势，发展资源的深加工，拉长产业链条，开发高附加值的产品。运用资源开发的自我积累功能，合理引导资源型产业的退出，并向加工型产业发展，最终实现产业转型。

其二，产业替代模式。产业替代模式是根据城市自身功能特色、定位及市场需求，发展新型产业替代资源型产业。一般来说，产业替代模式可以通过植入新型产业和扶持新主导产业两种方式来实现。

新型产业植入是一种外生型转型方式，它是选择好一个适合城市发展并有发展前景的产业，通过制定相关政策，促进新产业的形成，并最终发展成为主导产业。对于资源枯竭或开采成本很高的资源型城市来说，新型产业植入是一种内外部力量共同参与，通过"裂变式"的产业替代达到转型目的的方式。新主导产业扶持是一种内生型产业转型方式，它是从资源型城市现有产业中选出发展前景良好、产业带动作用强的产业进行扶持，使其逐渐成为主导产业。新主导产业扶持方式主要适用于除了资源开采以外，其他产业具备一定优势的资源型城市。这些城市在发展过程中虽然对资源开采有很强的依赖性，但城市产业综合化发展的趋势也比较明显，从而有可能从现有产业中找出一些具有发展潜力和带动力的产业。通过对这些产业进行扶持，达到产业转型的目的。

一般认为，上述两种模式并不适用于所有资源型城市。对于资源濒临枯竭的资源型城市而言，发展产业延伸模式没有资源基础，因而适于选择产业替代模式；对于资源开发尚处于成熟期的资源型城市而言，产业延伸模式和产业替代模式都是发展接续产业可供选择的方式。当然，处于成熟期的资源型城市发展接续产业并不一定采取单一模式，也可以采取两种模式的复合。通常是在产业转型的初期表现为产业延伸模式，城市主导产业逐步由采掘业转变为加工业。随着加工业的发展，城市功能逐步完善，新兴产业得以不断发展。由于多数东北老工业基地资源型城市所面临的是经济意义上的资源枯竭，当外部经济环境发生变化时，原来没有开采价值的资源被重新激活，资源型城市的资源枯竭状况得以缓解。从这个相对的、动态的意义上说，产业延伸模式和产业替代模式是大多数东北老工业基地资源型城市发展接续产业的适用模式。

8.2　东北老工业基地资源型城市接续产业的选择方法

发展接续产业是东北老工业基地资源型城市实现可持续发展的必由之路，因此，发展何种接续产业就是实现资源型城市转型的关键问题。接续产业的选择是一个复杂的决策过程，需要我们结合东北老工业基地资源型城市的现实情况，并借助于经济学的相关理论，给出接续产业选择的一般性原则，从而为我国资源型城市发展接续产业提供理论依据。

8.2.1　东北老工业基地资源型城市发展接续产业的原则分析

发展接续产业的实质是培育新兴产业，使其逐渐替代资源型产业成为主导产业，通过产业转型实现资源型城市的可持续发展。在新旧主导产业转换的过程中，接续产业的选择是一个关键环节。这种选择既可以利用市场自发调节，通过市场竞争和供求关系来促进接续产业的形成，也可以借助政府积极干预，通过一定的产业政策来达到目的。对于东北老工业基地资源型城市来说，部分城市资源枯竭的紧迫形势需要接续产业的选择具有时效性，而市场自发选择往往不能满足这样的要求。同时，市场选择只是在经济问题凸现的时候才会进行响应和补救，这又会使一些资源型城市错失产业选择和转型的最佳时机。因此，东北老工业基地资源型城市接续产业的选择更多地要靠政府的积极干预来实现，从而使针对接续产业选择原则的探讨更具有现实意义。

同时，从主导产业理论和产业选择理论的发展过程来看，自罗斯托（Rostow W. W.）提出主导产业的概念以来，主导产业及其选择的研究从经济发展的经验性描述，逐渐发展成为对国民经济主导产业发展的规划和指导。在研究中，许多学者相继提出了主导产业的若干选择原则，得到广泛认同的原则包括需求收入弹性基准、生产率上升率基准和产业关联度基准等。其中，需求收入弹性基准和生产率上升率基准由筱原三代平所提出，他认为随着人们收入水平的提高，需求收入弹性高的产品在产业结构中的比重将逐渐提高，选择这些产业为主导产业符合产业结构的演变方向。生产率上升率是产出与各种投入要素之比，他认为主导产业应具有技术进步快、技术要素密集的特征，选择主导产业就是要优先发展那些代表先进技术和较高经济效益的产业。产业关联度基准是由赫希曼（Hirschman A. O.）提出的，他指出产业关联度是各产业在投入产出上的相关程度，因此产业关联度高的产业对其他产业会产生较强的后向关联、前向关联、旁侧关联，选择这些产业为主导产业可以促进整个产业的发展。

随着主导产业研究由国家层面向区域层面转移，在国民经济主导产业选择标准的基础上，人们又提出了一些关于区域主导产业选择的原则和标准。虽然国民经济主导产业选择并不等同于区域主导产业的选择，但是需求收入弹性基准、生产率上升率基准和产业关联度基准等原则在区域主导产业选择中仍然具有一定的适用性。因此，这些基准也自然成为资源型城市选择接续产业的首要的、基本的原则。另一方面，由于这些基准具有普遍的适用性，仅仅根据这些基准进行区域主导产业的选择，就会忽略了区域发展的异质性，将特殊经济区域（如资源型城市）的主导产业研究一般化了。因此，我们可以在这些基本准则的基础上，从资源型城市的现实情况出发，着力探讨适合东北老工业基地资源型城市接续产业特殊的、有针对性的选择原则，而不必对这些基本准则进行赘述。

进一步来讲，由于主导产业是一个较为概括、而非具体的选择目标，所以产业选择并不是一般意义上的最优化问题，而是一个多目标的决策问题。在解决具体问题时，人们往往从现实情况中分析制约因素，以期得到改善，从影响因素中抽象出选择原则，作为目标基准。从前面章节可知，随着城市主导资源的日趋枯竭，东北老工业基地资源型城市发展逐渐陷入困境，接续产业的发展也面临诸多的现实约束：资源濒临枯竭，自然环境恶化；产业结构单一，刚性特征明显；就业结构单一，就业形势严峻；资金积累不足，技术水平下降；区域发展不协调，区位优势弱化等等。

从这些现实约束中，我们可以总结出影响东北老工业基地资源型城市接续产业选择的一些主要因素。其一，自然资源因素。自然资源是产业发展的物质基础和先决条件，资源型城市的资源禀赋也直接决定了该城市的产业优势及其兴衰。其二，生态环境因素。环境问题是资源型城市实现可持续发展的重要问题，既往的污染和次生地质灾害造成了对发展空间和环境的破坏，而且脆弱的生态环境也对接续产业提出了更高的要求和限制。其三，技术进步因素。技术进步不断拓展我们利用资源的深度和广度，也会使接续产业在不断创新中获得持久的生命力。其四，衰退产业因素。在发展接续产业时，不能忽视衰退产业，选择接续产业也要注意消化和吸收已经形成的沉淀成本，合理地引导衰退产业退出。其五，地理区位因素。资源型城市的地理位置受制于资源的自然分布，地理区位条件影响着城市的交通运输和信息交流，以及与此密切相关的接续产业选择。

8.2.2　东北老工业基地资源型城市接续产业的选择原则

东北老工业基地资源型城市发展接续产业的现实约束和影响因素既是发展接续产业、实现产业转型的主要障碍，也是资源型城市发展接续产业必须着力解决的现实问题。因此，确定东北老工业基地资源型城市接续产业的选择原则，既要从这些现实约束和影响因素出发，又要结合资源型城市的自身特点。在选择原则的制定中，要充分体现四个结合：即资源型城市发展接续产业与实现可持续发展、走新型工业化道路的有机结合；资源型城市发展接续产业与产业发展规律的有机结合；资源型城市发展接续产业与区域发展规划的有机结合；资源型城市发展接续产业与当地发展的初始条件的有机结合。基于此，本课题提出了以下几个原则：

一、可持续发展的原则

东北老工业基地资源型城市的发展困境源于城市主导资源的枯竭，资源枯竭受资源开发规律的支配，也深受资源利用方式的影响。在传统经济发展模式下，要素驱动型的经济发展既加速了资源耗费的速度，也引发了诸多环境问题。如果说以往缓解资源矛盾还有较大的回旋空间，发展到今天，由于资源环境的承载负担过重，东北老工业基地资源型城市的传统产业已经到了难以为继的地步。因此，东北老工业基地资源型城市发展接续产业，必须以转变经济发展方式为根本方针，通过走科技含量高、经济效益好、资源消耗低、环境污染少、人力资源优势得到充分发挥的、有中国特色的新型工业化道路，实现资源型城市的可持续发展。可以选择高新技术产业，使之成为城市经济新的增长点，并通过高新技术改造和提升传统资源型产业；也可以通过发展循环经济，选择绿色产业，实现经济发展和资源环境改善的良性循环。

二、协调发展的原则

东北老工业基地资源型城市发展接续产业要与东北地区整体区域发展规划结合起来，从区域经济发展和地区资源整合的角度考虑各个资源型城市接续产业的选择问题。由于资源型城市发展接续产业不仅仅是各个城市自身发展的问题，而且还涉及整个区域的发展问题。因此，接续产业的选择要打破行政区划的局限，摒弃各为自政的做法，通过区域内的基础设施和交通、信息、资源的协同整合，深化社会分工体系，培育和发展优势产业集群，在发挥东北老工业基地整体竞争优势的同时，实现资源型城市自身的产业结构调整。

三、稳定发展的原则

就业问题直接影响资源型城市经济发展和社会安定，因此，东北老工业基地资源型城市发展接续产业，要将就业问题放在突出的位置并加以解决。随着资源型产业的衰退，大批职工从资源型产业转移出来，从而增加了城市的就业压力。因此，接续产业的选择要充分考虑产业对劳动力的吸纳能力，合理引导劳动力转移，为劳动者提供舒适安全和稳定的劳动场所。同时，要注意资本投入和人力资源结合的问题，避免高新技术排挤产业工人现象的发生。通过发展接续产业安置就业，从根本上解决民生问题，实现资源型城市的稳定发展。

四、产业转换成本最小化的原则

资源型城市发展接续产业的目标是实现产业转型，转型就要支付一定的转型成本——资源型产业退出成本和接续产业进入成本。其中，资源型城市产业转型必须充分考虑资源型产业退出成本。从沉淀成本角度看，对资源型产业的投资具有显著的沉淀成本。资源型城市发展接续产业，因产业不同或者部门不同，选择不同的产业发展时，会产生大小不等的经济性、体制性和社会性沉淀成本。设法让现有的各类资产发挥重新利用的经济价值，是资源型城市必然选择的道路，即让各类资产重新利用和再生产，重新派上用场，避免出现各类沉淀成本。因此，接续产业的理性选择要求资源型城市发展接续产业时，必须通过产业转换成本最小化的分析，选择使这些沉淀成本最小的产业进行发展。

五、发挥比较优势的原则

资源型城市发展接续产业，要结合自身发展的初始条件，从各地区的实际出发，充分发挥各自的比较优势。由于各个资源型城市资源先天条件、所处地理位置、产业发展状况和基础设施各不相同，因此不必也不可能采取同一种模式。对于主导产业已有相当规模和竞争力的资源型城市，可通过拓展产业链条和细化分工带动地区经济发展；对于有一定区位优势和人才优势的资源型城市，可通过以大项目引进带动地区产业调整；对于虽然现有资源临近枯竭但尚有后续资源开发潜力的资源型城市，可通过加快勘探步伐和寻找新矿源培育资源产业发展的增长点；对于资源已经枯竭但具有良好的生态环境和自然景观的资源型城市，可通过发展旅游和现代农业促进地区经济发展；对于资源经营枯竭但地理位置优越的资源型城市，可通过发展现代物流产业拉动经济发展。遵循比较优势的原则，按照资源型城市的资源禀赋来选择相应的接续产业，能够避免新一轮的产业趋同，使资源型城市的接续产业更加具备市场竞争力。

8.2.3　东北老工业基地资源型城市接续产业的选择模型

接续产业的选择是从备选产业中择优选出某个产业作为未来发展的主导产业，择优的条件就是满足资源型城市接续产业的选择原则。由于接续产业的选择原则有若干个，因此，接续产业的选择就成为一个多目标选择问题。

在进行多目标选择时，备选方案之间往往在不同指标上互有优劣而难以取舍，这也是多目标选择问题的难点所在。对于选择接续产业来说，我们可以将选择原则具体化为选择标准，进而对所有备选产业进行评价。由于接续产业的选择原则不止一个，相应的选择标准也会有若干个。这样，某个备选产业会有多个评价指标。在比较不同备选产业时，如果产业 A 的所有评价指标都好于产业 B，那么产业 A 就是优于产业 B 的选择，这当然是一种较理想的情况。在一般情况下，产业 A 的某些指标好于产业 B，而在其他指标上，产业 B 要好于产业 A，这时两个产业的优劣比较出现困难，需要借助一些技术手段加以处理。

一般来说，可以采取将选择标准加权加总或分层次比较的方法，这些方法都具有很强的主观性。此外，由于选择标准之间还可能存在着尚未观察到的影响，因此多目标的选择问题很大程度上是一种模糊决策。为此，我们借助灰色系统理论，将备选产业和最优选择看成是灰关联空间内的点，通过灰色关联度（灰距离）分析和主成分投影来比较、选择接续产业。

1. 备选产业集合

备选产业集合的元素是资源型城市可供选择的产业，不能事先人为地对这些产业施加过多的限制，而应该将更多的产业纳入备选的范围。在实践操作中，需要注意的是：首先，不能将接续产业仅限定在非资源型产业上。处于不同发展阶段的资源型城市都有发展接续产业的需要，资源枯竭型城市往往偏重于选择非资源型产业，而其他资源型城市则可以在资源型产业和非资源型产业中进行选择。其次，不能将接续产业仅限定在第二、第三产业上。资源型城市的经济规模有限，其产业发展和结构演进未必符合国民经济产业结构变化的一般规律，有可能出现"跳跃式"发展或者"逆结构"演进。最后，不能将接续产业仅限定在现有产业上。接续产业是资源型城市未来经济发展所倚重的主导产业，产业选择应该是一个规化过程，而不仅仅是根据现有产业进行判断和识别。

2. 选择原则对应的选择标准

虽然我们已经给出了接续产业的选择原则，但是选择原则并不能对资源型城市接续产业进行明确的选择。这就需要我们对接续产业的选择原则给出相应的选择标准，利用选择标准具体评价备选产业。选择标准及其体系是建立在选择原则基础之上的，并要具有一定的可行性和可操作性。根据主导产业选择的相关研究，我们给出东北老工业基地资源型城市接续产业的选择标准（如表8－1所示）。

表8－1　　　　　东北老工业基地资源型城市接续产业的选择标准

选择原则	可供选择的评价标准
可持续发展的原则	能源消耗系数、成本费用利润率等
协调发展的原则	产业感应度系数、产业影响力系数
稳定发展的原则	产业就业密度（包括单位产值就业人数、资本与劳动力比率等）
产业转换成本最小化的原则	产业转型成本
发挥比较优势的原则	产业贡献率、区位熵、产业利税率、资源优势度等

绝大部分选择标准都有通用的计算方法，我们仅就产业转型成本加以说明。产业转换成本最小化原则对应的选择标准需要对产业转换成本进行测度。一般来说，产业转型成本主要包括资源型产业退出成本和接续产业进入成本。在资源型产业退出过程中，既要对原产业的固定资产进行清算出售，还要对原产业在岗工人进行安置。因此，资源型产业的退出成本主要由沉淀成本和失业保障金成本所构成。接续产业的进入成本主要由新产业的投资构成，由于接续产业发展方式的不同，这部分成本可能来自于原有企业的改造成本，也可能来自于新企业的投资建设成本。此外，从更广阔的角度看，产业转型成本还应该包括相关的生态环境治理成本和城市基础设施建设成本等。对于不同的接续产业来说，如果这些成本之间存在差异，那么将其计入产业转型成本就是有意义的。

还需要说明的是，产业转型成本指标与其他指标的数值意义有所不同。在优选接续产业时，产业转型成本指标的值越小越好，从而是一个负向指标。我们可以在灰色关联度分析中对负向指标进行处理，也可以在指标设定时进行相应的变换。例如，我们将备选产业的转型成本与所有产业转型成本的最大值作差，那么差值就表示相对的转型成本。转型成本小的接续产业，其对应的差值就会很大，从而使产业转型成本指标转变成一个正向指标。

3. 接续产业的灰色关联度分析

假设备选产业有 m 个，接续产业的选择标准有 n 个。那么，我们可以得到下面的评价矩阵：

$$X = \{x_{ij}\}_{m \times n} = \begin{bmatrix} x_{11} & x_{12} & \cdots & x_{1n} \\ x_{21} & x_{22} & \cdots & x_{2n} \\ \vdots & \vdots & \ddots & \vdots \\ x_{m1} & x_{m2} & \cdots & x_{mn} \end{bmatrix}$$

其中，从横向看，第 i 个向量 d_i 对应的是 X 的第 i 行，即 $d_i = (x_{i1}, x_{i2}, \cdots, x_{in})$，$i = 1, 2, \cdots, m$，表示第 i 个备选产业的 n 个指标的值；纵向看，第 j 列指标 $(x_{1j}, x_{2j}, \cdots, x_{mj})$，$j = 1, 2, \cdots, n$，表示第 j 个指标对 m 个备选产业的评价值。

对于评价值来说，不同指标的数值含义不同，其量纲也不相同，因此要对评价矩阵的元素进行无量纲的标准化处理。此外，资源型城市接续产业的选择原则都是正向评价，其指标也是正指标，因此标准化处理可以采取以下的方法：

$$y_{ij} = \frac{x_{ij} - \min_{1 \le i \le m}\{x_{ij}\}}{\max_{1 \le i \le m}\{x_{ij}\} - \min_{1 \le i \le m}\{x_{ij}\}}$$

这样，评价矩阵 $X = \{x_{ij}\}_{m \times n}$ 就转化为标准评价矩阵 $Y = \{y_{ij}\}_{m \times n}$。

$$Y = \{y_{ij}\}_{m \times n} = \begin{bmatrix} y_{11} & y_{12} & \cdots & y_{1n} \\ y_{21} & y_{22} & \cdots & y_{2n} \\ \vdots & \vdots & \ddots & \vdots \\ y_{m1} & y_{m2} & \cdots & y_{mn} \end{bmatrix}$$

在利用灰色系统理论进行多目标决策时，需要比较各个产业与相对最优产业（指某一指标衡量下的最优）的灰色关联度，一般采取下面的方式进行度量：

$$\xi_{ij} = \frac{\min_i \min_j |y_{ij} - 1| + \rho \max_i \max_j |y_{ij} - 1|}{|y_{ij} - 1| + \rho \max_i \max_j |y_{ij} - 1|}$$

其中，ρ 为分辨系数，$0 < \rho < 1$，通常取 $\rho = 0.5$。一般而言，在标准化评价矩阵后，$\min_i \min_j |y_{ij} - 1| = 0$，$\max_i \max_j |y_{ij} - 1| = 1$。

由此，我们得到了多目标灰色关联度评价矩阵 $\xi = \{\xi_{ij}\}_{m \times n}$。由于选择指标间的相互联系会造成决策信息的相互重叠而相互干扰，可以采用正交变换过滤掉重叠信息，进而得到正交变换后的灰色关联度评价矩阵 $\xi = \{\xi_{ij}\}_{m \times n}$。评价矩阵 $\xi = \{\xi_{ij}\}_{m \times n}$ 每列的最大值构成了理想评价向量 $e = (e_1, e_2, \cdots, e_n)$，其中 $e_j = \max_{1 \le i \le m}\{\xi_{ij}\}$。将理想评价向量 e 标准化，得到 $e^* = (e_1^*, e_2^*, \cdots, e_n^*)$，其中：

$$e^* = \frac{1}{\sqrt{\sum_{j=1}^n e_j^2}} e$$

213

最后，再将各评价向量在理想评价方向上做投影值，即：

$$K_i = \frac{\sum\limits_{j=1}^{n} e_j^* \cdot \xi_{ij}}{\sqrt{\sum\limits_{j=1}^{n} (e_j^*)^2}}$$

其中 $i = 1, 2, \cdots, m$。

这样，每一个备选产业都会计算得出相应的投影值 K_i。最大的 K_i 值所代表的产业就是依据东北老工业基地资源型城市接续产业的选择原则，利用多目标灰色关联度方法选择出来的最优的接续产业。

第9章

东北老工业基地资源型城市发展
接续产业的实证研究

产业结构是衡量一个地区经济发展的重要指标。通过对产业结构的调整，促进产业结构优化和升级，是经济发展的必然要求。因此，东北老工业基地资源型城市的经济发展要注意符合区域产业结构调整趋势，发展接续产业要有助于城市产业结构的优化和升级。从三次产业划分看，东北老工业基地区域间产业结构逐渐趋同，但各省的第二产业（特别是工业部门）内部结构又各具特点。总体来说，东北老工业基地的产业仍然以资源开采和原材料加工工业为主，产业发展具有明显的资源导向性。这可以从东北老工业基地支柱产业的实证分析中得到验证，并且在支柱产业中选择的主导产业对区域经济发展具有很强的拉动作用。这并不是给接续产业的选择加以限制，而是为资源型城市明确自身优势给出了参考依据。

9.1 东北老工业基地产业结构演进的实证研究

产业结构的演进是伴随经济总量的增长和素质提高而出现的经济过程。在东北老工业基地建设、发展和振兴的过程中，区域的产业结构也发生着深刻的变化。从总体上看，东北老工业基地的产业结构逐渐从失衡走向平衡，区域间的产业结构也逐渐趋同，而经济发展对产业结构的影响则各具特点。

215

9.1.1 东北老工业基地的产业结构演进

新中国成立以来，东北老工业基地的产业结构变化经历了两个不同阶段。在改革开放前，东北老工业基地的产业结构从第一产业和第二产业并重向偏重第二产业方向发展，导致第二产业比重过高，产业结构比例严重失调。历经改革开放后的多次调整，东北老工业基地的产业结构与全国水平趋于一致。

一、1978 年以前的产业结构变化

长期以来，独特的资源优势和区位优势使东北地区的工业发展水平始终位居全国前列。从产业结构方面看，1952 年全国第一、第二、第三产业的比重为50.5%、20.9%、28.6%，东北三省第一、第二、第三产业的比重为 39.4%、38.6%、22%。第二产业的比重高出全国 17.7 个百分点，其中工业在第二产业中的比重达到 90.4%。可见，在当时全国产业结构以农业为主的情况下，东北地区的产业结构已经体现出农业与工业并重的特点。[①]

东北老工业基地的建设大大加快了东北地区区域工业化进程。"一五"时期，东北地区产业结构发展的趋势是第二产业迅速发展，比重大幅度增加；第一产业和第三产业虽也有所发展，但比例呈下降之势。从辽宁省的三次产业构成来看，1952 年国民生产总值是 41.38 亿元，其中第一产业为 12 亿元，占 29%；第二产业为 20 亿元，占 48.3%；第三产业为 9.38 亿元，占 22.7%。到 1957 年，国民生产总值增至 78.69 亿元，其中第一产业为 16 亿元，占 20.3%；第二产业为 46.62 亿元，占 59.3%；第三产业为 16.07 亿元，占 20.4%。"二五"时期，国家对东北地区实行优先发展重工业的政策，使东北地区第二产业产值占国内生产总值的比重继续加大。[②]特别是在 20 世纪 60 年代，大庆油田的开采改变了东北地区的能源结构、原料结构、产品结构及出口贸易结构，从而引起东北地区产业结构的深刻变化。重化工业的比重不断上升，而轻工业所占比重趋于下降。东北地区的重化工基地地位得以确立，初步形成了以重化工业为主的产业结构。总体上看，老工业基地建设时期的东北地区产业结构变化具有鲜明的特点，它初步改变了伪满时期的军事工业结构，转向了面向全国优先发展重工业的工业化轨道。产业结构变化强化了基础原材料工业和机器制造业，使东北地区快速地实现了工业化起飞，并为以后的区域经济发展奠定了雄厚的基础。

到 1978 年，全国第一、第二、第三产业的比重为 28.1%、48.2%、23.7%，

---

①② 国家统计局国民经济综合统计司：《新中国五十年统计资料汇编》，中国统计出版社，1999 年。

东北三省第一、第二、第三产业的比重为 22.2%、60.8%、17%。其中，工业在第二产业中的比重达 94.8%。可见，东北地区与全国的产业结构变化趋势大体一致，第二产业比重不断上升，第一产业比重不断下降，这也是工业化进程的特点之一。[1] 但是，东北地区产业结构的结构性问题较为突出，主要是由于国家对东北地区实行优先发展重工业的政策，跳过了以农业、轻工业为主导产业的发展阶段，造成了东北地区产业结构的失衡。首先，东北地区的农业自新中国成立以来虽有较大发展，但生产方式依然落后，劳动生产率同工业相差悬殊。从 1952 年到 1978 年，工业产值增长了 11 倍多，而同期农业产值仅仅增长 1 倍多，二者比例极不协调。其次，工业内部结构的轻重工业比例不协调。重工业产值从 1952 年到 1978 年增长了近 17 倍，而同期轻工业产值仅增长 6 倍多。从 1952 年到 1975 年，机械工业始终位居工业各部门之首，石油工业由第十位猛升至第二位，冶金工业由第四位升至第三位，化学工业由第六位升至第四位，电力工业由第九位升至第六位，而纺织工业由第二位降至第五位，森林工业由第三位降至第七位，建材业由第八位降至第九位，造纸业由第五位降至第十位。最后，第三产业发展缓慢，占国内生产总值的比重从 1952 年到 1978 年仅从 8% 提高到 17%，始终低于同期全国的比重。[2]

二、1978 年以后的产业结构变化

1978 年，我国开始了以市场取向的经济体制改革。随着改革开放的不断深入，市场机制在东北地区经济资源配置中的作用越来越大。在计划经济体制下形成的产业结构成为东北地区经济发展的严重障碍，区域产业结构调整已势在必行。

改革初期，东北地区的产业结构变化主要体现在以下几个方面：首先，轻工业稳步发展。"六五"期间，东北地区轻工业总产值平均每年增长 11.1%，高于重工业 4.8% 的增长速度，在工业总产值中的比重由 1978 年的 30% 增长为 1986 年的 35.1%，轻重工业比例失衡得以缓解。其次，第三产业发展迅速。"六五"期间，黑龙江省第三产业产值增长 48.3%，高于第一、第二产业的 44.6% 和 25% 的增长速度；辽宁省第三产业产值年均递增 18.7%，高于第二产业 11.8% 的速度；吉林省第三产业年均递增 18.3%，高于第一、第二产业 11.9% 和 10.9% 的增长速度。最后，农业产值迅速增加，在国内生产总值的比重先增后降。到 1985 年，东北地区国民生产总值中第一产业占 21.3%，第二产业占 57.6%，第三产业占 21.1%。但是，东北地区工业结构仍然以资源开采和原材料加工工业为主，资金密集型产业为多，物资消耗高、运输量大和污染严重的传统工业所占比重较大，较低的产业层

---

[1] 国家统计局国民经济综合统计司：《新中国五十年统计资料汇编》，中国统计出版社，1999 年。
[2] 衣保中：《建国以来东北地区产业结构的演变》，载《长白学刊》，2002 年第 3 期。

次仍然制约着区域的经济发展（如图9－1和图9－2所示）。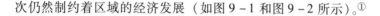①

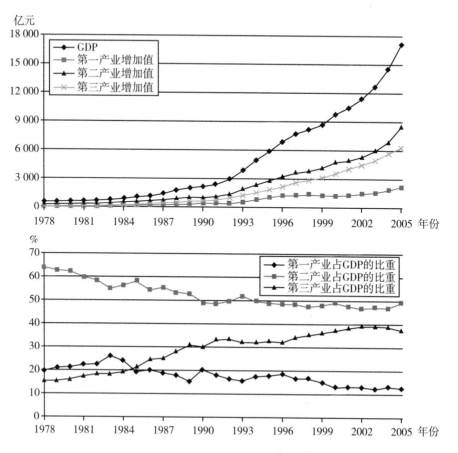

数据来源：吉林省统计局，《吉林统计年鉴2006》，中国统计出版社，2006年；辽宁省统计局，《辽宁统计年鉴2006》，中国统计出版社，2006年；黑龙江省统计局，《黑龙江统计年鉴2006》，中国统计出版社，2006年。

图9－1　1978年以来东北地区辽、吉、黑三省的GDP及其构成

随着改革的不断深入，东北地区的产业结构变化不断加大。总体上看，东北地区的第一、第三产业的发展趋势与全国基本一致：第一产业平稳增长，而第三产业增长迅速。从时间节点上看，1985年东北地区和全国的第三产业比重超过第一产业比重，第一产业比重最终稳定在15%的水平，第三产业比重在20世纪末达到40%的水平。东北地区的第二产业发展与全国存在较大差别：东北地区的第二产业比重持续下降，而全国的第二产业比重始终在40%～50%之间波动。

---

① 衣保中：《建国以来东北地区产业结构的演变》，载《长白学刊》，2002年第3期。

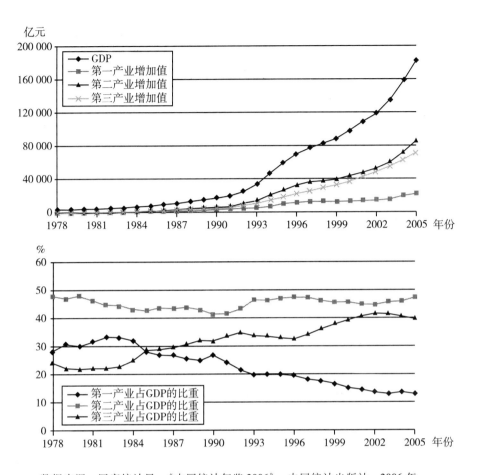

数据来源：国家统计局，《中国统计年鉴 2006》，中国统计出版社，2006 年。

图 9 - 2　1978 年以来全国的 GDP 及其构成

有学者认为，东北地区第二产业发展，以及引致的产业结构变化出现了逆向演变。① 实际上，改革初期，东北地区第二产业（特别是工业）的比重远高于先期工业化国家的同期指标，这是由计划经济体制下东北老工业基地在国民经济中的地位决定的。并且，第二产业比重下降的主要原因在于两个方面：一是东北地区经济增长速度低于全国水平；二是东北地区第三产业的迅速发展，第二产业的增速略缓。到 2000 年，全国第一、第二、第三产业的比重为 14.8%、45.9%、39.3%，东北三省第一、第二、第三产业的比重为 13.2%、49.6%、37.2%。东北地区的产业结构与全国产业结构基本相当（如图 9 - 1 ~ 图 9 - 3 所示）②。

① 刘静、刘国斌：《关于东北老工业基地产业结构问题的反思》，载《当代经济研究》2005 年第 6 期。
② 国家统计局：《中国统计年鉴 2006》，中国统计出版社，2006 年。

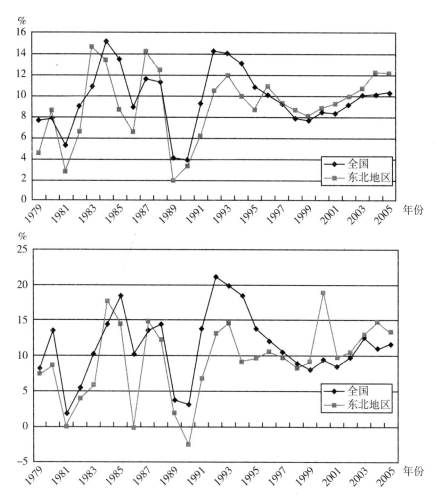

数据来源：国家统计局，《中国统计年鉴 2006》，中国统计出版社，2006 年。

图 9 - 3   1978 年以来全国和东北地区的 GDP、
第二产业产值的增长速度比较

9.1.2   东北老工业基地区域间产业结构趋同性分析

1978 年以来，我国东部地区出现了经济高速增长。特别是在 20 世纪 90 年代以后，多数沿海发达省份的 GDP 连续十多年保持了两位数的增长，有力地带动了全国经济发展，促进了全国产业结构的优化和升级。这一时期，东北老工业基地的产业结构也在发生深刻的变化，正如上节所指出的，其趋势与全国产业结构的变化逐渐趋于一致。在东北老工业基地的内部，特别是辽宁、吉林、黑龙江三省的产业结构也存在相似的特征（如图 9 - 4 ~ 图 9 - 6 所示）。

220

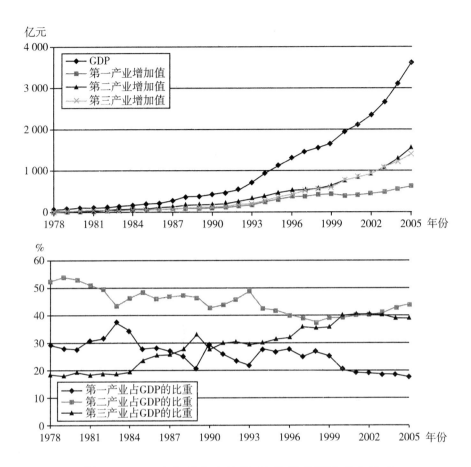

图 9 - 4 1978 年以来吉林省 GDP 及其三次产业构成

数据来源：吉林省统计局，《吉林统计年鉴 2006》，中国统计出版社，2006 年。

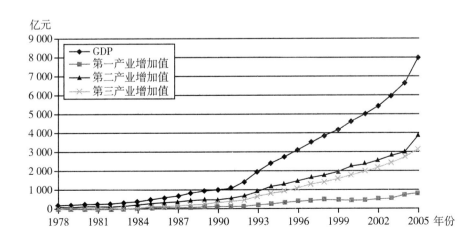

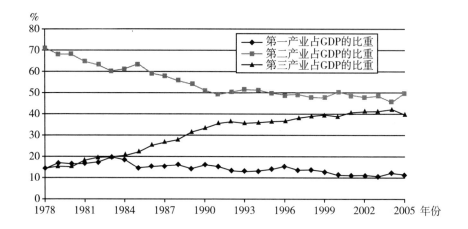

数据来源：辽宁省统计局，《辽宁统计年鉴2006》，中国统计出版社，2006年。

图9－5　1978年以来辽宁省GDP及其三次产业构成

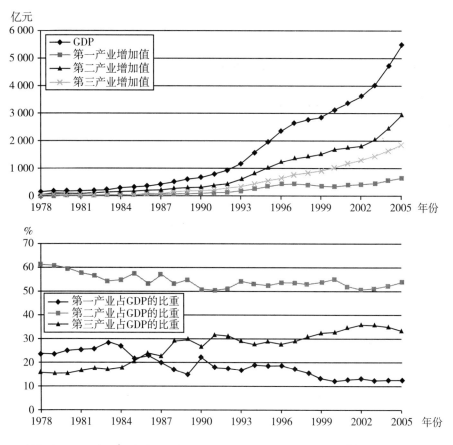

数据来源：黑龙江省统计局，《黑龙江统计年鉴2006》，中国统计出版社，2006年。

图9－6　1978年以来黑龙江省GDP及其三次产业构成

一个有效的反映地区之间产业结构相似程度的指标是产业结构相似系数。这个相似系数是联合国工业发展组织国际工业研究中心于 1988 年提出的地区产业结构相似程度的指标，既可以用于两个地区产业结构的两量比较，也可以以全国的产业结构为标准，各地区与全国的产业结构进行比较。相似系数介于 0～1 之间，相似系数等于 1 说明两个地区产业结构完全相同，相似系数等于零说明两个地区产业结构完全不同。从动态上看，相似系数趋于上升则产业结构趋于相同，相似系数趋于下降则产业结构趋异。其计算公式为：

$$S_j = \frac{\sum_{i=1}^{n} X_{ij} X_i}{\sqrt{\sum_{i=1}^{n} X_{ij}^2 \sum_{i=1}^{n} X_i^2}}$$

其中，S_j 表示 j 区域的产业结构相似系数。X_{ij} 为 j 区域 i 产业产值占该区域总产值的比重，X_i 表示全国 i 产业产值占全国的比重。我们把全国的产业结构作为标准结构，用辽宁、黑龙江和吉林三省的产业结构与之进行比较，计算得到相应的相似系数（如表 9 - 1 所示）。

表 9 - 1　　　　　　1978 年以来东北地区产业结构相似系数

年　份	辽宁	黑龙江	吉林	年　份	辽宁	黑龙江	吉林
1978	0.929007	0.97273	0.993265	1992	0.986151	0.988435	0.995742
1979	0.935611	0.970425	0.991743	1993	0.992158	0.989603	0.995902
1980	0.941645	0.98073	0.99607	1994	0.992126	0.990748	0.987074
1981	0.940299	0.976593	0.995336	1995	0.994208	0.993904	0.989477
1982	0.935548	0.974967	0.995477	1996	0.996023	0.992113	0.982766
1983	0.951237	0.98216	0.994391	1997	0.995515	0.991861	0.982874
1984	0.940925	0.974501	0.99372	1998	0.99773	0.989943	0.975994
1985	0.931453	0.961345	0.992208	1999	0.997678	0.986995	0.98309
1986	0.957192	0.983778	0.997231	2000	0.9963	0.985171	0.99071
1987	0.960856	0.966094	0.996521	2001	0.997631	0.989487	0.993848
1988	0.972059	0.979998	0.997371	2002	0.998221	0.992035	0.993793
1989	0.97111	0.971195	0.995937	2003	0.998888	0.993025	0.993478
1990	0.973241	0.982963	0.996452	2004	0.99958	0.99179	0.995244
1991	0.982442	0.985486	0.997016	2005	0.999389	0.990623	0.995782

从计算的数据来看，东北地区的产业结构相似系数较高，说明区域产业结构与全国产业结构一致性较高，也说明辽、吉、黑三省之间的产业结构比较相似（原因在于都以全国为标准，这与尹静波等学者计算的省际间相似系数的结果一致①）。东北地区的产业结构相似系数都趋于上升，说明产业结构趋同于全国水平。其中，黑龙江省 20 世纪 90 年代前与全国的产业结构相似系数略低，此后三省的产业结构相似系数均在（0.97，1）范围内波动，处于高度相似（如图 9-7 所示）。

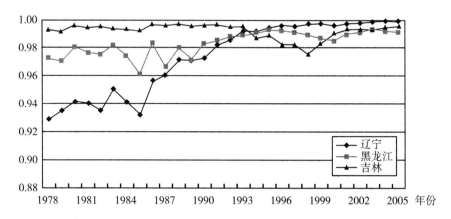

图 9-7　1978 年以来东北地区产业结构相似系数变化

但是，东北地区的工业结构相似系数却没有第一、第二、第三产业结构相似程度高，这说明辽宁、黑龙江和吉林三省的工业内部部门比例不尽相同。辽宁和吉林两省的相似程度很高，而黑龙江与其他两省相似程度较低。此外，由于东北地区资源型产业比重较大，与全国工业结构的相似程度较低（如表 9-2 所示）。

表 9-2　　　1978 年以来主要年份东北地区工业结构相似系数

年　份	辽宁	吉林	黑龙江
1980	0.81	0.82	0.54
1984	0.93	0.94	0.64
1986	0.94	0.92	0.67
1989	0.80	0.86	0.64
1991	0.84	0.84	0.43
1994	0.79	0.74	0.59
1997	0.86	0.70	0.59
2001	0.83	0.57	0.44

数据来源：纪宝成等，《中国人民大学中国经济发展研究报告 2004》，中国人民大学出版社，2004 年。

---

① 尹静波，范丽先：《东北老工业基地产业结构的比较分析》，载《统计教育》2004 年第 6 期。

9.1.3　经济结构调整与经济增长的实证分析

从工业化国家产业结构的演变来看，产业结构变动呈现出一定的规律性。一般来说，第一产业本身的增长缓慢甚至停滞，在整个产业结构体系中的比重不断下降。虽然第一产业仍然是整个国民经济的基础，但从经济增长的动力结构来看，它已处于次要地位。在由农业向工业化过渡的过程中，第二产业部门的扩大与持续增长是构成经济结构转变的根本动力。工业化过程的完成最终确立了第二产业的主体结构地位，但也预示该产业部门持续增长趋势的终结。而第三产业的扩大和发展是"后工业化"经济的一个突出标志。

我国产业结构变动趋势同样呈现出自身的一些特征。改革开放之前，我国产业结构中第二产业比重过高，第三产业比重逐年下滑，呈非正常变化状态。劳动力又大量集中在第一产业，造成了典型的二元经济结构。1978年以来，我国实施了一系列以市场经济为取向的改革措施，包括对经济结构进行调整，放慢重工业的增长速度，加快农业和轻工业的发展，以求彻底扭转前期造成的产业结构严重失衡的状况，这一时期产业结构的变动从整体趋势看，开始逐步符合工业化发展的基本演变规律。

这种演变规律的归纳不仅要对经济增长过程中经济结构变化方向给出理论描述，还需要对经济结构与有关变量的相关关系以及经济结构变化的趋势和速度做出定量的说明。为了对经济结构变化的规律性进行精确的定量分析，我们利用钱纳里和塞尔昆的模型，对我国1978～2005年的经济结构变化进行估计，回归方程是：

$$\ln x = \alpha + \beta_1 \ln y + \beta_2 \ln^2 y + \gamma \ln n$$

其中，x是不同产业的经济结构比重，y是以不变价格计算的人均GDP，n为总人口。对上式关于y求导，并乘上y，就得到经济结构的收入弹性：

$$\frac{\partial x}{\partial y} \cdot \frac{y}{x} = \beta_1 + 2\beta_2 \ln y$$

同理也可以得到经济结构的人口弹性：

$$\frac{\partial x}{\partial n} \cdot \frac{n}{x} = \gamma$$

经济结构的收入弹性为正表示该部门比重处于上升，为负则表示下降。人口弹性表示人口增加1%，该部门比重上升（γ为正）或下降（γ为负）为γ个百分点。

利用我国 1978 ~ 2005 年的产业结构数据进行估计，解释变量是人均 GDP 和人口总数。估计的结果为：

$$\ln x_1 = -2.666 - 0.022\ln y - 0.003 \ln^2 y + 0.156\ln n$$

$$\ln x_2 = 34.952 + 0.249\ln y - 0.007 \ln^2 y - 1.727\ln n$$

$$\ln x_3 = -29.414 - 0.203\ln y + 0.009 \ln^2 y + 1.476\ln n$$

回归结果说明，我国第一产业 GDP 比重的收入弹性是 $-0.022 - 0.003\ln y$，表明随着人均收入水平的提高，第一产业部门生产比重下降，且下降速度逐渐加快，人口弹性为 0.156，表明如果收入水平不变，人口增长 1%，则第一产业 GDP 比重上升 0.156。这是因为，随着人口的增长从而劳动力的增加：城市增加劳动力大部分会留在第二产业和第三产业部门；增加的农村劳动力除了留在第一产业部门外，在劳动力自由流动前提下会向第二产业和第三产业部门转移。如果转移大量发生，随之促使第一产业生产比重的下降，相反，如果不能吸纳更多的农村剩余劳动力，则第一产业生产比重会出现上升。

第二产业 GDP 比重的收入弹性是 $0.249 - 0.007\ln y$，表明随着人均收入的提高，第二产业部门生产比重逐渐减少，人口增长 1%，则生产比重下降 -1.727%。说明人口增长对第二产业的影响要大于人均收入提高带来的影响。第三产业 GDP 比重的收入弹性是 $-0.203 + 0.009\ln y$，人口弹性为 1.476，这说明第三产业生产比重随着人均收入和人口的增长而上升。如果将数据考察时间限定在 1978 年到 2002 年，人均收入对第二产业和第三产业的影响与上述结果正好相反[①]。在 2003 年，我国的人均收入超过 1 000 美元，结合第二、第三产业 GDP 比重的收入弹性变化，可以说明我国工业化进程正在从中期走向成熟期。

利用同样的方法，我们对辽宁、吉林和黑龙江省的同期数据进行回归分析得到以下结果。

辽宁省相关数据的估计结果：

$$\ln x_1 = -7.314 - 0.113\ln y + 0.004 \ln^2 y + 0.464\ln n$$

$$\ln x_2 = 30.522 + 0.097\ln y - 0.003 \ln^2 y - 1.749\ln n$$

$$\ln x_3 = -20.008 + 0.07\ln y - 0.004 \ln^2 y + 1.144\ln n$$

吉林省相关数据的估计结果：

$$\ln x_1 = -18.353 - 0.06\ln y - 0.003 \ln^2 y + 1.132\ln n$$

$$\ln x_2 = 8.789 - 0.135\ln y + 0.009 \ln^2 y - 0.46\ln n$$

---

① 徐冬林：《中国产业结构变迁与经济增长的实证分析》，载《中南财经政法大学学报》2004 年第 2 期。

$$\ln x_3 = 8.736 + 0.192\ln y - 0.006\ln^2 y - 0.563\ln n$$

黑龙江省相关数据的估计结果：

$$\ln x_1 = 5.929 + 0.024\ln y - 0.003\ln^2 y - 0.331\ln n$$

$$\ln x_2 = 27.94 + 0.15\ln y - 0.005\ln^2 y - 1.621\ln n$$

$$\ln x_3 = -27.656 - 0.089\ln y + 0.004\ln^2 y + 1.632\ln n$$

可以看出，辽宁省的第二产业、吉林省的第一产业以及黑龙江省的第三产业在收入弹性和人口弹性方面与全国的结果是基本一致的。从黑龙江省来看，其估计数据与全国比较接近，只有人口增长对第一产业比重有负面影响。从辽宁省来看，人口弹性所显示的人口增长带来的结构变化与全国一致，但人均收入增长会增加第一产业的比重而削弱第三产业的比重。从吉林省看，该省的第一产业比重一直较高，且高于辽宁、黑龙江两省的同期数据，人口增长带来的劳动力向第三产业转移不够；另一方面，人均收入提高带来的第二产业比重强于第三产业的变化。

9.2　资源型城市接续产业选择的实证研究——以大庆市为例

在前面的 8.2 节中，本文针对东北老工业基地资源型城市接续产业的选择方法进行了研究。我们认为，东北老工业基地资源型城市接续产业的选择需要坚持一定的原则，即可持续发展的原则，协调发展的原则，稳定发展的原则，产业转换成本最小化的原则和发挥比较优势的原则。在这些选择原则下，接续产业选择问题就成为一个多目标选择问题。通过借助灰色系统理论，我们可以将备选产业和最优选择看成是灰关联空间内的点，通过灰色关联度（灰距离）分析和主成分投影来比较、选择接续产业。同时，本书所给出的东北老工业基地资源型城市接续产业的选择标准是一般性原则。对于具体资源型城市而言，接续产业的选择更多地应该从当地的资源状况和发展现实出发，做到一市一策，具体情况具体分析。由于数据获得方面的困难，本节对东北老工业基地资源型城市接续产业选择的实证分析，是以本区域较为典型的资源型城市——黑龙江省大庆市为例来进行的。

对于接续产业的选择原则，需要给出对应的选择评价标准。我们用成本费用利润率、产业影响力系数、就业吸纳率和产业贡献率四个单独评价指标来表示对应的可持续发展的原则，协调发展的原则，稳定发展的原则和发挥比较优势的原则。其中，产业影响力系数来自于投入产出分析，它反映产业的后向联系程度，即某产业的生产发生变化时使其他产业的生产发生相应变化的系数。如果某产业的影响力系数大于1，说明该产业的影响力较强，对其他产业的发展起较大推动作用。其他指标的计算方法如下：

$$成本费用利润率 = 利润总额/成本费用总额 \times 100\%$$
$$就业吸纳率 = 产业年平均就业人数/该产业总产值 \times 100\%$$
$$产业贡献率 = 产业当年增量/国内生产总值当年增量 \times 100\%$$

由于产业转换成本最小化原则的评价标准较为复杂，我们采取判定系数的方法进行简单处理。简化的基本原则是根据备选评价产业与资源型城市原有资源型产业的关联程度。如果备选产业有助于消除资源型产业的沉淀成本，则认为产业转换成本较小；反之亦然。同时，这也意味着，当外界经济环境变化引起资源型产业复苏时，资源型产业自身的转换成本较小。此外，产业转型成本指标与其他指标的数值意义有所不同，其值越小越好，这是一个负向指标，需要正向化处理。因此，判定系数采用"0"和"1"赋值的方式，如果备选评价产业属于资源型开采或初级加工产业，则被赋予"1"，其他产业则被赋予"0"（如表9－3所示）。

表9－3　　　　资源型城市接续产业的选择原则和评价指标

选择原则	评价指标
可持续发展的原则	成本费用利润率
协调发展的原则	产业影响力系数
稳定发展的原则	就业吸纳率
产业转换成本最小化的原则	产业判别系数
发挥比较优势的原则	产业贡献率

根据《中国统计年鉴》、《黑龙江省统计年鉴》和《大庆市统计年鉴》的相关数据，我们可以测算出不同产业评价指标对应的评价数值。同时，由于数据获得方面的一些困难，我们仅就大庆市现有的部分产业进行分析。因此，本节的实证分析也可以看做利用资源型城市接续产业的选择方法，对大庆市现有部分产业能否成为接续产业的评价分析（如表9－4所示）。

表 9 - 4　　　　　　　　**大庆市部分产业的相关评价数据**

	成本费用利润率	产业影响力系数	就业吸纳率	产业判别系数	产业贡献率
石油天然气开采	2.3175	1.4541	0.0091	1.0000	0.8000
石油加工及核燃料	0.0282	1.9578	0.0070	1.0000	0.0747
化学原料化学制品	0.0407	2.2459	0.0165	1.0000	0.0160
非金属矿物制品	0.0403	1.2681	0.0460	1.0000	0.0180
金属制品	0.0136	1.0422	0.0302	1.0000	0.0137
仪器仪表及办公用机械	− 0.0200	0.5820	0.0615	0.0000	0.0002
交通运输设备制造	− 0.0160	1.1709	0.0386	0.0000	0.0006
电器机械及器材	0.0776	0.8911	0.0260	0.0000	0.0127
通讯电子计算机	0.0214	1.7953	0.0139	0.0000	0.0007
电力热力生产供应	0.0052	1.1557	0.0447	0.0000	0.0304

部分数据来源于吴春莺：《我国资源型城市产业转型研究》，哈尔滨工程大学博士论文，2006 年。

通过对于具体评价数值来进行无量纲的标准化处理，具体方法如下：

$$y_{ij} = \frac{x_{ij} - \min_{1 \le i \le m}\{x_{ij}\}}{\max_{1 \le i \le m}\{x_{ij}\} - \min_{1 \le i \le m}\{x_{ij}\}}$$

我们得到评价数据的标准评价矩阵（如表 9 - 5 所示）。

表 9 - 5　　　　　　　　**评价数据的标准评价矩阵**

1.0000	0.5241	0.0557	1.0000	1.0000
0.0206	0.8269	0.0000	1.0000	0.0931
0.0260	1.0000	0.2520	1.0000	0.0198
0.0258	0.4123	1.0345	1.0000	0.0223
0.0144	0.2766	0.6154	0.0000	0.0169
0.0000	0.0000	1.4456	0.0000	0.0000
0.0017	0.3539	0.8382	0.0000	0.0005
0.0418	0.1858	0.5040	0.0000	0.0156
0.0177	0.7292	0.1830	0.0000	0.0006
0.0108	0.3448	1.0000	0.0000	0.0378

在利用灰色系统理论进行多目标决策时，需要比较各个产业与相对最优产业的灰色关联度。经过计算，我们可以得到多目标灰色关联度评价矩阵（如表

9 - 6 所示）。

表 9 - 6 　　　　　　　　　灰色关联度评价矩阵

1. 0000	0. 5124	0. 3462	1. 0000	1. 0000
0. 3380	0. 7428	0. 3333	1. 0000	0. 3554
0. 3392	1. 0000	0. 4006	1. 0000	0. 3378
0. 3392	0. 4597	1. 0741	1. 0000	0. 3384
0. 3366	0. 4087	0. 5652	0. 3333	0. 3371
0. 3333	0. 3333	9. 1951	0. 3333	0. 3333
0. 3337	0. 4363	0. 7555	0. 3333	0. 3334
0. 3429	0. 3805	0. 5020	0. 3333	0. 3368
0. 3373	0. 6487	0. 3797	0. 3333	0. 3335
0. 3357	0. 4328	1. 0000	0. 3333	0. 3419

为了消除选择指标信息的相互干扰，我们采用施密特正交化方法，用正交变换过滤掉重叠信息，得到正交变换后的灰色关联度评价矩阵（如表 9 - 7 所示）。

表 9 - 7 　　　　　　正交变换后的灰色关联度评价矩阵

1. 0000	- 0. 5485	- 1. 9470	0. 0706	- 0. 0001
0. 3380	0. 3842	- 0. 6781	0. 2496	0. 0122
0. 3392	0. 6401	- 0. 7200	0. 0516	- 0. 0060
0. 3392	0. 0999	0. 1777	0. 4748	- 0. 0067
0. 3366	0. 0516	- 0. 3046	- 0. 1566	0. 0012
0. 3333	- 0. 0203	8. 3633	- 0. 0054	0. 0003
0. 3337	0. 0822	- 0. 1198	- 0. 1743	0. 0004
0. 3429	0. 0167	- 0. 3693	- 0. 1389	- 0. 0055
0. 3373	0. 2908	- 0. 5913	- 0. 3437	- 0. 0027
0. 3357	0. 0766	0. 1219	- 0. 1701	0. 0068

因此，理想评价向量为 $e = (1.0000, 0.6401, 8.3633, 0.4748, 0.0122)$，进而标准化的理想评价向量为 $e = (0.1182, 0.0757, 0.9885, 0.0561, 0.0014)$。最后，再将各评价向量在理想评价方向上做投影值，就会得到上述 10 个备选产业的具体评价值（如表 9 - 8 的数值与排序所示）。

表 9 - 8　　　　　　　　　　　大庆市相关产业的评价值

产业名称	评价值	排序
石油天然气开采	- 1.8440	10
石油加工及核燃料	- 0.5872	8
化学原料化学制品	- 0.6203	9
非金属矿物制品	0.2499	3
金属制品	- 0.2662	2
仪器仪表及办公用机械	8.3047	1
交通运输设备制造	- 0.0826	5
电器机械及器材	- 0.3310	6
通讯电子计算机	- 0.5419	7
电力热力生产供应	0.1564	4

　　由此可见，按照东北老工业基地资源型城市接续产业的选择方法，就本文所分析的大庆市的 10 个产业而言，仪器仪表及办公用机械产业、金属制品产业和非金属矿物制品产业是接续产业前三位的可供选择产业；而石油加工及核燃料产业、化学原料化学制品产业和石油天然气开采产业作为原有的资源型产业，排在接续产业发展的最后三位。

第 10 章

东北老工业基地资源型城市发展
接续产业的案例研究

资源型城市发展接续产业是一个世界性的课题。虽然发达国家在对衰退产业区的改造方面积累了许多成功经验，但是，应该看到，把这些经验借鉴到我国还有一定的局限性。其一，制度环境不同，发达国家对传统产业改造是在私有制条件下进行的，经济主体是私营企业。其二，发展条件不同，发达国家是在工业化完成以后，形成完整的工业体系、多元工业门类和完善的资本市场，市场经济体制相当成熟，因此实施改造计划的难度要大大小于我国；再看东欧国家，他们对老工业基地的改造虽然伴随着体制转轨，但也是在工业化完成以后进行的。我国是一个发展中的社会主义国家，在对老工业基地改造中面临着三重制约，即资金短缺、工业化进程落后和所有制结构不合理等不利因素，加之经济主体是负担沉重的大量国有企业，因此，现有的研究不可能为东北老工业基地资源型城市转型提供一个可资借鉴的现成模式。

因此，必须在立足本国国情的基础上，深入分析东北老工业基地资源型城市在发展接续产业过程中存在的共性与个性问题，研究产业进入和退出的一般与特殊规律，探讨资源开发补偿和沉陷区援助的理论根据和实施机制，发展衰退区域和产业振兴的路径与模式。这样，才能在社会主义市场经济条件下，在经济全球化的今天，在资金短缺、社会保障体系尚未建立、工业化与现代化远未完成的我国，在国有经济占主体、民营经济不景气、下岗职工众多的东北老工业基地，着眼于国内、国外两个市场，摸索出一条适用于东北老工业基地资源型城市的新型工业化和可持续发展的道路。

232

目前，我国部分资源型城市经过持续探索，已初步实践出资源转换、科技主导、发展循环经济和延长产业链、建立再就业特区等四大发展接续产业的典型模式。深入研究这些资源型城市发展接续产业的成功案例，可以对东北老工业基地资源型城市发展接续产业问题研究提供有益的借鉴和启迪。

10.1 "由工转农，退二进一"——阜新发展模式

阜新是国务院 2001 年确定最早实行资源型城市转型的试点城市，近年来将发展农业产业化作为转型的突破口，依据"自力更生、龙头牵动、科技支撑、民营为主、市场运作"的转型方针，结合传统产业优势、现有资源优势及未来市场前景，把发展绿色农产品精深加工业确定为经济转型的主导替代产业。同时，按照"主导产业 + 支柱产业"的产业布局，稳煤强电，大力培育支柱产业，经过 5 年多的努力，取得了阶段性成果。国民经济实现了持续高速增长，城乡人民生活水平有了较大提高。"十五"期间，地区生产总值年均增长 17%，城镇居民人均可支配收入和农民人均纯收入年均增长 10% 和 24.3%。采煤沉陷区治理和棚户区改造全面启动，社会保障体系不断完善，农产品加工业得到较快发展，煤炭开采能力稳定，发电、装备制造及配套、新型建材等行业进一步壮大，城市基础设施得到改善，生态环境、人居环境有所好转，广大干部群众的精神面貌发生了深刻变化。

运用产业结构理论联系阜新的实际，研究阜新地区如何通过产业结构的调整实现接续产业的可持续发展，阜新转型所积累的经验和仍然存在的问题对其他资源型城市发展接续产业具有很好的借鉴意义。

10.1.1 阜新市概况

阜新市地处辽宁省西北部，东邻沈阳，南靠锦州，西连朝阳，北与内蒙古自治区接壤，于 1940 年设市。阜新市管辖阜新蒙古族自治县、彰武县和海州、太平、新邱、清河门、细河 5 个区。阜新市土地面积 103 552 平方公里，总人口 193 万，其中市区人口 78 万。① 阜新是一座典型的因煤而兴的资源型城市，素有"煤电之城"的美称。至今，阜新已有 100 多年的煤炭开采历史。"一五"期间，

---

① 国家统计局：《中国城市统计年鉴 2004》，中国统计出版社，2005 年。

中国在苏联的援助下确定了 156 个重点发展的重工业项目，其中 58 个在东北地区，阜新一个市就占了其中 4 个，包括新中国第一座大型机械化、电气化露天煤矿——海州露天煤矿，装有新中国第一台汽轮发电机组的火力发电厂——阜新发电厂，从而使阜新成为我国最早建立起来的能源基地之一。新中国成立以来，阜新每年的煤产量达到 1 200 万吨，50 多年来，全市已累计生产煤炭 6 亿吨，发电 1 700 亿千瓦时，为国家经济建设做出了重要贡献。一个形象的描述是，用载重 60 吨的卡车装载阜新出产的原煤，排起队来可以绕地球赤道 4 圈半。就连 1960 年版的人民币，都以阜新煤矿为背景图案。[①]

1999 年，东梁、平安、新邱三个煤矿的剩余可采储量分别为设计可采储量的 3%、6% 和 11.3%。2001 年 3 月 30 日，三个煤矿宣告破产，涉及矿工 4 万多人。2001 年，阜新下岗职工扩大到 12.9 万人，占职工总数的 36.7%，低特困职工 19.8 万人，占市区人口的 25.3%，每人每月收入不足 156 元。2001 年 12 月，国务院将阜新确定为"全国资源枯竭型城市经济转型试点市"。阜新经济转型和发展接续产业主要走的是一条"非工业化"的道路，即实行"退二进一"，走现代化农业之路，围绕现代化农业方向，发展第一产业、带动第二产业、促进第三产业，形成"一二三"产业协调发展的新格局。[②]

10.1.2　阜新市发展接续产业的具体做法和实际效果

一、阜新市接续产业的发展方向和主要任务

阜新发展接续产业的第一要务是通过经济结构的调整，重点实现由资源型经济向复合型经济转变，由单一产业向多元产业转变，由粗放型经济增长方式向集约型经济增长方式转变，摆脱经济增长速度缓慢、财政收入减少、失业率提高、人民生活水平与质量逐渐降低的衰退态势，实现经济持续、快速、健康发展。"十五"、"十一五"期间，阜新市发展接续产业的重点任务是：调整产业结构，大力发展接续产业；加快基础设施建设；发展科技教育和文化卫生事业；加强生态环境保护和建设；集中力量，精心规划和组织建设一批事关资源型城市经济转型发展全局的重点工程，千方百计扩大就业和再就业。

第一，积极调整产业结构。阜新市产业结构存在的主要问题是：产业结构单一，工业技术水平低，过分依赖资源开发，农业基础薄弱，第三产业发展滞后，

---

① 清秋：《资源型城市艰难转型》，载《中国改革》2004 年第 3 期。
② 于立、孟韬：《资源枯竭型国有企业退出障碍与途径分析》，载《中国工业经济》2003 年第 10 期。

东北老工业基地资源型城市发展接续产业问题研究

城市基础设施不完善，综合服务功能不健全。因此，阜新市在推进经济转型的过程中，主要从自身优势和特点出发，加大对农业的投入，着力发展适应市场需要的特色农业、创汇农业、效益农业，推进农业产业化，向现代农业转移；依靠科学进步，大力发展接续产业、特色经济和优势产业，培育新的经济增长点，积极推进优势资源的合理开发和深度加工；加强主导资源的勘探开发，加大结构调整力度，开发比较优势明显、市场前景好的矿产资源，包括有色金属、稀贵金属、稀土、钾盐、磷、矿和铁合金等，逐步提高产品加工深度；充分利用独具特色的自然、人文景观发展旅游业，加大对旅游基础设施的投入，努力将其培育成为重要产业。

第二，加快基础设施建设。基础设施落后是影响和制约阜新市发展接续产业的重要因素。因此，阜新市在推进接续产业发展的过程中，从战略高度重视基础设施建设，不断加快城市的供排水、污水处理、供热等设施建设，逐步解决城市公益设施的配套完善问题，加快城乡电网建设和改造，进一步扩大通信容量，提高通信质量和服务水平，因地制宜，采用有线、无线、卫星等多种接入方式，逐步提高城乡电话普及率。与此同时，大力发展交通事业，加强城乡公路网化建设，扩大与外部联系的通道，为扩大开放、招商引资创造良好的条件，促进与周边国家的联系与合作。

第三，大力发展科技教育事业。阜新市在发展接续产业过程中注重加速发展科技教育，依靠科技进步和提高劳动者素质，创造条件实现跨越发展。为此积极培养各级各类人才，努力培养和造就企业家队伍，创造支持企业家干事业、保证企业家干成事业的氛围和环境；加强下岗职工的培训工作，全面提高劳动者素质；积极发展科学技术，加快科技成果转化，运用高新技术和先进适用技术改造传统产业。

第四，加强生态建设和环境保护。阜新市在发展接续产业过程中，十分注重加强生态建设和环境保护，下大力气搞好沉陷区治理，特别是集中财力实施好沉陷区居民的危房搬迁工程。同时有计划分步骤地实施退耕还林、还草等生态建设工程，努力改善生态环境和条件，进一步搞好水资源建设和节水工程，实现水资源的永续利用。

第五，努力扩大就业和再就业。阜新市发展接续产业面临的突出问题是如何扩大就业和再就业，保持社会稳定。因此，阜新市在发展接续产业的过程中，十分注重把扩大就业和再就业作为经济转型的主要任务，千方百计抓好、抓出成效。

二、阜新市发展接续产业的重点产业

第一，把发展现代农业作为接续产业的重点。农业资源是可再生资源，阜新

235

土地资源相对丰富，具备发展条件；从产业发展的实际情况看，农业产业化的实质是"换个资源搞工业"，有利于发挥阜新工业城市的比较优势。为了加快现代化农业的发展，阜新注重加强全国生态农业示范和节水型示范城市建设。在矿区和城市周边乡镇，以"龙头企业＋效益农业＋下岗职工（农户）"和"现代农业园区＋民营企业或科研单位＋下岗职工（农户）"为主要形式，有重点地建设40～50个科技含量较高的现代农业开发示范园区、200个种养业专业小区；引进和培育了一批产业化龙头企业和5个大型农产品专业批发市场；集中建设3万户"四位一体"生态模式户。

与此同时，结合阜新的特点大力发展畜牧业。把奶牛业作为发展现代农业的重要支柱产业，重点发展以引进国外优质品种为主的奶牛；充分发挥阜新原种猪场的优势，建设绿色、安全瘦肉型猪生产基地；大力推进养兔产业化，力争把阜新建成全国规模饲养獭兔、肉兔基地。在发展种植业方面，把发展优质人工牧草、饲料谷物的种植作为主要方向，并大力发展保护地蔬菜、花卉，积极推进"四位一体"生态模式户建设。为了加快林果业发展，阜新市提出10年内发展和改造200万亩速生杨，年生产木材140万立方米，并以大扁杏、优质梨、葡萄和沙棘等浆果为重点，建成6万亩果树和苗木生产基地。

第二，调整优化第二产业。发展现代农业不是完全取消工业，而是充分利用阜新的现有优势，打造新的优势产业，走新型工业化道路。其主要方向是：大力培育和发展以食品加工业为主的新型产业，稳定煤炭生产，发展电力工业，做大做强电子、化工等优势行业，扶持发展就业容量大的纺织行业。

在食品工业和其他农产品加工业中，重点发展乳制品、肉制品工业，加快发展皮毛加工业、特色杂粮食品，发展淀粉系列产品，扩大麸酸和淀粉生产能力。在矿区废弃土地及周边地区建设三个以农副产品深加工为主的食品工业区。通过技术改造重点发展片式电容器；对聚丙烯金属化超薄膜生产线、超大功率晶闸管、局部网络第六类数据通讯电缆等三大类具有市场前景和技术优势的电子产品实施技术改造，扩大生产规模；扩大具有比较优势的聚四氟乙烯树脂和高强力橡胶输送带生产，开发含氟化工新产品。

对阜新矿区现有矿井进行一定规模的改造和挖潜，使煤炭产量稳定在年产1 000万吨左右，为全市经济转型赢得时间。电力工业依托阜新发电厂和煤炭资源，实施"以大带小"技术改造工程，建设新的发电机组，提高电力工业装机总容量。民营企业重点培育服装、电子器件、建材等优势行业群体，兴办各类农产品加工和矿产资源开发企业。

第三，促进第三产业发展。围绕发展现代农业和安置就业，大力发展商贸流通、社区服务、农村社会化服务体系、房地产、旅游、信息业等第三产业。发展现代商贸流通业。以产地批发市场建设为重点，新建和改造大中型农产品流通市场，形成以非公有制经济为主体和现代经营方式为主导的商贸流通新格局。同时，通过争取国家的支持，成建制向青海、内蒙古等西部地区及国外转移矿区劳动力。结合沉陷区治理，促进房地产业发展；开发特色旅游业，建成以宗教人文景观和自然景观为核心的黄金旅游线路；大力开发独具阜新特色的玛瑙、麦饭石等旅游产品，全面提升阜新旅游区的品位和档次。

三、阜新市发展接续产业的主要做法

四年来，阜新紧紧抓住全国资源型城市经济转型试点市这一难得机遇，坚持"自力更生，龙头牵动，科技支撑，民营为主，市场运作"的方针，以调整和优化经济结构为重点，加快构筑新的接续替代产业，在探索资源型城市经济转型道路上做了有益的尝试，取得了阶段性成果，概括起来说，就是"三个依托"发展产业、"三个依靠"推进转型、"两个坚持"创造环境①：

第一，依托丰富的农业资源优势，加快培育以农产品加工业为重点的接续替代产业，建设全国重要的食品工业城。根据土地资源丰富，气候和环境比较适宜发展绿色食品的实际，阜新把发展食品及农产品加工业作为继煤炭产业之后的重要接续替代产业来抓。几年来，已引进和培育河南双汇、内蒙伊利、上海大江等70多个龙头企业，带动全市形成了生猪、乳品、白鹅、食用菌、杂粮等14个农业产业化链条，初步构筑起接续替代产业框架。目前阜新双汇销售收入已达12亿元，成为东北地区最大的肉类加工企业；阜新伊利已形成日处理400吨鲜奶能力。全市规模以上农产品加工业产值已达到29亿元，占全市规模以上工业比重由2000年的12.7%上升到2006年的25%。

第二，依托传统工业优势，巩固发展能源基地，建设辽宁装备制造业配套基地。一是稳定煤炭生产，大力发展电力工业。通过技术改造和开发新资源，使煤炭产量在一定时期稳定在1000万吨左右，为全市转型赢得了时间。通过加强深部找矿、提高井工矿产量等措施，稳定现有煤炭产量，也为转型赢得时间。通过发挥破产矿的人员和装备优势，积极开发内蒙古白音华煤田，并着手修建连接内蒙古锡林郭勒盟与阜新的专用煤炭运输通道巴新铁路，进一步巩固煤炭产业基础。同时，利用煤炭、煤矸石和风能资源，启动实施了70万千瓦阜新发电厂三期改造、60万千瓦金山煤矸石热电、百万千瓦风力发电等一批电力工业项目。

① 王福君：《辽宁省资源型城市接续产业选择的约束条件和路径》，载《商业研究》2006年第18期；姜慧萍、李国津：《对阜新经济转型的战略思考》，载《资源与产业》2007年第1期；张平宁：《阜新市经济转型的战略问题及对策》，载《矿业研究与开发》2005年第1期。

已建成 2.4 万千瓦彰武金山风电场，正在建设华能新能源 50 万千瓦风电场项目。此外，还在探索煤层气发电。依托能源优势，建设全国重要的煤化工基地。在国家产业政策的指导下，充分利用阜新的煤电基础和蒙东地区丰富的煤炭资源，大力发展煤化工，建设煤炭深加工产业集群。阜新正在规划年产 520 万吨甲醇及深加工产品的煤化工项目，前期各项工作进展顺利。

第三，依托比较优势，打造产业集群，加快发展壮大一批区域特色产业。规划建设了玻璃、电子、橡胶、氟化工四大工业园区，初步形成了优质浮法玻璃深加工业、橡胶制品业、新型电子元器件制造业和含氟精细化工业等特色产业集群。并且积极抓住辽宁建设全国先进装备制造业基地的契机，加快做大装备制造业。全地区已形成大吨位压铸机、汽车动力转向泵、电力电缆等一批优势产品和产业群体。目前，这些优势特色产业占全市规模以上工业的 30% 以上。着力培育壮大优势特色产业。重点培育壮大北派服饰、精细化工、玛瑙制品、新型电子元器件、装备制造配套、新型建材等六大优势特色产业。围绕发展优势特色产业，规划建设了 1 条工业走廊、5 个工业区和 20 个工业园，为引进培育项目搭建了平台。

第四，依靠体制创新，增强转型的内在动力。按照现代企业制度的发展方向和投资主体的要求，积极推进国有企业进行真正意义上的产权制度改革。通过合资合作等形式，北方压铸机、鹰山水泥等一大批国企与境内外大企业、大集团联合重组，地方国有工业企业转制任务基本完成。坚持用市场机制运作经济转型，所有的转型项目都实现了新的机制。民营经济占全市经济的比重由 2000 年的 27% 上升到 2005 年的 56%。

第五，依靠全方位对内对外开放，增强转型的外在推力。在转型实践中，坚持把扩大对内对外开放作为第一战略，以项目为核心，抓住重点国家和地区产业转移、产业辐射和产业融合趋势，引进、建设投资 1 000 万元以上的项目 310 个，总投资 240 多亿元；2005 年直接利用外资实现 3 850 万美元，增长 49%，累计实现 1.15 亿美元，是"九五"的 4.3 倍；当年完成出口创汇 3 300 万美元，是"九五"末期的 3.3 倍。

第六，依靠科技创新，增强转型的支撑力。广泛加强同国内外大专院校的科技合作，加快科技成果的引进、应用和推广。先后与中国农科院、清华大学等20 多家高校院所开展多领域的科技合作。争取科技部在阜新实施了阜新现代农业 13 个科技专项；争取中国科协将阜新确定为全国依靠科技推动经济转型与振兴试点市，促成了一批科技项目的对接；加快培育自主创新能力，在阜新国家农业科技园区建立了胚胎移植开发中心等 10 个农业科技研发中心；在经济技术开发区建立了高新技术创业中心，孵化和正在孵化的民营科技企业近 70 家。同时，依托中国农大、沈阳农大、辽工大、大连轻工等高校，定向培养转型所需的专业人才，现已培养专业人才954名。实施了"一村一名大学生"计划，864名毕业生回乡创业。积极促进校校、校企联合办学，实行"订单"式培养。六年来，全市职业学校毕业生达到2万多人，就业率达到95%以上。

第七，坚持以人为本，全面加强城乡基础设施建设，改善人居环境。2000年以来，投入基础设施建设资金12亿元，完成了锦阜高速公路、煤城路、阜塔路等一批重要基础设施建设工程。加强了城市小街小巷改造和广场、游园建设。建成了城市污水处理厂、垃圾处理场，进行了城市地下管网改造，实施了细河城市段治理工程。从2005年开始，阜新又启动实施了惠及11.1万户居民的棚户区改造工程。经过两年的努力，拆除房屋221万平方米，新建回迁楼272万平方米，7.7万户居民喜迁新居。正在按照"设施齐全、服务配套、管理有序、环境优美、文明健康"的标准，实施棚户区基础设施建设工程，努力把棚改新区打造成为安居乐业的新型社区。突出矿区环境建设。对城市80多条主次干道进行了改造，开通了阜新至上海旅客列车，启动建设了铁岭至阜新、沈阳至彰武、阜新至朝阳三条高速公路，使阜新的区位优势不断提升，即将成为全国公路网的重要结点地区。

第八，坚持把群众利益放在第一位，全力抓好就业、社保等民心工程，不断提高人民生活水平。坚持从阜新实际出发，实施就业优先战略，通过引进和培育农业产业化龙头企业、发展民营经济等10个渠道，全市实现实名制再就业19.5万人。紧紧抓住国家在辽宁完善社保试点机遇，加强社保体系建设，城乡特困群体和弱势群体得到了救助和保障。千方百计扩大就业。坚持就业优先战略，累计实现就业再就业27.1万人次，并实现了"零就业家庭"动态为零。坚持开展多层次、多形式的技能培训，共培训下岗失业人员10.5万人次，特别是加大了对"4050"下岗职工子女的免费培训力度，使部分下岗职工家庭通过子女就业摆脱了困境。坚持建立健全劳动力市场体系，形成了覆盖城乡的就业服务网络。全面加强社会保障和救助体系建设。社保体系进一步完善，参加基本养老保险、失业保险、医疗保险的城镇职工分别达到21.9万人、22.6万人、34.7万人，18.2万名城镇困难居民享受到了最低生活保障。实施了农村最低生活保障制度、农村低保大病救助制度、城市低保大病救助制度、城市低保分类救助制度、城市医疗救助制度试点。新型农村合作医疗全面启动，农业人口参合率达到80%。启动了"友爱阜新"和"平安阜新"建设，深入开展扶贫帮困活动，使困难群众得到了普遍救助。

四、阜新市接续产业发展的主要进展

四年来，阜新市委、市政府带领全市人民解放思想、开拓创新，从阜新实际

239

出发，确立了立足阜新现有基础和优势，构筑"主导产业 + 支柱产业"经济格局，变单一经济结构为多元经济结构的转型思路。经过艰苦努力，经济转型试点和接续产业发展都取得了阶段成果。主要标志是[①]：

第一，国民经济结束了低速徘徊的局面，实现了持续高速增长。到 2005 年年末，全地区生产总值实现 150.6 亿元，与 2000 年相比净增 86 亿元，年均增长 17%，比"九五"期间平均增速提高了 14.3 个百分点，特别是 2002~2004 年连续三年经济增长速度保持在 20% 以上，提前一年实现了"十五"期间翻一番的目标；地方财政一般预算收入按可比口径实现 7.4 亿元，年均增长 17.7%；全社会固定资产投资"十五"期间累计完成 249.5 亿元，是"九五"期间的 2.2 倍，启动实施投资千万元以上项目 326 个；"十五"期间累计直接利用外资 1.15 亿美元，是"九五"期间的 4.3 倍。从 2001 年到 2006 年，全市生产总值年均增长 15.9%，地方财政一般预算收入年均增长 18.9%，城市居民人均可支配收入年均增长 10.7%，农民人均纯收入年均增长 18%。同时，阜新以建立现代企业制度为目标，着眼于实现投资主体多元化，缩小国有经济在全市经济总量中的比重，大力发展民营经济。累计完成各类国有企业转制 288 户，国有工业企业改制任务全面完成。民营经济占全市经济的比重已由 2000 年的 27% 上升到了现在的 60%。依靠对外开放，增强转型振兴的外在推力。坚持把扩大开放作为第一战略，紧紧把握发达地区产业转移的趋势，以项目为核心，大搞招商引资。全市招商引资额年均增长 22.9%，直接利用外资额年均增长 11.9%，外贸出口额年均增长 25.2%。实施投资千万元以上的项目 449 个，大大增强了经济发展后劲。

第二，居民观念有所改善，城乡人民生活水平有了较大提高。在发展接续产业过程中，阜新始终坚持以观念创新为先导，带动体制创新、机制创新、科技创新。依靠解放思想，增强转型振兴的精神动力。阜新把解放思想、更新观念贯穿于转型的全过程，有针对性地进行了一系列大的思想发动，营造强大的舆论声势，使全市干部群众改变了封闭、悲观、等待等落后观念，摒弃了长期形成的计划经济观念，树立了自力更生、奋发图强、开拓创新、勇于探索的新观念。依靠深化改革，增强转型振兴的内在活力。2005 年，全市城镇居民人均可支配收入和农民人均纯收入分别达到 6 630 元和 3 140 元，"十五"期间年均分别增长 10% 和 24.3%；采煤沉陷区治理和棚户区改造全面启动，其中沉陷区治理一期工程已接近尾声；社会保障体系不断完善，国企职工 9.8 万人实现并轨，基本养老保险人数达到 21.9 万人，失业保险参保人数达到 22.5 万人，医疗保险参保人数达到 30 万人；五年累计实现就业和再就业 19.5 万人，就业压力得到一定程度的缓解。

240

① 郭春媛：《关于推进阜新经济转型金融政策的研究》，中国农业金融网 2007 年 6 月 6 日。

第三，接续主导产业的框架初步形成，支柱产业不断壮大。作为转型接续主导产业的农产品加工业四年间得到了快速增长，70多个农业产业化龙头企业已落户阜新，带动全市形成了生猪、乳品、家禽等十几个农业产业化链条。注重种植业结构调整，推进特色种植业的发展，以高油大豆、专用玉米、杂粮、食用菌、花卉、专用马铃薯、红干椒为代表的特色种植业迅速崛起。阜新发展特色农业的一个特点是打造绿色品牌，截至目前，全市已有4户企业、4个产品、63 500亩基地获得无公害农产品认证；有16户企业、35个产品获得绿色食品标志使用权。特色种植业中，杂粮发展尤其突出。在转型中诞生的香香食品集团、五彩杂粮公司、化石戈谷业有限公司等杂粮加工龙头企业，采取公司与农户签订单的形式组织杂粮生产，使杂粮种植面积不断扩大。在2005年种植的62万亩杂粮中，为上述龙头企业配套的生产基地就超过10万亩。龙头企业的引导和牵动，使得以小米乳、绿豆乳、红豆乳为代表的阜新杂粮产品以其独特的风味迅速地打开了市场。以阜新双汇为代表的农产品加工业由2000年的7.1亿元上升到2005年的26亿元，占规模以上工业比重由2000年的12.7%上升到25%。煤炭工业得到了巩固，电力工业有了较大发展。依托资源和现有基础，通过改革和改造，阜橡、玻璃、氟化工等一批骨干企业逐步成长；引进了大金钢构、飞雪林业等一批大型项目；汽车配套零部件、化工、建材、电子、服装等支柱产业不断壮大。经济结构发生重大变化，由单一依赖煤炭工业初步形成了多元经济结构。工业经济运行质量不断提高，工业增速保持在20%以上。

第四，城市面貌和生态、人居环境有了较大改善。完成了细河治理一期工程、垃圾处理场一期工程、煤城路改造工程，阜锦高速公路通车，开通了阜新—上海的旅客列车，完成了东环路大桥、月亮广场、新长途客运站新建及红树路、解放大街等八十多条主次干道的改造，启动了引白水源一期工程、污水处理厂、阿金公铁立交桥、阜新高速、沈彰高速等一批重大工程。生态环境得到了重大改善，累计植树造林321.5万亩，是"九五"时期的3.9倍，在连年干旱的情况下，成活率达到85%以上。完成了长102公里、宽500米的环城防护林工程，海州矿排土场土地复垦项目基本竣工；城市绿化覆盖率达到38.6%，人均公共绿地面积达到7.8平方米。启动了"生态园林城市"和"清洁卫生城市"建设。突出群众生活环境建设。2002年以来，在国家和省的大力支持下，阜新实施了采煤沉陷区治理工程，1.8万户居民得到搬迁安置。结合采煤沉陷区治理和棚户区改造，实施了矿区生态环境治理工程，完成矿区绿化5万亩，实施了海州矿排土场和新邱东、西排土场等矸石山复垦治理工程。启动了海州露天矿综合治理工程，逐步把露天矿大坑建成国家级矿山公园。突出生态环境建设。坚持大搞植树造林，实施了退耕还林、"三北四期"造林、绿色通道、防沙治沙、农田林网、

241

矿区绿化、村屯绿化等一系列工程,建设了一条长102公里、宽500米的环城防护林带。累计植树造林395万亩,森林覆盖率比2000年提高9.3个百分点。

10.1.3　阜新市发展接续产业过程中存在的问题

一、产业结构的问题仍未完全解决

受地区经济发展总体水平的影响,第一、第三产业内部结构质态低层化的特征依然存在,主要表现为:一是种植业,养殖业和家庭手工业在低层次上结合的传统格局的延续;二是计划经济时期形成的单纯"以粮为纲"、"以粮为绩"的数量型发展的片面影响。从阜新地区的第一产业结构看,与省内先进地区比,近年来虽然粮食总产量有很大增长,但农民的增收并没有与粮食产量增长同步;优质高产高效农业、生态农业、乡镇企业和农业产业化等市场农业发展质的方面仍然低于全省先进水平。主要表现为:一是种植业内部,细粮、经济作物和其他作物的比重偏低;以市场为导向,形成区域特色的专业化规模种植,提高农产品商品化程度方面还比较薄弱。二是畜牧业虽然稳步提高,但从全省具备畜牧业发展的各方面条件比,畜牧业占农业的比重、畜产品的商品化程度还很不理想。三是乡镇企业与农业结合,使农业向深层增值和农业产业化的步伐较慢。四是改善农业生产条件、抵御自然灾害对农业稳产、高产的影响和改造中的低产田、农业综合开发、生态农业等实施可持续发展方面还需加大投入力度。

从阜新地区的第三产业结构来看,第三产业的内部结构矛盾仍然很突出。判断第三产业的产业结构是否与地区经济发展适应,不仅仅看静态的经济指标,还应该看到这种比重带来由某种不发达地区农业劳力过剩、工业资本发展不足而将大量劳动力"逼入"第三产业的性质,这种规模结构上的"逆产业化"现象与工业化国家的产业顺次成长有着质的区别。应该看到第三产业的内部结构矛盾仍然很突出,直接为生产服务的科研(包括民营科技)、环保、广告信息咨询、农业技术服务、社会保障等行业发展还很滞后;劳动密集型、技术层次较低的个人消费服务的理发、美容、商业、餐饮、浴池、娱乐、修理、装修等行业构成了第三产业的主体力量。但总体来看,第三产业的发展在质的方面还很滞后,特别是体现"科学技术是第一生产力"的作用不明显,直接为生产服务的新兴行业仍然是薄弱环节。

二、体制积弊严重,政策支持不够明朗

僵硬的企业组织结构、所有制结构(体制和机制)的制约,造成地区经济利

益的分割，形成了资源的非有效配置，没有形成地区的整合优势，影响了全局性整体效益的提高。由于历史原因，阜新的工业经济形成了多元格局，有中央直属企业、省属企业、市属企业、县区企业、街道企业、乡镇企业等，条块分割使资源和生产要素分属不同的利益集团，大量的生产能力和经济存量浪费，不能调整到位，全局利益和局部利益冲突，利益协调难度加大，小灶小坑重复建设，结构趋同，分散了地区经济实力，导致产业结构层次越来越低，经济发展越来越被动。

同时，阜新作为国家确定的资源枯竭型城市经济转型试点市，国家和辽宁省的支持多是针对具体项目，一般情况下是一事一议，缺乏一种长期有效的机制和统一的政策扶持。阜新在财政、税收、信贷、土地、社保等方面与其他城市没有特殊之处，在招商引资方面不具备优势，没有形成政策洼地效应。而且，由于阜新地区工业基础薄弱，企业规模小，规划上报规模不大，与国家开设的专项项目对路少，很难进入国家计划，在项目争取上处于劣势，争取东北老工业基地改造国债扶持项目很难。同时，国家为抑制投资的过快增长，实行了最严格的土地政策，停止新批建设用地指标，许多转型项目因用地审批问题而搁浅，土地问题已成为阜新招商引资的瓶颈。

三、资金筹措问题的制约

阜新是辽宁财政收支矛盾最突出的地区。2005 年，地方财政一般预算收入 714 亿元，仅占全省的 1.1%，人均地方财政一般预算收入 383 元，仅为全省平均水平的 23.1%。财政一般预算支出中的 74% 要用于人员经费及保运转支出，占可支配财力的比重高达 81.6%，是典型的"吃饭财政"，而促进就业和再就业、扶持创业、贫困人口受教育、弥补社保资金缺口、破产企业职工安置、建设公共基础设施等又急需财力支持。仅社会服务职能部门和社会保障职能部门经费缺口就达 1 174 亿元。[①] 然而，财政极度困难的阜新，每年上划给中央和省的税收增量却高于中央和省级财政每年向阜新提供的转移支付，休养生息无从谈起。由于地方财政紧张，配套能力较弱，对一些重点项目很难给予足够的资金支持，不利于引进科技含量较高的农产品加工龙头企业。阜新是贷差地区，许多信贷资金靠拆借筹措，不良贷款率较高。除四家国有商业银行外，只有一家地方城市银行——阜新市商业银行。在四家国有银行中，工行、建行审贷权已经收到省行，市行只有报送权，没有审批权，经济转型缺乏金融资本的有效支持。

2005 年阜新全社会固定资产投资总额仅占全省的 1.7%。由于税收政策上的差异，一些原来准备在阜新落户的外来企业改建到其他省区；由于地方政府财力

---

① 林海滨：《资源枯竭型城市转型的制度支持》，载《企业改革与管理》2007 年第 2 期。

困难，在吸引外来资金上只能提供有限的支持，一些外来投资被吸引到省内其他城市；由于缺乏配套的自筹资金，一些已列入国家专项资金的项目又被废止；由于信用环境恶劣，一些中小企业贷款困难；由于老企业沉重的债务包袱和历史问题，一些到阜新来洽谈合资合作的外商知难而退。资金匮乏已成为制约阜新经济转型的瓶颈。

四、作为主要接续产业的现代农业创造就业机会的能力令人担忧

北京大学教授李国平指出："阜新现在的模式，能达到小康吗？这样的农业养200万人，可能吗？农业是分散的，阜新把其作为过渡性的目标是可以的，但不能作为长久的目标去追求。阜新潜在的失业是很严重的，转向农业，农民失业。"因为现代农业的实质是以工业的思路搞农业，最终还是要集约化生产，随着机器使用比例的不断提升，其对就业的带动作用将越来越小。2005年，阜新城镇居民人均可支配收入6 630元，比全省平均水平低2 478元，比全国低3 863元。农民人均纯收入3 140元，比全省平均水平低550元，比全国低115元。大量城乡居民处于贫困状态。城市低保人口18.2万人，占市辖区人口的23.3%，占全省低保人口总数的12.9%；农村贫困人口24万人，占全省贫困人口的21.4%。阜新就业形势也十分严峻，现有城镇下岗失业人员10.7万人，占城镇人口的12.4%，城镇登记失业率高达6.6%，现有就业人员中近3/4就业稳定性差。[1]

由于下岗失业人员中有近一半来自矿区，年龄大，技能单一，观念陈旧，实现再就业的难度较大。而从实际情况来看，到2005年为止，阜新20个转型农业园区和55个专业小区也仅创造了8 000个左右的就业岗位[2]，相较于数十万的下岗失业人员来说可谓"杯水车薪"，因此，很难通过现代农业的方式实现充分就业的目标。

10.2 "油化立市，多业并举"——大庆发展模式

大庆是一座以石油、石化而著称的工业城市，有着雄厚的石油资源优势。作为全国最大的石油生产基地和重要的石油化工基地，截至2004年，大庆油田已

---

① 林海滨：《资源枯竭型城市转型的制度支持》，载《企业改革与管理》2007年第2期。
② 关静、牟学君：《阜新经济转型农业园区在探索中前进》，载《中国农业资源与区划》2005年第1期。

累计生产原油 18.21 亿吨，占全国陆上原油总产量的 40% 以上，累计生产天然气 900 多亿立方米，为国家上交利税上万亿元。随着大庆石油资源逐渐枯竭，剩余资源的勘探难度加大，开采的经济效率锐减。油田开发已呈现出综合含水高、采出程度高、采油速度高的严峻状况。2005 年 5 月，国务院正式确定大庆市为石油类资源型城市经济转型试点，大庆市进一步解放思想、开拓创新，在全市的经济转型和发展接续产业方面取得了阶段性的成果。

10.2.1 大庆市概况

大庆市位于松嫩平原中部，距哈尔滨 159 公里。1960 年以前是草原与沼泽。1959 年 9 月 26 日松基三井打出石油，正值建国十周年大庆前夕，故定名大庆油田。全市下辖五区四县，面积 2.1 万平方公里，人口 262.2 万，其中，市区面积 5 107 平方公里，人口 121.2 万。大庆在黑龙江省乃至全国的资源型城市中，经济发展地位举足轻重，在 2004 年国家统计局组织的全国百强城市综合实力评比中，大庆名列第 23 位，在进入百强的资源型城市中雄居榜首。经济总量占黑龙江省 1/4 以上。2004 年，全市地区生产总值完成 1 239.5 亿元，比上年增长 10.2%，连续八年保持 8% 以上增幅；人均 GDP 4.8 万元，在全国名列前茅。大庆石油勘探范围，包括黑龙江省全部和内蒙古自治区呼伦贝尔盟共 72 万平方公里的广大地区，占据中国陆地面积的 1/13。据科学预测，这一区域至少蕴藏着 100 亿～150 亿吨石油储量，预测天然气资源量 1.17 万亿立方米，已累计探明石油地质储量 56.8 亿吨，探明天然气可采储量 1 000 亿立方米。大庆石油比重中等，黏度高，含蜡量高，凝固点高，含硫量极少，是理想的石油化工原料。大庆是我国最大的石油工业基地。2004 年，生产原油 4 640 万吨，到 2010 年仍可维持 3 600 万吨，依然是全国最大的油田。[①]

10.2.2 大庆市发展接续产业的具体做法和实际效果

一、大庆市接续产业的发展方向

制约大庆发展的主要矛盾是产业结构单一。从长远看，改变以油为生、靠油吃饭的局面，核心在于发展接续产业。大庆市委、市政府确定，大庆转型最重要是要做好接续产业的发展，首选接续产业是与石油相关的石化产业。"十五"期

---

① 国家统计局：《中国城市统计年鉴 2004》，中国统计出版社，2005 年。

间，大庆按照"油化立市，项目强市，工业富市"的原则，把工业经济摆到更加突出的地位，集中精力搞好项目开发建设，培育壮大优势产业。在工业上，该市强化首位意识，确保石油、石化大企业稳步发展；抓住构建哈大齐牡石化产业带的有利契机，上项目、扩规模，把石化产业做大做强，重点培育壮大地方工业。基于此，大庆全力支持石油石化大企业改革和发展，为稳油、兴化、拓展石油石化企业发展空间创造良好的环境。与此同时，还将加大政府对工业经济的组织领导力度、资金投入力度和政策倾斜力度。并以石化产业为主导，以开发区为龙头，以项目建设为中心，积极发展农副产品深加工、电子信息、新型建材、医药和环保等产业，加快地方工业发展。一是搞好产业发展规划。抓紧规划、掌握、开发一批工业大项目，发展一批立市企业，促进工业经济提升档次。二是抓好项目开发。今后一个时期，市里每年筛选 10 个左右销售收入超亿元、10 亿元和 20 亿元的大项目，列为政府工程作为全市的大事来抓。三是突出抓好开发区建设。按照"扩大总量、提高质量、强化开发、适应市场"的要求，从深化内部改革入手，发挥好开发区的孵化、移植、培育、组合、带动作用，做强开发区主体和两翼园区。2005 年，地方工业产值占全市工业总产值的 25% 左右，全市经济连续 6 年保持 8% 以上的增长速度。

在接续产业的发展计划中，到 2020 年，大庆石化产业要达到 700 亿元规模，"十一五"末石化产业达到 1 200 亿～1 300 亿元。目前，保证目标实现的大项目有年产 120 万吨的乙烯工程、45 万吨的丙烯项目、生产百万吨化肥及年产值百亿元的 ABS 产品、百亿元蓝星化工等大项目。第二大接续产业是农副产品加工业，"十一五"末，大庆玉米、大豆、马铃薯等深加工项目要达到 500 亿元。第三大接续产业是机械制造，中石油已将年百亿元产值的装备制造基地建在大庆。第四大接续产业是电子产品，加上皮革、纺织橡胶等项目，年销售收入可达百亿元。"十一五"期间，大庆非油工业产值将达到 2 000 亿元，与全市现有 GDP 持平，占经济总量 50% 左右。[①]

二、大庆市发展接续产业的主要做法

第一，培育优势产业支撑发展。首先，全力支持石油企业发展。积极向上争取加大油气资源勘探开发投入，增加后备储量，提高开发效益。2005 年生产原油 4 495 万吨、天然气 24.4 亿立方米，实现增加值 962.6 亿元。其次，做大做强石化产业。在确保石油稳定生产的同时，立足石油、天然气资源这一最大优势，把石化工业作为接续产业发展的主攻方向，全力实施"以化补油"。主要是建设

① 孙岩冰：《实现大庆长久繁荣》，载《中国石油石化》2003 年第 8 期。

大基地，优化整合石化工业；充分利用石化原料，积极发展合成材料及精细化工，形成润滑油、天然气、精细化工、塑料等四大石化产品深加工系列。最后，大力发展地方经济。发挥比较优势，以高新技术为先导，大力推进产业多元化，实施"以多补油"，重点是强力推进"农转牧"，大力发展养牛、养猪、养鹅经济，突出发展奶牛业，壮大乳业，畜牧业产值已占农业总产值的"半壁江山"；采用新技术、新工艺发展新型建材，做大做强一批管材、型材、彩板等新型特种建材企业；整合医药企业，不断壮大规模，引进建设新药特药开发、生产和销售企业，医药正在成为大庆新的支柱产业。

第二，开发新兴产业建设项目带动发展。实行项目导向，市和县区干部每人都抓一个或几个重点项目，每季度通过媒体公布一次"项目榜"，将项目的数量、进度、负责人等向社会公示，激励和督促干部"围着项目转、盯着项目看、抓着项目干"。在项目开发上广开渠道，帮助大企业做好项目前期和申请立项，地方与大企业联合上项目，启动民间资本上项目，招商引资上项目，形成牵动全市经济发展的项目群。三年来，共引进建设亿元以上工业项目95个，全部投产后，年可实现销售收入260亿元、利税58亿元。

第三，辟建园区聚集发展。主要是以发展高新技术产业为重点，实施"一体两翼多园"发展战略，举全市之力建设国家级高新技术产业园区。高新区主体区突出开发、管理、服务功能，建起由190家高新技术企业组成的高科技产业集中区；宏伟、兴化"两翼"化工园区，突出上速度、提总量，建成石化产业群；规划建设了科技创业园、北方软件园、医药园、博士后科研工作站和创业广场等载体，促进成果变项目、项目变企业、企业变产业。

第四，兴科重教，完善功能，不断增强城市竞争力。大庆始终坚持把振兴科教作为加快城市发展的重中之重，不断完善城市功能，推动大庆由自我服务型向区域中心型城市转变。突出发展科技教育，支撑可持续发展。把科教作为兴市之本来培育，作为产业来开发，不断增强城市的创新能力。一是辟建大学园。2002年将大庆石油学院从安达市整体迁入大庆，2003年又引进建设了八一农大，2004年还要引进建设哈工大工业研究院、哈医大大庆校区。今后，还将积极争取国内名牌大学到大庆创办分校或研究生院。二是创办高中城。在全市已有8所省级示范高中的基础上，投资建设了具备国内一流水平的实验中学，今后还要集中力量再建设一批高中名校。三是实施"十院百所工程"。已引进、新建应用技术研究院、化工研究院、农业科技研究院等6个研究院，办起果树、畜牧和中药等24个专业科研所。

第五，加强基础设施建设，承载可持续发展。按照建设特大型城市、生态园林城市、龙江西部中心城市和高科技现代化城市的要求，修编城市总体规划和专项规划，推进生活区、功能区、生产区相对分离；搞好城市经营，盘活城市资产，以城养城、以城兴城；形成长效管理机制，城市管理水平不断提高；增强城市的辐射带动作用，搞好小城镇建设，加快城市化进程。坚持以再就业为中心，以低保为重点，以社区为基础，努力为可持续发展提供稳定的社会环境。通过开发项目、主辅分离和劳务输出等措施扩大就业渠道，制定出台再就业优惠政策给予扶持，加强培训提高下岗失业人员就业能力，再就业工作成效明显。全面实现了"三条保障线"向"两条保障线"的并轨，基本做到了"应保尽保"下岗职工基本生活保障金发放率、养老保险金发放率、失业人员救济面和失业保险金拨付率均达到100%；对符合条件的城市特困群体，实行综合救助体系。建立健全群众性自治组织，社区建设进一步加强，在维护企业和社会稳定中发挥了重要作用。

第六，加强生态修复，不断提高可持续发展能力。抓住国家鼓励"一退三还"的重大机遇，全面启动生态建设，推动大庆由矿区型城市向生态型城市转变。近三年重点加强了"四大工程"建设：一是以西北风口防风固沙林为重点的林业生态建设工程；二是以治理"三化"为重点的草原生态建设工程；三是以"百湖"工程为重点的地面水综合治理工程；四是以低空大气污染综合整治为重点的净气工程。在节能降耗方面，大庆正用热泵技术，打地下井，广泛利用地热能源。此外，还利用农村大量的秸秆，提取酒精和生物柴油，全面进行资源再利用。

第七，强化政府服务功能，优化企业生长环境。从解决投资者最关心的难题入手，创建优良的企业生长环境，搭建最佳创业平台。一是用"三先三后"减少投资风险，放大政府资金运营效益。实行"先投后转"，政府组建投资公司，以资金匹配、土地作价入股方式，投入项目建设和企业生产，待企业发展壮大后，再将政府股份转出；实行"先租后卖"，将新建厂房、闲置资产先租给投资者，然后根据企业需要分期向其出卖，减少企业的前期基本建设投入；实行"先借后还"，利用科技风险资金、财政间歇资金和工业发展资金，对短期内资金周转出现困难的规模大、发展好、有偿还能力的重点企业，提供短期借款。二是实行"四个零"降低投资门槛，减少企业创建成本。"零审批"，对符合国家产业政策的大项目，由专门机构代办各种审批手续，工商部门登记备案；"零收费"，对高科技项目、重点工业项目、高水平的城市功能项目，免除属于市本级财政收入的一切地方行政性收费，投资商只交纳国家和省的项目收费；"零等待"，坚持"政府引导、企业运作、多元投入、园区整合"，辟建"工业公寓"，发展"工业物业"，只要有项目、有设备，就可以马上入驻生产；"零租金"，就是对高科技大项目，将新建的标准厂房或闲置的厂房、设备，以零价起租，第二年收取50%，第三年收取80%，特殊情况可以适当延长。经济发展环境的改善，促进了企业成长壮大，增强了投资吸引力，加快了大庆产业接续的进程。

三、大庆市接续产业发展的主要进展

从 1992 年辟建高新区、提出二次创业起，大庆就开始了推进接续产业发展的不懈探索。特别是近年来，围绕构建全面发展战略新高地，建园区、引企业、上项目，初步形成了石化、乳制品加工、农产品深加工、机械和电子等接续产业发展框架，接续产业可持续发展工作取得初步成果。2005 年，大庆完成地区生产总值 1 400.7 亿元，比上年增长 10%，连续 9 年保持 8% 以上增长，是大庆建市以来发展速度最快的时期；实现地方财政收入 50 亿元，增长 11.9%；城镇居民人均可支配收入达到 13 662 元，农民人均纯收入 2 723 元，分别比上年增长 10.9% 和 10.7%。2006 年一季度，全市实现地区生产总值 374.2 亿元，同比增长 9%。其中，第一、第二、第三产业分别实现增加值 4.1 亿元、330.8 亿元、39.3 亿元，同比分别增长 20.6%、8.4%、12.7%。[1]

第一，产业结构调整初见成效。调整产业结构是实现大庆接续产业可持续发展的首要任务。近两年，大庆从油气资源优势和产业基础出发，将做大做强石化产业作为结构调整的重点和优势主导产业，规划论证了 5 个百万吨石化大项目，支持石化大企业建设了 60 万吨乙烯扩建、30 万吨聚丙烯、20 万吨高压聚乙烯、56 万吨合成氨、76 万吨尿素扩能、30 万吨复合肥等一批大项目，石化产业的竞争力进一步加强。2005 年，规模以上石化工业实现增加值 77.9 亿元。[2]

在做大做强石化产业的同时，发展壮大其他接续产业，加快构筑非油经济产业群。充分利用大庆市的资源、市场、土地、能源和资金等优势，以专业园区为载体，地方工业两年新建续建了 2 万套辐射采暖设备、12 万吨禾丰饲料等 300 多个产业关联紧密、上下游一体化发展的项目，培育发展了以乳制品加工为代表的农牧产品加工业，以石油石化装备为代表的机械制造业，以化纺、麻纺、毛纺为代表的纺织业，以新型建材为主的新材料工业和以芯片制造、软件开发为主的电子信息业等接续产业，精细化工、乳品、大豆、皮革、玻璃等产业呈现集群发展趋势。深入实施"农转牧"战略，加快了奶牛、生猪、大鹅基地建设，以牧带农、以牧促工，形成了 150 万头生猪、300 万只大鹅、100 万吨鲜奶加工能力，畜牧业增加值占农业经济比重超过 50%。加快发展金融、旅游、物流等现代服务业，带动商贸、餐饮等传统服务业提档升级，城乡消费市场繁荣活跃，新兴第

① 黑龙江省统计局：《2005 大庆统计年鉴》，中国统计出版社，2006 年。
② 大庆市发改委：《向全国人大代表黑龙江团汇报资源型城市转型进展情况》，www.dqfgw.gov.cn，2006 年 1 月 16 日。

三产业快速发展，服务业占全市经济比重比 2003 年提高了 2 个百分点。同时，大庆市以高新技术产业为先导、招商引资为牵动、园区建设为载体，引资金上项目，大力发展"非油"、"非国有"经济。2005 年地方工业实现增加值 130 亿元，同比增长 40.7%；农业实现增加值 42.4 亿元，同比增长 11%，其中畜牧业实现增加值 21.2 亿元，同比增长 28.8%；第三产业实现增加值 154.8 亿元，同比增长 15.2%，三次产业比重由 2000 年的 1.8∶89.7∶8.5 调整为 3∶86∶11。①

第二，各项改革不断深化，经济发展活力逐步增强。大庆市进一步深化国有企业改革，一是支持中直大企业深化改革。千方百计创造条件，促进大企业加快主辅分离、辅业改制。目前，石油管理局在主营业务上组建了 8 个集团，集团化、专业化运作初见成效，力神泵业、林源物业、林源密封材料厂等一批辅业企业顺利改制，注册到高新区，加快了地企一体化发展进程。二是分离中直大企业办社会职能。积极争取中央财政转移支付，大企业承担的教育、公安、消防等职能顺利移交地方。大庆石油管理局下属单位主辅分离基本完成，中直企业的基础教育、公安等办社会职能顺利移交地方政府。三是深化农村税费改革。全面完成免征农业税工作，基本完成相关的乡镇机构、乡镇财政管理体制、农村义务教育管理体制"三项改革"，目前，这"三项改革"已基本完成。四是完成了国有企业下岗职工基本生活保障向失业保险并轨。五是全面实施行政审批制度改革，行政审批制度改革成效显著，审批事项减少到 399 项。六是深化金融改革。按照国家统一部署，积极探索农村信用社改革，目前全市农村信用社实现增资扩股 5.2 亿元，清收不良贷款 5 亿元，圆满完成了阶段性工作任务。七是粮食企业改革取得积极进展，形成了改革实施方案，正在稳步推进国有资产置换和国企职工身份置换工作。八是事业单位改革开始启动，前期工作正在按计划进行。

第三，多方争取资源，对内对外开放程度不断扩大。在发展接续产业过程中，大庆市进一步扩大对内对外开放，组团参加省里组织的香港招商、浙闽招商、"哈洽会"等活动，组织开展了赴俄、日、新加坡和大连、温州等国家和地区的招商活动，在经济社会发展诸多领域与国内外客商达成合作意向。仅 2005 年"哈洽会"就签订招商引资合同项目 43 个，签约总额 34 亿元。邀请国内外客商来大庆洽谈。接待了日本、新加坡、温州、台州等国内外经贸考察团；华嘉电子应邀到大庆考察后，在高新区开工建设了总投资 9 000 万美元的 36 万片 6 英寸集成电路芯片项目，投产后年销售收入将达到 14 亿元以上。策划产业招商。按照主导产业发展方向，策划了大豆、皮革、纸业等具有比较优势的产业，开展

① 振兴东北办：《大庆市积极推进资源型城市经济转型》，www.chinaneast.gov.cn，2006 年 6 月 30 日。

专题投资机会研究，组织小分队，盯住重点企业，开展集中攻关，引进了一批上下游一体化和关联度比较大的项目。创造优势招商。从解决投资者最关心的问题出发，创造相对优越的投资环境，吸引企业入驻。解决玻璃生产企业最关心的天然气供应量和价格问题，有 30 多家玻璃生产企业表示了投资意向，有 6 家企业已经开工建设，其中哈药集团三精股份公司投资 4 亿元，建设 30 亿支玻璃包装瓶项目投产后，年可实现销售收入 10 亿元以上。针对皮革产业发展首先要解决污水处理问题的情况，投资 3 000 万元建设日处理 5 000 吨的污水处理系统。2005 年全市引进项目 583 个，其中亿元以上项目 45 个，实际到位资金 103 亿元。实现进出口总额 2.74 亿美元，同比增长 1.19 倍，其中出口实现 9 775.3 万美元，增长 35.9%。外资实际到位 3 080.6 万美元，同比增长 28%。两年来招商引资新建项目近 1 000 个，实际到位资金 180 多亿元，形成了拉动全市经济增长，加快转型步伐的重要力量。同时，加强对外经贸合作，提高利用两个市场、两种资源的能力，对外贸易取得较大进展。在美国、俄罗斯、日本等国家设立了 16 个经贸联络处，拥有对外进出口权的企业发展到 370 家，出口产品品种增加到 121个，出口国家和地区达到 99 个。[①]

第四，基础设施建设明显改善，发展环境日趋良好。优良的经济发展环境是大庆加快发展接续产业的前提和基础。几年来，建成了以世纪大道、东城区饮用水深处理工程、大庆石油学院、中俄眼科医院和时代广场等 114 项重点工程，城市功能日趋完善，承载发展的能力不断增强强化社会保障职能，服务可持续发展。相继开工建设了 301 国道绕行线、让杜路、滨洲铁路平改立、大剧院、青少年宫、会议中心、铁人纪念馆等一大批重点项目，完成通县乡村公路 1 287 公里，城市功能不断完善。加快园区建设，打造新的创业平台，先后完善提升了精细化工园、大豆工业园、轻纺工业园、皮革工业园、玻璃工业园等 19 个专业园区，启动建设大庆西城工业园区，承载项目和企业的能力进一步增强。加快哈大齐工业走廊大庆项目区建设进程，规划的 8 个项目区 2005 年启动面积 11.2 平方公里，完成固定资产投资 16.5 亿元，建设基础设施项目 35 个，为项目建设和企业入驻创造了良好条件。转变政府职能，继续推行政府服务"六项制度"，严格落实哈大齐工业走廊优惠政策，出台了《大庆市加快园区化工业发展若干意见》，为企业投资创造了优良的软环境。2005～2007 年，全市共利用国家开发银行信贷 20.25 亿元，重点支持了 301 国道绕行线改造、萨大路改造、经九街改造、哈医大大庆校区、实验中学易地新建、开发区基础设施建设、肇源皮革城、

---

① 大庆市发改委：《向全国人大代表黑龙江团汇报资源型城市转型进展情况》，www.dqfgw.gov.cn，2006 年 1 月 16 日。

让胡路区民营科技园、大同林源轻纺城及林甸工业园等一批城市功能项目及专业园区建设。同时，深入研究了国家开发银行授予省里的 700 亿元贷款额度如何利用问题，进一步拓宽了加快经济转型所需的投资渠道。

第五，全面推进生态市建设，区域生态得到恢复。改善生态环境，是经济转型和可持续发展的重要内容。2006 和 2007 年两年来，继续实施"百湖治理"，对主城区内的南湖、明湖、万宝湖、三永湖等 10 个泡泽进行清淤、换水、护岸、绿化等全方位治理改造，水系环境明显改观。实施"百园建设"，启动建设让胡路区生态园、城市森林公园等生态园 66 个，全市范围内初步形成星罗棋布的生态园建设格局。加快植树造林、城市绿化和一退三还，2002 年以来植树造林 146.1 万亩，油田植被恢复 60 万亩，新建城市绿地 797 万平方米，建成区绿化覆盖率达到 35.1%。坚持"政府调控、市场推进、公众参与"的原则，对污水、废气、噪音、垃圾等城市污染进行综合整治，2001 年以来，累计投资 387 亿元，完成了滨洲铁路"平改立"工程，开工建设萨大路、301 国道绕行线等一批路桥工程，完成了"林肇路"、"让杜路"、"肇肇路"等通县乡公路 665 公里，完成通村硬化道路 1 586 公里，提升了城市承载力。建设生态园 66 个，治理湖泡 8 个。大庆城市环境质量综合指数达到 100%，被评为全国优秀旅游城市、全国内陆首家环保模范城。

第六，就业、社会保障等民生问题得以改善，促进了经济社会协调发展。促进社会事业全面繁荣，维持社会稳定和谐，实现经济社会协调发展是大庆接续产业可持续发展的重要保障。大庆市加大就业和再就业工作力度。通过开发公益性岗位、支持自主创业、加强劳务输出、发展民营经济等方式，千方百计创造就业岗位，三年来共安置就业 11.3 万人，培训下岗失业人员 4.4 万人，城镇登记失业率控制在 4.3% 以下。加强社会保障体系建设。2005 年，低保标准由 143 元提高到 180 元，失业保险金发放标准比 2003 年提高 45 元，个体、灵活就业人员纳入医保范围，参加养老、失业、医疗、工伤、生育保险人员比 2003 年增加 7 万多人，全市养老、失业保险金发放率和低保覆盖率均达到 100%，社会保障的受益人群和补助水平均有大幅度提高。全面繁荣社会事业。

10.2.3 大庆市发展接续产业过程中存在的问题

由于大庆因油而生、因油而兴，具有石油资源型城市固有的资源、结构、体制、生态、城市功能等矛盾和问题。尽管在发展接续产业方面已经做了很多工作，也取得了一些成绩，但由于情况的复杂性、时间的长期性，这些深层次矛盾和问题仍然没有彻底解决。

第一，石油资源衰减加快，接续产业发展面临更为紧张的时间约束。据国土资源部统计，占全国产量50%的大庆油田，经过40多年高速度和高强度开发，油田的稳产和持续发展形势日趋严峻，目前的可采石油储量只剩下30%，在现有的勘探和开采技术条件下，其已探明的可采石油储量已所剩无多，面临枯竭。大庆自1997年起大庆油田产量每年以150万吨左右的速度递减，"十一五"期间，大庆油田原油产量将继续以每年200万吨左右的速度调减，预计到2010年，原油产量降到3 000万吨水平；到2020年，原油产量预计降到2 000万吨，目的在于延长油田经营寿命，为接续产业发展赢得宝贵时间。但是，在目前的分工地位中，在总体上石油供不应求、国家强调石油尽可能替代进口的宏观背景下，大庆又不得不为了保证对国家的原油供应、保证其庞大的产业规模正常运转而保持产量和大量的资金注入。这种境地无疑会加速石油资源的枯竭和支柱产业的衰退。同时，大庆油田开发已经呈现出"三高、三个加快和三个到位"的状况，即综合含水高、采出程度高、剩余可采储量采油速度高；水驱自然递减速度加快、基础设施老化速度加快、综合含水上升速度加快；老区二次加密调整已经到位、外围油田增储上产已经到位、聚合物驱油规模已经到位，使原本已存在的矛盾更加突出、更加严重。

第二，产业结构和体制机制等历史遗留问题难以在短期内解决。在产业结构上，2000年大庆市油经济与非油经济增加值的比重为77.1∶22.9，2001年为73.1∶26.9，2002年为69.1∶30.9，2003年为64.3∶35.7。虽然从2000~2003年非油经济增加值占大庆市生产总值的比重年平均上升4.3个百分点，但从上升的速度看，并不是很快。在工业总量中，87%是石油、石化工业，地方工业仅占9%。[①] 石化、食品、高新技术等接续产业还比较弱小，拉动经济发展的力量有限。总体看，依旧是石油工业的"一柱擎天"。由此可见，大庆市的经济发展要摆脱对石油工业的依赖，还有很长的路要走。在体制机制上，大庆国有经济比重占80%以上，中直六大企业占国有经济的90%以上。中直企业的投资决策、产品销售、外贸进出口等经营管理权有限，还不是完全意义上的自主经营者。大庆区域内生产要素还不能自由整合，产品价格还不能完全由市场形成。大庆经济的市场化程度还比较低，对外开放度也不高。大庆的财政、土地管理体制也没有完全理顺。在城市功能上，大庆是在矿区基础上发展起来的新兴城市，近些年来，虽然通过举债等多种方式筹集资金，在城市功能建设方面做了一些工作，但是由于城区面积大、居住分散以及城市功能建设历史欠账多等原因，城市的聚集功能

---

① 杨晓龙、孙明明：《基于可持续发展的大庆市产业结构评价分析》，载《技术经济与管理研究》2006年第2期。

不强，社会服务功能弱，承载能力低，矿区的特征还比较明显。大庆城市的基础设施因受基地建设模式和资源型产业发展的影响，具有被动性、临时性和变化性，与现代城市基础设施建设要求的主动性、超前性和稳定性相背离。随着经济转型的实施，经济结构必然发生重大变化，这就要求城市基础设施建设布局进行相应调整。大庆城市功能建设方面的任务非常艰巨。在社会稳定上，由于下岗职工、新增劳动力数量较多，岗位容量有限，就业再就业压力很大，对社会稳定造成了一定影响。1999 年大庆石油管理局改组后，各大型石油和石化企业为了提高生产效率，降低生产成本，都不同程度进行了裁员，造成大量职工下岗。而大庆产业结构比较单一，城市功能不够完善，第三产业吸纳就业能力有限，再加上大量外来人员的冲击，制约了就业和再就业问题的解决。巨大的就业压力，已经并将长期成为大庆保持社会稳定的突出问题和主要隐患。2002 年 3～5 月发生的大庆石油企业 2 万名有偿解除劳动关系的职工群体上访事件充分证明了这些特点，使社会稳定成为大庆经济和社会发展的一个极其突出的问题。由于上述产业结构、体制机制、城市功能问题的存在，大庆的经济运行整体上仍处于"向外输血"状态，经济要素净流出，资源开发得不到及时补偿，产业发展得不到有效支持，严重影响着经济转型和可持续发展的能力建设。

　　第三，资源开发导致的环境问题影响接续产业的发展。作为典型的资源型城市，大规模、长时间、高强度的石油开采等生产活动，使大庆付出了沉重的生态代价。严重的生态问题，已经严重危及大庆的可持续发展。根据大庆市环保局提供的资料，油田开发对生态环境的损毁情况主要包括以下方面：（1）地面水环境恶化。大庆市区分布着大小 150 多个泡沼，其中有 60 多个泡沼水体均受到不同程度的石油污染，富营养化程度较高，水体底质石油类均有不同程度的超标现象。东风泡底质石油类超标高达 700 多倍，鱼体内的总烃含量均超标 1.5～8.8 倍。（2）地下水环境存在潜在威胁。深层地下水严重超采，年开采量近 3.5 亿立方米，大大超过承压水允许开采量，降落漏斗影响面积达 5 560 平方公里。潜水层污染严重，表现为有机物、氨氮、石油类严重超标，基本失去了饮用价值。由于对报废油井缺乏监督管理，对地下水环境构成潜在威胁。（3）草原"三化"现象严重。在油田勘探开采过程中，占用了大面积草原，油田区内管网纵横交错，使自然地表径流被改变，加快了草原沙化、盐碱化速度。大面积草原受到油田大型施工机械的碾压、施工作业后，原生植被遭到破坏，油田区草原"三化"面积已达到 85% 以上。（4）湿地面积日益萎缩。大庆市湿地资源丰富，经卫星遥感测定，现有湿地面积 56.3 万公顷，其中沼泽、苇地等 14.43 万公顷，水域 41.87 万公顷。由于油田的深度开发，范围不断向外延伸，大量的湿地被开发利用，许多湿地变成了泥浆池、排污池、废水排放池，土壤、植被及湿地水体的污染加剧，使得生物多样性遭到破坏，野生动植物种类和数量在逐渐减少，湿地萎缩，功能丧失。（5）土壤环境存在石油类污染。在石油开发过程中产生的废弃物主要包括钻井泥浆、钻井岩屑及落地原油，这些固体废弃物很大程度上都是国家明文规定的危险废物，目前的安全处置标准很低，存在潜在的环境风险，加剧了土壤的污染。经监测，大庆油田的土壤中石油烃本土含量值为 22.06 ~ 80.28 毫克/千克，油田开采区土壤石油烃含量达到 47.82 ~ 125.30 毫克/千克，明显超过了本底值，已对土壤环境造成了污染。长期在此土壤环境下生长、繁殖的植物，作为牲畜饲草，通过食物链的途径，可影响农牧产品的质量，进而可能影响人体健康。生态问题已经严重危及大庆的可持续发展，生态修复的任务十分繁重。

第四，推动经济转型的动力欠缺，主体力量仍不够强大。推动大庆经济转型的三大主体包括地方政府、中直石油石化大企业和地方企业。从地方政府看，财政体制改革不到位，大庆市没有完整的财政收入，地方财力不足。目前市级财政收入主要来源是城市维护建设税和教育费附加，总额只有 15.9 亿元。由于这些原因，大庆财政收入与其 GDP 的比例偏小，地方政府在引导产业发展、改善发展环境等方面缺乏足够的投入，推动作用难以得到更好的发挥。从中直企业看，由于高度集中管理，自主经营权有限，中直企业在支持地方经济发展方面的作用还有待进一步增强。从地方企业看，由于大庆实行计划经济体制时间长、程度深、影响严重，地方民营企业发展比较缓慢，实力较强的企业比较少，还难以形成推动转型的有力支撑。由于计划经济长期积累的一些体制性矛盾至今还没有解决，大庆市实际上仍是一种石油、石油化工和地方政府既"三位一体"又"三元分立"的管理体制，新旧体制转换没有完全到位，主要表现为社会事业管理体制改革不到位，大庆教育、文化、卫生等社会事业，还有 2/3 由大企业承办，既加重了企业负担，又影响了大庆教育、文化、卫生产业的发展和城市功能的完善。

第五，国家政策支持不够明朗，难以具体落实。大庆的经济转型主要靠自力更生，但也离不开国家的大力支持。特别是涉及一些历史性、体制性问题，仅靠地方政府和企业的力量难以有效解决。2005 年 5 月国家已将大庆列为经济转型试点，但至今还没有出台有关方面的政策。作为一个资源进入衰减期的石油城市，要实现经济转型和可持续发展，迫切需要国家尽快给予更多的实质性、大力度的政策支持。对已有初步意向的政策，如两个机制、资源勘查周转资金、进一步分离企业办社会职能、核销企业呆坏账、财税扶持等，需要加大争取力度，促使政策早日出台落实；对还没有意向的政策，如生态治理、地企一体化发展机制等，需要组织专门力量，集中攻关，力争有所突破。

10.3 "生态为本，延伸扩展"——伊春发展模式

伊春市作为我国最大的林业型城市，也是我国传统经济体制和粗放式增长方式体现最显著的城市之一，在资源短缺和市场竞争力下降的威胁之下，其主导资源加工型产业、产品和技术结构的发展问题也显得尤为突出和典型。在伊春市产业结构中，森林资源主导型产业在产业结构中占绝对主导地位，2003 年伊春市林业产业总产值为 59.46 亿元，占全市生产总值的 62.55%，木材和木材加工的支柱作用明显。2005 年 5 月 17 日，伊春林区被国务院确定为林业资源型城市经济转型试点城市。这也是全国资源型城市经济转型试点的 60 个城市中唯一属于林业资源型城市经济转型的试点城市。在目前资源型城市面临资源枯竭，经济和生态危困的境况下，伊春作为典型的森林资源型城市，如何发展接续产业，实现可持续发展，具有非常重要的现实意义。

10.3.1 伊春市概况

伊春位于黑龙江省东北部。北靠黑龙江，与俄罗斯隔江相望，从地理条件看，伊春纵贯小兴安岭腹地，属于松嫩平原、三江平原、东北平原、华北平原的天然屏障，是我国开发最早的木材生产基地和重要的国有林区。市区地貌类型以山地为主，地势东高西低，北高南低，平均海拔在 400 米左右。市域土地利用特征为"八山半水半草一分田"。市域气候属于中温带大陆性季风气候的北缘，春迟干燥，夏季短热，秋凉霜早，冬长多雪，四季较为分明。市域内自然资源十分丰富，尤以得天独厚的森林资源而闻名全国，伊春素有"红松故乡"之称，是我国重要的森林工业基地。此外，矿产资源、风景旅游资源、野生动植物资源也非常丰富，具有较大的开发利用潜力。全市行政区划面积 32 759 平方公里，林业施业区面积 396 万公顷，总人口 130 万人。1948 年开始大规模开发建设，1958 年建市，现行政企合一管理体制，辖 1 市（县级）、1 县、15 个区（其中 13 个为区、局合一）、17 个林业局。伊春林区开发建设 50 多年来，共为国家生产木材 2.3 亿立方米，累计上缴利税、育林基金等 57 亿元。[①]

现阶段，伊春经济发展对资源的依赖性比较大，以工业为例，采掘业、原材

---

① 国家统计局：《中国城市统计年鉴 2004》，中国统计出版社，2005 年。

料工业所占的比重超过50%，资源型初加工型和粗放型工业占主导地位。导致资源的承载力下降，造成后备资源不足。由于长期过量采伐超负荷承担国家木材生产和各项上缴任务，在市场经济转轨过程中，出现了许多影响可持续发展的经济和社会问题。

10.3.2 伊春市发展接续产业的具体做法和实际效果

林业资源与煤炭、石油等资源不同，具有再生性。这也决定了林业城市经济发展接续产业的模式与其他资源型城市有所不同。借鉴各国资源转型的成功经验，伊春市已经从实际情况出发，从以下几方面着手进行了转型并取得了一定的成效。

一、伊春市发展接续产业的具体做法

第一，实施"生态立市"战略，强化森林资源的保护和培育。伊春市立足于林区的可持续发展，确立了"生态立市"的核心发展战略，创造性实施"天保"工程。具体实施情况如下，一是强化了资源林政管理。严格天然林采伐管理，做到保育结合、休养生息，扭转森林资源逆向演替的局面。狠抓森林采伐限额管控，使森林资源消耗和法人超采问题从源头上得到了有效监督和遏制。调减木材产量，逐步取消主伐生产。加强林地管理监督，严查重处了非法乱占滥垦林地行为。坚持重拳出击，严厉打击盗伐、滥伐、非法运输和非法加工木材等违法犯罪活动。推进"严管林"举措，强化木材生产和资源管理，坚决杜绝超计划、超限额采伐和盗伐林木。认真恪守"三个绝不"的原则（再困难也绝不向林子伸手，再困难也绝不以拼搏资源换取暂时的利益，再困难也绝不以牺牲资源环境为代价换取经济短期增长），使全市森林资源实现了良性消长循环的局面，目前伊春400万公顷森林施业区境内木材年均净增长量达500万立方米。二是全面停止了天然红松林木采伐。这是2004年伊春在全国林业战线开历史先河的重要举措。为了不使"红松的故乡"变成"红松的故事"，在上级允许采伐红松而且每采1立方米红松可增加收入300~400元的情况下，做出了在伊春境内全面停止天然红松林木采伐的决定，虽然每年减少收入1亿元，但有效保护了珍贵的红松林木资源。三是全面推行了森林资源管护经营承包责任制。目前，伊春市218个林场（所）已有192个林场（所）实施了管护经营承包责任制，落实管护经营面积148.2万公顷，占伊春林管局林业用地面积的43%，承包户达2万户。四是加强了生态特区和自然生态保护区建设。继续在政策到位的情况下，将木材产量调减到合理水平，直至全面停止天然林采伐。对重点生态区域全部实行了封山

257

育林，并建立了19处总面积达56万公顷的自然生态保护区（其中国家级2处、省部级12处）。五是大力培育了森林资源。目前累计更新造林有效保存面积已达1 576.4万亩，森林抚育3 369.8万亩，民有林发展到80.8万亩。[①]

第二，依托资源优势，构建特色经济新格局。伊春市着力构建了南部绿特色产业，东部重化工业，北部板业、家具和旅游业，中部木材精深加工、畜牧产品加工、生态旅游服务业和高新技术产业等四个集聚区，基本形成了以森林工业为主导，以其他工业、农业、多种经营和第三产业为支撑的经济格局。一是巩固发展木材精深加工业。目前伊春市木材精深加工产品达五大类上千个品种，远销上海、北京和美国、日本等国内外市场。二是大力发展冶金建材业。建设全省最大的钢材、水泥生产基地和较大的化工基地。三是积极发展绿色能源工业。充分利用小兴安岭风力、水利资源丰富的优势，大力开发风电、水电等新型能源项目。四是加快发展绿色食品、生态畜牧、北药开发业。大力发展生态畜牧业，建设全省重要的畜牧养殖和产品加工基地。五是突出发展森林生态旅游业。大力发展生态旅游业，建设中国生态旅游胜地。

第三，实施林权改革，大力推进林区体制机制创新。抓好林业分类经营管理体制改革，探索森林生态效益市场化机制，逐步建立公益林的社会补偿机制，规范森林、林木、林地使用权流转市场。同时，为了从根本上解决长期制约伊春林区发展的体制性障碍，由不完善的市场经济体制向完善的社会主义市场经济体制转型，伊春已经积极推进政企分开，加快体制机制创新。2004年4月，伊春市被国家林业局确定为全国唯一的国有林区林权制度改革试点单位。2005年1月，国务院119次常务会议原则通过了伊春市的林权制度改革试点方案，同意伊春市拿出5个林业局15个林场（所）中8万公顷国有商品林地进行试点，将林地的经营权、林木的所有权、处置权和收益权交给职工，由林业职工进行分户承包经营。放手发展民有林，把商品林的大部分面积营造和改造成民有林。对民有林的经营范围适当放宽，凡是有能力的农户、林场所职工、城镇居民、科技人员、营业主、外国投资者、企事业单位和机关团体的干部职工等，都可以单独或合伙参与民有林发展和林业及活立木资源的流转，使民有林成为林区职工致富奔小康的有效途径，力争三五年内发展民有林30万公顷。20年左右，此一项将使全市经济总量增长200亿元以上，人均收入1.8万元。

第四，加快城市建设，进一步提升城市品位和功能。近几年，伊春市按照"欧风林色、山水交融、布局新颖、清新秀美"的思路，认真谋划了城市发展布局，不断完善城市功能，使中心城区面积达到20平方公里，人口规模达到50万

① 伊春市发改委：《伊春市积极推进资源型城市经济转型》，载《中国经贸导刊》2006年第13期。

人。同时，通过成功举办春季杜鹃花海观赏节、夏季森林生态旅游节、秋季五花山观赏节、冬季摄影大赛采风节等节事活动，扩大伊春的社会知名度。通过组团参加"哈洽会"、"西洽会"、黑龙江（香港、韩国）活动周等活动，积极推动招商引资工作。

二、伊春市发展接续产业的实际效果[①]

第一，森林资源得到有效保护，林业及绿色产业资源优势得以发挥。对伊春这个"林都"来说，绿色是最长久、最具潜能和魅力的特殊生产力。林业这个可再生资源不像其他不可再生资源那样，要做好面对资源彻底枯竭的准备，林业只要养护适当，就可以重新恢复其资源的质与量，并可以一直把林业路线走下去。多年来，伊春市在创造性实施"天保"工程上已取得可喜的成绩：从 1997 年开始，逐年主动调减木材产量，现已累计调减木材产量 521.6 万立方米，落实森林资源管护承包面积 2 220 万亩，封山育林面积 777 万亩，退耕还林面积 26 万亩，民有林面积 78.7 万亩，自然保护区面积 810 万亩，活立木总蓄积 2.2 亿立方米，有林地蓄积 2.1 亿立方米，中幼龄林占绝对优势，后备资源较为雄厚，提高有林地面积 28.6 万公顷，提高森林覆盖率 7.6 个百分点，至 2007 年末伊春森林覆盖率为 83.4%，这在全国是最高的。

同时，由于长期以来产业发展主要集中在木材采伐及木材粗加工，污染型企业数量少，经济活动对环境干扰程度低，伊春市整体上不存在大气、水域的污染问题，发展绿色食品生产的环境条件十分优越。林区森下资源丰富，物产丰饶。拥有山野菜、山野果、天色色素、食用菌、饮料等百余种野生食用植物资源，开发条件好，利用价值大。高等植物 177 科、595 属、1 390 种，其中蕨类植物 46 种，裸子植物 349 种，被子植物 995 种。蕨菜、刺嫩芽等十几种山野菜储量近百万吨，年允采量 20 万吨；松籽、都柿等山野果 20 余种，年允采量 20 万吨；各类植物药材 400 多种，储量 200 万吨。全市有机、绿色、无公害食品种植面积 50 万亩。养殖绿色、无公害肉食鸡 300 万只。刺嫩芽、刺五加等山野菜、山野果种植改培面积 600 公顷，培植黑木耳 8 000 万袋。采集山野菜 7 430 吨、山野果 3 728 吨、食用菌 3 000 吨。伊春市已获得有机、绿色、无公害认证的产品达到 48 个，已有绿特色食品加工企业 9 户，生产能力达到 9 万吨，有 5 户绿标企业通过了 ISO9000 质量认证，产品辐射国内大中城市和东南亚市场，深受中外消

[①] 臧淑英：《发展接续产业避免资源型城市"林竭城衰"——以黑龙江伊春市接续产业发展研究为例》，载《经济地理》2006 年第 4 期；高欣、孙英威：《森工城市转型的伊春实践》，载《瞭望》2005 年第 52 期；吴相利、臧淑英：《伊春市森林生态旅游开发模式》，载《经济地理》2006 年第 6 期。

费者的欢迎。

依托林木资源，伊春市还努力建设全国知名的人造板、家具、小木制品生产基地。加强统筹规划，引导和促使企业加快实现由"原"字号、初级产品向精深加工、合理利用现有资源转型。采取政策措施，严格限制原木出口，支持原木进口，提高木材和素板的就地转化率、增值率，逐步实现可加工原木不出市、人造素板不出市。人造板重点抓好北部板业集聚区和朗乡人造板集团建设，大力发展二次加工项目，以素板为基材，开发复合地板、装饰板等终端产品。家具以双丰、光明集团为龙头形成若干专业性家具集团，共闯国际市场。木制品突出林区文化特色，开发独创性工艺，努力提高产品的科技含量和收藏价值。

第二，因地制宜，绿色畜牧产业得到长足发展。伊春市按照"南牛北羊，中部鸡兔，各地蛙鹿"的规划布局，因地制宜确定区域发展项目，通过龙头企业带动，重点搞好五大畜产品系列开发，即优质奶牛、绒山羊、鸡兔、鹿、林蛙等系列产品开发，建设专业小区、专业村屯、专业林场所，开展千家万户普养，集小群体为大规模，发展基地生产，实行规模经营。良好的森林生态环境和丰富的野生饲料资源（野豌豆、小叶樟、山黎豆等）构成伊春市绿色畜产品发展的优势。全市土地总面积4 900多万亩，其中林地3 800万亩，耕地160万亩，草地52万亩，水域47万亩。伊春土壤有8类，22个土种。土壤肥沃，养分含量高，有机质丰富。全市多年平均水资源总量达110.4亿立方米，其中地表水资源88.06亿立方米，地下水资源2 234亿立方米，共有大小河流702条。大面积的草地为发展牧业提供了广阔的前景。畜牧业龙头企业壮大起来。友好肉鸡养殖加工总场是伊春市肉鸡生产中的龙头企业，现有固定资产3 700万元，职工1 500多人。目前该厂鸡产品已达4大类60多个品种，产品远销北京、天津、上海等地，出口日本、西德、中东等国家和地区其科技含量，经济效益在全省名列前茅。桃山大鹅加工厂现有种鹅已达到2万只，年饲养出栏鹅30万只，建成了年加工百万只的屠宰加工厂，已成为全省集种鹅、孵化、商品鹅饲养及加工一条龙的最大生产基地。铁力市乳品加工厂年可加工鲜奶3 000吨，促进了南部县、区的奶牛发展。通过这些龙头企业的兴起和发展，带动了其他养殖业的发展，也安置了大批下岗职工再就业，充分显示出了畜牧业的巨大中轴带动作用。

第三，打造品牌，北药产业方兴未艾。由于中药在国际市场的地位和需求，国内外对中医中药的研究与开发都在加深加快。目前已有124个国家建立了各种类型的中医药开发与研究机构，中医药面对的是全球的广阔市场，其开发潜力不言而喻。目前国际植物药材市场份额已达270亿美元，已有40亿人使用中药治病，中草药开发利用在10年内将在世界全面兴起。伊春市地处小兴安岭南、北、东三坡，森林茂密、环境清新、资源丰富。由于特殊地理位置和生态环境，孕育了种类繁多、独具特色的野生中药材，据不完全调查统计，伊春市天然药材可分为 4 类 600 多种。全市约有 400 多种植物类药材，进入国家药典的有 98 种，具有地方特色的名贵药材人参、刺五加、五味子、满山红、暴马子皮、三棵针、龙胆、龙芽葱木、穿山龙、防风、党参等有 30 多种。约有 10 多种动物类药材，主要有鹿茸、熊胆、林蛙油、蜂蜜、蚂蚁等。已知的有 100 余种真菌类药材，主要是灵芝、猪苓、树舌扁芝、蜜环菌、铆钉菇及粒皮马勃、梨形马勃等属于传统中药或民间药物。已知的矿物类药材有 6 种，如赭石、玛瑙、白云石母、水晶石、石英石、石膏等。由于林区特殊的气候和环境因素影响，伊春市药材品种具有相对集中，易于采集，抗逆性强，资源恢复相对较快，人工栽培易于成活及纯天然、无污染、品位高等特点，这对地道药材种植、发展北药产业都具有较大的优势和广阔的前景。

伊春市把北药开发作为优先发展的主导特色产业是从 2000 年开始的，大力发展北药产业，建设兴安北药开发基地加快建立结构合理、独具特色、效益突出、科工贸一体化的"林都北药"经济体系。培育林都北药集团，壮大龙头企业实力，打响"林都北药"品牌；建立 GAP 北药生产基地，加快北药产业升级，实施科技兴药工程，大力开发后续品种。截至 2004 年 9 月北药实现产值 5.6 亿元，同比增长 41%，增加值 3.48 亿元。通过几年的数据对比可以看出北药的发展一直呈上升势头，并有继续发展的潜力。同时，以市场开发为立足点，不断扩大林都北药的市场份额，形成了龙头带基地、基地连万家的产业化发展格局。目前全市已形成了一定规模的药材种植基地，种植面积已达 43 万公顷，2002 年全市按照 GAP 质量管理规范要求，已初步建成省、市级药材生产基地 21 个，县（区）药材生产基地 50 个，初步形成了人参、五味子、刺五加、平贝、满山红、林蛙等优势北药品种的种植基地。现已形成了以光明药业、伊春药业、铁力制药厂、铁力杜奇、南岔药厂、神树阿胶厂为主体的制药工业体系。"林都北药"商标已在全市北药产品上逐步应用。目前有生产中成药的片、丸、栓、胶囊、口服液等国家、省批号的医药品种 157 个，有些产品已打入韩国及东南亚国家市场。

第四，第二、三产业启动发展，产业结构明显改善。第二产业方面，伊春市的冶金、建材、化工等工业产业建设取得成效。伊春市重点支持西林钢铁集团加快技术改造步伐，优化工艺设备结构，提高技术装备水平，在扩大灯塔矿产能的同时，加快开发翠宏山铁矿、吉姆坎铁矿。支持香港华泰投资公司整体收购浩良河水泥有限责任公司股权，投资 10 亿元经济扩能改造。目前，西林钢铁集团已具备了年产钢 200 万吨的生产能力，成为中国制造业企业 500 强之一，并被黑龙江省誉为"龙江钢铁脊梁"。浩良河水泥有限责任公司水泥熟料生产能力达到 150 万吨，已成为黑龙江省重要的水泥生产基地。

261

　　第三产业方面，伊春市依托自然旅游资源，生态旅游初显规模。伊春境内森林生态旅游资源十分丰富，尤以自然旅游资源最为突出。伊春发展森林生态旅游业，是指以森林为吸引物的生态旅游。伊春具有其他旅游型城市难以企及的生态资源，被誉为"中国林都"和"红松故乡"。世界公认的森林、冰雪、海洋三大旅游资源，伊春就具有两项。作为全国最大的国有林区，伊春森林是以珍贵树种红松为主的针阔叶混交林。红松占总蓄积的 30% 左右，伊春拥有亚洲面积最大、保存最为完整的红松原始林。目前已建成国家级自然保护区 2 个；国家级森林公园 6 个；省级森林公园 17 个。据测量，松树林内空气中仅有细菌 589～1 218个/立方米，而闹市区中有细菌 49 700 个/立方米。伊春林区的森林植被每年吸纳二氧化碳 2 430 万吨，放出氧气 3 341 万吨，是中国最大的"天然氧吧"。众多野生动植物不但具有极高的观赏性，也是特种旅游项目。受小气候影响，雪量大、雪质好、雪期长，适宜开展冬季旅游活动。夏季多雨凉爽，适宜避暑。伊春境内松花江左岸的汤旺河，全长 468 千米，自北向南纵贯伊春全境，流经区域多为森林覆盖，其水质清洁，降水丰沛，十分宜于开展各种森林漂流旅游。伊春林区 80% 以上面积为缓丘状的山地，境内沟谷纵横、奇峰怪石林立，小兴安岭经过亿万年的地质变迁形成了多种地质奇观旅游资源。同时，伊春市的恐龙科考旅游资源独特，位于嘉荫县境内的龙骨山至少生长过鸭嘴龙、霸王龙、似鸟龙等 3 种以上的恐龙，是我国最早发现并出土恐龙化石的地点。现陈列在俄罗斯圣彼得堡的"神州第一龙"就是在这里出土的。近年来，伊春以创建中国优秀旅游城市为目标，依托森林、冰雪、界江的旅游资源优势，突出森林生态和小兴安岭自然风情这一主题，逐渐树立起了"伊春——21 世纪森林生态旅游胜地"的旅游形象，将森林生态旅游发展成为伊春市的特色产业之一，整个旅游业呈现出跨越式发展的态势。以建设"中国森林之都——伊春"为整体形象品牌，整合资源，培育龙头企业，开发精品，拓宽客源市场，推出四季旅游特色产品，把我伊春建成 4 万平方公里的森林大公园。在空间布局上，打造以铁力为核心，辐射桃山、朗乡、带岭的南部旅游集合区；以五营为核心，辐射汤旺河、嘉荫、仁甘岭、红星、新青的北部旅游集合区。在产品开发上，南部旅游集合区以开发城市观光和完善综合服务功能为主，北部旅游集合区以开发森林生态旅游、冰雪旅游和休闲度假旅游产品为主。依托特色旅游资源优势，伊春市先后建成了国家 4A 级景区 1 个、3A 级景区 5 个、2A 级景区 9 个，S、2S、3S 级滑雪场各 1 处，国家级狩猎场 1 处，省级狩猎场 3 处。森林生态旅游业的兴起为伊春的经济振兴带来了新的转机。据统计，2003 年，伊春市旅游业实现增加值 1.22 亿元，比上年增长68.8%，占全市生产总值 1.28%；旅游接待人数 120.7 万人次，比上年增长34.1%。旅游直接从业人员由 1998 年的 714 人发展到 4 400 多人，间接就业人员达 2.2 万人。全市旅游企业规模扩大，促进了产业结构调整和区域经济的发展，为资源型城市的经济转型奠定了坚实基础。

第五，努力提高人民生活水平，有力推动了林区的和谐发展。从 2000 年至今，伊春经济发展进入调整期，解决就业问题成为伊春市委、市政府的首要工作。几年来，特别是 2005 年以来，市委、市政府采取有力措施，积极推进此项工作，取得了较好的成效。一是大力发展职工自营经济。目前伊春市从事职工自营经济的人员已达 32.4 万人，从业户数 14.6 万户，占全市职工家庭总户数的一半以上。2005 年伊春市职工自营经济从业人员人均收入超过了 4 000 元，户均达 1 万元。二是千方百计扩大就业。通过认真落实相关政策，健全就业服务体系，加强劳动力就业技能培训，大力发展劳动密集型接续产业等措施，拓展了就业渠道，扩大了社会就业。2001～2004 年，全市安置就业人员 85 193 人，占同期登记失业人员总数的 78.4%。特别是 2003～2004 年，当年新就业人数分别超过当年登记失业人数 2 146 人和 8 889 人。2004 年，城镇登记失业率为 5.4%，低于省定控制指标 0.2 个百分点。2005 年 1～9 月，全市完成就业再就业 31 258 人，其中再就业 28 170 人，为年度计划的 76.1%，安置"4050"下岗人员 6 380 人，城镇登记失业率为 4.8%，低于省定控制指标 0.8 个百分点。几年来，伊春市累计实现就业再就业 15 万人，开发公益性岗位 2.2 万个。三是高度重视社会保障工作。在林区经济十分困难的情况下，实现了离退休职工养老金、下岗职工基本生活费、失业救济金、城市居民最低生活保障金的按时足额发放，并补发以前年度拖欠养老金 4 亿元。目前参加基本养老保险、失业保险和基本医疗保险的人数分别为 26.3 万人、11 万人和 23 万人，享受最低生活保障的达到 13.3 万人，符合条件的低保对象基本实现了应保尽保。[①]

10.3.3 伊春市发展接续产业过程中存在的问题

第一，可采资源面临枯竭。虽然实行了"天然林保护工程"，也取得了一定的效果，但伊春林区自开发建设以来，由于长期计划经济体制的束缚和林业经营思想的偏差，重采轻育、重取轻予、重内轻外，其区内国有森工企业长期超负荷承担国家木材生产任务，最高年时产量达到 750 万立方米，年均消耗蓄积 800 万立方米，消耗量超过生产量一倍。特别是进入 20 世纪 80 年代中后期，林业陷入了"两危"境地，积淀了诸多矛盾，当前的森林资源情况异常严峻。活立木总蓄积由开发初期的 4.28 亿立方米减少到现在的 2.13 亿立方米，减少了 50%；公

---

① 伊春市发改委：《伊春市积极推进资源型城市经济转型》，载《中国经贸导刊》2006 年第 13 期。

顷蓄积量由 154 立方米减少到 85 立方米，减少了 44.8%；成过熟林蓄积由 3.19
亿立方米减少到 0.89 亿立方米。目前，伊春市的木材产量已由 1950 年的 142.2
万立方米、1959 年的 750.6 万立方米减少到现在的 134.6 万立方米，特别是从
20 世纪 80 年代中后期开始，可采森林资源消耗了 98%，森林蓄积量减少了
55%，木材供需矛盾日益尖锐，进口依存度不断增大，资源短缺已成为伊春市林
业产业发展的瓶颈。而且现有森林的林分结构发生了很大变化，针叶林由开发初
期的 68% 下降到 20%，红松由 28% 下降到 6.4%。扣除公益林中的成过熟林，
森工企业实际已没有可采的成熟林。目前全市 17 个林业局中 12 个无林可采，其
余 5 个也严重过伐。现在生产的木材，相当一部分是不得不忍痛采伐的中龄林。
有鉴于可采林木资源的逐步枯竭，近几年伊春市木材产量也在逐年调减，并于
2004 年 9 月 1 日实施了禁止在伊春境内采伐天然红松林木的规定，木材产量的
大幅下降已经将那些单纯依靠原材料粗加工的林产工业逼上了绝路。①

第二，体制机制问题影响深远，短期难以改变。改革开放以来，随着社会主
义市场机制的逐步确立，传统计划经济体制的逐步淡出，伊春市人民群众的思想
观念有了一定的改观，原有的不利于地区经济发展的成分有了一定的消除，但总
体而言，观念基础仍未发生根本的变化，封闭、正统的观念形态仍占据主导地
位，主要表现在计划经济体制下封闭意识浓厚，开放意识、竞争意识、风险意
识、法制意识和创新意识等先天不足；林业职工"国"字号的正统国企观念；
外延发展、粗放经营的传统林区观念。而以开放、竞争、创新、守法、冒险为主
要成分的市场经济和商品经济观念在人们脑海中虽有一定的植入，但并未占据主
导地位。绝大多数人认为进机关、事业、全民所有制企业才算就业，是铁饭碗。
因此，较多的出现"有活没人干、有人没活干"的现象。一部分下岗职工仍怀
有计划经济中的"大锅饭"思想，一味地依靠政府而不是通过市场来解决就业
问题。

近年来，伊春市虽然也进行了经济体制和行政体制的改革，但计划体制的深
层次障碍仍未消除，目前仍是政企合一，林业局和区政府一套人马，两块牌子，
以林业管理代替政府职能，形成典型的企业办社会、政府养企业的林区发展模
式，直接导致许多政府职能被削弱。而另一方面林业管理畸形膨大，体制改革难
以进行。随着林业可采资源的逐渐减少，林业生产的比重必然会逐步降低，以林
业管理代替政府管理的模式，在资源开发的初期可能是有效率的，但如果不加以
转换，就将成为区域发展的严重障碍。对于伊春而言，目前最为迫切的是必须让
政府成为真正的政府，让企业成为真正自主发展的企业。而这一点的实现，则必

① 尹仙美、臧淑英：《林业城市伊春的经济转型探讨》，载《现代城市研究》2006 年第 2 期。

须依靠林区管理模式的变革，通过政企分开、政林分开、林企整合等有效措施加快体制转型和机制转轨的步伐为系统持续、健康、快速运行营造良好的体制环境。

第三，主导产业和微观经济主体衰退问题严重。伊春市是我国重要的木材生产基地和国有经济占绝对优势的地区。在传统计划经济时期，伊春市在国家的指令性计划指导下进行大规模的木材生产，也由此形成了单一的、以木材生产为主的具有较强资源依赖性的产业结构。近几年来，随着国家经济体制改革和森林保护政策的出台，再加上资源的不断消耗，传统的森工产业日益暴露出严重的问题。木材的采伐由于国家限制，生产规模日益缩小；而应当成为替代主导产业的木材加工业却又得不到有效的发展，现有的企业大都规模小、技术开发能力差、产品档次低、市场竞争力差，生产效益不断下滑，产业整体处于不断衰退的过程中。其他的一些新兴产业虽有所发展，但由于基础薄弱，短期内也很难成为整个区域发展的主导产业。国有企业的改革与主导产业升级任务的双重叠加，使伊春市产业结构的改造变得异常困难。伊春的经济是高度依赖林木资源的经济，多年来一直以木材采运行业为主体，各种加工业绝大多数也依托木材生存。目前，木材采运和林产工业增加值仍居全市各类工业的首位。森工规模以上工业企业固定资产净值为 28.54 亿元，占全部规模以上工业企业固定资产净值的 52%。森工企业职工人数为 17.2 万人，占全市职工总数的 42.9%。随着可采林木资源的锐减，木材采运的规模将进一步收缩，林产工业的发展也受到一定制约。

伊春是一个典型的林业资源型城市，传统企业、落后产业占的比重较大，而科技含量高、经济社会效益好，又符合发本地优势的企业、产业却很少。工业发展水平停滞在粗加工阶段，对后续产业和替代产业缺乏战略考虑。由于原料价格与加工价格偏差过大，产品的价值以隐蔽的形式流失外地。现代工业发展缓慢，产业结构层次、市场化水平、工业化水平、城市化水平较低，区域差异及城乡差距很大。由于木材产量大幅度调减和林区人口不断增加，企业负担日益沉重，全市经济出现严重危困。截至 2002 年末森工企业政策性亏损和福利费超支挂账累计已达 17.5 亿元。森工企业经济危困导致地方财力拮据，并且从 1990 年就开始出现赤字，截止到 2002 年末，市本级财政赤字累计已达 45.6 亿元。企业经济危困加剧了拖欠职工工资问题，到 2002 年末，累计拖欠职工工资 14.4 亿元。目前，全市职工年均工资 4 431 元，大部分职工生活处于贫困线以下。由于受体制性因素、传统思想及项目谋划和资金筹措等问题的影响，目前伊春市林产工业中还没有产品市场占有率高、市场竞争力强、经济效益好、产品附加值高、对全市经济具有较强拉动的大企业。在输出产品中，以林木资源初级开发及其相关行业产品为主，主要为原木、锯材及初级木制品等，大部分产品附加值较低，成本高，与同类产品相比缺乏竞争力。向林木生产和基本建设的企业也大都产量低，产值规模小。例如家具产业，2002 年我国家具业的产值为 1 650 亿元，而伊春的家具制造业产值仅约为 1.96 亿元。其在款式、风格及环保性等方面的欠缺已成为与国内国外产品竞争的致命缺陷。光明家具尽管在国内外具有一定知名度，但仅 2004 年 1～4 月份就亏损了 334 万元，其经营情况不容乐观。

第四，历史欠账过多，社会问题突出。随着木材产量不断调减，森工企业富余职工比例已达 42%。由于林区产业结构单一，就业门路十分狭窄。实施天然林资源保护工程后，木材产量还在继续调减，企业富余人员还将不断增加。近年来，随着木材产量的进一步下调，森工企业的富余劳动力逐年加大，截至 2005 年末，全市森工企业下岗职工高达 116 090 人，现实中森工企业富余职工比例达 42%，尚有待转岗就业人员 4.9 万人。这些职工大多数年龄偏高，缺少技能，就业门路狭窄，森工系统就业压力不断加大。2005 年，全市森工企业在岗职工平均工资 4 070 元，虽然比上年提高 2.6%，但仍低于其他林管局的工资水平，和地方行政事业单位工资相比相差更远。城镇基础设施落后。在几十年里给国家上缴接近两倍投资利润的情况下，市内住房、道路、给排水及供暖等历史欠账问题至今相当严重。据调查统计，现亟待改造的危房有48.6 万平方米，全市基本养老保险、医疗保险等社会保障资金缺口达 2.5 亿。自 1989 年以来，整个森工企业已开始出现全行业亏损，现在全市国有企业债务总计达 7 亿元，每年地方财政收入仅有 3 亿元，而每年的支出需要 15 亿元，缺口将近 13 亿元。

伊春市资源型产业的整体衰退，使大多数的企业效益下滑，职工实际收入普遍下降。但一些私营业主、公司企事业单位的中上层人员则由于分配机制的变革而收入大幅增加。国有企业的改革和林业产业的萎缩，导致就业机会减少，失业和隐性失业的人数不断增多。部分企业职工由于生活拮据而陷入贫困。据测算，2005 年伊春林业在岗职工的月平均工资只有 414 元，仅为黑龙江省平均工资水平的 40% 左右。在计划经济时期比较平均的收入差距和稳定的生活状态被骤然打破，社会中的不安情绪增加，人们对地区发展的预期值普遍下降。这种状态直接导致地区发展所需的资金和人才纷纷外流，人们工作的积极性、创造性大为降低，并成为禁锢地区经济社会发展的一个严重障碍。

第五，资金人才短缺状况日益严重。伊春市是在典型计划经济体制下形成的一个资源型城市。长期以来一直依赖国家和地方的投资而获得发展，资金自我积累能力差。进入 20 世纪 80 年代，随着可采林木资源的枯竭，伊春市陷入了森林资源危机、经济危困的"两危"境地，1989 年出现森工全行业亏损。到 2003 年末，累计亏损 5.3 亿元，历史挂账 32.5 亿元，负债总额 78 亿元。其中拖欠银行贷款及利息 39.6 亿元，拖欠职工工资 14.4 亿元。由于森林资源一直是国有国营，森林的育林资金也一直是靠国家的投入。但随着几十年的"超采"，国有森工企业经济发展困难，在育林资金的投入上几乎都拿不出钱来。为了实现国家林业局提出的"再造祖国秀美山川"的号召和伊春市委市政府提出的"恢复小兴安岭生态原貌"的目标，每年都需要投入一笔可观的育林资金。如果只是靠逐年减的木材销售额来提取育林基金，对于伊春林区所辖的 4 万公顷施业面积上的育林来说，只能是"杯水车薪"。体制的改革和国家地区投资政策的转变使得伊春市资金的来源受到极大限制。由于自身投资环境较差，也无法吸引大规模的国内外自由资本进入，目前伊春市的资金来源只能以国内贷款为主。大多数企业都因为资金不足而无法进行产品的开发和研制，随着原有产品市场的萎缩，企业也逐渐陷入困境。如果国家银行金融体制的改革继续深入的话，贷款的难度也将越来越大，伊春市资金短缺的问题将更加严重。

伊春市的人力资源也同样处于短缺状态。2001 年全市企事业单位在岗职工共 237 852 人，其中大学本科以上学历 4 182 人，仅为职工人数的 1.4%。市内仅有不完全的高等院校 1 所（黑大伊春分校），年毕业学生数仅 200 多人。由于经济的衰退，人才的流失现象也相当严重。各大中型企业均没有独立的技术研究机构，具有自主知识产权的产品和技术很少，技术人员也缺乏应有的培训。人才的短缺直接制约了地区教育文化水平的提高和区域创新能力的增强。

10.4 "立足实际，创新特色"——辽源发展模式

辽源是典型的煤炭资源枯竭型城市。原辽源矿务局（现改制为辽源矿业集团）所属辽源煤田自 1911 年开采至今已有近百年的历史，曾是全国重要煤炭生产基地。新中国成立后 50 多年里，煤炭开采业为辽源市的经济发展起到了支撑作用，为吉林省乃至全国的煤炭供给做出了突出贡献。1947 年 6 月 3 日，辽源新中国成立以后，针对煤炭储量较为丰富的特点，相继在"一五"和"六五"期间建设了西安竖井和梅河矿，使生产能力由新中国成立初期的 40 万吨，提高到 1970 年的 30 万吨；电力工业也很快得到恢复，发电量有了大幅度提高。截至 2005 年底，累计生产煤炭 2 亿吨，上缴税费 15 亿元。"一五"时期，辽源煤矿西安竖井是全国 156 个重点项目之一。20 世纪 50 年代，辽源煤炭产量是全国的 1/29，曾经为"抗美援朝"和一汽、鞍钢建设做出过重大贡献。但是，由于日伪时期的掠夺式开采和解放初期的超强开采，加速了资源

的枯竭和矿井的衰老。辽源煤田现有可采储量仅为580万吨左右，平岗、泰信和西安矿3个煤矿相继破产。由于煤炭资源枯竭，辽源经济社会发展出现了比其他城市更为特殊、自身难以解决的问题。

2005年，辽源市被国务院确定为全国资源型城市经济转型试点城市。几年来，辽源坚持以创新为动力，大胆探索经济转型之路，大力发展替代产业，在实践中不断创新发展理念、发展路径、发展模式和发展机制，加快了区域经济的发展步伐。

10.4.1 辽源市概况

辽源市位于吉林省中南部，距长春100公里，距沈阳200公里，距哈尔滨300公里，距大连港500公里。周边分别与四平市、吉林市、梅河口市、辽宁省西丰县相邻。下辖东丰、东辽两县，龙山、西安两区，设有省级辽源经济开发区，面积5 139平方公里，市区面积429平方公里；总人口130万人，其中市区人口50万人，矿区人口占市区人口的50%。辽源市物产丰富，粮食年均产量在100万吨左右。全市森林覆盖率达42%，珍稀植物有5科7种。辽源市目前已发现33种矿产，占吉林省发现矿种数的24%；主要矿产煤的基础储量占71%，辽源市的煤、水泥用石灰石、建筑石材、矿泉水具有一定优势。沸石、膨润土、瓷土、伊利石具有潜在优势，而且后三种矿产的供应可满足长期建设的需要。辽源市蕴藏较丰富的侏罗纪和白平纪煤层，为吉林省大型煤矿所在地，亦为东北地区重要煤矿之一。

辽源属低山丘陵区，生态资源和特色资源较为丰富。东丰、东辽两县均是国家重要的商品粮基地县，畜牧业发展居全省前列。东丰、东辽两县还是国家命名的百万亩人工林县，全市森林覆盖率32%。辽源被誉为"中国梅花鹿之乡"，梅花鹿存栏达到10万只，为国家级GAP养殖基地。柞蚕放养量和加工能力在全省乃至东北有一定地位。辽源矿产资源储量丰富，硅灰石、花岗岩、石灰石等非金属资源，金、铅、锌等金属资源储量丰富，石灰石估计储量达3亿~4亿吨，黄金丰度法测量可产100吨，为发展接续产业提供了资源条件。辽源还是"中国二人转之乡"、"中国农民画之乡"和"中国琵琶之乡"，不仅提升了辽源的声誉，也为经济转型提供了良好的文化资源。①

---

① 国家统计局：《中国城市统计年鉴2004》，中国统计出版社，2005年。

10.4.2 辽源市发展接续产业的具体做法和实际效果

一、辽源市接续产业的发展方向和主要任务

作为全国的试点，辽源在发展接续产业过程中将立足自力更生、自主创新、自我加压，充分依靠国家转型政策，积极探索转型的新途径和新模式。以追求大作为、实现快发展为主题，以提高全民素质、扩大就业为出发点，以体制机制创新、科技进步为动力，强力推进大产业、大园区、大项目、大企业、大品牌建设，构建以新材料产业、健康产业、传统优势产业为主的新的产业发展格局。完善基础设施建设，加强环境保护和生态建设，开展全民创业，提高人民生活水平。用五年或更长一段时间，基本完成资源型城市经济转型试点任务，推进经济发展由资源导向型向市场导向型转变，逐步实现产业发展格局、经济增长方式、社会人文环境的转型，把辽源建设成为吉林省重要的新兴工业城市。

在战略选择方面，首先，要注重差异化竞争战略。充分发挥比较优势，在项目选择、产品开发和市场营销上，坚持差异化战略，以避免产业、产品趋同和低水平重复建设，实现高位对接、高层次转型，努力打造具有辽源特色的竞争优势，走出一条科技含量高、经济效益好、资源消耗低、环境污染少、人力资源得到充分发挥的经济转型新路子。其次，实行项目支撑战略。坚持把重点项目建设作为带动经济转型的战略举措，依据国家产业政策和资源优势，优化投资环境，谋划、实施一批带动能力强、市场前景好的接续产业项目，建设一批提升城市功能，改善生态环境，提高群众生活水平的基础设施和生态环境建设项目。最后，实行开放带动战略。坚持借时、借势、借力发展，不断拓宽视野、勇于竞争，提高与强者合作本领，积极引进战略投资者，提升发展层次，构造大开放格局。

二、辽源市发展接续产业的重点产业

资源型城市发展接续产业牵动全局，涉及长远，政策性强，必须突出重点、有限目标、整体推进。辽源坚持大转、高转，坚持从实际出发，突破原有的思维定式，打破原有的运行模式，运用差异化竞争战略，创新提出了"加快发展新材料产业，大力发展健康产业，改造提升传统优势产业的经济转型的产业定位"，努力构建支柱产业规模化、新兴产业高级化、传统产业现代化、高新产业园区化的区域经济发展新格局。这三大产业的选择，定位准、起点高、成长性强，符合国务院关于《促进产业结构调整暂行规定》的要求，既是推进经济转型的现实选择，又有利于优化和提升辽源的产业层次。

第一，加快发展新材料产业。新材料产业与IT产业、生物技术，并称为21世纪三大主导产业，具有高科技含量，高附加值和低成本的特点，发展新材料产业，辽源具有一定的基础和潜力。在国家财政部、国家税务总局发布的10大类新材料中，辽源有9大类上百个品种、企业20余家，部分产品具有自主知识产权，生产技术处于国内领先水平。着眼于扩大规模、提升技术和产品层次、提高产业集中度，增强市场竞争力，提高新材料产业化水平。重点发展特种合成纤维材料、高性能特种合金材料、复合材料、新型建筑材料、有机高分子材料和其他新材料等六大系列新材料，实现集群化发展。

第二，大力发展健康产业。健康产业是以生物技术为核心，以循环经济为载体和特征，以满足公众健康需求为目的的新兴产业。涉及保健食品、医药保健用品、绿色食品、绿色环保产品等多个领域，是目前国民经济中成长性最好、最具发展活力和发展前途的产业。辽源发展健康产业，具有资源和产品优势。在健康产业领域，辽源拥有国家和省名优产品40余种，21种农副产品荣获国家、省颁发的绿色证书。着眼于深度开发高端产品、扩大市场份额，抢占技术制高点、提高产品和产业的核心竞争力，把健康产业打造成强势产业，打响健康辽源的品牌。重点发展生物制药、保健品和有机食品加工业，实现规模化、集群化发展。

第三，积极发展传统优势产业。传统优势产业是经济转型的基础，也是增加就业的现实选择。着眼于整合存量资源，进行高新技术改造，提升产业、产品的科技含量，使传统优势产业通过改革、改组和改造重新焕发生机和活力。重点发展装备制造、建材、冶金、纺织服装等产业，建设成为优中更优、强中更强的产业。

三、辽源市发展接续产业的主要做法

辽源市在发展接续产业过程中坚持把思想观念的转变放在首位，树立按照市场体制机制运作转型的新理念，充分发挥市场配置资源的基础性作用。加快政府职能转变，积极推进财税、投融资、金融等各项改革。以产权制度改革为核心，完善公司法人治理结构，建立和完善现代企业制度。加快推进厂办大集体企业改革。发挥民营经济生力军作用，大力促进民营企业上水平、上档次、上规模。引进一批域外民营企业参与辽源经济转型。同时，坚持以开放促进经济转型，强化生产要素集聚平台建设，塑造诚信形象，扩大招商引资，吸引域外资本、技术、人才等生产要素，提升经济发展的外向度。积极争取和充分利用国家振兴东北老工业基地、资源型城市经济转型的各项政策措施，加快建立与国家出台的资源开发补偿机制和衰退产业援助机制相衔接的体制机制。完善产业发展、招商引资、环境治理、城市建设、人才培育和引进、社会保障等方面的配套政策，建立健全

270

辽源经济转型的政策体系。具体做法是建设"十大工程"。①

第一，辽源财富产业园建设工程。香港财富产业园携世界500强企业于2005年落户辽源经济开发区，建设辽源财富产业园。坚持高起点、高速度，强力推进产业园区工程建设，总投资50亿元，计划销售收入100亿元。一期工程2005年已开工建设，引进美国、德国、香港等世界500强企业，生产现代中药、特种车和第三代光源等项目。努力将其建设成为东北一流的产业园区，以此提升产业发展层次，打通与国际市场接轨的通道。

第二，以生物制药城为龙头的生物药生产建设工程。全力推进辽源生物制药城项目建设，引进美国等域外高层次人才团队，引进外商、台商来辽源合资、合作，定位消化转移开发市场占有率高的产品和生产开发高科技生物制药产品。项目总投资50亿元，计划销售收入300亿元。目前，合作协议书已签订，并开工建设。实施迪康药业国家一类抗癌新药博安霉素和博宁霉素项目、博大药业公司国家新药依达拉奉和聚普瑞锌项目、金昌药业SOD胶囊和其他保健品项目等，逐步把辽源建设成为特色明显、在国内具有较大影响的生物药、原料药生产地区。

第三，以整合资源、扩大就业为目标的东北纺织袜业生产基地建设工程。纺织服装业是辽源传统优势产业，已形成了纺、织、染、整系列化生产体系。整合现有袜子生产企业，建设占地面积50万平方米，年产袜子50亿双的东北纺织袜业工业园。建设年产5 000万件服装的辽源纺织服装工业园。实施得瑞达公司年产1 000吨芳纶、辽河纺织公司年产8 000吨紧密纺高织纱等项目。

第四，以特种装备为主导的吉林省装备制造生产建设工程。辽源装备制造工业是依托煤炭资源开采发展起来的，大型采煤设备、煤炭洗选设备、高效节能水泵、汽车发电机启动机、建筑塔机等产品已形成规模，并具有一定影响力。实施辽源煤矿机械厂年产50台大功率电牵引采煤机建设项目、吉林振源机械制造公司年产100台中厚煤层综采设备项目、鹰力汽车公司年产2 000万套汽车电机整流桥调节器项目、辽源煤矿水泵厂年产3 000台高效节能泵项目、华龙起重选矿设备公司年产2 000台新型塔式起重机项目，逐步把辽源建设成为吉林省特种装备制造业生产加工基地。

第五，以规模化、系列化为标志的东北铝型材生产基地建设工程。辽源目前已形成以麦达斯铝业、利源铝业为代表的铝型材产业群，具备较好的市场前景和开发潜力。麦达斯铝业公司生产的铝型材已进入欧盟市场，3年免检。利源铝业公司成为2008年北京奥运村建设定点生产企业。实施麦达斯铝业公司年产6.8

---

① 晏强：《辽源资源型城市经济转型的对策与措施》，载《经济视角》2006年第10期。

万吨大截面系列铝型材扩建工程，使企业生产能力达到年产 10 万吨以上；利源铝业公司扩建年产 5 万吨铝箔项目，使企业生产能力达到年产 10 万吨以上，逐步将辽源建设成为东北最大的铝型材生产加工基地。

第六，农产品精深加工工程。开发利用资源优势，加快粮食、梅花鹿、肉牛、大鹅和肉鸡的深加工，实施精品、名牌战略，尽快形成规模和品牌优势。实施巨峰生化科技公司年产 30 万吨乙酸乙酯、嘉利达（辽源）明胶有限公司年产 8 000 吨骨明胶、银浪鹅业公司年出栏 1 000 万只白鹅及深加工、东丰鹏翔牧业有限责任公司年加工 9 000 万只肉鸡生产线、金翼集团有限公司年产 50 吨鸡卵黄免疫球蛋白及后续加工、大志禽业公司年屠宰家禽 2 000 万只及深加工等项目。

第七，基础设施建设工程。辽源是重度工程性缺水城市，市区人均占有水资源量为 67 立方米，是全省人均占有量的 6.7%。重点实施杨木水库除险加固续建工程，库容提高到 1.15 亿立方米，升为大 Ⅱ 型水库。新建小城子水库，总库容 8 000 万立方米，年供水量 1 600 万吨。实施"六库一闸"联合调水工程、城市供、排水改造工程，提高供水能力和质量。实施城市防洪工程，治理东辽河辽源段、半截河和渭津河堤防等险段，提高防洪标准。加强黑土区水土流失综合治理，建设水资源监控与管理系统。以高速便捷为目标，建设辽源至伊通高速公路、四平至白山高速公路辽源段、辽源至西丰铁路，打造高速快捷的公铁交通网络。继续实施农村"村村通"公路建设工程。实施辽源矿区基础设施建设工程、城市道路桥梁建设工程、城市集中供热工程、生物质燃气生产和管网建设工程。建设大唐辽源热电公司新上两台 30 万千瓦热电联产机组，总装机容量达到 80 万千瓦。

第八，资源节约与综合利用工程。搞好煤矸石综合利用，重点发展新型建筑材料。实施金刚水泥集团煤矸石水泥扩产工程，在现有 500 万吨能力的基础上，再建年产 500 万吨水泥生产线，生产能力达到 1 000 万吨，建成东北最大的水泥生产企业。实施惠宇能源公司生物质燃气和管网建设项目、国能发电公司年发电 2.5 万千瓦秸秆发电项目。扶持辽源矿业集团矸石空心砖厂扩产改造，做大新型墙体材料业，总能力达到 2.2 亿块。搞好辽源矿区矿井水综合利用，改造净水厂，建设梯级泵站、供水管网，提高供水能力。建设城市非饮用水管网工程，提高水重复利用率。

第九，生态环境综合整治和矿产资源开发建设工程。实施辽源矿区采煤沉陷区土地整治工程，因地制宜，科学规划，采取回填、平整、植被等工程性和生物性措施，对矿区采空区、沉陷区内的废弃地、矸石山、大泡子等进行整治，建设公园、绿地、人工湖，种植速生林等，彻底改变矿区生态环境。建设城市生活垃圾无害化处理和市区污水截污干管项目。此外，辽源地区除了还有剩余煤炭资源外，还分布大面积花岗岩、石灰石等非金属和金、铅、锌等金属资源及矿泉水资源。加大地质勘查投入力度，深入查找各类矿产资源，加强硅灰石、磁石、泥炭土等非金属矿产资源的开发利用研究，发展非金属矿产资源精细加工业，延长产业链，提高资源利用率。

第十，惠民育民工程。在已完成总投资 8.77 亿元、新建住宅 72 万平方米沉陷区综合治理工程的基础上，重点搞好矿区采煤沉陷区综合治理补充工程，计划总投资 4.3 亿元，新建住宅 25.4 万平方米及附属工程，2006 年工程启动，用 3 年完成。实施辽源棚户区改造工程，总投资 62 亿元，新建住宅 488 万平方米，安置居民 8.8 万户。重点抓好辽源矿区棚户区改造，总投资 31 亿元，新建住宅 258 万平方米，安置居民 4.3 万户，用 3～5 年完成，基本解决广大群众居住环境问题。通过大力发展劳动密集型产业、社区服务业等第三产业，创造更多的就业岗位。鼓励和扶持自我创业，扩大劳务输出，拓宽就业渠道。提高全民素质，特别是劳动者素质，增强全民创业能力。针对资源型城市职工多数从事简单劳动、技能比较单一的实际，加强职业技术培训。根据发展接续产业的需要，建设不同类型、不同专业、不同层次的培训中心，提高再就业的能力。

四、辽源市接续产业发展的主要进展

辽源因煤而立，因煤而兴，因煤而衰，属于典型的煤炭资源枯竭型城市，是全省九个市州幅员最小、人口最少、经济总量最小、基础最差、资源最匮乏的地区。2001 年，辽源生产总值不到 60 亿元，财政收入只有 3 亿元。辽源经济连续多年徘徊不前。中共"十六大"提出振兴东北老工业基地战略，提出"三支持一扶持"政策措施。辽源市委、市政府带领全市人民，抢抓机遇，努力实践，创新发展思路、创新发展路径、创新发展机制，经济转型工作取得了显著成果。两年来，辽源经济发展速度一直保持全省领先位置。2006 年，衡量经济发展速度和质量的 14 项指标的增长幅度有 11 项在全省排位第一，3 项指标排名第二，接续产业发展取得可喜成效。①

1. 经济总量和财政实力显著增强

辽源积极争取国家开行把本市作为扶持中小企业发展试点城市（全国仅五个城市，其他四个都是省会城市），目前，已累计向辽源投入贷款 60 多亿元。在城市信用社基础上改革重组，组建了单一法人社的股份制金融机构，行使商业银行职能，已为企业融资达 80 多亿元。成立注册资金 8 亿元的辽源振兴担保有

---

① 吉林省统计局：《吉林省统计年鉴 2006》，中国统计出版社，2007 年。

限责任公司，累计为辽源项目建设担保融资达 30 亿元。成立了以经营投放流动资金为主的迅达公司，为 18 户企业放贷 6 亿元。积极启动民间资本，累计为 20 余户企业融资 2 亿多元。在此期间，辽源先后共筹措改革成本 8.4 亿元，引进域外资本 22.6 亿元，盘活资产 35.1 亿元，卸掉债务 50.3 亿元，98% 改制企业启动生产或扩大规模，实现了重新启动发展，产出增量占工业增量的 40%。市直 208 户国有企业包括 76 户国有工业企业和 151 户非工企业改制全部完成。

2005 年，全市地区生产总值完成 137 亿元，同比增长 36.9%（以下简称增长）。全口径财政收入完成 7.5 亿元，增长 28.2%，市本级财政收入完成 5.4 亿元，增长 27.1%，2005 年市本级地方财政收入由多年全省最后一位，跃居全省第六位。2006 年，全市地区生产总值完成 171.6 亿元，增长 25.2%。全口径财政收入完成 10.13 亿元，增长 35.1%，其中市本级完成 7.62 亿元，增长 40.5%，市本级地方财政收入超过全省 4 个市州，位居第五。

2. 接续和替代产业逐步形成

辽源在发展接续产业方面成效明显。新材料产业形成了主体框架，主导地位和作用日益明显；健康产业发展势头强劲，将成为辽源的强势产业；传统优势产业通过改造提升，出现了新的生机和活力。到 2006 年年末，新材料、健康产业和传统优势产业实现工业总产值 131.6 亿元，增长 46%，占全市经济总量的 82.1%。经济结构进一步优化，三次产业比重达到 16.3:49.1:34.6，二产比重得以大幅提升，工业主导地位日益显现。2006 年规模以上工业产值增长 46%，工业增加值增长 43.3%，实现利润 3.3 亿元，是上年的 5.3 倍。[①]

以得亨公司、麦达斯铝业、利源铝型材、嘉利达集团、三环自润滑轴承等为代表的新材料产业形成了主体框架，主导地位和作用日益明显。利源集团的新型装饰材料成为奥运会场馆建设的指定产品。以金昌集团、裕龙油脂、迪康药业、博大药业、银浪鹅业、金翼集团、德春米业等为代表的健康产业发展势头强劲，已成为辽源的强势产业。金昌集团利用动物细胞提取的具有自主知识产权的口服 SOD 胶囊具有较强的清除人体自由基、延缓衰老功能。SOD 口服胶囊经国内外权威机构检测，属世界首例。迪康药业的博安霉素、博宁霉素，属国家一类新药，用于治疗癌症，是国家"八五"、"九五"和"十五"攻关课题。以金刚水泥集团、龙泉酒业、建筑塔机、选矿设备为代表的传统优势产业通过改革重组、盘活存量，呈现出新的生机和活力。目前，三大强势产业产值占地区生产总值的比重已经达到 80%，形成了辽源特色的产业发展格局，区域经济的成长性、发展后劲明显增强。

---

① 吉林省统计局：《吉林省统计年鉴 2006》，中国统计出版社，2007 年。

3. 接续产业发展重点项目建设顺利

辽源坚持把项目建设作为发展接续产业的核心之举,坚持高标准要求、高层次规划、高起点运作,围绕高端产业,精心谋划和争取成长性强的大项目。坚持连续开展"工业项目年"活动,每年年初都召开一次千人动员大会,层层落实项目建设的责任。致力于发展强势产业和优势项目,提高项目建设的质量,实施精品项目工程。围绕提高核心竞争力,新上一批科技含量高、具有自主知识产权、成长性强的大项目。目前,辽源共发展 31 个技术领先、填补行业空白的项目。麦达斯铝业利用高科技、新工艺开发的新型铝材,在质量上和技术上都是同行业领先的,是国内唯一一家获得出口欧盟市场三年免检资格的新型铝材企业。滚动实施"三个一批"投资超亿元的大项目工程,做到一批在投产、一批在建设、一批在谋划,形成了梯次推进、滚动发展的项目建设格局。

2005 年,辽源全社会固定资产投资完成 74.8 亿元,同比增长 84.2%。2006年,全社会固定资产投资完成 136.2 亿元,同比增长 82%,增速位居全省首位。一大批经济转型重点项目陆续建成,达产达效。如金刚集团、利源铝业、麦达斯铝业、财富产业园特种车、金翼集团、迪康药业、博大药业等新开和续建项目建成投产。东北袜业园完成一期工程并有百户企业入园。巨峰生化、嘉利达明胶等项目即将投产。雷尼森生物药城、国能生物发电、德春米业 50 万吨杂粮、巨源辐照交联轮胎胎体内衬预处理等项目开工建设。大唐辽源热电两台 30 万千瓦供热机组、利源预拉伸板、鑫源钢铁等项目前期工作又有新进展。经济开发区、工业集中区基础设施建设进度加快,区内企业达到 200 户,在建项目 58 个。

4. 城市功能和品位得到提升

东辽河城区段南岸城防工程暨音乐喷泉和应急供水工程、财富大桥、显顺琵琶学校、辽源博物馆和魁星楼、福寿宫广场、城区部分路桥改造、供热调峰炉建设、建材市场、体育场改建等工程圆满竣工。市中心医院重建工程主体封闭,七一立交桥桥梁主体工程完工,连昌、红五星立交桥开工建设。两年农村公路完成1 783 公里。辽伊高速公路、辽西铁路完成可研、设计和部分征地拆迁。辽河三角地、渭津河南岸新城区开发建设进入实施阶段。杨木水库除险加固续建、东辽河城防渭津河回水堤、矿山环境综合治理工程进展顺利。东辽河城区段 5 处无堤段实现合垅,完成了半截河清淤。2006 年辽源被国家权威机构评为包括港、澳、台在内的中国魅力城市 200 强。

5. 社会资源和城市影响力不断增强

总投资 8.77 亿元的辽源采煤沉陷区综合治理工程基本结束,新建住宅 72 万平方米,已有 1 万多户、5 万余人喜迁新居。2006 年棚户区改造开工建设面积120.4 万平方米,累计完成投资 13.8 亿元。采煤沉陷区治理补充工程完成了前期工作，即将得到国家批复。两年共开发城镇就业岗位 7.95 万个。提高了职工住房公积金、医疗保险缴费基数、居民最低生活保障标准，部分兑现了省定津补贴政策，提高了干部群众收入水平。2006 年城镇居民人均可支配收入达到 9 974元，增长 15.1%。加快诚信体系建设，打造诚信政府、诚信企业和诚信人民，在全市营造务实诚信的社会氛围。靠诚信引进战略投资者。原国际篮联主席、世界华人协会会长、香港财富集团董事局主席程万琦三次来辽源考察，认为辽源是中国大陆投资环境最好的地区之一，并于 2005 年携世界 500 强企业和跨国公司来辽源建设香港财富集团在中国北方唯一的工业园区。辽源被确定为全国食品安全信用体系建设五个试点城市之一、国家开行支持中小企业发展五个试点城市之一、国家资源型城市经济转型四个试点城市之一。

6. 人才集聚效应明显，科技水平不断提高

在人才引进方面，辽源市坚持"不求所有，但求所用"柔性引才方式，目前已经引进包括两院院士在内的 390 余位国内外高层次科技人才和管理人才为辽源的发展服务。同时，辽源市积极扶持企业与全国知名院校和科研机构联合建立30 余个产品研发中心，提高了企业自主创新能力。如华龙起重选矿设备有限公司与中国建筑机械研究院合作开发新型建筑塔机、迪康药业与中国医学科学院、北京协和医院合作建立了新药研发中心，东丰药业与北大医学院共同组建了鹿药研发中心。同时，辽源市坚持借时、借势、借力发展，把招商引资作为经济转型、推进项目建设的重点。先后到北京、上海、广州、深圳等经济发达地区对接项目，香港财富集团、新加坡东北工业有限公司、德国的西门子和嘉利达、意大利的 AB 公司、香港英皇集团等著名企业纷纷落户辽源。两年实际利用外资10 099 万美元。

辽源先后共筹措改革成本 8.4 亿元，引进域外资本 22.6 亿元，盘活资产35.1 亿元，卸掉债务 50.3 亿元，98% 改制企业启动生产或扩大规模，实现了重新启动发展，产出增量占工业增量的 40%。市直 208 户国有企业包括 76 户国有工业企业和 151 户非工企业改制全部完成。

10.4.3 辽源市发展接续产业过程中存在的问题

由于日伪时期的掠夺式开采和解放初期的超强开采，加速了资源的枯竭和矿井的衰老。近年来，平岗、泰信和西安矿 3 个煤矿相继破产。辽源原煤产量由1995 年 468.78 万吨下降到 2001 年的 379.48 万吨；采掘业增加值占工业增加值的比重由 1995 年的 31.0% 下降到 2001 年的 17.7%；采掘业的从业人数从 1995年的 4.23 万人减少到 2002 年的 2.56 万人；煤炭开采和洗选业严重萎缩，其产值比重已由最鼎盛时期的超过 20% 下降到 2002 年的 7.4%。辽源为吉林省供应大量煤炭等矿产资源，基本上符合生产力的布局和比较经济优势，但煤炭资源的枯竭相当严重。因为主导产业依赖的资源衰竭和主导产业的市场需求弹性小，煤炭产业的优势地位已不复存在，据统计，辽源矿务局本部职工占市区人口 30%，但所创税收仅占市级财政收入 7% 左右。由于煤炭资源枯竭，辽源经济社会发展出现了比其他城市更为特殊、自身难以解决的问题。主要表现在以下几个方面：

1. 产业结构不合理

辽源是依托煤炭资源发展起来的工业城市，长期以来以煤为主导产业，其他产业也都是为煤炭开采服务的机械加工和为矿区居民生活服务的轻工业，产业层次低，企业规模小，经济发展缺少支柱产业和骨干企业的支撑。进入 20 世纪 90 年代以来，由于煤炭资源枯竭，接续产业没有及时跟进，造成辽源经济总量过小，财政实力弱。2001 年，第一、第二、第三产业比重为 25：27.8：47.2，特别是工业比重过低，发展滞后；全市 GDP 仅 60 亿元，人均 GDP 为 5 216 元，为全省平均水平的 67.1%；市本级地方财政收入 1.3 亿元，人均财政收入 260 元，经济社会各项指标均落后于全省平均水平。

2. 就业压力大和部分群众生活困难

2005 年末，全市登记失业人员 6.2 万人，登记失业率 4.5%，高于全省 0.3 个百分点。如果将矿务局三个破产矿下岗职工 3 万人、全省并轨试点解除劳动关系 2 万多职工统计在内，实际登记失业率已达到 19.2%。纳入全市最低生活保障特困居民有 11 万人，低保标准低，每月仅为 130 元。矿区居民多数居住在棚户区、沉陷区，生命安全受到威胁。矿区行路难、就医难、上学难等问题突出。

3. 生态环境破坏污染严重

采煤造成的大面积沉陷，使工企、学校、医院、民居等建筑物出现裂缝、坍塌，路网、水网、电网、汽网等城市基础设施遭受严重破坏。辽源矿区沉陷区面积达到 19 平方公里，占建成区面积的 51.3%。煤矸石堆放量达 8 000 万吨，2 337 公顷耕地、林地遭到破坏，对东北地区重要水系——东辽河产生了严重的破坏和污染。

4. 地方财政困难

由于经济结构畸型、经济总量过小，地方财政一直十分困难。虽经近四年不懈努力，经济快速增长，但由于积重难返，财政仍未摆脱困境。2005 年全市地方级财政收入 3.95 亿元，仅占全省的 1.9%；市本级地方财政收入仅 2.6 亿元，仅占全省的 1.3%，人均收入 520 元，远低于全省平均水平，只能满足机关经费最低需要，社会保障支出、基本建设支出都有很大缺口，每年养老保险金缺口 1.1 亿元，失业保险金缺口 1.8 亿元。

5. 地方政府负担沉重

辽源先有矿，后有市，企业办社会的问题十分突出。原辽源矿务局下属 13 所学校、4 所医院和房产、供热、供电、供汽等职能，包括职工、离退休人员及公伤亡家属计 2 万余人划归地方，增加了地方的压力。矿区道路、供电、给排水等基础设施严重滞后，加之沉陷严重，改造量极大。同时，随着煤炭资源的枯竭，辽源矿务局相继到内蒙和省内长春、白城等地建设新矿区，大量的老弱病残留在辽源、剥离的社会职能留在辽源、累积的历史遗留问题留在辽源，造成辽源经济社会的沉重负担。

第五篇

政策建议篇

第 11 章

东北老工业基地资源型城市发展
接续产业的对策建议

11.1 从市场层面完善资源价格体系

11.1.1 重构自然资源价格形成的基本思路

在自然资源的开采和使用过程中应当始终贯彻"代际公平、合理补偿"的原则。所谓"代际公平、合理补偿"原则，即假定当前决策的后果影响后几代人的利益，那么应该在有关的各代人之间，通过支付补偿费用的形式进行公平的分配。其实质是，我们不仅要考虑当代人的利益，而且还必须兼顾考虑后代人的需求，使后代人不至于丧失与当代人平等的发展机会。由于大多数自然资源具有稀缺性和不可再生性，因此，在资源的开采和使用过程中，必须在资源市场交易价格的基础上加付一定额度的自然资源补偿费用，以对传给下一代的资源数量和质量加以补偿和保证。重构我国自然资源价格形成的思路是：

一、定价主体的转换

自然资源的定价主体大致可以分为市场和政府两类。以市场为定价主体，是指自然资源的价格由市场供求关系来决定，价格随供求的变化自由浮动；以政府为定价主体，即政府是资源价格的主要操纵者，负责制定各类资源的价格并实施价格监管。在市场经济条件下，让市场供求自行决定自然资源的价格，可以促进资源利用效率的提高。但只有市场机制还远远不够，市场价格不能反映资源的使

281

用者成本和外部成本。因此，为了实现自然资源开采、使用的代际公平和合理补偿，必须调整市场价格以反映社会成本，兼顾公平，这需要政府加以干预。合理的资源定价主体应当是市场与政府相结合，以市场形成价格为基础，辅之以必要的政府干预。在保证自然资源效用最大化目标实现的同时，也要坚持资源的可持续采用和社会的可持续发展。

其一是对能形成有效竞争的自然资源，应放宽价格管制，采取市场定价的价格形成机制，真实、灵敏地反映自然资源的稀缺程度和供求关系。以政府为主的定价模式，难以反映资源稀缺程度和社会对资源的需求状况，还容易扼杀市场主体的积极性，影响生产效率的提高。利用市场机制定价，这就涉及有效率的资源交易市场的构建和完善。资源交易市场是自然资源市场价格形成的前提和基础。自然资源交易市场主要包括现货市场和期货市场两类。而目前我国资源市场所形成的资源市场价格不能完全反映市场供求关系的变化。因此，当务之急是要加快资源交易市场的建设，使市场发现价格的功能充分发挥出来，形成合理的、能够反映资源供求关系的市场价格体系。同时，政府应当大力培育和发展自然资源期货市场。期货交易市场可以帮助资源企业无论在何种客观环境下都能保持适应需求水平的库存。从长期看，随着我国期货市场的不断成熟和完善，资源期货市场价格应当成为我国自然资源的基准市场价格。

其二是对关系国计民生的重要短缺自然资源和具有自然垄断特性的资源实行政府管制定价。这样既能够出高价获取一定量的自然资源，又能从数量上减少自然资源的消耗，有效抑制因价格过低引起的过度需求、环境恶化、代际不公平。因此，政府必须参与资源价格的制定，应当对石油等关系国计民生的重要短缺资源实施管制定价，待资源市场发展成熟后，再逐步放开，向市场定价过渡。

二、建立自然资源有偿开采制度，完善自然资源价格管理机构建设

石油、煤炭、天然气和各种有色金属等自然资源都是不可再生的，将会面临着资源枯竭的威胁。在我国，各类自然资源都属于国家所有，因此，自然资源的开采者必须向资源所有者——国家缴纳一定的"资源开采税"或"资源开采补偿费"。国家可以向开采企业收取资源开采税或资源开采补偿费，可以将这部分税收或费用收入汇集形成"国家资源开发与补偿基金"，主要用来研究开发新的可替代能源和治理环境污染。

三、资源价格形成过程与调整规则的确定

大部分自然资源的价格可以通过资源市场的交易加以确定。但是，市场上自发确定的自然资源价格只能反映资源的生产成本，而不能反映其补偿成本和外部

成本，不能完全体现"代际公平、合理补偿"的资源价格形成原则。因此，政府资源管制部门必须在市场形成价格的基础上，适时、适度地对资源市场价格进行调整。合理的资源价格参考标准可用"边际社会成本法"加以确定。首先，企业等各类交易主体在资源市场上通过买卖形成市场交易价格；之后，市场价格通过各种途径传送到政府资源管制部门手中，资源管制部门根据边际机会成本法计算出资源合理使用价格，并将其与资源市场价格进行对照；最后，根据两者的差额，监管部门对资源市场价格进行一定幅度的调整，使之与资源的合理使用价格趋近。资源监管部门每日对外公布调整后的资源价格，作为对原有资源市场价格的修正和对新的资源市场价格的参照。这样，资源价格就以市场价格为主轴，上下浮动。同时，对于市场价格低于政府指导价的差额部分，政府通过资源购买与使用企业征收"资源使用税"或"资源使用补偿费"的方式予以实现；对于市场价格高于政府指导价的差额部分，政府则可以向企业支付价格补贴，消除这部分价格差。这样，经过调整后的资源价格就能综合反映资源的直接生产成本、补偿成本和外部成本等社会成本。政府在调整资源的市场价格、形成合理的资源补偿价格时，必须始终坚持资源价格调整规则的平等性和连贯性，杜绝歧视性和随意性，防止管制无效局面的出现。

四、自然资源定价方法的选择

第一，自然资源政府指导价格的制定。学术界产生了影子价格模型、边际社会成本模型、可计算一般均衡模型、市场估价模型等多种定价理论和模型[1]。采用边际机会成本法确定我国自然资源的政府指导价是比较合适的。因为边际机会成本法能够将资源的有效使用和"代际公平、合理补偿"原则有机结合起来，能够度量出使用资源所付出的全部代价。边际机会成本法的基本思想是：对于自然资源来说，其边际机会成本不仅包括了生产者开采自然资源所花费的财务成本，而且还包括了生产者从事生产应该得到的利润，包括了因开采自然资源对他人、社会和未来造成的损失，并反映了自然资源稀缺程度变化的影响。所以，合理的自然资源价格应该等于其边际机会成本。边际机会成本法的要点：（1）自然资源的价格（P）应等于边际社会成本（MOC）。（2）边际社会成本由三部分组成：边际生产成本（MPC），指为了开采资源，必须投入的直接费用；边际使用者成本（MUC），指资源在其存量有限的条件下，由于开采和使用资源而造成资源存量减少所导致的损失，即将来使用此资源的人放弃的净收益；边际外部成本（MEC），指在资源开发利用过程中，对外部环境所造成的损失。用公式来表

---

① 沈耀良：《循环经济原理及其发展战略》，载《污染防治技术》2003 年第 2 期，第 1~10 页。

示：P = MOC = MPC + MUC + MEC。当 P < MOC 时，会刺激资源过度使用；当 P > MOC 时，会抑制正常的资源消费。

第二，自然垄断性资源价格的制定。对于具有自然垄断性的资源，如电力、天然气等，可以参照加拿大、美国的经验，采用投资回报率法或限价法来予以定价。投资回报率法的主要特点是：以确定利润为主，允许生产者收回投资并有一个合理的利润，通常由政府确定，一般为投资成本的 15% 左右。这种方法保证生产者有合理的利润，能保持资源领域有足够的投资规模，但不利于刺激生产者提高效率，因为效率提高获得的利润会在下一次定价时失去。限价法的主要特点是：以确定价格为主，即允许资源产品价格达到某一水平，与消费物价指数（CPI）相关联，每年按一定比例增长。资源监管部门定期检查价格增长变化百分比。这种方法有利于刺激生产者提高效率，也减轻了资源管制部门的工作量①。综合以上两种定价方法的特点，我们可以限价法为主，辅之以投资回报率法来对自然垄断性资源进行定价。

因此，我们必须把握时代发展的要求，深刻认识我国的基本国情，在完善资源价格体系的同时，不能盲目照搬新古典价格机制经济理论，更需要看到投资要素的价值与实物双重补偿的重要性。对于这些可再生和不可再生自然资源而言，强调价值补偿和实物补偿重要性显得更有特殊作用，这也是可持续发展的本质要求。即使新古典价格机制的价值补偿顺畅，由于有些资源难以实现实物补偿，也会影响再生产，以及整个社会经济的可持续发展。

11.1.2 重构自然资源价格形成的具体机制

由于传统自然资源价值观的误导和长期的计划经济体制的惯性力量，我国自然资源价格形成机制存在许多缺陷：

第一，在自然资源管理体制方面，缺乏形成合理的自然资源价格的体制基础。长期以来，我国自然资源的维护、开发、利用采取的是条块分割式的管理体制，矿产资源、土地资源、水利资源的所有、开发、利用权利等被分割于不同的部门。同时，自然资源所在地各级地方政府对自然资源也具有强烈的所有、开发、使用、收益权利诉求。改革开放以来，特别是近年来，自然资源所有、开发、利用等权利逐渐集中于国土资源部，在很大程度上改变了过去政出多门、没有哪个部门或哪级政府对自然资源可持续开发利用负责的状况，而国土资源部集政策法规的制定者、资源企业的监管者、自然资源国家所有权代表者于一身，遏

---

① 刘思华：《绿色经济论》，中国财政经济出版社，2001 年，第 57～59 页。

制自然资源掠夺式开发、构建合理的自然资源价格机制的能力不够。同时，地方政府官员为追求财政收入最大化和自身政绩，与民间企业追求利润最大化逐渐融合，绕过中央政府监管，以廉价的自然资源开发为诱饵吸引境内外投资者，这在很大程度上导致自然资源价格形成机制更加不合理。

第二，我国一部分自然资源的价格虽然已经放开，定价主体也正在实现由国家为主向市场为主过渡。但是，还有一些自然资源实行国家定价，价格缺乏弹性，脱离了市场的供求关系。

第三，我国自然资源现货市场的运行还很不规范，计划色彩还很浓厚，自然资源期货市场处于起步阶段，还很不成熟。

第四，在自然资源价格形成过程中，自然资源市场定价和政府定价相隔离，没有实现资源市场定价和政府调节定价的有机结合。政府对资源价格的调整规则也不明晰，连贯性较差，随意性较大。

第五，在具体的定价方法上，政府计划色彩浓厚，缺乏资源定价方法的科学性、合理性。

自然资源价格应该充分反映市场供求关系，在政府监管下形成。发达国家的自然资源价格形成已经具有这一特点。例如，在加拿大、美国自然资源价格形成过程中，市场机制起主导作用，资源价格往往取决于主要的国际市场，尤其是石油和煤炭。美国石油价格是以纽约商品交易所的西德克萨斯油价为参照价，加拿大油价取决于阿尔伯达省埃德蒙顿油价。而埃德蒙顿油价是按美国纽约商品交易所的西德克萨斯油价扣除埃德蒙顿到纽约的运输费用和美国的进口关税计算出来的。煤价是在煤炭公司与消费部门的直接供货合同中规定的，实际上是一种合同价格。加、美两国煤炭价格完全由供需双方根据国际市场煤价确定，政府不干预。加拿大、美国自然资源价格虽然是通过市场机制形成的，但政府同时对资源价格实施一定程度的监管。两次石油危机期间，加、美两国政府都监管石油价格，直到 20 世纪 80 年代初才完全取消。此外，加拿大还采取了征收资源开采收入税、降低探矿税率等措施，增加政府资源收益，用于补贴环境污染处理费用和新能源的科研开发费用。两国建立起了资源价格管理机构，加拿大自然资源部、美国能源部是两国自然资源管理的最高机关，负责制定包括自然资源价格政策在内的资源政策。各省、州政府所属公共事业委员会是价格管理的具体机构，主要职责是对资源市场价格进行调节，包括对使用自然资源的企业上报的电力、天然气等资源的价格构成和水平进行审核，并确定其销售价格①。

传统资源型城市的自然资源过量消耗、濒临枯竭、殃及可持续发展的原因是

---

① 刘思华：《绿色经济论》，中国财政经济出版社，2001 年，第 57～59 页。

多元的。其中，自然资源价格形成机制不合理是一个很重要的因素。因此摒弃传统自然资源价值观的误导，正视自然资源价格形成机制存在的缺陷，借鉴国际成功的经验，重构我国自然资源价格形成机制。定价主体以市场为主，政府为辅，两者相结合，建立自然资源有偿的开采制度，完善自然资源价格管理机构，适时、适度地对资源市场价格进行合理地调整。

既然生态环境和自然资源作为一种重要的商品，也存在着市场需求与供给问题。在市场经济条件下，这种供求关系也必须通过市场价格机制来调节。在完全竞争市场条件下，资源配置实现最优化，隐含包括生态环境资源配置最优。不过，完全竞争市场需要若干假设条件：

1. 消费者是理性经济人，不仅现在而且将来都有使他们的效用函数达到最大的能力，他们拥有完备信息或知识，不存在信息不对称或者有限理性问题；

2. 生产者也是理性经济人，在其预算约束下随时追求利润最大化，也具有无所不知的能力；

3. 经济的各个部分是完全竞争的，包括资本和劳动市场。商业交易活动，如市场的交易，是没有交易成本的；

4. 所有的生产要素都充分流动，没有进入障碍和退出障碍，没有任何沉淀成本；

5. 所有的产品和服务都在市场体系中，换言之，没有不定价的公共产品或环境资源；

6. 经济不受政府干预。

由于在完全竞争市场上不存在干扰帕累托最优配置的因素，作为生态环境资源供给方必然追求利润最大化，使生态环境资源供给曲线取决于生产产品的边际成本曲线。同样，生态环境资源需求者是消费者追求效用最大化的结果，此时生态环境资源需求曲线取决于生态环境资源的边际效用曲线。因此，生态环境资源供求曲线是由生态环境资源的供给曲线和生态环境资源的需求曲线决定的（如图 11 - 1 所示）。

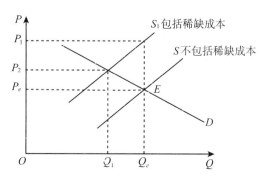

图 11 - 1　确定性条件下生态环境资源定价模型

在图 11-1 中，纵轴 P 表示生态环境资源的价格。横轴 Q 表示生态环境资源的数量。S 表示生态环境资源的供给曲线，D 表示生态环境资源的需求曲线。在完全竞争条件下，由于市场供求相互作用，在 E 点达到均衡，均衡价格和均衡数量分别为 P_e 和 Q_e。不论是生态环境资源过剩，还是生态环境资源短缺，市场价格都会使生态环境资源数量相等为止。因此说，在运作完美的市场经济中，任何已变得稀缺的资源产品之价格不可避免地会上涨。随着报酬递减的出现，生产成本增加，这就意味着在现有价格下生产者会对市场减少供给，因而价格上升，直到恢复供求均衡。这种价格上涨会立即引起一系列的需求、技术和供给的响应。首先，用户转向较便宜的替代品或采取节约、经济的措施，需求减少。其次，价格上涨和对稀缺资源的担忧会为革新发明提供一种刺激，降低替代品成本和节约的实现。最后，价格的上涨将使原来的开采不合算，从而鼓励新的供给源泉促进技术发展。

如果我们考虑不可再生资源的定价情况，就是因为不可再生资源当前多消耗一些，未来就减少一些，所以当前消费的机会成本增大——将未来稀缺成本考虑进来，此时导致供给曲线向左移动，导致生态环境资源价格进一步上升 P_2，均衡资源数量为 Q_1。此时若假设资源价格仍为 P_e，则会导致资源短缺为 Q_1Q_e，使需求者过度使用资源，恰恰是因为资源定价过低，从而使资源补偿不足。

更值得注意的是，由于资源市场不完全，很难或者不可能转为他用，沉淀成本很容易产生。此时如果未来信息不完全，或者说未来不确定性是常态，生态环境资源沉淀成本十分显著，那么在现实生活中，生态环境资源确定性条件下的供求定价很难实现，不得不考虑它们对生态环境资源价格的影响。那么在不确定性条件下，沉淀资源投资就会产生期权价值，这部分期权价值应该作为机会成本反映在生态环境资源价格中。否则，因这部分沉淀资本投资的机会成本没有得到补偿，也会导致生态环境资源定价过低，也会造成资源补偿不足，进一步增大资源短缺程度。

如前所述，生态环境资源市场不完全，很容易产生沉淀成本，特别是在未来不确定性的情况下，从而使生态环境资源获得期权价值，这部分期权价值无形中增大了使用资源的机会成本，超越了新古典没有不确定性条件下的定价行为，从而更加贴近现实。

在这里，我们将生态环境资源使用理解为一种投资行为，此时不可逆性（沉淀成本）、不确定性和可延期性等都会进入到资源使用决策中来，这需要我们采用不确定性条件下的定价方法，即实物期权方法进行决策（迪克西特和平代克；Dixit and Pindyck，1994）。在什么条件下，实物期权方法是有效的？一是，投资决策必须是可延期的。如果投资是可延期的，那么投资机会在后来就不是开放的，所以也就不存在延期投资的选择了。二是，投资决策必须至少是部分沉淀的。如果投资没有沉淀成本，那么就没有选择价值了，这是因为企业现在投资还是后来投资都不会有任何损失。三是，必须有投资优越性的不确定性。严格来说，必须有投资劣势的可能性，企业才能更偏好撤销投资决策。在确定性条件下，投资的好处都可能完全预测到，不可能偏离计划的行动路线图。四是，企业可以预期有关投资项目好处的未来新增信息。否则，企业会立即投资，不会等待潜在的信息收益。这是延期投资的期权选择的条件。只要满足以上四个条件，就可以考虑实物期权方法。

当我们考虑生态环境资源的沉淀成本时，就会发现，一旦有利可图，投资者并不立即使用资源，而是需要等待获得新的信息，这样会产生期权价值，这个期权价值作为机会成本也需要得到补偿并纳入生态环境资源价格体系中（如图11－2所示）。

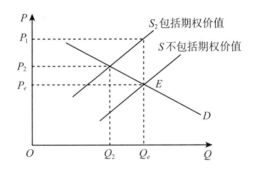

图 11 － 2　不确定条件下生态环境资源定价模型

因此，考虑期权价值就相当于生态环境资源的生产成本增多，使生态环境资源的供给曲线向上移动到 S_2，此时，市场均衡价格为 P_2，均衡数量为 Q_2。原来的不可逆生态环境资源的价格 P_e 就会使生态环境资源补偿不足，造成资源短缺为 Q_2Q_e。如果需要解决这部分生态环境资源短缺，就需要将生态环境资源价格提高到 P_1，将补偿期权价值反映在资源价格体系中，从而使生态环境资源市场再次均衡。

由此可见，由于生态环境资源具有显著的沉淀成本，所以，一旦使用了生态环境资源，就执行了期权，这个期权价值就消失了，此时生态环境资源定价时需要考虑这部分机会成本（期权价值）的补偿问题，否则就会出现定价过低与资源短缺现象。这是因为，理性投资者在使用生态环境资源时，不仅需要投资贴现现金流必须大于初始投资成本，而且还必须补偿放弃期权的机会成本（延期的期权价值），这些考虑需要在生态环境资源价格上体现出来，这恰恰是市场不确定性的直接表现。否则，因生态环境资源定价中不包含期权价值，实行确定条件下的市场化，不仅造成生态环境资源补偿不足，而且还会造成市场对资源短缺。这说明，在确定性条件下，生态环境资源价格的最优选择应该在边际成本定价上，不考虑沉淀成本对定价的影响。然而，在未来不确定性条件下，特别是考虑生态环境资源沉淀成本的期权价值时，沉淀成本与不确定性对生态环境资源的定价产生十分重大的影响，生态环境资源价格必须大于边际成本，这本身就是一种理性选择的结果。如果不考虑这部分机会成本，将不确定性的世界误认为是确定性的世界，简单的供求市场化必然会导致生态环境资源补偿不足，环境恶化和资源短缺现象就会出现。

为此，我们需要从市场完善角度加强生态性沉淀成本补偿，需要做到：

首先，加强对生态与环境的保护，合理开发与永续利用资源战略。在正确的生态环境平衡与资源开发、发展和补偿战略指导下，制定与经济科技社会发展相适应的节约型资源战略，树立环境、资源有价的正确观念，把资源耗费与生态环境的保护与治理，促进资源、经济、人口、环境和社会的协调发展。

其次，要坚持发挥市场机制的作用，促进资源的高效利用，矫正扭曲资源价格，强调价值补偿。以资源合理定价、等价交换、公平和效率为起点，逐步推进生产要素、产品市场、金融市场，特别是自然资源市场价格改革，构造完整的价格体系和再生产价值运动的新格局。通过深化市场价格取向的改革，充分发挥市场对资源配置和资源价格形成的基础性作用，使资源性产品和最终产品之间形成合理的比价关系，重塑市场微观经济主体，创造出公平竞争的市场环境，有助于企业真实反映成本与利润，不断更新生产技术、减少资源消耗压力。

再其次，不仅完善需要市场价格制度实现价值补偿，也需要其他非市场价格制度实现实物补偿，需要处理好简单再生产与扩大再生产之间的关系，特别是内涵扩大再生产与外延扩大再生产之间的关系。简单再生产是每个规模扩大的年再生产的一部分，并且还是它最重要的一部分。简单再生产是扩大再生产的基础和出发点。过去一般出现建设战线过长，以及追求规模和速度，使外延扩大再生产成为常态，因而我们需要走内涵扩大再生产，避免经营粗放、经济增长主要靠投入、扩大规模、环境资源付出成本巨大，为此，需要走科学技术含量高、经济效益好、资源消耗低、环境污染少、人力资源优势得到充分发挥的内涵扩大再生产，尽量减少实物补偿可能性，采取先进生产技术寻找可替代资源。

最后，由于市场失灵导致价值补偿失灵，需要合理使用再生和不可再生资源，不能依靠市场价格机制，因为此时价格机制仅仅实现价值补偿，更需要合理使用它们的实物形态，充分发挥政府经济和政策杠杆作用，加强对重要资源供求的宏观调控，切实加强对土地和重要矿产资源的管理，运用财政、税收、信贷等经济手段，调控土地和重要矿产等资源的供求关系，逐步完善资源要素成本机

289

制、环境保护机制和促进资源涵养、再生与永续利用机制等。

此外，不仅需要制定合理的价值账户，还需要建立实物账户。一方面，需要建立货币价值账户，需要将资源环境使用纳入国民经济核算体系中去，对各类资源分别计价，实行合理扣除、折旧、核算，对于节约资源、维护生态环境、保证可持续发展；另一方面，需要建立实物账户。在某一时间资源的实物存储水平和核算阶段的变化，可以使用资源的实物单位来描述，例如，石油、天然气等分别用桶计量、森林用公顷或立方米，类似于人口统计学原则。

总之，要深化对社会主义市场经济规律的认识，从制度上更好地发挥市场在资源配置中的基础性作用，形成有利于科学发展的宏观调控体系。不仅需要资源市场完美的假设前提，而且还需要考虑现实市场的运作。完善自然资源价格体系，健全自然资源市场可以减少生态性沉淀成本，有助于生态资源投资成本回收，体现了科学发展观的具体内容，是立足社会主义初级阶段基本国情。同时，由于完全资源市场价格的实现往往受到一些因素的影响：不完全竞争的企业、不完全的资本和劳动市场、非理性行为、不可流动的生产要素、政府行为和无定价的公共产品和环境资源，那么需要总结我国发展实践，借鉴国外发展经验，适应新的发展要求具体研究自然资源定价。确立可持续科学发展，在考虑新古典货币经济研究范式，把经济、社会、政治、资源、生态等各个因素纳入社会再生产运动过程中，强调价值与实物双重补偿统一，最终实现人口、经济、社会、环境的全面、协调、可持续发展。

11.2 从企业层面加快企业改组改造

11.2.1 实施"打包改制"降低国有企业沉淀成本

国有企业改制成为东北老工业基地振兴成败的关键所在，不仅需要尽快释放出蕴藏在国有企业的巨大生产力，而且还需要平稳化解累积的各种沉淀成本。在东北老工业基地国有企业改制过程中出现了僵持、举步维艰的局面，主要原因包括：（1）改革成本高，地方政府支付不起。（2）改制后的企业职工难安排。先变现企业资产安置职工，再出让企业所有权和经营权，是东北地区国企改制普遍采用的方式。按照这种方式改制，企业生产能力大都受到不同程度破坏，劳动就业的经济基础严重瓦解，致使社会就业问题雪上加霜。（3）改制的利益主体缺位，导致改制缺乏动力。由于国有资本出资人没有真正到位，国企改制的方案制定和实施主要是由现任的国有企业厂长经理来操作。这就决定了在现行的改制方式下，不可能有一个真正符合国有资本保值增值要求并把各方面利益很好地统一起来的改制方案。如果改制方案伤及他们的利益，堵塞了寻租渠道，他们通常不愿意改革，甚至给改革设置障碍。实践中经常出现的内部人控制低价转让国有企业，鼓动国企职工向政府提出过高要求，根源也在于此。（4）改制后的企业资本无法流动，企业难以实施积极的资产重组和资本运作。

由于改制方式不能有效地化解这种矛盾，致使国有地方工业企业问题有增无减，资产自然流失严重。一方面资产折旧带来资本损值，设备闲置带来技术功能丧失，产生大量的沉淀成本。另一方面企业职工历史包袱逐年增加，改革成本逐年提高，也会产生累积沉淀成本。而且，如果企业改制不彻底，新增项目很容易重蹈覆辙，形成新的银行呆坏账，进一步加大沉淀成本。

因此，在东北老工业基地调整改造工作中，应努力推动国有工业企业改制方式的创新。我们建议国家利用国家开发银行正积极开展开发性金融业务的功能，鼓励和支持开发银行对东北地区国有工业企业实施"打包改制"，从而大大减少沉淀成本。

11.2.2　"打包改制"的内涵及优势

所谓"打包改制"就是国家开发银行与地方政府合作，选定一个地区（比如吉林市）或一个地区的一个行业（比如吉林省的农产品加工业、冶金行业）进行整体收购改制；垫付改革成本，实施债务重组，剥离历史包袱；同时以筛选出的有效核心资产为中心、资产的技术关联为纽带，在资本层面上打破企业行政权进行资产重组，使重组后的企业资本价格升值；最后再以重组后的企业对外招商，或全部转让，或部分转让成立股份公司，实现国有企业改制。

"打包改制"的核心在于将改制与资产重组、产业结构调整和区域资源整合有机地结合起来，把单个企业的有效资产通过整个行业或某个地区多个企业的有效资产集聚成一定规模，以此招商引资或改制重组，最大限度地减少对现有生产能力的破坏，培育和壮大新的生产能力；最大限度地实行改制和重组成本，平稳化解历史遗留问题和现实矛盾。

一、实行"打包改制"可以迅速推动国有企业改制进程

一方面，实行"打包改制"可以实现在不偿还银行欠款情况下，"盘活"国有企业抵押资产，破除改制中的经济障碍。根据国家有关部门的文件精神，国有企业改制方案必须征得银行的同意才能实施。银行关心债权，改制企业如不归还

291

银行贷款，不仅资产不能变现、流动，就是企业的改制方案也无法通过。"打包改制"，在操作技术上可以通过改变企业的组织形式和法人实体，分离抵押资产的所有权和使用权，在维持银行债务关系不变（因而也就不需要征得银行同意改制方案）的情况下，对国有资产进行重组，进而实现提高国有资产经济效率的改制目的。这样，通过"打包改制"就可以将当前的国企改制转化为开发银行的资本经营，将企业改制的制度成本转化为开发银行的经营成本，破除企业改制中的经济障碍，减少改制中的"梗阻"，躲避了现行体制上的改革阻力。

另一方面，实行"打包改制"能够破除体制障碍。目前，东北地区国有企业改制的障碍除了经济因素外，还有体制因素，主要来自管理国有企业的相关政府部门。他们不愿意放弃既有利益，消极推动国企改制。"打包"后组成集群式地改制国有企业，减少了不必要的环节（节约交易成本），创新了改制的操作程序，建立了改制新机制，既可以破解经济上的障碍，又躲避了现行制度上的阻力。

二、政府成为"打包改制"的主体，操作起来简单可行

"打包改制"与现行改制方法一个很大的差别就是，政府成为国有企业改制的主体和操作者。简单是因为：先安置职工，再对企业资产"打包"，就等于完成了对国有企业改制过程中职工和企业经营层的利益分配，接下来的资产"打包"（项目方案设计），招商引资，组建新实体，都是政府自己一个利益主体的事。操作起来，环节少，阻力小，进程快。可行是因为：利用准备购买银行债权的资金作为安置改制企业职工的启动资金，基本可以实现（当前的"全体起立"已积累了相当的经验）改制企业职工的身份转换（解除政府对职工的"无限责任制"）；再通过国有资产使用功能的盘活，实现对企业职工的第二次安置（就业）。另外，用抵押资产的使用功能（作价）对外招商，不影响合作后商品的正常产出，却能大大降低投资者的投资风险和经营成本，提高其产品的竞争力，比用全额资本招商更有吸引力。

三、"打包改制"能够实现国有资产的保值增值

目前，东北地区国有企业改制的基本程序是企业提出改制方案，政府相关部门审批。国有资产的所有者（或代表）和企业职工很少参与方案的制定和操作，经常出现购买企业的主体和政府审批部门个别人员合谋，实施损害国家利益和职工利益的方案，导致国有资产流失和职工利益受到侵害。实施"打包改制"，国家开发银行为一方，体现了国家利益和产业政策导向；地方政府作为地方国有工业企业出资人为一方，代表和行使国有资产出资人的权利，这就从制度上和机制上确保了国有资本的保值增值；同时由于减少了政府机构的参与机会，也就减少

了寻租机会，可以有效地防止受贿腐败现象的发生。

四、"打包改制"能有效保护社会生产能力，提供就业岗位

变现企业资产安置企业职工，然后出让企业所有权和经营权，是东北地区国有企业改制普遍采用的方式。从实践上看，改制后的企业由于流动资产和设备被变卖，生产能力遭到了巨大破坏。多数的经营者通过变卖资产，利用厂房厂地从事房地产开发。虽然国有资本实现了退出，国有职工得到了暂时的安置，但社会生产力遭到了破坏，原有的生产力没有得到有效利用。"打包改制"以资产的使用权招商引资，出价低，而且不影响经济功能，增强了招商引资的吸引力，有条件在更大范围内重组企业资源，进而能够确保改制国有企业生产功能最大限度的保留和发挥，保持和扩大社会生产能力，同时为社会创造新的、更多的就业岗位。

五、"打包改制"能促进产业结构调整、对外开放、体制创新和机制创新

在"打包改制"过程中，通过重组，可以实现社会资源跨行业跨地区转移，促进产业结构调整；通过招商，可以吸引国内外资本和东北地区短缺的经济要素，提高区域经济的开放度，充分利用两个市场和两种资源；通过改制，能建设一批符合现代企业制度要求的名副其实的市场主体，促进东北地区体制机制创新。一个过程，实现多种目标。

六、国家开发银行"打包改制"成本和风险低，利润大

东北地区部分国有企业生产能力较强，一些产品占有较大市场份额，只是高负债和历史包袱降低了企业的转让价格，影响了企业生产能力的发挥。国家支持开发银行实施债务重组和卸掉历史包袱后，企业资产价格将会提升，而且增值将会高于重组和卸包袱的成本，可以为国家开发银行带来可观的利润。

七、"打包改制"能减少中间环节，降低资产评估成本和产权交易成本

实行"打包改制"，采取筹集资金——直接安置职工的形式，比支付银行欠款（尽管打折）——变现资产——安置职工环节少，成本低。另外，欠银行的债务暂不支付，而且越往后拖，偿还的越少。总的来说，改制成本在很大程度上得以降低。

八、"打包改制"后的新企业能增加财政税收和居民收入

新的项目公司，就是改制后新的具有现代制度的企业，无论由谁来经营，以何种方式经营，在吉林境内都无疑会带来财政、居民增收。与以前唯一不同的，只是国有资产存在的形态发生了改变，以使用权的方式参与新的企业。而且经过改制的企业，将具有更雄厚的资金、更先进的技术和管理方法，企业活力急剧增加，产业结构得以最合理的调整，市场竞争力也有显著提升，这样的企业所带来的财政税收及居民收入将远远大于改制之前。

11.2.3 "打包改制"的具体实施

目前，东北国有企业资产的自然流失非常严重。一方面资产折旧带来资本损值，设备闲置带来技术功能丧失。另一方面企业职工历史包袱逐年增加，改革成本随之提高。吉林省 2 800 亿国有企业资产。净资产 489 亿元左右，如不尽快改制，两年之后国有资产权益就将丧失殆尽。因此，利用中央政府的一切调控手段，加快东北地区国有企业改制刻不容缓。东北国企改革必须围绕"打包"（资产分类）、项目设计、招商引资三个环节来进行，通过"打包改制"的方式创造引入战略投资人的特殊环境，加快改制进程，扩大改制操作空间，有效保护社会生产力，变被动卸包袱为主动发展。

一、由国家开发银行斥资支持"打包改制"

实施"打包改制"必须得到国家开发银行的鼎力支持。对如此巨额的改革成本，应该也只能由国家垫付，而最好的出资者莫过于国家开发银行。东北地区要想实施"打包改制"，就必须提供各种优惠政策吸引国家开发银行斥资支持。我们可以给予国家开发银行一些优惠政策，如核销"打包改制"中涉及的国有企业欠四大商业银行贷款、发行企业改制债券和免征"打包改制"发生的各种税费等。鼓励国家开发银行下决心尽快实施"打包改制"，是推动东北地区国有企业改制的一项有效选择。

二、项目选择要实现资产重组、产业结构调整和区域资源整合的最佳选择

"打包改制"的核心目的就是对国有企业进行资产重组、产业结构调整和区域资源整合，使得重组后的企业具有巨大的潜在发展空间，并以此招商引资顺利实

现国有企业改制。那么，项目如何选择，就成为改制的重点。首先，资产的筛选、重组是一项复杂性和专业性相当强的工作，需要成立专家小组，做出最科学合理的鉴定分析。其次，针对东北老工业基地资源型城市的发展现状，项目选择的方向应该放在减少沉淀成本、提升产业结构、发展接续产业这三个主要方面。

三、政府提供预期优惠措施，促进招商引资

招商引资是实行"打包改制"最后的也是最重要的一个环节，是决定改制成败的关键所在。投资者进行投资最直接的目的就是实现利润或扩大市场份额，如果缺乏潜在的利润空间和发展机会，是没有人会去投资经营一个现状不佳的弱势企业的。所以，对于东北地区重组后的国企来说，要吸引投资者，最有效的方式就是由政府提供各种预期的优惠措施，以弥补企业目前的发展不足，使投资者对企业的未来发展充满信心。例如，对于归还难度太大的原国有企业历史遗留欠税，按照规定经国务院批准后给予减免；降低改制企业的上市标准，可适当提高无形资产在注册资本中的比例；前三年免征营业税，第四至第五年减免 50% 营业税；规定企业运营若干年后，保证本地区对其产品的购买达到同类产品的预定销售份额；改制企业新增建设用地可以优先、重点安排，且对于资源节约型及高新技术产业的改制企业，经批准可采取授权经营和作价出资的方式处置其土地资产；赋予改制企业原材料进口及产品出口的优先权。

总之，我们需要通过"打包改制"减少企业的经济性沉淀成本，从而增强企业的竞争优势，为国有企业重组创造有利条件，为实现"打包改制"目标奠定客观基础。

11.3 从产业层面加速产业结构优化升级

11.3.1 实施优化升级结构的产业政策

产业政策是一系列对产业发展有重大影响的政策和法规的总和，其存在的根本原因在于市场失灵的领域，产业政策是不可或缺的，主要包括：一是对一些外部性较强的基础设施建设和一些投资额巨大、风险较强的行业的支持政策；二是对一些重要行业的适度保护注册；三是对垄断行业的管制政策；四是某些传统的结构调整援助政策。对于资源型城市而言，发展接续产业和建立实现可持续发展机制十分重要。然而无论是发展接续产业还是实现可持续发展机制，都需要打造

资源型城市的核心竞争力，形成比较优势，才能在各地区的竞争中生存下来，并发展壮大。除了靠建立健全国家对东北资源枯竭型城市的"反哺"机制，提供相关优惠政策外，在产业政策和政府监管政策方面构建有利于接续产业集约与可持续的发展机制十分重要，这并不意味着否定市场机制没有成为产业结构调整的最基本的途径，而是说在资源型城市转型过程中，市场机制调整产业结构的功能需要的一些基本条件尚未满足，所以，推行产业政策促进结构加快调整是必要的。

一、正视资源型城市产业组织结构的总体现状

1. 产业组织结构的演化表现为一定程度的非规范性和无序性

在第二篇的理论分析中，我们指出了由于资源型城市的先天禀赋造成各界政府均采用计划经济体制，来让资源型城市作为对整体经济的支撑。所以资源型城市的产业组织结构主要是为了服从于国民经济的宏观整体构造，很少甚至几乎没有用"看不见的手"来让经济组织自主形成产业组织，并且资源型城市产业组织结构的发展更多地受到政治任务、政治目标等非经济因素的影响，使得产业组织结构在其发展历程中受到更多的行政干预。由于历史原因所造成的产业组织结构不合理是资源型城市经济结构矛盾的重要原因，阻碍了资源型城市经济均衡发展和可持续发展。资源型城市优先发展基于自然资源的采掘和冶炼业，每年的固定资产投资中很大部分是用于这些产业的设备更新和改造，而与第二产业配套的相关产业投入不足，产业布局单一、不合理。在传统的计划经济体制下弊端使隶属于各产业的各个企业之间的交易非货币化，由此形成的条块分割严重制约了产业组织结构的优化。这种非企业、非货币化及非市场化的特定制度和行为，内在地规定了产业组织发展的无序性和非规范性，也决定了产业组织的高投入、高消费、低效率的发展模式。这种发展模式久而久之形成路径依赖，极大程度地左右资源型城市的发展轨迹，影响了产业组织规范性的有序演进，使资源型城市的经济无法进行可持续发展。

2. 资源型城市的产业组织发展没有统一的产业组织政策作为指导

除依据其市场结构、产业结构、经济阶段的特点而变化外，世界各国产业组织结构的发展均受到一定的产业组织政策的指导。而我国仅于 1993 年 9 月颁布了《反不正当竞争法》，1994 年 3 月国务院颁布了《90 年代国家产业政策纲要》及其附件《关于实施固定资产投资项目经济规模标准（第一批）的若干规定》。有关反垄断的法案迟迟难产，这就是我国的产业组织发展缺乏统一的、有效的产业组织政策来进行指导，从而使我国产业组织结构的发展表现出一定程度的盲目性。而且政府对资源型企业行政干预过多，阻断了企业自组织机制的发挥。大企

业缺乏组织创新和制度创新的动力，使得管理效率低下，管理成本高。而政府对中小企业放任发展，又造成过度竞争。这就造成大型资源型企业的竞争不足和中小型企业的过度竞争并存的局面。

3. 资源型城市的各企业之间分工协作水平低，产业组织结构松散，竞争能力差

计划经济体制下，各企业所生产出的产品归国家统一进行调配，各企业隶属于不同的部门，条块分割严重。由此所带来的重要弊端是资源型城市的产业组织结构并不是围绕着本地区的现有经济优势而组织起来的严密的组织结构。而当国家进行经济体制转换的时候，资源型城市的产业组织多数是由计划时代的国有企业改组、改造而来，各企业之间不能马上形成一个整体，不能形成较为完善的产业链，更没有形成价值链。区域封锁与市场分割，难以形成符合跨区域的专业分工与协作的产业格局，这种松散的产业组织结构无法协调各经济组织间的专业分工，使各企业间的协作水平低下，造成大企业规模不经济和产业链延伸受阻，中小企业在低级技术水平上重复建设，限制了规模经济水平的提高，使资源型城市的产业长时期处于低水平的状态，竞争能力低下。

二、构建资源型城市产业组织结构的发展模式

在资源型城市经济体制转型的过程中，市场机制在经济发展中将会发挥更大的作用。由于价值规律自发的起作用，将会使资源按效率优先的原则自发地进行合理流动和配置。相应的产业组织也会发生变化，会形成生产集中化，即由于要素遵循效率优先的原则，原有的生产要素越来越集中于专业化大企业集团。与此同时新进入市场的生产要素同时向中小企业扩散生产趋向分散化。这两种趋势在市场机制作用下形成分工协作的大中小企业组织并存。基本思路是：在每一个主导产业中选择若干个大企业和企业集团，集中力量进行重点支持，使之尽快上规模上水平，并以此为核心进行产业重组，使各地现有中小企业都能基本纳入大企业或企业集团的体系之中，逐步形成合理的专业化分工与协作格局，而不要在全国再大量布设新厂。这样既可以使我国现有的大企业和企业集团以比较快的速度形成具有国际竞争力的经济规模、参与国际竞争，也可以在一定程度上解决地区间低水平的重复建设和产业结构趋同问题，较为合理地配置资源，加快我国支柱产业的发展。

纵观产业组织结构成长的历史，可以发现产业组织的一般趋势：重工业部门以大企业为主，轻工业以中小企业为主。在重工业内部，采掘业和原材料业以大企业为主，制造业应以中小企业为主；钢铁、有色金属、电力、石油、煤炭等应以大企业为主，而一般机械制造和轻纺工业应以中小企业为主。大中小企业在国民经济中都是不可或缺的，在市场竞争中它们的组织关系也在动态变化，不断演

297

进。无论任何产业链都应既有少数大企业集团为骨干和核心，又有众多中小企业来配合，构成以具有竞争优势的企业集团为核心，形成"大中小企业共生的局面"的态势。

三、用产业结构政策作为产业组织政策的实践方向

我们必须看到的是，大多数资源型城市在长期的计划经济体制中，形成了国有大企业为主，相关中小企业为辅的局面，从表面上看大多数资源型城市都符合这种发展模式。而且这种模式非常容易被具有另一种效用函数的理性人——政府来争相采纳。因为这种模式既符合国有资产战略性重组，又容易培育具有政绩象征的大企业大集团。如果各地均采用此种模式，必定会带来新一轮的以重复建设为特征的竞争。为避免这种现象的发生，国家以及各级地方政府必须从宏观经济布局的角度来看待此问题，用与各地区具体情况相结合的产业结构政策来作为产业组织政策的实践方向，因地制宜的规划各地的产业组织结构。这就要求我们做到：

1. 各地方将资源型城市所发展的接续产业与本地区的独特优势结合起来

绝大多数资源型城市的产业结构以第二产业为主体，通常占据 60%，第一、第三产业发展严重滞后。部分城市第三产业比重高是由于其依赖的资源已经枯竭，城市主导产业缺失造成的。第二产业主要是以资源开采和初加工为主，重工业比重普遍偏大；初级产品比重大，技术水平低，精深加工产品比重小。造成利润微薄，外流严重，整体工业结构的应变能力差，产业转型基础薄弱。没有合理、多元化的产业结构，产业之间的互补互利、分散风险的结构效应就不可能存在，城市经济的发展也失去了稳固基础。因此，资源型城市接续产业的发展势在必行。但是如果各地区的政府不顾本地区的实际，盲目发展高新技术产业等接续产业，就会出现重复建设严重，资源浪费的现象。而且对整个地区的宏观经济布局也会产生不利的影响，所以上级政府应当结合产业和结构政策进行全盘考虑，在力求各地区所发展的接续产业在相互协调下统一规划，并且用产业结构政策来指导产业组织政策，结合各地区的优势产业和具体的地理环境优势，充分发挥本地区的独特优势，这样既避免了重复建设，又充分利用了有限的资源。

2. 应用产业组织的发展带动资源型城市产业结构的复杂化、高级化升级

东北地区资源型城市一直以初级资源的开采和加工为主，产业结构初级单一是东北地区资源型城市产业结构的一个主要问题。而且资源型城市都以优势资源产业支撑着整个城市经济的发展，产业组织的低度化和同构化现象严重，不利于主导产业的升级和替代产业的发展，不利于中小企业的新生和发展。为促进资源

型城市的可持续发展，必须促进产业结构的复杂化、高级化。产业结构的复杂化有利于促进经济发展，同时增强经济稳定性。产业结构的高级化有利于提高产业竞争力，提高经济效益。因此，东北地区的资源型城市应抓紧提升产业结构。资源型城市在优化、调整产业组织结构时，应立足于本地资源优势，巩固资源型主导产业，扶持中小企业发展，以具有竞争优势的企业集团为核心，形成大中小企业共生的局面动态竞争型的产业组织作为资源型产业组织结构优化的首选，来带动资源型城市的产业结构的复杂化和高级化。以优化的产业组织结构加强不同分工企业之间的产业链形成具有核心竞争力的产业集群，依托资源型城市在整体产业价值链中的独特位置，进一步扩大和提升产业结构。

11.3.2　实施有差别化的市场结构政策

如果说上一点是从发展接续产业的宏观产业结构布局的角度来看，这一点则是从如何发展接续产业本身的角度来看。各地区生产条件不同，所以发展的接续产业内容也不尽相同，那么如何让本地区的接续产业更好的发展呢？我们认为，根据各地区不同接续产业的不同特点，来制定服务于这些不同特点的具有针对性的、差别化的市场结构政策，搞好各个地区的不同的接续产业。只有各个地区不同的接续产业搞好了，才能从总体上让整个区域的接续产业既无重复建设，又能形成一个经济区域整体。

而资源型城市所发展的接续产业各自具有不同的特点，应当针对不同的特点培育不同的市场结构，以规范企业行为，提高产业绩效。

一、在具有竞争性质的产业领域中市场结构政策的选择

竞争性产业是国民经济中的最主要部分，市场经济越发展，竞争性产业占全部经济的比重也就越大，社会经济也就越具有活力。而保证市场机制在该产业中资源配置的决定性作用，则是促使该产业自身健康发展的关键所在。然而，目前在该产业领域中，最大的问题是行政垄断残余仍然存在，市场竞争不充分，不能实现优胜劣汰。行业内各个企业均有相应的主管部门支持，"大而全"、"小而全"的企业为数不少，它们也参与了市场竞争，但其竞争结果不是优胜劣汰，而是优不胜劣不汰，造成资源严重浪费。这种低水平过度竞争，在国内市场上表现为行业内企业之间的价格大战、产品大战。虽然我国出台了《反不正当竞争法》，但是价格大战仍然此起彼伏，因此，该产业中竞争政策的重点目标应是继续反对行政垄断，大力促进市场竞争。同时，还要反对不正当竞争，实现规模经济效益。依据不同的产业特点实行完全竞争、垄断竞争、寡头垄断和完全垄断的

市场结构政策。

1. 对资源型城市所发展的竞争性接续产业，如食品饮料、洗涤剂、日化用品、一般家电产品、快餐食品等，国内普遍存在企业竞争分散的特点

这些行业制造技术相对比较简单，竞争的焦点主要集中在市场营销环节，集中在以各种手段影响消费者的购买决定和品牌选择上。可以实施优惠政策等办法来激发各个企业的积极性，使各个企业凭借对本地区市场和消费者的熟悉，开发出适合消费者需求和特点的差异性产品，促进合理竞争，培育出自己独特的客户和购买群体。

2. 面对尚有一定资源储备的资源型城市，加强现有相关企业的联合兼并

深化该产业群内各行业部门的经济体制改革，实现政企分开，打破原有的行业部门条块分割、壁垒森严的行政垄断格局。同时，实现对国内市场全面开放。并积极促进适度集中，实施大公司大集团战略，鼓励行业内厂商联手以企业集团形式参与竞争，通过兼并来提升企业的数量级和扩大市场占有率。一是继续扩大国家鼓励企业联合兼并政策的实施范围；二是积极推进跨地区、跨所有制的企业联合兼并；三是鼓励将经营不善的企业交由同行优势企业托管经营。甚至可以考虑在行业中选出实力雄厚、发展潜力好的 5 ~ 10 名大型国有企业重点扶持，鼓励其扩大规模，在税收贷款等方面给予一定优惠政策，尤其是随着国际市场竞争日趋激烈，应积极组建能够与外国跨国公司相抗衡的大企业集团。为使企业联合兼并规范化，应当加快建立产权交易市场。政府在加强引导的同时，既要注重创造有利于企业重组和资产流动的外部环境，也要防止不恰当的行政干预，特别是"拉郎配"的做法。

二、准竞争性产业领域中竞争政策的选择

准竞争性产业与竞争性产业的共同特点在于，通过市场开放和市场竞争，经济资源配置效率可以达到或接近最优。然而，由于当今国际竞争往往是以国家或民族为基本利益单位的，因此市场竞争的结果不仅要考虑一国的经济效益，更要考虑一国的社会效益以及一国的经济安全和经济发展，因而准竞争性产业与竞争性产业不同之处也就在于此。准竞争性产业群所包含的产业领域主要是经济安全性产业和发展战略性产业，这些产业从客观要求上看是适用于市场开放和市场竞争，并且通过市场开放和市场竞争可以提高产业内的资源配置效率。但由于这些产业不同于一般性产业，它直接关系到国家生存发展，如果该领域完全放开市场，按市场竞争机制配置资源，则可能会危及整个国家的经济安全和长期发展，社会效益总起来也许为负数，如能源行业等。

为此，具体实施思路是，将产业保护政策付诸实施，对重要支柱产业（电

子、石化)、新兴工业(汽车制造)、新技术产业(电子信息、生物工程、新材料技术)等,依据反垄断法,规定或限制外资在该领域的市场份额以及市场行为,并实行有效的监管和控制。对国计民生和国家安全具有重要的意义和战略性影响的行业。如能源行业、铀等核能原料开采业等,这些行业多数是由当代先进科技武装,对国家经济安全作用明显,而且这些产业体现着一个国家的技术水平、产业水平和综合国力。尽管有些资源型城市的资源储备已经因过度开发而表现出明显的后劲不足,但这些行业关系到国家经济独立和国际竞争力,应在扶植原有产业的基础上,尽可能为这些行业的竞争能力成长创造条件。同时,在对外开放过程中,注重对上述产业实行保护政策,包括产品市场的保护政策和投资市场的保护政策,即使在关税壁垒基本消除后,还可通过非关税手段予以保护。当然,这种保护应注意适度、适时。

11.3.3 对资源型城市外资引进要适度规模

经济的发展需要一定的资金来支撑,当资金严重不足时,则应考虑引进外资促进经济的发展。但是一国引进外资的规模应与该国的经济增长相适应,具体讲,应取决于国内投资需求与国内资金供给的缺口。同样对于资源型城市而言,外资的引进也要和资源型城市的资金缺口相结合。引进外资的主要目的是为了解决当地建设资金的不足,弥补资金缺口。但利用外资不是无代价的,而是需要付出一定的成本。外资并不是引进越多越好,外资的偿还以及外资的利用与当地经济的健康发展密切相关。所以外资的引进规模要适度,否则外资流入规模过大,当地经济严重依赖于外资,则不管是外商直接投资还是间接投资,都会对经济发展产生负面效应。

一、资源型城市引进外资的方式应以外商直接投资为主

对于一个地区,外商间接投资具有主动性、灵活性、高效性的优点,没有较大的固定资本投资,这些优点是外商直接投资所不可比拟的。但是,外商间接投资也存在流动性大、投机色彩浓厚等问题,特别是随着现代高科技运用于国际证券市场及证券投资工具不断创新,证券资本流动十分迅速,巨额的资本只需在几分钟内便可瞬间交易,或投入或撤离。证券流动性的增强,为投机者们创造了条件。投机者的目的是收取资本回报,利益是永恒的主题。所以他们总是选择经济增长较快、回报率可观的国家或地区投资,而一旦有某个因素发生变化,他们会席卷而逃。虽然国际证券投资将逐渐成为国际上引进外资的主要趋势,但目前资源型城市尚不宜利用国际证券投资方式引进外资。这是因为全国除几个资源储量

丰富的地区以外，大多数资源型城市的经济发展缓慢，还不具备在国际上吸引资金的条件。

因此，资源型城市引进外资的方式应以外商直接投资为主，具有大规模的固定资本投资为特征的。自改革开放以来，外商直接投资在我国的经济发展过程中发挥了显著的作用，不仅满足了国内建设资金的需求，而且带来了先进的技术，提高了出口产品的竞争力和劳动生产率。此外，外商直接投资多为中长期资金，具有较高的稳定性，这是间接投资所无法替代的。资源型城市恰恰需要这种类型的投资，可以用政策来引导这些资金的流向，将这些资金主要流入到接续产业中去，有利于资源型城市接续产业的发展。

二、资源型城市利用外资应有选择性

我国法律规定，外商来华投资可以用现金（主要是外币），也可以用设备、材料和技术作价投资。改革开放初期，为了吸引资金，弥补投资缺口，增加外汇储备，并不注重对外资来源的选择，许多技术含量低的中小资本竞相流入。这些中小资本主要是为了利用廉价的劳动力和土地等生产要素以及优惠政策，并没有带来我们期望的高新技术和先进的管理经验。外商直接投资 70% 以上是设备、原材料作为资本投入的，用现金的少。这一做法，一方面有利于外商推销他的设备和产品，另一方面迫使中方增加流动资金投入，实质仍是以中方的资金在周转使用。随着外资流入的增加，在技术含量不变的情况下，外资的边际效益在递减。所以资源型城市在利用外资的过程中，应当尽量避免这种现象，将外资的形式进行区分，适当取舍，结合当地的原有产业和接续产业的实际状况，有选择的利用外资，提高外资的利用效益、促进产业结构合理升级，努力改变资金来源，逐步提高外资的技术含量。

三、资源型城市应利用外资促进产业结构优化和升级

资源型城市应当充分利用外资不仅要推动经济增长，而且还要带动资源型城市的技术进步和机制转换，促进产业结构升级演化，这是振兴东北老工业基地资源型城市的重要途径。各级政府应以企业为主体，市场为导向，大胆放手让民间资本和国外资本参与资源型城市的经济转型。资源型城市所吸引的外资主要集中于第二产业，投向第一产业的外资比重低，投资在第三产业的外资主要集中在商贸零售业和房地产业，这就加大了三次产业的不协调。从推动工业结构升级的角度看，今后应进一步吸引大型跨国公司的直接投资，引导外资更多地进入技术密集型产业和高新密集型产业。加大对第三产业的投资和扶持力度，加快第三产业的发展，使第三产业切实担负起未来主导产业及吸纳第一、第二产业剩余劳动力

的重要职责。第三产业涉及的行业和门类较多，既有以资本密集型为特点的行业和部门，也有以劳动密集型为特点的行业和部门。资源型城市要根据各自社会经济发展和市场需求有所侧重，特别要侧重发展有着广泛社会需求，劳动密集特点突出的社会服务业及文化、卫生和旅游餐饮服务业等。在促进经济发展及社会就业和再就业的同时，推动工业化和城市化进程。

四、要调整引进外资的优惠政策

改革开放初期，我国的建设资金严重短缺，投资环境欠佳，为了迅速筹集资金，对引进外资采取了以税收优惠为主的一系列优惠政策。这些"超国民待遇"的引资政策导致外资对内资产生"挤出效应"，国内投资需求不足。为了吸引外资，我国政府在税收、企业经营管理和原材料供应、销售渠道等方面给予外资种种优待，使外资企业享受的待遇优于内资企业，形成了"超国民待遇"，内资企业不能与外资企业公平竞争。

而且虽然这些优惠政策的实施对加速外资的流入发挥了一定的作用，但吸引的外资质量偏低，以优惠政策吸引的外资多是规模小、技术含量低、以享受优惠政策为目的的资金。由于这些资金主要来自中国香港地区、日本及东南亚一带，多投向劳动密集型和资源密集型产业，而投向农业、能源、交通等基础产业的高技术含量的资金并不多，所以也为资源型城市经济建设带来了一系列的问题，如：由于对外企过高的优惠政策，使得资源型城市原有的企业在与外企的竞争中处于劣势，本地企业成长速度慢，实力弱，这些都不利于本地企业的深化改革，进而不利于接续产业的整体发展；而且由于我国的优惠政策多以直接减免税为主，对在短期内可望获得高产出和高盈利的行业具有吸引力，而对资源型城市乃至我国经济建设具有长远战略意义的产业，作用并不大，一些重要产业并没有带来应有的发展。因而资源型城市应当改变优惠政策的作用方向。应当本着为促进资源型城市产业结构的优化升级、促进可持续发展的原则来调整优惠政策的作用方向。将外资从扩大引资规模转向对经济结构的调整、发展接续产业的方向上来，包括对产业结构的调整和对地区经济结构的调整，引导外资流向交通、通讯、农业、能源等瓶颈产业。

总之，通过东北老工业基地资源型城市自身的战略性资产，往往是实施成本解约和差别化粗略所必须的资产存量，那么摆在我们面前的问题是如何获得这些资产？例如，企业可以通过签订特许权协议取得某种技术的使用权；可以在公开市场上购买资产或签订契约购买资产服务；可以与联盟企业共享某些资产；可以通过现有资产运作的积累所需资产并学习所需技能。这些战略性资产往往给企业带来竞争优势从而获得租金收入。因此，长期竞争优势所依赖的资产（战略性资产或沉淀资产）必须是难以被模仿或难以被替代的，从而使产业结构优化和升级有了客观条件，不仅通过市场结构大力降低经济性沉淀成本，而且还需要在产品市场竞争中，利用核心竞争力获得竞争优势和发展前景。

11.4　从生态层面加强生态技术创新

东北老工业基地资源型城市是以自然资源的开采为主的传统产业，为国家经济发展做出了重大贡献，但另一方面也给生态环境带来了巨大的破坏，如地表塌陷、固体堆积物占地与污染、农业生态环境变化以及村庄、河流的破坏等，必须高度重视因矿产资源造成的生态环境破坏问题。如果不对相关产业进行改造，势必会陷入以生态换发展的恶性状态之中，使环境与资源问题越来越成为人类发展可持续发展的严峻约束条件。资源型城市可持续发展的实现要求我们利用生态技术创新来改造资源型城市的相关产业。生态技术创新要想对人类社会和经济的可持续发展起到应有的作用，不仅要依靠其自身的产业化，而且还必须向传统产业扩散、渗透，加快传统产业和高科技产业生态化改造步伐。这是一个多层次的、复杂的、开放的系统，其保护和进化是一个系统工程，因而涉及到社会生产、生活的各个方面，由于我们主要对资源型城市进行研究，所以只探讨利用生态技术创新改造资源型城市的相关产业。

11.4.1　传统工业的生态化改造

20 世纪 80 年代，人们提出了发展循环经济的思想，循环经济模式不同于以往的经济模式，它是建立在自然生态系统物质循环和能量转换规律基础之上，通过资源的循环利用，达到资源利用效率最大化和废弃物排放最小化，从而实现经济与环境协调发展的经济模式。人们开始将这一理念付诸于实际行动，引发了技术领域的创新。技术力量的贡献除了技术本身外，还包括了资源的作用。经济的发展依赖于对资源的开发利用，而资源利用的深度和广度及效率的提高都与科技进步紧密相关。资源型城市的传统技术的缺陷和末端处理技术都存在局限性，这就让我们必须寻找能从源头解决问题的技术方式。在循环经济的理念下，利用生态技术发展生态工业，是从源头解决资源型城市资源短缺和生态环境问题的根本出路。资源型城市的生态工业是在循环经济理念下，利用生态技术实现资源型城市工业生产的物质消耗最小化和污染排放最小化，使工业产品与服务在生产和消费过程中对资源型城市的生态环境损害最小，达到工业生产发展的生态代价和社会成本最低的现代工业发展模式。生态技术创新的不断发展，为生态工业的发展奠定了技术基础，同时，生态工业模式的出现也为生态技术创新提出了创新的方向。

资源、环境的社会经济需求是生态技术创新的强大发展动力，而生命科学的进步为生态技术产业化发展提供了强有力的科学基础。生物技术产业化有三个重要标志，1982 年重组人胰岛素上市代表人类基因组学及相关技术在医药生物技术方面的应用，1996 年转基因大豆、玉米、油菜相继上市代表着动植物基因组学及相关技术在农业生物技术方面的应用；2000 年聚乳酸相继上市代表微生物基因组学及相关技术在工业生物技术方面的应用。通过以工业生物技术为代表的生态技术可以改造包括能源、原材料、制造业等多个产业，将在开创新的加工模式和调整产品结构方面发挥重大作用，2002 年工业生物技术在我国 GDP 中贡献达到 2.2 万亿元/年。

事实上无论单个技术多么优化，从节省资源、降低能耗和污染物产生的角度而言都是不完善的，对于改造资源型城市的传统工业，新的技术战略不能简单建筑在单个技术而论最优的基础上，不能简单地局限于某个环节的技术革新和发展的视野内，而应从整个生产过程技术系统的角度进行统筹规划和选择①。这也是下面我们所说的利用生态技术改造资源型城市的传统工业的三条路径的一个基本前提：

第一是对废弃物末端治理的生态技术改造。基于目前生态技术的可能性，目前最现实的就是利用污染治理技术，不改变资源型城市已有的生产系统或工艺程序，通过建设废弃物净化装置对生产末端进行无害化处理，通过净化废弃物实现污染控制。同时，利用废弃物转化及再利用技术，实现废弃物的资源化，在此基础上形成具有实际效益的产业化规模。

第二是对工业生产过程生态技术改造。从能源、原材料的选用，到生产过程和生产的产品、服务，全过程地控制污染，这需要有生态技术创新的不断供给。节约、降低成本、循环利用生产过程是全程控制中一个非常重要的环节，主要目标是要通过工艺流程的设计、过程的控制和适当的末端处理，达到废物的减量化、资源化、无害化。首先是生态技术改造有毒有害的原材料，采用无毒无害的中间产品。其次是通过先进的工艺流程设计、高效生产设备的使用，提高原材料的利用率，使流程中产生的废物达到最少。最后是通过建立密闭的生产循环系统，使生产中的排放物最大限度地被再利用，达到减少废物、降低污染、循环利

---

① 沈耀良：《循环经济原理及其发展战略》，载《污染防治技术》2003 年第 2 期。

用的目标。例如，在化工行业采用密闭电石炉炉气技术，可利用炉内高温将有害的氰化物直接分解，并能降低粉尘污染，达到节约能源和降低污染的双重目标。

第三是对工业生产源头的生态技术改造。能源作为工业系统运动的动力，分为不可再生能源和可再生能源。资源型城市的能源主要是不可再生能源，在相当长一段时间内工业生产还主要依靠使用这种能源，因此要利用生态技术改进传统的使用方法，做到清洁使用。例如，煤炭是我国最主要的传统能源，但长期以来煤炭的利用率只能达到30%左右，远远达不到清洁生产的要求，而清洁煤技术可以改善问题，提高煤炭的能效利用率。清洁煤技术包括煤的气化、煤的洗选、清洁的煤炭开采、煤渣和煤粉灰资源化利用等。

第四是迁离本处。迁离本处也叫迁移，即衰退企业走出去，实现非本地化。通常有企业迁移和人口迁移两种（如表11-1所示）。

表11-1　　　　　　　　迁移的类型与含义

类型	迁移主体	迁移对象	迁移形式	迁移目的	迁移特点
企业迁移	企业	有形资本 无形资本 在职职工及家属	整体 异地建分公司 参股（控股）异地企业	（1）追求利润 （2）保证就业	主要是企业的战略行为，特点是"以进为退"
人口迁移	个人（家庭）和政府	下岗人员及家属	个人（家庭）自主迁移 政府组织迁移	（1）寻求就业机会 （2）追求工资收入 （3）追求生活环境	主要是个人的自主选择和政府的计划安排，特点是"先退后进"

企业迁移是指衰退企业将原有机器、设备、人员和无形资产（如开采技术、专利、管理技术等）等生产要素从原地迁至别处，另谋发展。从规模上看，企业迁移分为整体迁移和部分迁移。部分迁移又可分为多种具体形式，如在异地投资建厂，建立分支机构（分公司），或以资本和技术投入的方式参股（控股）其他异地企业，都可以实现企业的部分迁移，从而达到追求利润和保证就业的基本目的。从困难程度看，整体迁移显然要大于部分迁移，而且部分迁移在某种意义上说随时都在发生。在企业经营过程中，企业职工随时都可能发生部分流动，职工下岗后也会自觉或被迫地寻求再就业。而且，随着我国企业的改革和劳动力市场的发展，特别是户籍制度的改革和纠偏，个人和家庭自主迁移的现象会越来越多。一些年轻、有技术、学历高、创新精神强的职工事实上也在经常地寻求更好的异地就业机会。从经济学角度看，这种"不安分守己"正是市场经济的活力所在。不适当的指责和阻止似乎短期内维护了某个企业的利益，但并不意味着真

正符合社会的整体利益。政府应该研究这些现象，对人口迁移进行正确引导，以便人口迁移对地区乃至国家有利。迁离本处的实际问题是企业迁移成本较大，企业迁移和人口迁移面临着迁入地和迁出地双方协调。

随着世界经济一体化和区域经济合作的发展，以及我国人均资源短缺，政府应该鼓励企业走出国门和跨地区合作发展。例如，我国和苏丹等国合作开发国外石油。又如黑龙江省一些大企业在大连港口附近设立分公司以利于该企业对外进出口等。

在改革户籍制度中，尽管有其特殊的历史原因，但无论怎样说，我国的户籍管理制度越来越暴露出诸多的弊端，越来越不符合市场经济体制和社会发展的要求，急需进一步改革。完善探矿权、采矿权市场。我国探矿权、采矿权市场建设落后，突出表现为对民营企业和外资企业在探矿和采矿的市场准入方面、探矿权和采矿权的交易方面仍存在较多的不当限制。这些限制构成企业迁移的障碍。

11.4.2　对资源型城市的服务业进行生态化改造

服务业（第三产业）是除了第一产业、第二产业之外的其他产业的集合，是随着第一产业和第二产业的发展而跟进的行业，具有为第一、二产业服务的性质，所以称之为服务业。这一点在资源型城市中便显得尤为突出，因为资源型城市是典型的以初级资源产品的采掘和加工为特征的城市，资源型城市的服务业就是为了适应该地区生产需要而建立起来的。资源型城市的服务业相对来说涵盖的范围比较庞杂，李江帆曾经将之划分为四个层次：流通部门、为生产和生活服务的部门、为提高居民素质和文化水平服务的部门和为社会公共需要服务的部门[①]。服务业在其发展过程中所遇到的生态环境问题，总体上没有工业那么严重，一直没能引起人们的充分重视。但服务业的快速增长使其在国民经济中的比重不断提高，导致资源型城市的污染等生态环境问题也日益突出。因此，对传统服务业进行生态化改造势在必行。由于服务业的范围广泛，各行业情况也有很大差异，不便一概而论，本文只涉及两个有代表性的传统服务业部门的生态化改造。

一、发展生态旅游业

旅游业是服务业中与自然生态环境联系最密切的一个产业，也是发展最迅速的一个产业。我国的许多资源型城市都适合发展旅游业，如大兴安岭等生态资源丰富的地区。

---

① 李江帆、曾国军：《中国第三产业内部结构升级趋势》，载《中国工业经济》2003 年第 3 期。

旅游业历来被誉为"无烟工业",但旅游业在迅速发展的过程中,与生态环境的矛盾也越来越尖锐,主要表现在:一是,"掠夺式"的资源开发破坏了自然生态环境。传统工业革命的理念和方法,对自然资源的利用是不加节制的。随着产业的迅速发展,导致过度开发,破坏了自然生态环境的平衡。二是,粗放式的发展忽视了与自然生态环境的和谐。许多城市的旅游业蓬勃发展,而从业者为追求短期的效益最大化,在产业发展过程中没有意识到保护生态环境的重要性。因而急速增长的旅游流量、大量增设的人造景观等因素,导致水污染、噪声污染、垃圾污染、生物多样性破坏等生态环境问题日益严重。

为解决旅游业发展过程中存在的问题,需要在可持续发展理论的指导下,按照循环经济发展模式,对资源型城市的旅游业进行生态化改造,大力发展生态旅游。

第一,政府对资源的开发和利用进行规制,使之符合可持续发展的原则。必须改变过去那种盲目追求资源数量的开发和利用方式,要将资源的开发利用同生态环境保护结合起来。为发展资源型城市的旅游业创造良好的基本条件。应该在政府的监督下,合理布局、适度发展,不应该以损害自然生态环境为代价谋求地方经济的发展。

第二,按照循环经济发展的模式,将具备旅游资源的环境资源纳入资源型城市的产业化发展轨道。环境资源具有公共物品特征,旅游业经济活动的负外部效应导致旅游地环境资源被破坏,而当这种负效应带来的损失无法计入成本时,市场是失灵的,因此旅游业的经营者不愿意承担防治污染的成本。可以将旅游地环境资源纳入产业化发展轨道,使资源型城市的环境资源(林地、土壤、水、空气、动物等)的利用、保护、再生、积累等通过产业化方式进行经营。环境资源产业可以利用生态技术建立一些污水处理、废气净化、林地繁育等企业,与旅游业的经营者按市场方式进行交换,达到保护资源型城市的生态环境的目的。

第三,本着生态理念设计资源型城市旅游业的发展。旅游业是与自然生态环境最贴近的产业,而且对生态环境的影响范围比较广泛。所以,资源型城市的旅游产业更应当注意生态的保护,其发展应该始终贯穿生态理念。从旅游地的选择,到旅游产品的设计、住宿设施的建造、交通系统的构建、管理措施的制定等环节,都应该结合资源型城市的具体实际情况,尽量节约使用资源、降低环境污染、减少废物的排放,加强对资源型城市的自然生态环境的损害。

二、促进绿色物流业发展

物流贯穿于生产、生活活动的始终,是随着资源型城市的建立和发展而发展起来的又一重要的服务性行业。在经济高速增长的同时,物流业也呈现出快速发展的态势。物流活动涉及经济系统和生态系统两大层面，但传统物流业的发展只关注到经济系统层面，而很少考虑其对生态系统的影响。随着物流业的高速发展，对资源型城市生态环境的破坏也越来越严重，主要表现在：一是，物流企业"大而全"、"小而全"的经营模式造成资源配置效率低下。在资源型城市，受计划经济体制影响，国有企业办社会现象严重，运输是资源型城市的国有企业的一个职能部门，承担着资源和原材料的运输等工作。物流业的发展规模小、经营模式分散，效率低下，造成许多物流资源的闲置浪费。二是，传统运输工具的大量使用造成环境污染日益严重。运输是物流活动中最重要的一个环节，对环境的影响也是最大的。由于资源型城市的资源和原材料的运输多属于重型资源，多使用汽油和柴油等马力大的运输工具，这就造成了空气的污染，严重破坏了空气的质量，影响到人们的生活质量、生存环境。

上述存在的问题使物流产业的发展违背了可持续性原则，对生态环境也产生越来越多的消极影响。因此，必须遵循可持续发展的原则，对物流业进行改造，促进绿色物流业的发展。绿色物流指从节省资源、保护环境的角度对物流体系进行改进，以形成资源循环、环境共生、生态友好型的物流系统①。

第一，政府通过市场机制引导物流企业走集约化发展的道路。具有物流条件的资源型城市政府一方面应该通过规制规范物流业的发展，制定物流企业进入市场和退出市场的标准以及规范竞争准则；另一方面应充分发挥市场机制的作用，促进物流业的内部整合，加强专业化分工协作，使资源在产业内合理流动、节约利用。

第二，运用现代生态技术设计合理的工艺流程，减少流程中的资源浪费和环境污染。生态技术创新的发展为物流企业的发展提供了技术基础，物流企业应该充分利用现有的技术条件。技术的选择应遵循使用资源最少、废物排放最低、对资源型城市环境污染最小的原则。

11.4.3 实现高技术产业的生态化发展

高技术产业是建立在现代高技术基础上的新兴产业，涵盖了生物技术、信息技术、新材料技术、新能源技术等领域，具有高智力、高效益、高投入、高潜能等特征，代表着现代科技和产业发展的未来，是资源型城市发展替代产业的选择之一。但是，资源型城市在发展高技术产业的同时，也带来了生态环境问题，如果不及时控制，所造成的生态和环境灾害有可能比其他产业要更为严重。

---

① 黄贤金：《循环经济：产业模式与政策体系》，南京大学出版社，2004年。

一、高技术产业发展中的环境污染问题

高技术产业具有节约资源、高效益的优势，其产生的生态环境问题主要是环境污染。高技术所造成的环境污染主要来源于以下几方面：一是，辐射污染。主要包括光辐射污染、电磁波辐射污染、核辐射污染等形式，这些辐射污染不利于人的身体健康，对人类生存的环境构成威胁。据美国对 4 家微电子生产企业的调查，在使用半导体等离子体的蚀刻工艺中，61% 的等离子体装置发出高周波 （13.5MHz）超过规定标准，这种对人的生殖、神经系统有害的高周波，使维修人员处于危险之中。二是，固体废弃物污染。主要包括电脑、打印机等电子信息废旧产品、机床行自动化废旧产品等。美国研究人员测算，每个废旧电脑的显示器的显像管中含有 4 ~ 8 磅铅，电路板中也有铅，计算机的原件中还含有砷、汞等有害物质；废弃的手机电池中含有大量的有害物质。这些废弃物如果不被处理就扔掉，会造成水源污染，影响到人的健康。三是，基因污染。生物技术、特别是基因技术的发展，带来了基因污染问题。基因污染主要指由于在天然物种中掺入了人工重组的基因，使这些外来的基因随着被污染物种一起繁殖，并由此而传播、扩散①。虽然学术界对基因污染还没有一致的看法，但也越来越引起人们的警觉。

此外，还有噪声污染、家庭中的高科技污染等。这些污染存在于高科技企业的生产以及高科技产品的使用中，给人类的健康安全带来威胁，影响到生态环境的平衡。高科技产业污染对生态环境所具备的破坏性极强，有些问题一旦产生很难加以控制。因此，必须在资源型城市发展高科技产业的过程中，规范高科技产业的发展，把污染降低到最小程度。

二、资源型城市高技术产业的生态化发展

高技术产业污染具有扩散快、危害大、治理难的特点，因而由此带来的生态环境问题也是非常严重的，有条件发展高科技产业的资源型城市必须加以重视，使高科技产业的发展走上生态环保和可持续发展的轨道。

第一，制定科学的高科技产业行业标准和产品安全标准，并通过法律途径严格执行。导致高科技产业污染的一个很重要的原因，是在市场导向下，一些企业在竞争日趋激烈的市场压力下为了率先争得市场，往往将安全性还没有经过严格测试检验的产品投放到市场中，从而成为污染源。资源型城市的政府必须通过严格的立法、执法，来约束高科技企业的行为，使其不能为单纯追求经济利益而损害公众利益和生态环境。法规的范围还应该涵盖到高科技产品的使用者，规范使

---

① 黄贤金：《循环经济：产业模式与政策体系》，南京大学出版社，2004 年。

用者在使用中和使用后的行为，避免因使用不当而导致的生态破坏。

第二，高科技产业应该遵循循环经济理念，将高技术与生态技术结合起来，实现产业的生态化发展。运用现代生态技术，研究开发新材料，以替代对生态环境有破坏的材料，同时可能会减少资源型城市原材料的过度开发；设计新工艺，使之符合循环经济的理念；推行清洁生产技术，实施全程控制，把污染消灭在源头。

第三，建设高技术产业区，形成生态产业链。在资源型城市内部高技术产业区内，通过各企业间的分工协作关系，实现专业化生产，以循环经济的 3R 原则为指导，形成有利于保护生态环境的产业链条，实现区内最少使用资源、最少产生废物、最佳保护生态的可持续发展目标。

总之，针对沉陷区治理也可以达到减少沉淀成本的目的，其基本思路是这样的：（1）明确目标，科学规划，切实加强矿区的环境保护工作，利用成熟的复垦技术处理沉陷地，有效配置土地资源，节约利用土地；因地制宜，建立农、林、渔、牧、游的"大农业"系统。（2）结合沉陷地整治，改善城市的生态环境，全面推进矿区生态环境的回复与建设，为城市居民创造良好的生活质量以及休息日的户外游憩场所，完备城市的生态结构，从而构筑"大生态"系统。（3）强化监督管理，严格执行环境管理制度，有意识地寻找当地人文条件和自然条件，建设有市场前景，有基础条件支撑的生态旅游业项目，结合原有的旅游资源，发挥生态旅游业的比较优势和竞争优势，获取经济发展、生态保护的双重效益，达到综合考虑可持续性、经济效益、生活质量的目的，提高生态建设层次。（4）依靠科技进步，提高环境保护水平，促进资源综合利用。鼓励生态脆弱区人口外迁，研究制定针对难以维系持续发展的资源型小城镇的"产业工人异地就业基金"，以使资源职工能顺利实现就业。

11.5 从创业层面培育和发展新兴经济

11.5.1 改善创业环境

对于东北老工业基地资源型城市来说，发展创业无疑具有特殊的紧迫性与现实意义，主要问题就是计划经济体制条件下产生的极大的沉淀成本，这些沉淀成本的补偿可以通过创业新兴经济得到补偿：一种是通过家庭或国家财政而提供的"收入补偿"，另一种则是较为直接的"机会补偿"，即为人们提供新的获利机会，特别是新的就业机会，使其在脱离计划经济体制之后能在市场经济体制下找到发挥自己作用和取得经济收入的新职位，这对于计划经济体制的改革，往往起到更重要的作用。但是由于官僚文化的积淀和自然资源的破坏性开采，以至于创业环境相对恶劣，东北老工业基地资源型城市发展创业非常困难。改善创业环境是一个系统化的工程，要优化创业环境，需要社会多方面、全方位的共同努力，以发展的观点、系统的视角从文化、人才、技术、融资、政策等多个方面加大投入和改善，以补偿其历史性负债（也是一种经济性沉淀成本），并取代救助性和福利性资金发放，具体政策措施建议（如表 11-2 所示）。

表 11-2　　　　　东北老工业基地创业环境现状及改善措施

现状、措施 创业环境	东北老工业基地 资源型城市现状	改善措施
文化环境	官本位、小富即安意识严重创业积极性不强	宣扬创业意识，激发创业热情，尊重创业人才
产业环境	三大产业发展不协调，资源依附性产业比重过大，第三产业发展不足	加快发展第三产业及资源节约型产业，加大服务业比重，发展循环经济
人才环境	高校及人才数目众多，但人才流失现象严重，创业技能及经验不足	建立完善的人才激励及人才流动机制，大力发展创业教育和培训
技术环境	技术落后，机器设备老化，科研开发力度不够	设立专项科研经费，企业加大研发资金比重，引进国外先进技术及设备
融资环境	创业资金严重不足，尤其是中小企业已陷入融资困境	构建创业融资体系框架，建立信用担保、信贷保险体系，发展直接融资体系和中小企业集群，完善风险管理和信用评级制度
制度环境	企业准入要求太高，审批程序繁杂，政府行政干预过多	降低市场准入要求，简化审批程序，实行减免税措施，变指导性政府为服务型政府
法律环境	法律体系不够完善，市场秩序混乱，存在不正当竞争和质量问题	健全法律体系，重视产品及服务质量监督，加大执法力度，建立公平合理的创业环境
服务环境	服务体系不完善，只有少数的科技园等创业机构，缺少中介服务机构	健全创业服务体系，发展企业孵化器等创业扶植体系，建立创业中介服务机构

一、营造浓厚的创业氛围，改善文化环境

要鼓励创业，首先应该营造浓厚的创业文化氛围，改善创业环境。积极的创业观念和创业氛围的形成，有利于激发人们的创业热情，是创业活动扩大开展的前提条件。改善创业环境，首先，要在全社会通过国家号召、社区宣传、新闻媒体等多种形式大力宣传，普及创业观念，使其深入人心。其次，在企业中，引导员工树立创业价值观，激发员工的创业积极性，促进其积极进取、追求自身价值的实现，形成竞相创业的良好局面；表彰和奖励员工的创新观念和创新成果，树立模范典型，实行奖励机制，培养集体创业的良好氛围；在鼓励创新的同时还要容忍失败，要认识到失败是创新活动中不可避免的，正所谓失败乃成功之母，只有容许失败，才能使员工打消顾虑，与企业融为一体，全身心投入创业活动。

二、大力发展第三产业及资源节约型产业，改善产业环境

产业环境是影响创业的重要因素之一，改善东北老工业基地产业环境的主要措施就是推进产业升级、加快第三产业及资源节约型产业的发展。针对东北地区自然资源日益枯竭的状况，一方面，政府应支持企业发展绿色经济、节约型经济、循环经济，走新型工业化的道路。即大力发展高新技术产业和新兴产业的同时，运用以信息技术为代表的高新技术和先进适用技术改造提升传统产业；以现有支柱和优势产业为依托，以项目为载体，建设一批具有地方特色并对东北乃至全国有较强带动作用的产业基地，构建产业新格局。另一方面，东北地区民营企业应主动放弃对不可再生资源的过度依赖和破坏，选择进入不受资源约束的行业，如教育、文化等服务业。服务业是国民经济的重要组成部分，服务业的发展水平是衡量现代社会经济发达程度的重要标志。服务业不仅对自然资源要求不高，对资金的需求也较小。加快发展服务业，提高服务业在三次产业结构中的比重，尽快使服务业成为东北地区国民经济的主导产业，是推进该地区经济结构调整、加快转变经济增长方式的必由之路，是有效缓解能源资源短缺的瓶颈制约、提高资源利用效率的迫切需要，是适应对外开放新形势、实现区域综合竞争力整体跃升的有效途径。东北地区民营企业应结合所在省份的优势和特色发展面向三农、医药、汽车、装备产业的物流等服务业。

三、强化人才意识，吸引创业人才，发展创业教育和培训

人才是创业成功的关键，创业活动离不开人才的培养和运用。东北地区的高校为数众多，但是人才流失现象十分严重，个人创业积极性也不强，不利于创业

发展。所以，必须强化人才意识，留住人才，并积极发展创业教育和培训。

1. 建立合理完善的人才激励及流动机制，吸引创业人才

吸引并留住创业人才，离不开合理完善的人才激励及流动机制的建立。首先，要强化人才意识，充分体现以人为本、重视人才、尊重人才的人力资源理念，把人才作为企业发展不可或缺的生产要素之一。其次，建立有效的人才激励机制。激励机制可以包括薪酬激励、精神激励、控制权激励等多种激励方式，通过激励机制的实施，不仅可以留住大量人才，而且能够激发他们的创业积极性，将自身价值的实现融入企业的发展之中。再其次，充分发掘员工的创新意识，支持他们发现新理念、开发新产品，并创造公平、合理的竞争环境，提供最有利的人才发展和创业条件。最后，还应该引入先进的管理方法，进行制度创新，在留住人才的同时，发挥人才的最大效用。

2. 大力发展创业教育和培训

为提高东北地区企业家的创业水平，应大力发展创业教育和培训。政府要在加大对创业教育投入的同时，支持有实力的民间机构涉足创业教育、培训与咨询等事业。创业教育的作用绝不仅限于帮助就业和解决个人生计，它对培养创新与创业型人才、提高国民创业技能、进而发展本土创业经济、建设创新型国家具有十分重要的作用。必须把创业教育与从小学到大学的各层次学校教育相结合，使之成为贯穿教育全程的一个组成部分，所有职业技术学校的教学计划以及大学的各院系都该引入创业理念。创业培训是对创业教育的有益补充，主要是对潜在的和现实的创业者，即具有创业意向和行动的人员进行开业、市场开拓、新产品开发、商业模式创造和经营管理等方面的指导。从根本上改善创业环境，尤其是转变人们的态度和观念，则需要构建一种创业文化，即政府营造一种鼓励创新与创业的氛围，让全社会都关注、关心创业家、赞美创业英雄。

此外，创业企业自身也要提高技术创新能力，重视人才培育，加速国际化进程。同时，建立现代企业制度，完善法人治理结构，实施专业化、科学化、规范化管理，推进机制创新、技术创新和管理创新；树立科学发展观，合理利用内外部资源，促进产业优化与升级。

四、扩大融资渠道、完善融资机制，改善融资环境

目前，融资困难已经成为制约东北地区创业企业发展的严重阻碍。要加大力度改善东北创业企业的融资环境，建立一个结构合理、功能齐全的融资服务体系，主要应该做好以下几个方面的工作：（1）积极构建创业企业的融资体系基本框架，促进发展地区商业银行和投资银行，培育民营中小金融机构，包括民营银行、信用社和金融公司等。（2）完善金融机构的风险管理和信用评级制度，

放宽对创业企业，尤其是那些科技含量高、资源节约型以及发展前景好的企业的贷款限制。针对创业企业高盈利、高风险的特点，金融机构应该建立一套特殊的风险管理和信用评级体制，制定不同的贷款利率和规模。（3）积极培育创业投资公司，建立创业投资基金，如创业企业发展基金、互助基金、风险投资基金等。（4）建立信用担保和信贷保险体系，为创业企业提供贷款担保。有了信用担保体系，就可以降低融资者的信贷收益风险，使其更愿意为创业企业提供融资。（5）发展中小企业集群，增大企业信用度，利用整体规模优势和提供互助担保等方式，吸引金融及投资机构进行融资。（6）发展适合东北创业企业融资的直接融资体系，支持高潜质企业通过上市等融资，如建立专门的创业股票市场，为企业提供更多的直接融资渠道。

五、加大科研力度，改善技术环境

科技是第一生产力，技术创新是企业创新的重要手段，要鼓励创业，就要加大科研力度，大幅度改善技术环境。东北老工业基地技术水平的整体提高，可以通过以下途径得以实现：

1. 建立国家及地区专项科研资金，促进高校及科研机构的技术开发。高等院校及科研机构中，集聚了众多高知识层次和创新能力的科研人才，具有较强的科研潜力。然而，东北老工业基地的高等院校和科研机构所提供的科研成果还远远不够，这并不是因为科研人才不够或水平不高，而是国家或地区资金投入不足和奖励机制不健全，使得他们并未达到人尽其才，甚至造成了极大程度的浪费。所以，应该建立专项科研资金，促进高校及科研机构的技术开发。

2. 加大企业研发资金投入，推动企业技术创新。企业是技术创新最直接的受益者，也必然是技术创新的主要力量。科技是企业竞争的核心力量，企业应该加大研发资金的投入，集中力量开发新技术、提供新产品，推动企业的技术创新和产品升级，增强企业市场竞争力。

3. 引进国外先进技术和设备，与国际市场接轨。目前，我国的科技水平与美国等西方发达国家还有一定的差距，如果仅仅依靠国内自身的科技实力和研发水平进行生产，我国企业与发达国家企业的差距会越来越大。我们应该权衡利弊，合理地引进他国的先进技术和设备，进行消化和吸收，并在原有基础上进行创新和推广，尽快与国际市场接轨。

六、完善法律体系、加强法制建设，创造公平的创业环境

公平竞争是以现代市场经济为依托的创业活动的重要活跃因素，只有尽快完善法律体系、加强法制建设，营造公平的竞争环境，才能保证创业活动的快速发

展。政府部门既要鼓励创业活动、保护创业者的合法权利，又有责任规范创业者的市场行为，建立诚信公平的创业市场。首先，应该健全法律体系，制定完整的有关创业企业的市场进入、退出及竞争原则等行为准则，保证企业的合法经营。其次，建立合理规范的质量认证体系，推进企业开展 ISO9000、ISO14000 和 OH-SAS18000 管理体系认证，加强生产许可监管和质量管理工作力度，抓好打假工作。最后，应加大执法力度，增加执法透明度，鼓励群众参与执法监督，切实保证各项政策措施的有效执行。

七、完善落实创业政策，改善制度环境

创业环境的改善，主要依靠政府的大力支持。为了促进创业发展，政府可以制定宽松的经济政策，实施各种优惠措施。目前，东北地区资金问题一时间难以解决，但国家或地方政府给予政策优惠和支持还是切实可行的。在企业创立方面，降低市场准入门槛，放宽企业注册资金要求，简化审批程序，取消对创业者的身份限制，减少限制、增加创业机会；在规费管理方面，实行创业财政补贴和税收优惠政策。对于新增的就业岗位，尤其是高科技职业岗位，政府应该给予相应的财政补贴。对于创业企业，政府可根据不同地区和产业的实际情况，给予减免税优惠，如建立初期免交营业税，之后按百分比实施减税措施；在行政监管方面，逐渐将指导性政府转变成服务性政府，减少政府对企业过多的行政干预，转而提供创业所需的各种人才、资源等信息，提高政府的办事效率。总之，政府应该尽快修改和完善各种有关创业的政策措施，为创业提供最佳的制度环境。

八、健全创业服务体系

1. 大力发展企业孵化器等创业扶植体系

企业孵化器又称为创业中心或创业辅导中心，它是指一个可以为企业提供可租用场地、支援服务的商业发展服务设施以及可以创造成功的、创新型的新企业的综合系统。企业孵化器将市场、人才、资本和技术紧密联系在一起，集各种优势于一身，能够通过为创业企业提供专业指导和帮助，降低企业的创业成本和风险，以提高创业的成功率。以深圳为例，企业孵化器对增加创业企业的成活率起到了积极作用，社会自然成长的小企业的成活率一般都低于 50%，而经过孵化器的孵化和培育，新办小企业的成活率一般都高达 80% 以上[①]。由此看来，政府

---

① 科技部中小企业创新基金：《以科技企业孵化器为网络"结点"建中抚育体系》，http://gov. finance. sina. com. cn/zsyz/2004 – 10 – 14/30600. html，2004 年 10 月 14 日。

应大力发展企业孵化器，在人力资源方面，促进高校及科研机构的积极参与；在资金方面，设立专项建设资金，并提供银行贷款；在税费方面，给予各种减免优惠；在政策方面，提供最大便利，减少各种限制。总之，竭尽全力保证企业孵化器建设和完善，为创业者提供全方位的服务。

2. 建立创业中介服务机构

除了发展企业孵化器等创业体系之外，政府还应该鼓励建立中介服务机构，为企业提供信息咨询、知识产权及信用评估、技能培训及经营管理指导等服务。具体来说，创业服务机构应该能够为企业提供创业相关政策、法规信息的咨询，对企业的无形资产或知识产权进行评估，为企业在二板市场上市提供企业总资产规模评估，进行技术交易指导，拓宽融资渠道，指导企业投资，传授先进管理方法等。为此，政府应制定中介服务机构的建立标准及管理规范，通过资金支持、考核评定等手段促进服务人员不断提高自身知识水平和专业化素质，扩大机构服务范围，为创业企业提供全方位的支持与服务。

11.5.2　培育创业精神

企业家是一种重要的稀缺资源，是企业发展的强大动力，他们不仅具备适应市场环境的对外机能，还具备有效地组织企业内部资源的对内机能，能够凭借其独特的创新和冒险精神带领企业走上开创发展之路，成为推动社会经济发展的中坚力量。正是在东北老工业基地要素和资产不完全条件下，沉淀成本十分显著，这本身也为企业家获得超额利润创造了机会，也是偏离瓦尔拉斯一般均衡条件下企业家存在的客观条件。因此，创业精神是追求超额利润的直接表现。

一、培育企业家的创新精神

很显然，企业家的地位在经济文献中总是被忽略，但是人们还是清楚认识到并广泛接受了企业家在经济增长过程中所占据的地位。这里，我们采用经济学家熊彼特对"企业家"的定义：企业家能够大胆而富有想象力地突破现行的商业模式和管理，不断寻求各种机会推出新的产品和新的生产工艺，进入新的市场并且创造新的组织形式。简而言之，企业家就是独立的创新者，这是它区别于一般经营者最显著的特征。企业家精神代表着一种适应市场挑战不断进行创新活动的品质，企业家是技术创新与制度创新的载体，他们所进行的活动就是一种"创造性破坏"，对生产要素实行创新组合。创新精神符合现代市场经济，特别是转型经济的发展要求，企业家的创新活动是企业进步的原动力、经济发展的中坚力量。作为一个企业家，只有与时俱进，以远见的卓识和敏锐的洞察力，想他人之所未想、做他人之所未做，发掘新事物，迎接新挑战，不断地超越自我、标新立异，走在行业的最前端，才能出奇制胜、永远立于不败之地。企业家如果因循守旧、缺乏创新精神，则会使企业缺乏动力、失去活力，在日新月异和竞争激烈的市场条件下，企业将被远远地抛在后面，最终被淘汰。

　　作为现代企业家，在东北老工业基地经济转型的背景下，具有创新精神的企业家应该致力于提高技术水平，开发新产品，学习外国先进管理模式，开发新能源，吸引投资等，以提高生产率、降低生产成本，提高企业竞争力，实现产业升级（如图 11-3 所示）。

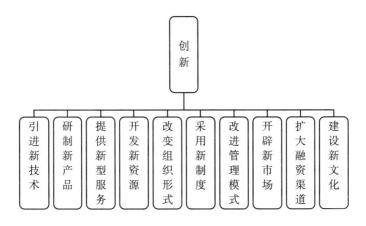

图 11-3　创新精神的具体表现

二、培育企业家的冒险精神

　　企业家（Entrepreneur）在英文中有风险承担者的意思，企业家通常是风险偏好者，敢于冒险是每一个企业家必备的素质，也是他们成功的重要条件。在当今的市场经济环境下，形势瞬息万变，企业面临的各种环境和因素都是不确定的，搜集的信息也是不对称的，尤其是在没有开拓的领域，往往盈利空间大风险也更大。风险的不确定性要求企业家必须敢于冒险，在成败未知的情况下做出决策，勇于开拓处女地。如果企业家是风险厌恶者，不敢冒险，则只能与大好的机会失之交臂，从而成功无望。

　　但是，冒险并不等于莽撞。一个企业家的成功不能建立在单纯的赌博的基础上，而是需要掌握大量的资料，凭借以往的知识、经验，经过审慎的研究和分析，做出明智、大胆的决策。大型连锁园艺用品商店史密斯和霍肯（Smith & Hawken）的创始人之一保罗·霍肯指出：一个好的企业家是风险规避者，而非风险接受者。他们表面上看起来是风险接受者，但实际上他们和其他人所看到的市场是截然不同的；他们能够发现符合时代变化的产品或服务。一旦确立了一种新的产品和服务，他们就会系统化地消除市场上所有的阻碍因素。由此，他们便成为了风险排除者①。

三、培育企业家的合作精神

竭诚合作的精神也是一个企业家不可或缺的精神，是利益关系调节的重要方式。艾伯特·赫希曼认为，企业家精神除了创新和冒险精神以外，还应包括对生产方法的发明者、合股人、资本家、零件劳务提供者、批发商等利益相关者的协调能力；对今天不发达国家非常重要的，还有与政府官员在关税、执照、外汇管制等方面取得密切合作的能力；以及把一批有能力的人组织起来，授予其权力，激励其忠诚，成功处理劳工关系，具有其他管理才干等，这些可以统称为合作精神。

我们所说的合作既有内部合作，又有外部合作。内部合作是企业家与员工之间、员工与员工之间的合作，主要是指团队精神。企业内部不仅需要分工，更需要合作，只有大家上下一心、通力合作，才能增强企业的凝聚力、充分调动员工的工作积极性，从而提高生产经营效率。外部合作主要包括两个方面，一方面是横向合作，即与竞争者之间的合作。与其恶性竞争，不如竭诚合作，产业集群就是一个最好的实例。通过合作，企业既可以减少竞争对手，又可以形成优势互补、增强实力，实现规模经济效益。另一方面是纵向合作，即与上下游企业及供销商的合作。企业与上下游企业合作，形成产业链优势，实现共赢。企业与供应商及经销商建立长期合作关系，也有利于企业降低成本、快速发展。另外，企业还应该与外部投资者及社会机构建立良好的合作关系，为企业赢得充足的资金支持及政策环境支持（如图 11 - 4 所示）。

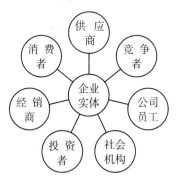

图 11 - 4　企业实体与相关的内外部实体

---

　　①　Paul Hawken，"A 'New Age' Look at Business," U. S. News & World Report, November30, 1987, P. 51.

四、培育企业家的进取精神

俗语说："逆水行舟，不进则退。"企业家必须具有不断开拓进取、勇往直前的精神。面对日益激烈的市场竞争，企业本身的原地踏步就是竞争中相对的后退。企业家不能仅仅满足于现状而裹足不前，必须具备远见卓识，不断地开拓进取，即使遭遇失败和挫折也绝不灰心丧气，要善于从失败中吸取教训、总结经验，带动企业不断向前发展。

五、培育企业家的诚信精神

信用是企业持续发展的必要保证，那么诚信就是企业家必不可少的精神。在现代企业，尤其是中小企业中，诚信问题已经成为阻碍企业发展的严重因素。缺少诚信，企业就难以取得金融机构及投资者的信任，造成运营资金不足；缺少诚信，企业就难以寻得合作伙伴，不能形成规模经济效益和产业链效应；缺少诚信，企业就难以得到政府的政策支持及优惠待遇，使得发展举步维艰；缺少诚信，企业就会在消费者心中形成极差的形象，从而失去消费群体。所以，作为企业发展的关键载体，企业家必须以诚信为本，信守承诺、遵守契约，为企业树立良好的信誉形象，形成永久的品牌效应。

六、培育企业家的敬业精神

敬业精神是企业家精神的基本要求，它是企业家做好本职工作的前提条件和必要保障。一个真正的企业家不能为了生存才经营事业，而是应该为了事业而生存。正如一个简单的道理，人不是为了吃饭而活着，而是为了活着而吃饭。企业家只有具备敬业精神，把企业的需求提升到生活必需和自我实现的层次，才能真正全身心地投入到企业的发展中去，发挥出最大的潜能。

在我国国有企业经营者中，存在一种不良的现象，即企业的发展以经营者自身利益为重。对于以绩效论收入的经营者来说，为了自身短期的利益，他们只倾向于发展"短平快"的项目，而不注重企业的长期发展。尤其当经营者即将离开企业时，他们甚至以破坏企业的长期发展能力为代价，以获得眼前利益。这种企业家敬业精神的缺位，给企业长期发展造成了严重的危害。另外，严重的"官本位"现象，也使为数不少的企业家整天沉溺于仕途追逐之中，无心经营甚至以企业的发展换取自身的政治前途，给企业带来不良的影响。要想成为一个真正的企业家，就必须爱岗敬业，摒弃私心杂念，把企业的发展视为自身价值的最高实现。

11.5.3　构建企业家精神的培育机制

马克思曾经发现，资本主义自身诞生了值得尊敬的企业家生产性活动，并且赋予资本家节俭的"美德"："如此他促进了社会生产力的发展——只有作为人性化的资本时，资本家才值得尊敬。同样，他像守财奴一样对财富十分狂热。但是守财奴的本性仅仅只是他的一个特性，资本家的属性是整个社会机制赋予的结果，资本家存在于社会机制之中但只是其中的一个轮子"。这段话包含了两个含义。首先马克思认为，资本主义导致了受尊敬的行为标准发生了变化，在其他社会中受到鄙夷的守财奴特性成为资本家固有的行为特征，这一特征很大程度上促进了生产的增长。其次，马克思断言，资本主义企业家在这种经济形式下别无选择。社会力量要求他不断地提升社会生产力，并在次驱动下更加"疯狂地强迫人类为了生产目标而生产"。这样，"资产阶级除非使生产工具，从而使生产关系——不断地革命化，否则就不能生存下去。反之，原封不动地保持旧的生产方式，却是过去一切工业阶段生存的首要条件"①。因此，在东北老工业基地资源型城市转型过程中，培育企业家精神是十分重要的。

一、改变传统思想，大力提倡和宣扬企业家精神

普遍的思想文化认同，是新思想、新事物成长的基本条件。要培育企业家精神，首先要做的就是改变人们守旧的传统思想，大力提倡和宣扬企业家精神，促进全社会的思想文化认同。东北老工业基地资源型城市中，大型国有重工业企业居多，经营者"官本位"及保守思想严重。企业家精神的培育要求摒弃这些陈旧的思想，使全社会认识到企业家精神对企业发展的重要性，承认企业家行为的正确性，鼓励人们勇于开拓、积极创业。

二、建立标准的企业家人才市场，制定合理的企业家聘用及考核机制

1. 建立标准的企业家人才市场

培养企业家精神，首先要把企业家作为一种重要的生产要素和稀缺资源来对待，建立标准的企业家人才市场，形成企业家培养、选拔的人才基地。企业家人才市场的建设，需要建立一个科学、公正的企业家资格认证体系，制定一套完整有效的企业家能力评测标准，对企业家的创新能力、知识水平、思维能力、统筹

---

① 鲍莫尔：《资本主义增长奇迹》，中信出版社，2004 年。

决策能力、管理能力及组织协调能力等进行综合评定。

2. 制定合理的企业家聘用、考核机制

合理的企业家聘用及考核机制，是准确发掘企业家人才的重要保证。市场是检验企业家才能最好的试金石，企业家的聘用及考核应该符合市场化原则。首先，企业家的聘用和选拔应该本着公平、公正的原则，针对标准化市场上的企业家人才实行竞聘上岗。需要强调的是，除了综合能力以外，企业家的经营业绩也应该作为聘用选拔的重要标准。其次，企业家的绩效考核也必须科学、合理。企业家的经营成败关系到企业的生死存亡，必须通过科学合理的绩效考核，给予适当的奖励或惩罚。

三、营造自由、公平的市场竞争环境

自由、公平的市场竞争环境，是培养企业家精神最好的土壤。在这种经济环境下，企业家精神才能够得到最充分自如的激励和发挥：自由、平等的竞争秩序，能够保证企业家创业机会的平等性和竞争的公平性；市场经济人追逐利益的原则，激发企业家的冒险意识，竭尽所能实现利益最大化；优胜劣汰的残酷现实，又驱使企业家不断开拓进取、超越自我。当然，这种自由、公平的市场竞争环境的营造仅靠市场的自发调节是不够的，还需要政府的宏观调控。政府可以通过制定相关的政策法规，打击违法犯罪行为，维护市场经济的正常秩序。但是，政府不能过多的管制和干预，以免损害企业的经营自主权，甚至导致寻租行为的发生。只有合理管制，才能营造真正公平、公正、自由的竞争环境，以利于企业家精神的培养。

四、建立薪酬激励机制

薪酬激励，是对企业家最直接也是最有效的一种激励方式。企业家是一种高素质的稀缺性人才，他们所从事的经营活动具有高度的复杂性和风险性，其报酬自然也应该相对较高。但是，仅仅报酬高这一点是不够的，要使得薪酬机制取得最佳效果需要做到以下几点：（1）实行年薪制。所谓年薪制，是指通过契约化管理，以年度为单位确定企业经营者的基本收入，并根据企业当年的生产经营效益发放风险收入的工资制度。其实质是把企业家的工资收入与企业效益挂钩，落实经营责任，以绩效论功过。实行年薪制度，既可以通过基本收入保障企业家的基本生活，又可以通过风险收入的变动刺激企业家致力于企业发展。（2）实行股权激励机制。股权激励是一种长期激励机制，是薪酬激励的一种重要方式。它是企业家通过获得公司股权的形式，以股东的身份参与企业决策、分享利润、共担风险。这种激励机制使得企业家的收益与企业的发展息息相关，能够

刺激企业家竭尽全力为公司服务，并注重实施长期发展战略，有利于企业的持续快速发展。

五、降低创业壁垒，鼓励企业家创业

要培育企业家精神，就必须降低创业壁垒，减少企业家创业成本。目前，我国政府人为地设置了许多壁垒，市场准入规则对企业的进入规定了诸多限制，门槛过高，企业家创业成本太大。创办一个企业，不但需要高额的资本准备金，还必须通过烦琐的审批程序和经历漫长的等待，极大地抑制了企业家创办企业的热情。只有像西方国家学习，降低企业进入障碍要求、简化申办程序、加快审批速度，才能有效地激发企业家的创业热情。

六、保护企业家的创新和私人财产所有权

对企业家创新和私人财产所有权的保护，是鼓励企业家创业的必要保证。未来不确定性的存在对储蓄和创新活动是一个很大的打击，最好的方法就是尽快消费掉，从而存在大量创业障碍。而且，创建市场，需要参与者对达成的契约有信心，从而可以积累和保存财富。诺贝尔经济学奖获得者道格拉斯·诺思，曾这样描述保护创新所有权的重要性："付给数学家报酬和提供奖金是刺激努力出成果的人为的办法，而一项专为包括新思想、发明和创新在内的知识所有权而制定的法律则可以提供更为经常的刺激。没有这种所有权，便没有人会为社会利益而拿私人财产冒险"。所以，只有充分保护企业家对其创新成果的所有权，才能有效地保持和促进企业家的创业积极性。

七、为企业家创业提供金融支持和政策优惠

企业家精神的培养，还要依靠政府通过提供金融支持和政策优惠等给予大力支持。企业家创业需要大量的资金，尤其是众多的中小企业融资困难已经成为阻碍企业发展的严重因素。中小企业由于规模小、信息透明度差、信誉度差和抵押资金不足等原因，导致融资渠道窄且贷款十分困难。面对这种情况，想要进行创业活动，就必须依靠政府通过投资银行提供贷款等为中小企业开辟更多的融资渠道，建立创业板市场，为中小企业提供金融支持。另外，政府还可以通过降低贷款利率、实行减免税等优惠措施，鼓励企业家开展创业活动。

11.6 从政府层面创建良好的转型环境

11.6.1 促进下岗职工再就业对策

计划经济体制模式是为重工业优先发展服务的，因此，在资本短缺的经济中，推行资本密集型重工业优先发展战略，不可能依靠市场来引导资源配置，从而发展出一系列制度安排进行计划。由于东北自然资源丰富，成为计划经济体制的重点区域，从而在东北老工业基地转型过程中面临大量的就业机会的丧失。因此，需要通过一系列变革和资源重新配置，失业问题日益严重。因此，需要培育和完善劳动市场，促进下岗失业再就业。

一、加强再就业培训工作

劳动力素质或人力资本禀赋在很大程度上决定了就业机会的获得。有针对性地制定失业培训计划并大力建立和完善技工培训市场，加强资源型企业失业职工的就业培训和技能训练，提高职工的整体素质。一是强化法律的约束与保障作用。我国也应借鉴发达国家的成功做法，根据我国的具体情况，拟订衰退企业下岗人员培训法规，通过法律的手段支持下岗人员参加培训，建立社会培训体系和管理机制，以保证再就业培训工作真正有效地执行。二是重视对衰退企业下岗人员开展的咨询与指导工作。采用多种办法与其交流和沟通，解决受训者的心理障碍和问题，引导他们积极参与并做出正确选择。在培训前、中、后都对失业者进行职业能力及技能评估，通过指导与咨询来消除失业者的心理障碍，并帮助他们接受培训。三是根据下岗人员的特点来实施再就业培训。衰退企业下岗人员在年龄、生活环境、工作经历、个人兴趣和爱好、教育状况等方面都存在着很大差异，培训的内容在设计和安排上应努力把这些情况考虑进去，要摸清其基础和特点，开展有针对性的培训。还要了解下岗人员有何出路，社会上需要哪些工种、岗位。培训内容可根据社会需求以及本人具体情况分为实用培训、预备培训和创新培训。

二、培育和完善劳动力市场

从职业要求来看，劳动力市场的需求结构与供给结构十分不平衡。在创业结构调整过程中，一些丧失了比较优势的产业逐渐式微，有些甚至因缺乏竞争力而退出经营，同时另一些具有比较优势的产业方兴未艾。而在这个产业结构调整的过程中，劳动力素质不能得到适应性调整，就难以在劳动力市场上实现就业，从宏观层次上说，人力资源就没有得到充分开发和利用，因此需要培育和完善劳动力市场。一是拓展服务功能。针对衰退企业下岗人员的特殊情况，在劳动力市场建设中要拓展一些服务功能，增加服务内容。例如，开展劳动能力测试等服务内容，积极举办各种劳务洽谈活动，为衰退企业下岗人员开设专门的服务窗口，提供专项服务，并实行免费或价格优惠等。二是强化信息收集和网络建设。为了能够为衰退企业下岗人员提供更多的有效用工信息，帮助其尽快实现再就业，劳动力市场管理部门在用工信息的搜集、传递和发布环节需要做大量工作。可以考虑为他们建立专门的网页，把他们的需求和供给信息全部上报到信息中心，并为其提供免费的、专门的信息公布服务。

三、拓展再就业渠道

由于受马克思的劳动价值论影响，我国第三产业占国民经济比重仅为 32%，比世界发展中国家平均的 40% 这一水平还低，比发达国家 70% ~ 80% 低得就更多了。这也说明我国发展第三产业的空间还很大。此外，发展劳动力密集型的食用菌等第一产业也需要劳动力。非国有经济的中小型企业发展也需要吸纳大量劳动力。国外劳务输出也需要大量劳动力。例如，黑龙江省通过中俄合作开发俄方森林资源、种植俄方土地等措施，初步有效地解决了部分劳动力再就业问题。

四、加强配套并落实再就业优惠政策

为切实贯彻落实《中共中央、国务院关于进一步做好下岗失业人员再就业工作的通知》（中发［2002］12 号）精神，劳动和社会保障部、财政部、国家税务总局、国家工商总局等有关部门相继制定出台了下岗失业人员享受再就业扶持政策的 8 个配套办法。内容涉及收费减免、税收扶持、小额信贷、资金管理、国有大中型企业主辅分离分流安置富余人员等方面。

应考虑如何使这些政策适用于衰退企业这一特殊群体，并结合本地实际，再出台一些优惠政策。主要有：一是税收政策。鼓励企业雇用衰退企业下岗人员，并在税收方面给予优惠。二是财政政策。对于衰退企业下岗人员自主创业，财政部门可以考虑给予一定的财政支持。三是户籍相关政策。对于衰退企业下岗人员到异地寻找工作的，有关城市户籍管理部门要提供专门的优惠。四是场地政策。政府投资或政府给予优惠政策兴办的各类市场，规定开办者拿出不少于一定比例的摊位租赁给衰退企业下岗人员经营，并按一定比例减收摊位费。有条件的地区也可为下岗人员从事各种经营活动开辟专门市场。五是信贷政策。可以由地方财

325

政部门担保，地方商业银行向衰退企业下岗人员再就业提供小额贷款。

目前，环境修复已成为我国资源型城市经济转型的重要任务。要实现老工业基地资源型城市的振兴，就必须把城市的环境修复工作当作一个新兴产业来培育，把这个产业和职工就业、再就业结合起来，让他们参与重建家园。政府应加大财政投入力度，对资源型枯竭产区的环境治理和城市基本建设给予补偿。将矿区土地复垦和矿工从事第一产业有机地结合起来，利用矿区土地复垦来发展现代生态农业，探索扩大就业、实现再就业新路子。利用矸石山复垦，种树种草，实施种、养、加一条龙的创业思想。一方面将改善环境和有效利用土地结合起来，另一方面可解决矿工就近就业，不占农民土地，以减少各种矛盾。矿区沉陷区改造后可搞生态恢复，种植经济作物，解决就业。此外，为了加快结合工作的进程，国家还可考虑以特别优惠政策让民间资本参与沉陷区改造，为城市经济转型营造良好的投资环境。

11.6.2　完善社会保障制度

社会保障是政府和社会为保护公民基本生活需要而提供的一种公共服务，是市场经济运行的重要补充。一般来说，社会保障体系包括四个方面的制度安排，即社会保险制度、社会福利制度、社会救助制度和社会优抚制度。按照我国《宪法》规定，制定一个内容综合性的法典式的基本法，再依据基本法制定出相应的法律、法规，逐步完善社会保障方面的相关法律规定，基本上应包括《社会保障法》、《社会保险法》、《社会救助法》等，并制定出专项法律法规和实施细则，以规范国家、单位和个人的社会保障行为，使各项社会保障事业的运行逐步迈向法制化、规范化的轨道。

针对东北老工业基地来说，创建社会保障体系具有两个含义：一是，改革传统的社会保障方式本身。在计划经济体制下，中国劳动者在单位内劳动，从单位获得相关保障，两个过程是合一的。二是，为全面的经济改革创造一个良好的保障环境。在市场经济建立过程中，不同的社会群体都面临一定的转型风险：老年人能否按时、足额得到养老金，失业者能否获得失业保险，陷入贫困的家庭能否获得社会的救助等，都有赖于尽快形成一个有效的社会保护网络。为此，需要做到：

1. 依靠政府。虽然企业是市场经济的主体，然而社会保障工作是当前地方政府保持社会稳定的最关键工作。

2. 中央政府大力支持。必须建立衰退企业援助机制，中央政府要加大财政转移支付的力度。

3. 多渠道扩大社会保障基金。一是扩大社会保障覆盖面。依照社会保障大数法则的理论，扩大社会保障覆盖面，及时把外商投资企业、新兴产业、民营科技企业这些职工年龄较轻、经济效益较好的企业全面纳入缴费范围，扩大费基。二是开辟新的筹资渠道。我国社保基金投资渠道狭窄，主要是选择银行存款和购买国债两种投资渠道，而社保基金刚刚进入资本市场，因而需要进一步拓宽融资渠道。例如，企业国有资产的存量和增量通过资本市场变现，社保基金持有竞争力强的境外国有上市公司的股份，将利息税、遗产与赠与税等收入的一定份额专项用于社会保险基金等。三是依托税务部门征缴，加强征缴管理。地税机关拥有一支经验丰富、人数充足、网点密布的征收队伍，可以达到降低征收成本，提高收缴率的目的，还可以为今后社会保障费向社会保障税的过渡打下良好基础。

4. 全面建立，突出重点。要全面建立包括社会保险、社会救助、社会福利、优抚安置和社会互助的社会保障体系，同时对于养老保险、最低生活保障、经济补偿金等对经济和社会影响重大、需要迫切解决的问题应重点突破。

11.6.3 加快自然资源产权制度改革

1978 年以前，我国实行的是计划经济体制，相应的自然资源管理也实行的是计划管理体制。这种体制最大的弊端就是忽视市场在资源配置中的基础性作用，资源粗放经营，忽视资源配置的效率，一味强调用行政职能来管理，造成资源的巨大浪费。改革开放之后，随着我国市场经济体制的建立，我国的不可再生资源改革也开始向市场化迈进。但是我国的不可再生资源管理体制改革是很不彻底的，如市场机制不充分、产权界定不清晰、两权流转的政策操作性不强等。因此，在今后很长一段时期内，自然资源价值补偿不足是造成自然资源危机的重要原因。既然自然资源具有价值，那么它在使用时就必须要求实现其价值，这样才能保证其再生产的顺利进行。我国政府的主要任务是继续推进不可再生资源产权改革，建立以市场手段为配置资源的基础性手段的矿产资源管理体制，提高不可再生资源利用的效率。

首先，明晰产权关系，使自然资源的所有权与经营权相分离，建立明晰的自然资源产权关系。通过产权交易运作，使自然资源资产化，将自然资源的经营权由政府转移给企业、个人等微观主体实现两权分离，由经营者最终通过开发利用自然资源获得自然资源的价值。根据《宪法》和《矿产资源法》，我国不可再生资源产权的归属十分明确，《矿产资源法》（1996）第 3 条明确规定："矿产资源属于国家所有，由国务院行使国家对矿产资源的所有权。地表或者地下的矿产资源的国家所有权，不因其所依附的土地的所有权或者使用权的不同而改变。"这样导致资源所有者与经营者之间的权责界限模糊，不可再生资源开发企业依附于行政管理部门，采取的是公有、公用、公营的模式，其结果只能是大量"公共地悲剧"的产生和资源的浪费。自然资源产权改革要进一步强化国家所有，这是市场化的前提。因此，对于不能转移经营权，难以实现自然资源资产化的自然资源，政府通过各种形式的税费间接实现自然资源的价值。资源有偿使用是补偿和保护自然资源的必由之路。不可再生资源产权制度改革的关键就是要将所有权与经营权划分开来，使所有者（国家）与经营者之间形成一种经济契约关系，建立起一种市场化的完善的产权制度。

其次，建立两权流转的矿业权市场。我国在很长一段时间内，矿业权是不允许交易的，因此建立完善的矿权制度，需要建立可以顺畅流转的矿业权市场。矿业权是从不可再生资源所有权中派生出来的对不可再生资源进行勘查、开发等一系列活动并享有因此所得收益的一种排他性权利，主要包括探矿权和采矿权。矿业权市场是指矿业权这种特殊的商品在流转过程中所发生的经济关系，其主体是矿业权人，即矿业权的买卖双方，客体是交易的目的物。矿业权市场分为一级市场和二级市场：一级市场是矿业权从资源所有者（国家）到经营者之间的出让；二级市场是矿业权在不同的经营个体之间的转让。

矿业权的转让是市场经济条件下矿业实践的必然结果，是平等的市场主体之间的经济行为，也是建立市场化的矿业权制度的必然要求：一是政府垄断矿业权一级市场，对不可再生资源采取招标和拍卖的方式出让，促进一级市场向公开化、公平化的方向发展；二是搞活矿业权二级市场，对于通过招投标、拍卖等方式有偿取得的矿业权，允许矿业权人依法通过出售、作价出资、股权转让、出租、抵押等方式进行流转；三是对国家出资形成的矿业权要有计划地进行评估、处置，为资源企业改制提供资产依据，进一步强化矿业权的财产属性；四是整顿和规范矿业经济市场，创造良好的探矿权采矿权市场建设环境，营造良好的市场氛围，为培育和规范探矿权采矿权市场提供基础支撑。资源管理秩序不好，企业不敢参与探矿权采矿权市场交易，不敢付出有偿取得探矿权采矿权的代价和承担经营风险，那么探矿权采矿权市场是不可能健康发展的。

最后，为自然资源产权制度改革提供法律保障。我国政府一直致力于加强不可再生资源立法的建设，并通过了一系列法律和法规：1982 年国务院颁布《中华人民共和国对外合作开采海洋石油资源条例》，1984 年 10 月颁布了《中华人民共和国资源税条例》，1986 年 3 月全国人大通过了《中华人民共和国矿产资源法》，1994 年，国务院颁布了《矿产资源补偿税征收管理规定》，1996年 8 月全国人大通过并颁布了《全国人民代表大会常务委员会关于修改〈中华人民共和国矿产资源法〉的决定》。但是这些法律和法规还不够完善，在新的形势下，应该加快推进资源保护的法律制度建设，重点是不可再生资源规划制度、资源开发监督管理制度、地质环境保护制度，以及自然资源使用权和经营权市场化等。建立环境容量有偿使用机制，促使环境成本内部化，其具体政策手段包括征收污染费或污染税，发放补贴及建立排污特许证制度等。继续完善矿业管理权的法律制度，重点是矿业权交易主体、矿业权交易规则和矿业权招标拍卖等制度，完善自然资源产权交易市场化。积极推进为社会公共服务的资源法律制度的建设，重点是公益性地质调查、地质资料的回交和社会利用等方面的制度，打破中央企业垄断资源开发经营权，通过建立规范的股份制企业，为资源所在地培育资源开发龙头企业和产业的制度，为不可再生资源产权制度改革提供法律保障。

11.6.4　建立资源开发补偿机制

《国务院关于落实科学发展观加强环境保护的决定》明确提出"要完善生态环境补偿政策，尽快建立生态环境补偿机制。中央和地方财政转移支付应考虑生态环境补偿因素，国家和地方可分别开展生态补偿试点"。《国务院2007年工作要点》已将"加快建立生态补偿机制"列为抓好节能减排的重要任务。资源开发补偿机制是指为了实现资源型城市可持续发展，在资源开采的不同阶段（依资源开发程度可分为成长期、鼎盛期和衰退期），遵循价值规律，采取法律的、市场的和行政的综合措施，引导和规范各类市场主体合理开发资源，承担资源开发成本、生态环境保护与恢复的责任和为资源型城市公共事业做贡献的义务的政策生成、实施和监控体系。

一、建立资源开发补偿机制的思路

1. 交补偿费用对象

遵循"谁受益，谁补偿"原则和"谁污染，谁补偿"原则，即受益的（或造成污染的）企事业单位和公民应该交纳补偿费。矿产资源资产由哪家公司负责开采，那么这家公司就应缴纳由此造成的所有者权益补偿费以及生态环境恢复补偿费，交给矿产资源所在的地方政府国土资源管理部门，而地方与国家按比例分成作为补偿基金使用。

对那些因森林资源（如水利灌溉、水力发电、森林旅游、林产品加工等）而受益的企事业单位，地方政府国土资源管理部门应制定收费标准，向其收取森林资源补偿费，作为补偿基金使用。其他损坏森林的单位，也必须对造成的损失进行补偿。

同时森林资源资产存在很强的外部性。据统计，每培育1万元的立木，社会将无偿享有约十万元或几十万元的外部效益，如净化空气、保护生物多样性、水源涵养、固土保肥、改良土壤等。除少数已成为旅游风景区外，市场对这种外部经济性都是"失灵"的。其实，即使成为旅游风景区，有很多地方森林的外部性也一样被忽视，虽然明知道如果没有森林，景区马上就会失去全部游客，但因目前还不存在行政调控，所以旅游部门不会出钱给森林资源以补偿。由于这种特殊性，森林资源的间接使用价值不能进入市场，不能像商品那样进行等价交换，市场机制完全不起作用、无能为力，这就要求必须靠政府组织动员植树造林，征收税费，然后通过公共投资或转移支付政策给资源资产所在地方政府以补偿。

为此，应该开展全社会办林业、全民搞绿化的行动。除认真执行全民义务植树规定，义务工、积累工主要用于植树造林等规定之外，还应该建立造林绿化基金制度，作为补偿基金的一种形式，由各级政府国土资源管理部门负责管理。从小学生开始，每人每年至少交纳1元钱的造林绿化基金，自愿多交的不限。因为你每天都吸收森林制造的氧气，享受森林的生态效益，就有责任植树造林以改善好生态环境。建立这样的制度，每年交纳一定数额的造林绿化基金，并同时开展广泛的宣传教育，有利于增强全体公民建设和保护生态环境的意识，依靠群策群力，切切实实地把森林生态环境建设好。为了增加权威性，建立造林绿化基金制度，应由各级政府牵头组织，林业部门做好具体组织工作。

国家和有些省政府为此已做出许多的努力，但还有待于进一步的完善。目前，全国性森林生态效益补偿基金制度虽已经确立，到2001年11月23日，森林生态效益补助资金正式被纳入国家公告财政预算支出体系，全国性森林生态效益补偿基金制度历经10多年，多种方案选择终于基本确立下来。2004年，正式公布实施这一补偿基金制度。

2. 建议修订《矿产资源法》

对于资源枯竭型国有企业退出而言，1986年制定、1996年修订的《中华人民共和国矿产资源法》（以下简称《矿产资源法》）存在以下两方面问题，值得考虑再次修订。

对探矿权、采矿权流转的限制不当。探矿权，是指在依法取得的勘查许可范围内，勘查矿产资源的权利。取得勘查许可的单位或者个人称为探矿权人。采矿权，是指在依法取得的采矿许可的范围内，开采矿产资源和获得所开采的矿产品的权利。取得采矿许可的单位或者个人称为采矿权人。流转即流通转让，包括出让和转让，其中，出让是指初次将探矿权或采矿权给予探矿权人或采矿权人。转让是将已经获得的探矿权或采矿权转给新的探矿权人或采矿权人。《矿产资源法》对探矿权、采矿权的流转限制较多，有些限制明显不当。

例如，在探矿权、采矿权的出让方面，《矿产资源法》第35条实际上否定了非国有企业依法正常获得矿产资源探矿权、采矿权的可能性。除某些特殊资源外，没有必要对非国有企业如此歧视。理论和实践早已充分证明，没有不同所有制企业之间的互相竞争，国有企业就没有压力，对国有企业自身也很不利。

又如，在探矿权、采矿权的转让方面，《矿产资源法》第6条规定："禁止将探矿权、采矿权倒卖牟利。"第42条规定："买卖、出租或者以其他形式转让矿产资源的，没收违法所得，处以罚款。"产权的本质属性在于可交易，如果不可交易，则产权的价值无从实现。探矿权、采矿权的正常交易是市场经济条件下的惯例。如果限制不当，那么，在限制非国有企业进入的同时，也极大地阻碍了资源型国有企业按照市场规律，在产业间和区域间必要的进入和退出。

应该说，我国现实中对上述不合理的法律是有所突破的，但探矿权、采矿权市场交易极不活跃、微乎其微。

3. 对资源税、资源补偿费认识模糊

良好的资源补偿制度可使矿产资源得到合理开发与利用。目前在国内，对矿产资源既征收资源税，又征收资源补偿费。其法律依据是《矿产资源法》第5条，即："开采矿产资源，必须按照国家有关规定缴纳资源税和资源补偿费。"根据我们的研究，这种现行制度有两个重要缺陷：一是征收的法理基础不够明确；二是征收的比率过低。结果是"名不正，言不顺"，不能向资源型企业提供正确的价格信号，从而不能使资源型企业做出正确及时的进入和退出决策，也造成资源产品的巨大浪费。

在多数市场经济发达的国家，基本不存在我国《矿产资源法》所规定的"资源税"这个税种。通行的惯例是征收权利金。权利金是采矿权人向矿产资源所有者支付的一种报酬，或者说矿产资源所有者通过让渡矿产开采权而应获得的收益。资源税的含义是截然不同的，它是国家的一种强制征收，与资源所有者权利无关。从这个意义上说，征收资源税是缺乏法理基础的一种做法。另外，资源税高低与资源禀赋和开采条件成正比，这种"鞭打快牛"的做法与税收的一般性质和目的也存在矛盾，让人难以理解。

综上所述，需要修改《矿产资源法》，取消"资源税"，并用"权利金"代替"资源补偿费"，再通过采矿权市场化来实现权利金的价值化。这样既能在法律上"名正言顺"，又能在征收比率上实现"合理"。

二、建议制定《矿地复垦法》

我国许多资源型企业在开采过程中不计环境成本，破坏了地区的生态，产生了诸多的环境问题，普遍未能得到及时、有效的治理，给社会留下严重的后患。

我们认为，可以建立《矿地复垦法》。

1. 矿地复垦的立法与现实

在矿地复垦方面，国内尚无统一专门矿地复垦法律。有关矿地复垦的法律或规定散见于《矿产资源法》、《环保法》和《土地复垦规定》，但这些法律和规定显然过于笼统，缺乏现实操作性。即使在比较贴近的《土地复垦规定》中，对复垦工作的要求也较低，仅要求"采取整治措施，使其恢复到可供利用状态"。这与发达国家对矿地复垦工作的严格要求相比，相距甚远。另外，《土地复垦规定》层次较低，约束力有限，结果造成十分严重的生态问题。

首先，国内的矿地沉陷是非常普遍的现象。如黑龙江省鸡西市，采煤沉陷面积达 180 多平方公里。沉陷使地面的建筑及设施——民宅、城市道路、学校、医院、供排水和煤气管网系统、铁路等均遭到不同程度的破坏，严重直接影响到居民的生命安全和企业的正常生产经营活动。

其次，采矿造成的水体污染十分严重。以河南平顶山地区为例，煤矿开采使当地河流污染严重，水质严重超标。

再其次，矿区固体废弃物污染严重。以黑龙江省双鸭山市为例，煤矸石、粉煤灰、炉渣等废弃物堆放不仅占用了大量耕地，而且还释放有毒气体、液体，煤矸石中的有害金属元素随淋溶水污染地表、地下水体和土壤，煤矸石中的放射性元素对动植物和人体产生危害。

最后，大气污染不容忽视。以山西省孝义市为例，因采煤导致该市大气污染十分严重，其直接后果导致了该市呼吸道疾病尤其是尘肺和矽肺发病率升高。

在美国，矿业开采也曾出现过与上述相类似的情况。在《露天矿管理及复垦法》（1977 年）颁布之后，情况大为改观。美国的矿地复垦包含地表形态、土壤成分、水文水质特征、空气质量等全部内容，而不是简单地恢复到可供利用状态。其经验很值得我们借鉴。

2.《矿地复垦法》的主要内容

结合我国的实际情况，借鉴美国《露天矿管理及复垦法》，我们建议制定专门的《矿地复垦法》，其主要内容如下：

（1）复垦计划融入采矿许可审批程序。要求采矿申请者在申请采矿许可证时提交复垦计划。对采矿前矿区的各种自然环境情况做详细的调查，如动物群、植物群、土壤、空气、水、景观、文化遗产等，并据此制定复垦计划。主管部门对复垦计划进行审查，登记在案，并将其与采矿权制度结合起来。

（2）制定详细的复垦标准。矿地复垦应有详细的可操作标准。比如，野生动物栖息地，植物覆盖，土壤成分，矿坑填充和修整，水文及河流保护，排水装置、排水沟和控制土壤侵蚀，道路、房屋、建筑物和设备，表层土修整，尾料和矿物废渣处理等各方面的执行标准。

（3）预先缴纳复垦保证金。矿地复垦保证金制度是矿地复垦的一项根本保证措施。采矿者在采矿前预先缴纳一笔资金，作为对勘探或采矿破坏土地进行复垦的财务保证。保证金在数额上要与矿地复垦所需费用相当，只有按规定完成复垦，才能足额返还。对保证金应进行定期审查，并根据情况变化加以调整。显然，这里设计的矿地复垦保证金与在国内部分省市收取的土地复垦费的含义有明显区别。

11.6.5　构建衰退产业援助机制

由于资源型城市由于资源枯竭，资源型产业衰退，特别是消费结构、生产方式，以及产业区位的变化，导致资源型产业出现结构性困境，致使出现生产能力过剩、全行业收益率很低甚至亏损，特别是退出困难，长期处于"过度竞争"状况，从而造成全行业低利润或负利润的状态持续下去。资源型产业不能从过度竞争中退出和转移到新的行业问题，主要有两方面：第一，生产要素在不同行业的转移存在障碍，需要大量新投资才能进行。有些资产需要转产，几乎等于全部放弃老企业和新建企业，例如煤炭行业、冶金行业等，因此得不到政府的援助，调整过程非常困难。第二，政府为了避免大的社会动荡和对政府声誉的不利影响，会在较长时期内采用税收减免、优先贷款、补贴、限制同类产品进口等措施，使这些企业维持下来，使调整过程一推再推，因此，促进产业结构调整的援助政策或援助机制非常适用于资源型城市产业转型。然而，有些非资源型地区如果出现产业衰退时，例如我国许多地处偏远地区的军工企业，因新产业区出现而对旧产业区冲击的黑龙江省甜菜制糖企业等，也都非常适合这个机制。

那么，当产业受到不利的结构性冲击时，由于存在大量的退出障碍——经济性和社会性沉淀成本导致企业自身无法改善全行业的境况，从而需要政府对这些行业进行援助，以减少退出阻力和促进产业结构调整。"退出障碍"是指企业的退出有昂贵的成本，构成的这些成本有资产专用性带来的损失、收入或工资刚性和人力资产技能差异引起的劳动力转移困难、进入其他行业所碰到的进入障碍、社会保障不完善引起的社会和政治问题等，这些成本可能如此昂贵，以致企业明明知道继续滞留下去也不可能改变其困难处境，但仍然不能或不愿意退出。这就是说，当生产要素市场不完全或失灵导致无法自由流动时，市场机制就不能保证资源的有效配置，因此需要政府介入制定援助政策。

一、衰退企业援助目标

最低目标是衰退企业职工都能达到享受最低生活水平保障线，衰退企业遏制住亏损趋势，生态环境改善暂不做出要求。较高目标是衰退企业职工都能参加社会保险，衰退企业经济效益不亏损，对生态环境采取整治措施，使其恢复到可供利用状态。最高目标是衰退企业职工都能充分就业，衰退企业赢利或迁移，矿区地表形态、土壤成分、水文水质特征、空气质量等都达到国家法规规定的标准。

二、衰退企业援助程序

1. 衰退产业所属企业提出申请。

2. 机构受理。一般为中央和省级政府发展与改革委员会受理。如果衰退企业为中直企业，则由前者受理；如果衰退企业为地方企业，则由后者受理。

3. 立案调查。由上述机构负责立案调查。

4. 地区证明。如果衰退企业为中直企业，则由省级政府证明；如果衰退企业为地方企业，则由当地政府证明。

5. 列入计划。由中央有关部委和省级政府发展与改革委员会把衰退企业列入计划，并报国家发展与改革委员会批准，然后列入国家计划。

6. 负责实施部门。衰退产业援助机制建立后，必须由中央和省级政府发展与改革委员会负责实施。对于实施好的应该给予表扬奖励；对于实施不好的应该给予批评惩罚。并定期组织经验教训交流，以便共同提高。

三、衰退企业援助方法

政府对衰退企业援助包括资金、就业、政策、法律等方面，具体方法有建立"买断工龄"、下岗人员再就业、建立社会保障制度、构建援助政策体系、健全法规等。

1. 将"买断工龄"职工纳入社会保障体系，提高经济补偿额度

为此，一是企业需为"买断工龄"职工补交从开始实施社会保险到"买断工龄"期间的各类社会保险费用的企业应交部分，个人应交部分可从职工经济补偿金中扣除。二是尽可能将全部"买断工龄"职工纳入社会保险统筹体系，如果不能做到，则重点考虑大龄、再就业确实存在困难的这部分职工。三是规定享受失业保险期满仍未就业的，按规定享受城市居民最低生活保障。四是确保企业关闭破产清算时，土地使用权转让金及资产处置费等优先支付职工经济补偿

金、补交社会保险费；地方财政与中央财政给予的亏损补贴也优先弥补职工养老保险基金缺口。五是经济补偿金宜移交到街道、社区管理，为保证职工生活稳定，可以不一次性发放，比照下岗职工基本生活保障标准每月发放。六是集体工也应逐步纳入社会统筹范围内。

2. 统一法规，缩小行业间、企业间"买断工龄"金额差距

我国现有《劳动法》等有关法规对比发达国家在这方面还不够完善，需要进一步补充如下：一是明确赋予劳动者在被迫辞职情况下享有要求经济补偿金的权利，整合现有劳动法律法规对经济补偿金的规定，并适用于设立在中国境内的所有企业。二是废止《外商投资企业劳动管理规定》等以所有制形式为适用对象的暂时性法规或相关内容。三是统一规定经济补偿金的计算以本人上年平均月工资为标准，每满1年（不足1年按1年计算）给予劳动者1个月工资。四是注意经济补偿与社会保障的衔接，禁止企业以一次性经济补偿的形式终止职工的社会保险关系。

3. 建立《关闭条例》

尽管中共中央办公厅和国务院办公厅曾联合下发《关于进一步做好资源枯竭矿山关闭破产工作的通知》（中办〔2000〕11号），然而该通知还要进一步完善，建立《关闭条例》。该条例面对所有衰退企业，而且涉及政府援助、职工安置、债务处理、社会职能移交及生态治理等多方面。其核心部分为政府援助。

一是政府对职工安置费用的保底责任。当企业关闭后，其资产变现不足以支付职工安置费用时，政府有义务给予援助，并对职工安置费用的不足部分负保底责任。现行的"关闭破产"政策规定，职工安置费的资金来源首先是企业土地作价、资产变现收入，不足部分由中央财政用划转地方的亏损补贴解决，再不足部分由中央财政和地方财政共同负担。在《关闭条例》中，应对现行政策加以改进，中央及地方财政建立关闭援助专项基金，将援助资金来源制度化。此外，要建立相应的监督机制，确保援助资金的及时划拨和依法使用，杜绝出现拖欠和挪用的现象。

二是政府对全部职工纳入社会保障体系的协助义务。衰退企业仍有部分职工没有纳入社会保障体系，这部分职工的养老和医疗等没有保障。企业关闭时，政府有义务协助企业为职工补交从开始实施社会保障到企业关闭期间的各类社会保险费用中的企业应交部分，而个人应交部分可从职工经济补偿金中扣除。

三是政府对职工培训与再就业援助义务。衰退企业关闭通常会产生严重的失业问题，政府有责任采取培训等措施促进失业人员再就业。结合我国现行的社会保障制度的做法，《关闭条例》应对职工培训与再就业援助制度做出相应的规定。

四是政府对衰退企业所在地区土地复垦、环境卫生、地面沉陷等的生态援助义务。例如，矿区土地复垦与环境治理是资源枯竭企业退出后的遗留问题。企业或矿山关闭必须依法进行土地复垦与环境治理。对此，政府可通过建立复垦保证金等制度，保证在企业不能履行义务的特殊情况下，环境仍能得到治理。

五是注意《关闭条例》与《破产法》的分工和衔接。《关闭条例》仅适用于企业客观原因，如资源枯竭、军品无市场等，而不适用于企业主观原因，如经营不善等。

4. 构建援助政策体系

由于东北老工业基地产业布局（产业区位）不当，使区位问题明显突出，从而使国有企业发展受到限制。而且，传统的国有企业尤其是大中型国有企业，历史负担重一些。不仅如此，国有企业还有特殊的退出障碍：一是，国有企业职工长期享受较高的工资待遇和非工资福利待遇，"收入刚性"使亏损企业不愿意退出；二是，国有企业长期享受政府特殊关照，尤其有能力将其对政府的要求变为政府的政策，自动退出的动力较弱；三是，国有企业受政府主管部门的约束较多，跨所有制跨行业结构调整的"行政障碍"较强，所以难以退出。因此，我们需要做到：

首先，设立产业援助基金，援助企业的退出和转产行为。产业援助基金不仅可以采取"收购报废"方式，也可以给予企业优惠待遇，或者根据比例得到优先或优惠贷款，或采取特别折旧率，或者给予一定的资金补偿加快企业退出。产业援助基金还可以用来作为职工再就业培训的成本和待业救济金等。

其次，通过受益者提供的补偿援助退出企业。这方面有两种类型：一类是同行业内的补偿，在一个行业中，一些企业退出会使那些留下来的企业受益。如果退出不能得到补偿，则主动退出就会受到限制，因此政府机构可以将留下来的企业收益一部分作为补偿成本；另一类是跨行业补偿，主要是指实行开放政策后受益行业向受冲击行业提供补偿。例如，从进口投入品的企业收益中分出一块留作调整援助基金。也可以低息、无息或贴息贷款支持进行设备更新和转产行为。

最后，对区域性调整的成套援助措施。由于传统行业与自然资源条件关系密切，而集中在资源型产业及邻近地区，它们的调整既是行业转移问题，又是区域转移问题，这种相关性使调整更加困难。主要措施包括：设立新工业区；鼓励企业间兼并，使传统产业和新兴产业发展相结合；优惠政策吸引其他地区的企业家前来投资；对煤矿工人及其子女的区内和区外企业给予补助；对失业工人进行培训和介绍职业等。

　　随着实践的发展，政府还需要建立其他法律法规，完善法制，以促进政府对衰退企业的援助。

　　总之，政府不仅需要完善市场价格体系，更需要尊重非市场治理结构。同时还需要承担社会性沉淀成本，创造一些良好的外部转型环境，为发展接续产业创造条件。

参考文献

国家统计局：《中国统计年鉴2006》，中国统计出版社，2006年。

辽宁省统计局：《辽宁统计年鉴2006》，中国统计出版社，2006年。

黑龙江省统计局：《黑龙江统计年鉴2006》，中国统计出版社，2006年。

吉林省统计局：《吉林统计年鉴2007》，中国统计出版社，2007年。

马克思：《马克思恩格斯全集（第2卷）》，人民出版社，1972年。

马克思：《马克思恩格斯全集（第3卷）》，人民出版社，1960年。

鲍莫尔：《资本主义增长奇迹》，中信出版社，2004年。

陈才：《东北老工业基地资源型城市与地区产业结构转型问题研究》，载《中国东北论坛2003——东北老工业基地的改造与振兴》，东北师范大学出版社，2003年。

陈淮：《日本产业政策研究》，中国人民大学出版社，1991年。

道格拉斯·诺思、罗伯特·托马斯：《西方世界的兴起——新经济史》，华夏出版社，1988年。

恩格斯：《自然辩证法》，人民出版社，1995年。

范里安：《微观经济学：现代观点》，三联出版社，1994年。

龚仰军：《产业结构研究》，上海财经大学出版社，2002年。

黄贤金：《循环经济：产业模式与政策体系》，南京大学出版社，2004年。

克劳奈维根：《交易成本经济学及其超越》，上海财经大学出版社，2002年。

孔经纬：《中国东北地区经济史》，吉林大学出版社，1994年。

李成军：《中国煤矿城市经济转型研究》，中国市场出版社，2005年。

李建华：《资源型城市可持续发展研究》，社会科学文献出版社，2007年。

李文彦：《矿产资源条件对形成地区工业体系与工业基地特点的作用：地区开发与工业布局》，科学出版社，1999年。

李振泉、石庆武：《东北经济区经济地理总论》，东北师范大学出版社，1988年。

刘思华：《绿色经济论》，中国财政经济出版社，2001年。

刘力钢等：《资源型城市可持续发展战略》，经济管理出版社，2006年。

马传栋：《可持续城市经济发展论》，中国环境科学出版社，2002年。

齐建珍、杨中华、张龙治：《工业转型研究——区域煤炭产业转型研究》，东北大学出版社，2002年。

齐建珍：《资源型城市转型学》，人民出版社，2004年。

钱纳里、赛尔昆：《发展的型式》，经济科学出版社，1988年。

世界环境与发展委员会：《我们共同的未来》，吉林人民出版社，1997年。

宋冬林：《老工业基地国有企业深化改革研究》，长春出版社，2001年。

宋则行、樊亢：《世界经济史》，经济科学出版社，1994年。

隋忠诚：《东北老工业基地振兴的国际经验研究》，吉林大学博士论文，2006年。

孙毓棠：《中国近代工业史资料第1卷》，三联出版社，1958年。

陶炎：《东北林业发展》，长春出版社，1997年。

王军：《可持续发展》，中国发展出版社，1997年。

王青云：《资源型城市经济转型研究》，中国经济出版社，2003年。

吴春莺：《我国资源型城市产业转型研究》，哈尔滨工程大学博士论文，2006年。

夏永祥：《中国区域经济关系研究》，甘肃人民出版社，1998年。

衣保中：《区域开发与可持续发展——近代以来中国东北区域开发与生态环境变迁的研究》，吉林大学出版社，2004年。

詹姆斯·E·米德：《效率、公平与产权》，北京经济学院出版社，1992年。

张雷：《矿产资源开发与国家工业化》，商务印书馆，2004年。

张米尔：《市场化进程中的资源型城市产业转型》，机械工业出版社，2005年。

中国社会科学院、中央档案馆合编：《1949~1952年中华人民共和国经济档案资料选编（基本建设投资和建筑业卷)》，中国社会科学出版社，1989年。

朱迪·丽丝：《自然资源：分配、经济学与政策》，商务印书馆，2002年。

中国科学院地理研究所：《世界钢铁工业地理》，冶金出版社，1989年。

北京大学城市与环境学系阜新市产业结构调整及发展战略规划课题组：《阜新市产业结构调整与可持续发展战略研究》，载《中国人口资源与环境》2000年第3期。

白福臣：《德国鲁尔区经济持续发展及老工业基地改造的经验》，载《经济师》2006年第8期。

毕军贤：《资源型城市经济增长途径分析》，载《城市问题》2002 年第 4 期。

边志新：《国有林业资源型城市经济转型的对策——以伊春为例》，载《学术交流》2003 年第 3 期。

陈才、佟宝全：《东北老工业基地的基本建成及其历史经验》，载《东北师大学报（哲学社会科学版）》2004 年第 5 期。

陈和平：《节能降耗：经济可持续发展的重要一环》，载《宏观经济管理》2002 年第 6 期。

陈旭升：《资源型城市可持续发展的指标体系研究》，载《科技与管理》2003 年第 5 期。

陈支农：《美德法如何改造老工业基地》，载《西部大开发》2004 年第 3 期。

崔玉泉：《产业结构变动对经济增长的影响》，载《中国管理科学》2000 年第 3 期。

笪志刚：《日本、德国资源型工业区与振兴东北》，载《世纪桥》2005 年第 8 期。

邓念祖：《工矿城市规划结构的探讨》，载《城市规划汇刊》1990 年第 5 期。

丁四保：《资源枯竭型城市发展困境与中央政府的作为》，载《地域研究与开发》2006 年第 5 期。

樊杰：《对新时期国土规划及其理论基础建设的思考》，载《地理科学进展》1998 年第 4 期。

范士陈：《东北资源性地域系统形成演化机理研究》，载《经济地理》2004 年第 5 期。

戈银庆：《中国西部资源型城市反锁定安排与接续产业的发展》，载《兰州大学学报》2004 年第 1 期。

郭福华：《借鉴西欧国家成功经验：利用信息技术改造老工业区》，载《当代通信》2004 年第 14 期。

郭金龙、张许颖：《结构变动对经济增长方式转变的作用分析》，载《数量技术经济研究》1998 年第 9 期。

韩赫：《资源型城市发展高新技术产业的探索》，载《科技与管理》2000 年第 1 期。

贺灿飞：《中国地区产业结构转换比较研究》，载《经济地理》1996 年第 3 期。

洪树林、邵宜航：《世代交叠模型中的环境政策分析》，载《南方经济》2006 年第 4 期。

胡鞍钢：《我国真实国民储蓄与自然资产损失（1970~1998）》，载《北京大学学报（哲学社会科学版）》2001年第4期。

黄溶冰等：《休斯敦、鲁尔和洛林的转型策略及提示》，载《辽宁工程技术大学学报》2004年第6期。

姜慧萍、李国津：《对阜新经济转型的战略思考》，载《资源与产业》2007年第2期。

焦华富、陆林：《西方资源型城镇研究的进展》，载《自然资源学报》2000年第7期。

金凤君、陆大道：《东北老工业基地振兴与资源型城市发展》，载《科技导报》2004年第10期。

九州经济产业局：《九州的经济概况》，http://www.kyushu.meti.go.jp/chinese/jiuzhou.html,2005年12月15日。

瞿伟、包卫彬：《产业结构转型为导向的我国资源型城市可持续发展模式研究》，中国可持续发展论坛，2005年。

科技部中小企业创新基金：《以科技企业孵化器为网络"结点"建中抚育体系》，http://gov.finance.sina.com.cn/zsyz/2004-10-14/30600.html，2004年10月14日。

李诚固：《世界老工业基地衰退机制与改造途径研究》，载《经济地理》1996年第2期。

李菲：《煤炭产销两旺凸显资源税功能弱化》，载《经济研究参考》2004年第51期。

李江帆、曾国军：《中国第三产业内部结构升级趋势》，载《中国工业经济》2003年第3期。

李俊江、史本叶：《国外老工业基地改造的措施与启示》，载《经济纵横》2006年第5期。

李树山：《抓住难得时机实现资源型城市成功转型——关于伊春资源型城市经济转型的对策与法律思考》，载《中国林业》2007年第6期。

李天舒、王宝民：《东北地区资源型产业发展现状及对策研究》，载《内蒙古社会科学（汉文版）》2003年第2期。

李文祥：《资源枯竭型城市的社会保障制度改进》，载《甘肃社会科学》2006年第6期。

李旭红、安树伟：《东北煤炭资源枯竭型城市产业转型的科技支撑》，载《中国科技论坛》2005年第7期。

李延莉：《如何提升大庆油田再生资源企业的核心竞争力》，载《中国资源综合利用》2006 年第 5 期。

李咏梅：《资源型城市的环境保护与可持续发展》，载《生产力研究》2006 年第 6 期。

李雨潼：《东北地区资源型城市就业问题与对策分析》，载《人口学刊》2005 年第 2 期。

辽宁工业转型研究课题组：《借鉴法国洛林经验——加快辽宁工业转型》，载《中国软科学》1998 年第 10 期。

林蔚：《西欧国家如何改造老工业基地》，载《当代世界》2004 年第 9 期。

刘静、刘国斌：《关于东北老工业基地产业结构问题的反思》，载《当代经济研究》2005 年第 6 期。

刘吕红：《传统资源型城市近代转型研究》，载《求索》2004 年第 7 期。

刘吕红：《我国资源型城市研究综述》，载《乐山师范学院学报》2005 年第 7 期。

刘汝海：《东北地区煤矸石环境危害及对策》，载《地理科学》2002 年第 2 期。

刘伟：《产业结构与经济增长》，载《中国工业经济》2002 年第 3 期。

刘文新：《东北地区生态环境态势及其可持续发展对策》，载《生态环境》2007 年第 16 期。

刘祥、孟浩：《创新集成：矿业城市可持续发展的有效途径》，载《城市问题》2003 年第 4 期。

刘玉宝：《我国资源型城市的现状特点及其历史贡献评述》，载《湖北社会科学》2006 年第 4 期。

刘玉劲、陈凡等：《我国资源型城市产业转型的分析框架》，载《东北大学学报》2004 年第 6 期。

刘云峰：《辽宁省产业结构与经济增长实证分析》，载《东北亚论坛》2004 年第 9 期。

刘云刚：《新时期东北区资源型城市的发展与转型》，载《经济地理》2002 年第 5 期。

吕铁、周叔莲：《中国的产业结构升级与经济增长方式转变》，载《管理世界》1991 年第 1 期。

马震平：《英国老工业基地改造经验——英国地区政策的基本架构与经验》，载《经济管理文摘》2003 年第 22 期。

穆冬：《构建城矿耦合系统协同发展体系的研究》，载《资源产业》2003 年第 6 期。

彭建国：《英国国有企业的改造》，载《中国市场》1994 年第 6 期。

钱勇、赵静：《促进资源型城市产业转型的税收政策》，载《辽宁工程大学学报》2004 年第 15 期。

钱勇：《国外资源型城市产业转型的实践、理论与启示》，载《财经问题研究》2005 年第 12 期。

任秀梅、施继冲：《大庆循环经济发展模式初探》，载《大庆社会科学》2006 年第 2 期。

沙景华、李刚：《矿业城市经济转型的模式路径及经验研究——以吉林省辽源市为例》，载《中国矿业》2003 年第 12 期。

沙景华、佘延双：《东北资源型城市产业结构转换比较研究》，载《中国矿业》2006 年第 8 期。

沈耀良：《循环经济原理及其发展战略》，载《污染防治技术》2003 年第 2 期。

沈镭、程静：《论矿业城市经济发展中的优势转换战略》，载《经济地理》1998 年第 2 期。

生奇志等：《资源型工业基地国际经验比较与东北振兴对策》，载《科技管理研究》2006 年第 10 期。

师晓芳等：《中国矿工就业观念新变化——对阜新破产前的海州煤矿和劳动力市场的调查》，载《中国矿业》2006 年第 2 期。

宋冬林、汤吉军：《沉淀成本与资源型城市转型分析》，载《中国工业经济》2004 年第 6 期。

宋冬林、赵新宇：《不可再生资源生产外部性的内部化问题——兼论资源税改革的经济学分析》，载《财经问题研究》2006 年第 1 期。

宋冬林、赵新宇：《引入资源税的世代交叠模型及其改进》，载《吉林大学社会科学学报》2007 年第 2 期。

宋冬林：《东北老工业基地资源型城市发展接续产业的理论认识》，载《求是学刊》2004 年第 4 期。

宋梅、刘海滨：《从莱茵—鲁尔区的改造看辽中南地区资源型产业结构升级》，载《中国矿业》2006 年第 7 期。

隋舵：《论石油石化矿区的协调发展——以大庆油田为例兼论大庆的未来》，载《学习与探索》2003 年第 4 期。

隋忠诚：《东北老工业基地振兴的国际经验研究》，吉林大学博士论文，2006 年。

孙淼、丁四保：《我国资源型城市衰退的体制原因分析》，载《经济地理》2005 年第 2 期。

孙雅静：《资源型城市转型过程中政府职能转型研究》，载《中国矿业》2007 年第 5 期。

王长明：《抚顺市煤矸石对生态环境的影响及综合利用》，载《中国煤田地质》2005 年第 1 期。

王春法：《论科技创新过程中的不确定性问题》，载《中国科技产业》1997 年第 2 期。

王金瑛：《关于阜新推进经济转型的若干思考》，载《中国矿业》2003 年第 4 期。

王晶、牛玉峰：《日寇对我国东北煤炭资源的疯狂掠夺》，载《社会科学战线》1997 年第 1 期。

王洛林、魏后凯：《振兴东北老工业基地的主要政策措施》，载《中国经济时报》2005 年 7 月 18 日。

王辛枫：《国外老工业基地改造与振兴的借鉴与思考》，载《决策借鉴》1999 年第 2 期。

王颖：《资源型城市发展的实证研究——以辽宁省盘锦市为例》，载《城市研究》1997 年第 4 期。

王元：《重视单一产业性城市的可持续发展》，载《人民日报》2000 年 1 月 11 日。

魏世红、谭开明：《东北地区产业结构调整实证分析与对策研究》，载《大连理工大学学报》2007 年第 3 期。

魏心镇：《矿产资源区域组合类型与地域工业综合体》，载《地理学报》1981 年第 4 期。

吴萍、杨建新、沈露：《产业演进机制与资源型老工业城市》，载《经济问题探索》2004 年第 1 期。

吴奇修、陈晓红：《资源型城市的转型与发展：一个文献综述》，载《江汉论坛》2005 年第 3 期。

吴奇修：《资源型城市产业转型研究》，载《求索》2005 年第 6 期。

吴宇晖等：《东北老工业基地资源型城市发展接续产业中人力资源开发研究》，载《东北亚论坛》2005 年第 3 期。

吴宇晖等：《东北老工业基地资源型城市发展接续产业中引进国外智力资源研究》，载《税务与经济》2005 年第 3 期。

邢保帅：《资源枯竭城市现代农业发展研究——阜新经济转型现代农业发展的调查与思考》，载《资源与产业》2006 年第 8 期。

徐冬林：《中国产业结构变迁与经济增长的实证分析》，载《中南财经政法大学学报》2004年第2期。

闫丽珍、闵庆文、成升魁：《资源型城市产业转型模式研究进展》，载《矿业研究与开发》2006年第3期。

杨晓龙、孙明明：《大庆市产业结构分析评价及调整方向研究》，载《北方经济》2006年第1期。

杨振凯：《日本九州老工业基地改造政策分析》，载《现代日本经济》2006年第6期。

姚睿、胡兆量：《北美澳洲工矿城镇发展研究》，载《城市发展研究》1997年第1期。

叶冬松：《促进矿业城市的可持续发展》，载《资源产业》2003年第12期。

尹静波、范丽先：《东北老工业基地产业结构的比较分析》，载《统计教育》2004年第6期。

尹喜霖等：《七台河矿区地面塌陷的现状、危害、成因及防治》，载《能源环境保护》2003年第5期。

于淑艳、荣晓华：《辽宁产业结构转换能力比较分析》，载《工业技术经济》2004年第3期。

越泽明：《长春的都市规划史（1905~1945年）》，载《（日）经济地理学年报》1993年第5期。

臧淑英：《资源型城市转型与循环经济发展——以黑龙江省伊春市为例》，载《经济地理》2006年第1期。

张凤武：《东北资源型城市转型策略研究》，载《中国矿业》2004年第7期。

张红：《从城市体系看甘肃省矿业城市的持续发展》，载《兰州商学院学报》1999年第4期。

张军涛：《从代际公平的角度研究资源型城市的可持续发展》，载《资源产业》2001年第4期。

张米尔、武春友：《资源型城市产业转型障碍与对策研究》，载《经济理论与经济管理》2001年第2期。

张嵩：《英国政府促进传统产业技术改造与创新的举措》，载《全球科技经济瞭望》2000年第12期。

张秀生、陈先勇：《论中国资源型城市产业发展的现状、困境与对策》，载《经济评论》2001年第6期。

张增凤等：《我国煤矿环境污染的成因与对策》，载《中国矿业》2002年第4期。

赵景海：《我国资源型城市发展研究进展综述》，载《城市经济》2006年第

3 期。

赵涛：《德国鲁尔区的改造——一个老工业基地改造的典型》，载《国际经济评论》2000 年第 3 期。

赵秀峰：《从比较优势探索白银市发展特色经济的新途径》，载《中国国土资源经济》2004 年第 4 期。

赵砚：《黑龙江省产业结构演进的实证分析》，载《边疆经济与文化》2004 年第 9 期。

赵振起：《促进要素聚集谋求更大发展》，载《求是》2005 年第 2 期。

赵振起：《靠创新推进资源型城市的经济转型》，载《求是》2006 年第 15 期。

郑伯红：《资源型城市的可持续发展优化及案例研究》，载《云南地理环境研究》1999 年第 1 期。

中共辽宁省委党校课题组：《资源枯竭型城市转型需要制度性支持——以阜新市为例》，载《决策与咨询通讯》2006 年第 6 期。

中国驻日本福冈领馆科技组：《九州的科技园区建设》，中国国际科技合作网，http://fukuoka.cistc.gov.cn，2004 年 10 月 13 日。

周海林：《资源型城市可持续发展评价指标体系研究》，载《地域研究与开发》2000 年第 1 期。

朱训：《21 世纪中国矿业城市形势与发展战略思考》，载《中国矿业》2002 年第 1 期。

吉林省政府研究室：《吉林省老工业基地调整改造研究报告》，吉林人民出版社，2003 年。

M·M·波斯坦、H·J·哈巴库克：《剑桥欧洲经济史（第六卷）》，经济科学出版社，2002 年。

王珏：《世界经济通史（中）》，高等教育出版社，2005 年。

周启乾：《日本近现代经济简史》，昆仑出版社，2006 年。

卡洛·M·奇波拉：《欧洲经济史（第三卷）》，商务印书馆，1989 年。

陈汉欣：《世界钢铁工业地理》，科学出版社，1990 年。

国家统计局国民经济综合统计司：《新中国五十年统计资料汇编》，中国统计出版社，1999 年。

纪宝成等：《中国人民大学中国经济发展研究报告 2004》，中国人民大学出版社，2004 年。

吴传钧：《中国经济地理》，科学出版社，1998 年。

国土资源部：《2005 年中国国土资源报告》，地质出版社，2007 年。

鲍振东：《2006 年中国东北地区发展报告》，社会科学出版社，2006 年。

国务院全国工业普查领导小组办公室等编：《1986 年中国工业经济统计资料》，中国统计出版社，1987 年。

吴春莺：《我国资源型城市产业转型研究》，哈尔滨工程大学博士论文，2006 年。

振兴东北办：《大庆市积极推进资源型城市经济转型》，http：//www. china-neast. gov. cn，2006 年 6 月 30 日。

大庆市发改委：《向全国人大代表黑龙江团汇报资源型城市转型进展情况》，http：//www. dqfgw. gov. cn，2006 年 1 月 16 日。

张鹏程：《黑龙江省资源型城市经济转型对策思考》，载《边疆经济与文化》2008 年第 1 期。

李冰：《资源型城市经济转型研究》，载《国有资产管理》2004 年第 2 期。

宋冬林：《关于东北老工业基地调整改造的主要问题和思路》，载《吉林大学社会科学学报》2004 年第 1 期。

别胜学：《实现腾飞，增强实力》，载《吉林日报》2007 年 4 月 19 日。

魏后凯：《破解"东北现象"盘活三省经济》，载《中国经济信息》2003 年第 20 期。

杨波：《我国资源枯竭型城市的失业问题及其对策》，载《西安财经学院学报》2006 年第 3 期。

葛竞天：《鲁尔的经验与东北老工业区改造》，载《神州学人》2005 年第 4 期。

陈卫民：《我国人口城市化背景下企业职工基本养老保险制度的改革思路》，载《市场与人口分析》2006 年第 2 期。

赵文祥、王鸥：《资源枯竭型城市的就业问题——对辽宁省阜新市就业问题的调查分析》，载《党政干部学刊》2004 年第 1 期。

岳颂东：《解决资源枯竭型城市的社会问题刻不容缓——辽宁省抚顺、本溪、阜新市贫困、失业和人居环境问题的调查》，载《中国发展评论（中文版）》2005 年第 4 期。

赵卓莉：《对黑龙江省人才流失情况的调查分析》，载《哈尔滨市委党校学报》2006 年第 5 期。

刘元春：《东北老工业基地人力资源问题研究》，载《商场现代化》2005 年第 24 期。

王寰瞳：《辽宁实施人才强省战略面临的问题与对策研究》，载《东北大学学报（社会科学版）》2005 年第 6 期。

赖德胜、孟大虎：《专用性人力资本，劳动力转移与区域经济发展》，载《中国人口科学》2006 年第 1 期。

马阿滨：《黑龙江森工林区森林可持续发展问题》，载《森林工程》2000 年第 5 期。

颜祥森、赵树民：《大庆可持续发展的成功实践》，载《大庆社会科学》2003 年第 3 期。

陈群元等：《东北老工业基地振兴面临的城市化问题与对策》，载《城市规划汇刊》2004 年第 2 期。

刘文新等：《东北地区生态环境态势及其可持续发展对策》，载《生态环境》2007 年第 2 期。

王任飞、翟东升：《还资源型城市"一片蓝天"》，载《宏观经济管理》2006 年第 4 期。

宋梅、刘海滨：《从莱茵——鲁尔区的改造看辽中南地区资源型产业结构升级》，载《中国矿业》2006 年第 7 期。

杨振凯，《日本九州老工业基地改造政策分析》，载《现代日本经济》2006 年第 6 期。

衣保中：《建国以来东北地区产业结构的演变》，载《长白学刊》2002 年第 3 期。

清秋：《资源型城市艰难转型》，载《中国改革》2004 年第 3 期。

于立、孟韬：《资源枯竭型国有企业退出障碍与途径分析》，载《中国工业经济》2003 年第 10 期。

王福君：《辽宁省资源型城市接续产业选择的约束条件和路径》，载《商业研究》2006 年第 18 期。

姜慧萍、李国津：《对阜新经济转型的战略思考》，载《资源与产业》2007 年第 1 期。

张平宁：《阜新市经济转型的战略问题及对策》，载《矿业研究与开发》2005 年第 1 期。

郭春媛：《关于推进阜新经济转型金融政策的研究》，载中国农业金融网 2007 年 6 月 6 日。

林海滨：《资源枯竭型城市转型的制度支持》，载《企业改革与管理》2007 年第 2 期。

关静、牟学君：《阜新经济转型农业园区在探索中前进》，载《中国农业资源与区划》2005 年第 1 期。

孙岩冰：《实现大庆长久繁荣》，载《中国石油石化》2003 年第 8 期。

杨晓龙、孙明明：《基于可持续发展的大庆市产业结构评价分析》，载《技术经济与管理研究》2006 年第 2 期。

伊春市发改委：《伊春市积极推进资源型城市经济转型》，载《中国经贸导刊》2006 年第 13 期。

臧淑英：《发展接续产业避免资源型城市"林竭城衰"——以黑龙江伊春市接续产业发展研究为例》，载《经济地理》2006 年第 4 期。

高欣、孙英威：《森工城市转型的伊春实践》，载《瞭望》2005 年第 52 期。

吴相利、臧淑英：《伊春市森林生态旅游开发模式》，载《经济地理》2006 年第 6 期。

尹仙美、臧淑英：《林业城市伊春的经济转型探讨》，载《现代城市研究》2006 年第 2 期。

晏强：《辽源资源型城市经济转型的对策与措施》，载《经济视角》2006 年第 10 期。

陈亮、陈晓红、李诚固：《近代东北区城市化与工业化相互作用的过程分析》，载《城市发展研究》2004 年第 6 期。

杨文利：《东北老工业基地对新中国的历史贡献》，载《经济研究参考》2005 年第 91 期。

宋玉祥，陈群元：《20 世纪以来东北城市的发展及其历史作用》，载《地理研究》2005 年第 1 期。

Spooner D. 1981. Mining and Regional Development, Oxford University Press.

Lucas R. A. 1971. Mine town, Mill town, Rail town: Life in Canadian Communities of Single Industry, University of Toronto Press.

Bradbury J. H. , St. Martin I. 1983. Winding down in a Qubic town: a case study of Schefferville, The Canadian Geographer27 (2).

Millward H. 1985. A Model of coalfield development: six stages exemplied by the Sydney field, The Canadian Geographer29 (3).

Aschmann H. 1970. The natural history of a mine, Economic Geography46.

O'faircheallaigh C. 1988. Economic base and employment structure in northern territory mining towns, Resource Communities: Settlement and Workforces Issues.

Bradbury J. H. 1984. The impact of industrial cycles in the mining secter, International Journal of Urban and Regional Research8 (3).

Marsh B. 1987. Continuity and decline in the anthracite towns of Pennsylvania, Annals of the Association of American Geographers77 (3).

Warren R. L. 1963. The Community in Ammerica, Rand Mcnally College Publishing.

Gill A. M. 1990. Enhancing social interaction in new resource towns: planning perspectives, Journal of Economic and Social Geography81 (5).

Houghton D S. 1993. Long-distance commuting: a new approach to mining in Australia, Geographical Journal159 (3).

Jackson R T. 1987. Commuter mining and the Kidston gold mine: goodbye to mining town, Geography (72).

Bradbury J H. 1979. Towards an alternative theory of resource based town development, Economic Geography55 (2).

Norcliffe G. 1994. Regional labour market adjustments in a period of structural transformation: an assessment of the Canadian case, The Canadian Geographer38 (1).

Hayter R, Barnes T J. 1992. Labour market segmentation, flexibility and recession: A British Colombian case study. Environment and Planing10.

Papyrakis, Elissaios and Reyer Gerlagh. 2004. The Resource Curse Hypothesis and its Transmission Channels, Journal of Comparative Economics 32.

Grabher, G. 1993. The Weakness of Strong Ties: The Lock-in of Regional Development in the Ruhe Area. In Gernot rabher (eds): The Embedded Firm: On the Socioeconomics of Industrial Networks, London and New York: Routledge.

Nafziger E. Wayne. 1997. The Economics of Developing Countries, Prentice-hall, Third Edition, p331.

Diamond, P. A. , 1965. National Debt in a Neoclassical Growth Model, *American Economic Review*55.

Kemp, M. C. and N. V. Long, 1979. The Under-Exploitation of Natural Resources: A Model with Overlapping Generations, *Economic Record* 55.

Howarth, R. B. , 1991. International Competitive Equilibria under Technological Uncertainty and a Exhaustible Resource Constraint, *Journal of Environmental Economics and Management*21.

John, A. and R. Pecchenino, D. Schimmelpfennig, S. Schreft, 1995. Short-lived agents and the long-lived environment, *Journal of Public Economics* 58.

Ono T. , 1996. Optimal tax schemes and the environmental externality, *Economics Letters*53.

Joseph E. Stiglitz and Carl E. Walsh, Economics, New York. W. W. Norton & Company, Inc. 2002.

后 记

　　《东北老工业基地资源型城市发展接续产业问题研究》是教育部 2003 年首批哲学社会科学研究重大课题研究攻关项目之一。该重大课题研究攻关项以资源型城市发展接续产业这一重大现实问题为研究对象，立足东北老工业基地的现实，在借鉴国外经济理论与实践的基础上，就资源型城市转型等相关问题进行深入探索。课题组以我国经济体制改革与区域经济发展阶段特征为背景，对东北老工业基地资源型城市发展接续产业问题展开了系统深入的研究，深刻揭示了资源型城市发展接续产业的深层次原因和体制障碍，并提出了有针对性的解决方案和可操作性的政策建议。

　　项目研究的理论和实践成果还得到了社会媒体的广泛关注，课题组成员就项目研究相关问题接受了包括中央电视台英语频道、香港凤凰卫视、《光明日报》、《中国改革报》和《21 世纪经济报道》等在内的多家社会媒体的采访，在社会上引起了较大的反响。项目中期评估后，《中国教育报》曾以《聚焦重大理论与现实问题——高校哲学社会科学优秀成果与政府决策良性互动》为题，对本项目研究做法和效果以及影响予以充分肯定。在项目结项的鉴定中，评审专家一致认为《东北老工业基地资源型城市发展接续产业问题研究》是一项高水平的优秀研究成果。

　　在本书付梓之际，全国各地纪念改革开放 30 周年活动正蓬勃开展，一场解放思想大讨论在全国范围内展开。如果说 30 年前的改革开放开启了中国经济体制转型的进程，那么改革开放 30 年后的今天，一场发展模式转型的序幕正徐徐拉开。加快转变经济发展方式必然是实现我国未来经济发展目标的关键。而转变经济发展方式就是在发展道路上根本改变依靠高投入、高消耗、高污染来支持经济增长，坚持走科技含量高、经济效益好、资源消耗低、环境污染少、人力资源优势得到充分发挥的中国特色的新型工业化道路，实现可持续发展。可见，今后的改革开放、东北老工业基地的振兴和资源型城市的转型依然任重而道远。但是，我们始终坚信，东北老工业基地资源型城市的困境是在发展中遇到的问题，发展中遇到的问题也必将在发展中得到解决。

对于项目顺利完成，我们要感谢全体课题组成员的不懈努力和通力合作，以及所在单位的鼎力支持和配合。同时，我们还要感谢评审鉴定专家的中肯建议，以及教育部社会科学司和经济科学出版社为项目顺利进行和最终成果出版所做的努力。

已 出 版 书 目

书　名	首席专家
《马克思主义基础理论若干重大问题研究》	陈先达
《网络思想政治教育研究》	张再兴
《高校思想政治理论课程建设研究》	顾海良
《马克思主义文艺理论中国化研究》	朱立元
《弘扬与培育民族精神研究》	杨叔子
《当代科学哲学的发展趋势》	郭贵春
《当代中国人精神生活研究》	童世骏
《面向知识表示与推理的自然语言逻辑》	鞠实儿
《中国大众媒介的传播效果与公信力研究》	喻国明
《楚地出土戰國簡册〔十四種〕》	陳　偉
《中国特大都市圈与世界制造业中心研究》	李廉水
《WTO主要成员贸易政策体系与对策研究》	张汉林
《全球经济调整中的中国经济增长与宏观调控体系研究》	黄　达
《中国产业竞争力研究》	赵彦云
《东北老工业基地资源型城市发展接续产业问题研究》	宋冬林
《中国民营经济制度创新与发展》	李维安
《东北老工业基地改造与振兴研究》	程　伟
《中国加入区域经济一体化研究》	黄卫平
《金融体制改革和货币问题研究》	王广谦
《中国市场经济发展研究》	刘　伟
《我国民法典体系问题研究》	王利明
《中国农村与农民问题前沿研究》	徐　勇
《城市化进程中的重大社会问题及其对策研究》	李　强
《中国公民人文素质研究》	石亚军
《生活质量的指标构建与现状评价》	周长城
《人文社会科学研究成果评价体系研究》	刘大椿
《教育投入、资源配置与人力资本收益》	闵维方
《创新人才与教育创新研究》	林崇德
《中国农村教育发展指标研究》	袁桂林
《高校招生考试制度改革研究》	刘海峰
《基础教育改革与中国教育学理论重建研究》	叶　澜
《处境不利儿童的心理发展现状与教育对策研究》	申继亮
《中国和平发展的国际环境分析》	叶自成
《现代中西高校公共艺术教育比较研究》	曾繁仁

即将出版书目

书　名	首席专家
《中国司法制度基础理论问题研究》	陈光中
《完善社会主义市场经济体制的理论研究》	刘　伟
《和谐社会构建背景下的社会保障制度研究》	邓大松
《社会主义道德体系及运行机制研究》	罗国杰
《中国青少年心理健康素质调查研究》	沈德立
《学无止境——构建学习型社会研究》	顾明远
《产权理论比较与中国产权制度改革》	黄少安
《中国水资源问题研究丛书》	伍新木
《中国法制现代化的理论与实践》	徐显明
《中国和平发展的重大国际法律问题研究》	曾令良
《知识产权制度的变革与发展研究》	吴汉东
《全国建设小康社会进程中的我国就业战略研究》	曾湘泉
《数字传播技术与媒体产业发展研究报告》	黄升民
《非传统安全与新时期中俄关系》	冯绍雷
《中国政治文明与宪政建设》	谢庆奎